税务专业综合技能实训

（第二版）

解洪涛◎主编

经济管理出版社
ECONOMY & MANAGEMENT PUBLISHING HOUSE

图书在版编目（CIP）数据

税务专业综合技能实训/解洪涛主编. —2版. —北京：经济管理出版社，2017.6
ISBN 978-7-5096-5220-6

Ⅰ. ①税… Ⅱ. ①解… Ⅲ. ①税务会计—基本知识 Ⅳ. ①F810.42

中国版本图书馆CIP数据核字(2017)155582号

组稿编辑：张巧梅
责任编辑：张巧梅
责任印制：黄章平
责任校对：陈 颖

出版发行：经济管理出版社
（北京市海淀区北蜂窝8号中雅大厦A座11层 100038）
网　　址：www.E-mp.com.cn
电　　话：(010)51915602
印　　刷：玉田县昊达印刷有限公司
经　　销：新华书店
开　　本：720mm×1000mm/16
印　　张：24.25
字　　数：449千字
版　　次：2017年6月第2版　2017年6月第1次印刷
书　　号：ISBN 978-7-5096-5220-6
定　　价：58.00元

目　　录

上篇　会计技能实训

下篇　税务技能实训

上篇　会计技能实训

第一章　会计技能实训

——会计工作概述

第一节　会计循环

一、会计循环的概念

会计信息的形成不仅需要基于会计确认、计量、披露的分析判断，同时必须应用依次进行的会计操作步骤。会计循环是企业在一定会计期间，从填制审核原始凭证、编制会计分录直至编制试算平衡表和财务报表为止，全面、连续地进行会计处理所必须经历的各个会计操作步骤。这些操作步骤带有依次继起、定期重复，在连续的会计期间周而复始、不断重复的特性。会计模拟实训是会计实务操作程序的应用训练，所以必须依据会计循环的内容依次进行。

二、会计循环的步骤

世界上不同国家地区的会计实务惯例不同。根据我国普遍应用的会计实务惯例，将会计循环细分为如下九个操作步骤：

（1）填制或审核原始凭证；

（2）用复式记账原理编制会计分录；

（3）登记日记账；

（4）登记总分类账和明细分类账；

（5）编制调整前的试算表；

（6）调整和编制调整分录；

（7）编制调整后的试算表；

（8）编制结账分录；

（9）编制财务报表。

第二节　会计制度

一、会计制度的概念

会计制度是进行会计工作的规范。它是进行会计核算、监督工作的会计的规范，也是会计工作应该遵守的工作准绳。要使会计工作能够真正发挥其核算作用并有秩序地进行，就必须建立科学的会计制度。

《中华人民共和国会计法》（以下简称《会计法》）第八条明确规定："国家实行统一的会计制度，国家统一的会计制度由国务院财政部门根据本法制定并公布。"所说的"统一的会计制度"包括：一是统一的会计核算制度，如《企业会计准则》（包括基本准则具体准则）、《企业会计制度》；二是统一的会计监督制度，这类制度见于相关的会计制度之中，如《会计基础工作规范》中对于会计监督的规定；三是统一的会计机构和会计人员制度，如《会计从业资格管理办法》、《会计人员继续教育暂行规定》等；四是统一的会计工作管理制度，如《会计档案管理办法》、《会计电算化管理办法》等。

二、企业会计制度内容

（一）会计组织系统

会计工作是由会计机构与会计人员来完成的，它们构成一个会计组织系统。会计组织系统设计包括会计机构的设置、会计人员的配备以及二者的协调关系。在设置会计机构时，要明确其职责范围、管理权限以及具体承担的工作任务。配备会计人员，要确定好会计人员的分工，规范人员的岗位责任制和会计人员的工作轮换制度等。

（二）会计信息系统

会计是一个以提供会计信息为主的信息系统。会计信息系统的设计规划提供会计信息的诸多方面：一是会计信息载体的设计，是确定原始凭证、记账凭证、会计账簿、会计报表的种类与格式以及它们之间的有机结合模式。二是会计信息处理程序的设计，主要是会计信息收集、整理、加工、处理、输出的程序，也就是会计核算程序。从原始凭证到记账凭证，再到会计账簿，最后到会计报表，需

要一系列的处理程序，不同的处理程序其效率与效果不同，需要根据企业的实际情况选择合适的程序。三是设计科学的会计指标体系，主要是指设计科学合理的会计科目。设置会计科目是会计制度设计的重要内容，每一个会计科目具有特定内容，能够提供各项会计指标，而会计科目体系就形成一个完整的会计指标体系。

（三）会计控制系统

会计控制是按照既定的会计目标，对会计行为和企业经济活动所进行的制约。会计控制是企业为了提高会计信息质量，保护资产的安全完整，确保有关法律法规和规章制度的贯彻执行等而制定与实施的一系列控制方法、措施及程序。从会计的角度加强内部控制，其主要内容包括货币资金控制、销售与收款控制、采购与付款控制、对外投资控制、成本费用控制、存货控制、固定资产控制等。

三、企业制度总则

（一）会计制度制定前提

（1）会计制度制定的目的与依据。某集团公司制定的适用于该集团公司的会计制度中第一章第一条说明："为了加强集团公司会计管理工作，统一集团会计核算，促进内部会计控制建设和内部会计监督，改善经营管理，提高经济效益，适应市场经济发展，根据《会计法》、《企业财务会计报告条例》、《企业会计准则》、《企业会计制度》、《会计基础工作规范》、《会计档案管理办法》、《内部会计控制规范》等法律法规，特制定本制度。"从这些规定来看，该集团公司将会计组织系统、会计信息系统、会计控制系统三方面的内容综合在一个会计制度中进行规范，因此，其目的与依据也比较复杂多样。

（2）会计制度适用范围与要求。某集团公司的会计制度规定："本制度适用于下列单位的会计核算：公司本部、事业部制企业、控股子公司以及所有纳入公司合并报表范围的单位或企业（以下简称公司各单位）。集团所属其他企业可参照执行本制度。"这一条明确了该集团会计制度的适用范围。

（二）会计核算规则的设计

（1）会计期间的确定。会计人员必须确定从何时开始到何时截止对经济活动进行核算，也就是说需要人为地将单位持续不断的经济活动划分为若干个间隔相等的期间，以提供分阶段的会计信息。单位通常以 1 年作为划分会计期间的标准，也可以按照其他的标准来划分会计期间。以 1 年为会计期间，称为会计年度。在一个会计年度内，为了满足管理上的需要，还可以划分若干较短的会计期间，一般按月份或季度来划分。

（2）记账方法的选用。

（3）会计处理基础的确定。

会计处理基础是在确定会计期间的基础上区分本期与非本期的收入和费用的入账基准。有两种方法可供选择：一是权责发生制；二是收付实现制。

（4）记账本位币和会计记录文字的确定。

（5）运用会计科目的规定。

第一，单位会计核算制度应按照国家统一会计制度来规定会计科目的编号，以便于编制会计凭证、登记账簿、查阅账目、实行会计电算化并提供会计信息的统一性。单位所属各核算部门（包括分公司、分支结构）不应随意改变或打乱重编会计科目的编号。会计制度在某些会计科目之间留有空号，主要供增设会计科目之用。

第二，各核算部门（包括分公司、分支机构）应按会计制度的规定，设置和使用会计科目。在不影响会计核算要求和会计报表指标汇总，以及对外提供统一财务会计报告的前提下，可以根据实际情况自行增设、减少或合并某些会计科目。

第三，各核算部门在填制会计凭证、登记账簿时，应填制会计科目的名称，或者同时填列会计科目的名称和编号，不应只填科目编号，不填科目的名称。

（三）会计凭证填制的规定（见后面章节）

（四）会计账簿登记的规定（见后面章节）

（五）编制和提供财务会计报告的规定（见后面章节）

四、会计机构与会计人员总则的设计（见后面章节）

五、会计控制系统总则的设计（见后面章节）

第三节　会计机构与岗位

一、总会计师职责

总会计师的职责主要包括两个方面。

1. 由总会计师负责组织的工作主要有：

（1）编制和执行预算、财务收支计划、信贷计划，拟订资金筹措和使用方案，开辟财源，有效地使用资金；

（2）进行成本费用预测、计划、控制、核算、分析和考核，督促本单位有关部门降低消耗、节约费用、提高经济效益；

（3）建立健全经济核算制度，利用财务会计资料进行经济活动分析；

（4）主办单位主要行政领导人交办的其他工作；

（5）负责对本单位财会机构的设置和会计人员的配备、会计专业职务的设置和聘任提出方案；

（6）组织会计人员的业务培训和考核；

（7）支持会计人员依法行使职权。

2. 由总会计师协助、参与的工作主要有：

（1）协助单位负责人对企业的生产经营、行政事业单位的业务发展以及基本建设投资等问题做出决策；

（2）参与新产品开发、技术改造、科技研究、商品（劳务）价格和工资奖金等方案的制订；

（3）参与重大经济合同和经济协议的研究、审查。

二、会计机构内部分工及岗位要求

现以制造业企业为例，说明各岗位责任制的设计如下：

（一）会计部门主管岗位

（1）领导本单位的会计工作。

（2）组织制定本单位的各项会计制度，并监督贯彻执行。

（3）参加生产经营管理会议，参与经营决策。

（4）审查或参与拟订经济合同、协议及其他经济文件。

（5）负责向本单位领导和职工代表大会报告财务状况和经营成果，审查对外提供的会计资料。

（6）组织会计人员学习政治理论和业务技术，负责会计人员的考核，参与研究会计人员的聘任和调整工作。

（二）采购及应付款核算岗位

（1）审查汇编材料采购用款计划，控制材料采购成本，分析采购计划的执行情况。

（2）认真审核各类材料的采购凭证，分别按材料的采购地点、类别、品种、规格、保管地点、供货单位和采购成本等进行登记。对在途材料要督促清理催收。对已验收入库尚未付款的材料，月终应估价入账。

（3）对应付账款要登记明细账，经常对账，及时办理结算手续，认真审核有关发票、账单等结算凭证，防止错付、漏付、多付和重付等现象发生。

（三）销售及应收款核算岗位

（1）审查销售业务的有关凭证，严格执行国家的价格政策，认真履行销售合同，分析销售计划的完成情况。

（2）根据销货发票等凭证，正确计算销售收入、销售成本、费用、税金和销售利润，登记有关明细账。

（3）对应收账款要及时登记往来明细账，经常对账，催收欠款。

（4）经常核对产成品、发出商品账户的定额和实际库存，保持账实、账账相符。

（5）对购销业务以外的各项往来款项，要按照单位和个人分户设明细账，根据审核后的记账凭证逐笔顺序登记，并经常核对余额。

（四）工资核算岗位

（1）监督工资基金的使用。

（2）审核发放工资和奖金。

（3）负责工资分配的核算。

（4）拨交工会经费。

（五）固定资产核算岗位

（1）建立健全固定资产的管理办法，编制固定资产目录，负责固定资产的明细核算，定期核对，保持账、卡、物相符，按期编报固定资产增减明细表。

（2）计提固定资产折旧。

（3）定期清查盘点固定资产，认真审核并正确处理盘盈、盘亏以及使用不当的设备等，分析固定资产的使用效果，促进提高固定资产的利用率。

（4）负责核算在建工程及无形资产。

（六）成本核算岗位

（1）制定成本核算办法，编制成本、费用计划；健全基础工作，实行责任成本，指标分解、归口分级落实，促进成本计划实现。

（2）严格按成本制度规定，正确归集和分配生产费用，计算产品实际成本。

（3）登记成本费用明细账，编制成本、费用报表；进行成本、费用分析和考核，加强成本的日常控制，促进成本降低。

（4）加强对在产品和自制半成品的管理和核算，建立车间、班组的在产品台账和半成品登记簿，经常盘点，保持账实相符。

（5）开展部门、车间和班组经济核算。

（七）总账报表岗位

（1）编制汇总记账凭证，登记总账。

（2）编制资产负债表、利润表和现金流量表，以及其他明细报表，核对其他报表。

（3）管理会计凭证、账簿和账表。

（八）出纳岗位

（1）办理库存现金收付和银行结算业务。

（2）登记库存现金和银行存款日记账。

（3）保管库存现金和各种有价证券。

（4）保管有关印章、空白收据和支票。

（九）稽核岗位

（1）审查财务计划执行情况。

（2）审查各项财务收支。

（3）复核会计报表。

（4）其他稽核事项。

（十）综合分析岗位

（1）综合分析财务状况和经营成果。

（2）编制财务情况说明书和专题分析报告。

（3）进行财务预测，提供经营决策参考资料。

附录：会计书写规范

一、阿拉伯数字书写要求

（一）数字书写要求

（1）每个数字要大小均匀，笔画流畅，每个数字独立有形，不能连笔书写。

（2）每个数字要紧贴底线书写，但上端不可顶格，数字高度占全格的1/2～2/3。这样做是为了给更正错误数字留出余地。除6、7、9外，其他数字要高低一致。书写数字“6”时，上端比其他数字高出1/4，书写数字“7”、“9”时，下端比其他数字伸出1/4。

（3）书写的数字要有一定的倾斜度，一般要求上端一律向右顺斜45°～60°，各数字的倾斜度要保持一致。具体示例见图 1－1。

图 1－1　会计书写规范示例

（4）各个数字书写时，应按照从左至右的顺序。书写笔画顺序为自上而下，先左后右。每个数字应大小一致，上下左右对齐，数字排列的空隙应保持等距。在印有数位线的凭证、账簿、报表上，每一格只能写一个数字，不得把几个数字挤在一格里或者数字中间留有空格。

（5）会计数字书写时，除“4”、“5”以外的数字必须一笔写成，不得描画，更不得人为地增加数字笔画。

（6）对于易混淆且笔顺相近的数字，如“0”和“6”、“1”和“7”、“3”和“8”、“6”和“9”，应按标准字体书写，避免混同。手写“1”应长度足够，避免写得过短，并保持斜度，以防改写。手写“6”时，下圆要明显，并占满格。手写“0”、“6”、“8”、“9”时，圆圈必须封口。

（7）阿拉伯数字表示的金额，可在数字之前书写货币币种符号或货币名称简写，如采用人民币的符号“￥”或“RMB”，美元符号“US MYM”。凡阿拉伯数字前写出币种符号的，数字后面不再写货币单位。如在小写数字金额前采用了“￥”符号后，数字后不写“元”字。币种符号与数字间不能留有空格。

（8）在填写会计凭证、登记会计账簿、编制财务报表时，数字必须按数位填写，金额要采用“0”占位到“分”为止，不能采用划线等方法代替。

（二）数字书写错误的更正方法

数字书写发生错误时，应采用划线更正法予以更正，即将出现错误的数字全部用单红线注销，并在出现错误的数字上盖章，之后在原数字上方对齐原位填写出正确的数字。即使某个数字只是某一位出现错误，也应将整个数字全部划掉进行更正。正确的更正方法见表 1－1，错误的更正方法见表1－2。

表 1－1　账务更正正确的书写示例

年		凭证		摘要	对方科目	类页	借方										贷方										余额									
月	日	类别	号数				千	百	十	万	千	百	十	元	角	分	千	百	十	万	千	百	十	元	角	分	千	百	十	万	千	百	十	元	角	分
				承前页																																
																																6	5	7	8	9
				略									略										略									~~6~~	~~7~~	~~5~~	~~8~~	~~9~~
																												3	0	0	5	9	0	0	0	0
																												~~3~~	~~0~~	~~0~~	~~5~~	~~0~~	~~0~~	~~0~~	~~0~~	~~0~~
																														1	5	6	3	1	9	0
																													~~1~~	~~1~~	~~5~~	~~6~~	~~3~~	~~1~~	~~9~~	~~0~~
																																	3	6	8	8
																																	~~8~~	~~0~~	~~8~~	~~8~~
																															8	6	0	0	1	2
																															~~8~~	~~6~~	~~2~~	~~2~~	~~2~~	~~1~~

表 1－2　账务更正错误的书写示例

年		凭证		摘要	对方科目	类页	借方										贷方										余额									
月	日	类别	号数				千	百	十	万	千	百	十	元	角	分	千	百	十	万	千	百	十	元	角	分	千	百	十	万	千	百	十	元	角	分
				承前页																																
																																6	5	7	8	9
				略									略										略									6	~~7~~	~~5~~	8	9
																												3	0	0	5	9	0	0	0	0
																												3	0	0	5	~~0~~	0	0	0	0
																														1	5	6	3	1	9	0
																													~~1~~	1	5	6	3	1	9	0
																																	3	6	8	8
																																	~~8~~	~~0~~	8	8
																															8	6	0	0	1	2
																															8	6	2	2	~~2~~	~~1~~

二、中文金额大写的要求

（一）中文大写数字的写法

中文大写数字笔画多，不易涂改。书写中文大写数字时，要用正楷或行书。

中文大写数字分为数字（壹、贰、叁、肆、伍、陆、柒、捌、玖、零）和位数（拾、佰、仟、万、亿、元、角、分、整）。零不得用“0”或“另”替代，角不得用“毛”替代。

（二）中文大写数字书写的要求

大写金额前若没有印刷货币币种全称，如“人民币”字样的，书写时应在大写金额前冠以货币币种全称，如“人民币”字样。货币币种全称，如“人民币”与首位数字之间以及各数字之间不得留有空格。

人民币以元为单位时，若元后无角无分或有角无分的，大写金额后加“整”字结尾。例如，人民币陆拾壹元整、人民币陆拾壹元捌角整。

金额数字中间有两个或两个以上“0”字时，可只写一个“零”字，例如，人民币陆佰元零贰角整。

表示位的文字前必须有数字。例如，17 元应写壹拾柒元整；130000 元写成壹拾叁万元整。

（三）中文大写数字错误的更正方法

中文大写数字写错或发现漏记，不得涂改或使用划线更正法，必须重新填写凭证。

第二章　会计技能实训

——了解会计凭证

第一节　会计凭证的作用

会计凭证是根据经济业务的内容，按照一定格式编制的一种书面单据。填制和审核会计凭证是会计核算的重要组成部分。会计凭证证明了经济业务已经发生，明确业务处理过程中有关部门或人员的经济责任，并作为登记账簿的依据。会计凭证在会计核算系统中的地位十分重要。会计核算程序的基本形式可以概括为“凭证—账簿—报表”，会计凭证是会计核算的起点和基础，离开会计凭证就无从进行会计核算。会计凭证包括原始凭证和记账凭证两种。会计凭证设计主要就是原始凭证的设计以及凭证传递程序和保管制度的设计。

第二节　原始凭证

一、原始凭证的分类和内容

原始凭证又称单据，是在经济业务发生或完成时由业务经办人员，直接取得或填制的，用以记录业务的发生或完成情况并明确有关经济责任的一种凭证。它是进行会计核算的原始资料和重要依据。原始凭证按其取得来源的不同，可以分为自制原始凭证和外来原始凭证。自制原始凭证是指由本单位经办业务的部门或个人，在办理某项经济业务时自行填制的凭证。如“现金收据”、“借款单”、“销售发票”、“收料单”、“限额领料单”、“发出材料汇总表”、“工资结算汇总表” 等。

外来原始凭证是指在同外单位发生经济业务时从外单位取得的凭证。如购买物品时供货单位开具的“发货票”，就餐时对方开具的“餐费发票”，车辆加油时开具的“油票” 等。

原始凭证因其反映的经济业务不同，而在名称、内容和格式上不尽相同。但无论哪一种原始凭证，都应具备下列几项基本内容：

(1) 原始凭证的名称和编号，如“增值税专用发票”、“入库单” 等。

(2) 填制原始凭证的具体日期和经济业务发生的日期。应该说明的是这两个日期大多数情况下是一致的，但也有不一致的时候（如差旅费报销单上的出差日期和报销日期往往是不一致的），此时应将这两个日期在原始凭证中分别进行反映。

(3) 填制凭证单位的名称或者填制人的姓名。

(4) 接收凭证单位的名称。

(5) 经济业务内容。

(6) 经济业务的数量、单价和金额。

(7) 经办人员的签名或盖章，如果是外来的原始凭证，还要有填制单位的财务专用章或公章。

此外，为了满足单位管理和核算所提出的要求，有些原始凭证还要列入一些补充内容。例如，为了满足企业和其他单位在计划、统计或其他业务方面的需要，在原始凭证上注明相关的生产计划任务、经济合同号、预算项目等，使原始凭证能够发挥多方面的作用。

二、主要原始凭证举例

材料采购是生产经营活动的起点，从业务环节看主要有材料采购和验收入库两个环节。设计这类凭证要有商品的品名、规格、数量、价格等内容，便于购货单位检查和验收，在凭证上要注明与供货单位的联系方式；在订货单上，应设计购货单位经手人的签章栏，便于查明责任，明确购销关系。

从采购环节业务看，为了防止重复采购和对所需采购物资资金进行估算，应设计材料购单和询/报价单，当采购方案被批准后，应与供货方签订订货合同和订货单，传送给生产、销售、保管和财务部门。供货方根据订货单，填制发货单。因此，应设计订货单和发货单作为采购环节的重要凭证。在设计请购单时，要明确以下内容：申请人、请购物资名称、质量、规格、数量、用途、需用时间、预计价格等，见表 2 - 1。

表 2－1 请购单示例

请购部门： 年 月 日 字第 号

材料种类		品名		规格		用途	
请购数量		最低储量			现存数量		
前次购价		可替代材料名称			可替代材料单价		
需用日期		预计到货日期			备注		

批注 审核 请购部门 制单

在设计询/报价单时，要明确商品的数量、名称、价格、结算方式和包装物的处理方式等，见表 2－2。

表 2－2 询/报价单示例

单号： 发出日期： 有效期限： □询价 □报价 □询价回复/原询价单号： 页次：

收货方	需货方	
编　　码：	编　　码：	交货方式：
单位名称：	单位名称：	运输方式：
地　　址：	地　　址：	销售方式：
邮　　编：	邮　　编：	销售折扣：
联系部门：　　电话：	联系部门：　　电话：	付款方式：
联系人：　　传真：	联系人：　　传真：	付款折扣：
发货日期：	发货日期：	货款结算方式：
发货地址：	发货地址：	运费承担方式：

序号	商品代码	商品名称	规格型号	等级	产地	可保质期	包装单位	计量单位	数量	无税单价	税率	建议售价	最低订量	包装物处理方式
备注：														

需方主管 询价人 供方主管 报价人

在设计订货单时，除了基本要素外，还应设计合同号、交货方式、运输方式、运费承担方式、货款结算方式等栏目，具体格式见表 2－3。

表 2－3　订货单示例

订货单号：　订货日期：　原订货单号：　原订货日期：　□新单 □修改 □取消　页次：

<table>
<tr><td colspan="5">收货方
编　码：
单位名称：
地　址：
邮　编：
联系部门：　电话：
联系人：　传真：</td><td colspan="5">需货方
编　码：
单位名称：
地　址：
邮　编：
联系部门：　电话：
联系人：　传真：</td><td colspan="5">合同号：
交货方式：
运输方式：
货款结算方式：
运费承担方式：
收货日期：
收货地址：</td></tr>
<tr><td>序号</td><td>商品代码</td><td>商品名称</td><td>规格型号</td><td>等级</td><td>产地</td><td>可保质期</td><td>包装单位</td><td>计量单位</td><td>数量</td><td>无税单价</td><td>无税金额</td><td>税率</td><td>税额</td><td>含税总金额</td></tr>
<tr><td></td><td></td><td></td><td></td><td></td><td></td><td></td><td></td><td></td><td></td><td></td><td></td><td></td><td></td><td></td></tr>
<tr><td></td><td></td><td></td><td></td><td></td><td></td><td></td><td></td><td></td><td></td><td></td><td></td><td></td><td></td><td></td></tr>
<tr><td></td><td></td><td></td><td></td><td></td><td></td><td></td><td></td><td></td><td></td><td></td><td></td><td></td><td></td><td></td></tr>
<tr><td></td><td></td><td></td><td></td><td></td><td></td><td></td><td></td><td></td><td></td><td></td><td></td><td></td><td></td><td></td></tr>
<tr><td></td><td></td><td></td><td></td><td></td><td></td><td></td><td></td><td></td><td></td><td></td><td></td><td></td><td></td><td></td></tr>
<tr><td colspan="15">备注：</td></tr>
</table>

主管　　　　订货人

在设计发货单时，除应具备订货单的内容外，还应设计发货通知单号、发货日期、发货仓库和发货人等栏目，具体格式见表 2－4。

从材料或商品入库环节看，涉及的原始凭证主要有收货单或商品入库单两种。由于采购数量和质量与实际入库数量和质量的差异，还要设计商品验收报告单等。收货单主要应标明材料或商品的运输和检验情况、名称、规格、单位、数量和成本等事项。该凭证应设计为一式三联：第一联由收货人留存；第二联由收货仓库留存；第三联为财务核算联。收货单的参考格式见表 2－5。

表 2－4　发货单示例

发货单号：　　填写日期：　　发货日期：　　订货单号：　　订货日期：　　页次：

收货方	需货方	
编　码： 单位名称： 地　址： 邮　编： 联系部门：　　电话： 联系人：　　传真：	编　码： 单位名称： 地　址： 邮　编： 联系部门：　　电话： 联系人：　　传真：	合同号： 订货单执行情况：□全部　□部分 交货方式： 运输方式： 货款结算方式： 运费承担方式： 收货日期： 收货地址：

序号	商品代码	商品名称	规格型号	等级	产地	可保质期	包装单位	计量单位	数量	无税单价	无税金额	税率	税额	含税总金额
销售方式：					付款方式：			合计						
销售折扣：					付款折扣：			总金额（大写）						
备注：														

记账　　审核　　发货仓库　　发货人

表 2－5　公司收货单示例

年　月　日　　编号：

起运站		车（船）号		进货单号	
供应单位		发票号		提货单号	
仓库号数		检验凭证号		技术证明号	
付款方式					

材料类别	材料编号	材料名称及规格	单位	数量		计划成本		实际成本	
				应收	实收	单位	金额	单价	金额
备注：									

仓库主管　　检验　　收货　　核算　　制单

材料或商品验收报告单是对收货进行的补充说明，其主要内容为说明材料或商品的验收情况，该凭证一般为一式四联：第一联为仓库留存；第二联为公司业务部门留存；第三联为公司财务或结算部门留存；第四联交供货单位。参考格式见表2-6。

表2-6 验收报告单示例

供货单位：

发票或送货号：　　　　制单日期：　　　　第　号

收货单位：	仓库：	运输工具：	车(船)号：
原发件数：	重量：	实收件数：	实收重量：
溢余件数：	溢余重量：	短缺件数：	短缺重量：
质检情况：	负责人：		经办人：
公司：	科处理意见：	负责人：	经办人：

验收　　　　审核　　　　制单

三、产品销售原始凭证

销售业务涉及的原始凭证主要涉及证明产品或商品转移的销售专用票或增值税专用发票、发货单等。由于销售业务涉及销售、仓库、财务、会计、统计等部门，因此，销售发票应采用数联复写方式，一般应设客户联、仓库联、财务联、会计联、统计联等，要有经手人、负责人签章和单位公章。销售发票一般由税务部门统一监制。在这里主要讨论零售商业企业内部有关销售凭证的设计。

在货款分管销售收款方式下，每日营业终了，应由收款员填制“内部缴款单”，连同货款交出纳部门；由营业柜组负责人根据销货小票和进货发票有关凭证填制“商品进销存报告单”，连同有关凭证交财务部门，作为会计核算的依据。销货小票、内部缴款单和商品进销存报告单的一般格式分别见表2-7至表2-9。

表2-7 销货小票示例

部门：　　　　组别：　　　　年　月　日　　　　编号：

商品编号	品名规格	单位	单价	数量	金额
备注			金额（大写）		

记账：　　　　审核：　　　　制单：

表 2-8　内部缴款单示例

缴款日期：　　　　　　　　　　　　年　月　日

收款人	
摘要	
人民币（大写）	
缴款金额分析	1. 现金　　　　　　　　　　　　　______________元 2. 支票　　　　　　　　　　　　　______张______________元 3. 银行存款回单　　　　　　　　　______张______________元 4. …… 合计

记账：　　　　　　　　　　　　审核：　　　　　　　　　　　　制单：

表 2-9　进销存报告单示例

商品进销存报告单（日报表）

收入部分			支出部分		
项目	本日数	本月累计数	项目	本日数	本月累计数
上日结存 本日进货 本日拨入 提价增值 盘点长款			本日销货 本日拨出 降价拨出 盘点短缺 本日结存		
合计			合计		
进销差价： 包装押金： 本月销售计划：	本日增加： 本日付出：		本日减少： 本日收回： 累计完成（%）	本日余额： 本日余额： 附单据　　　张	

××负责人：　　　　　　　　　　审核：　　　　　　　　　　制单：

四、产品生产及成本计算原始凭证

在工业企业中，产品生产主要涉及原材料的领用、工资及福利费分配表、折旧费用及其他制造费用的分摊等。通常涉及的主要原始凭证为领料单、职工薪酬分配表、固定资产折旧费用分配表、待摊（预提）费用分配表等。在设计这类原始凭证时，必须与本企业的生产经营特点结合起来，对成本项目划分要正确、详细；应在各种费用分配凭证的明显位置注明费用的分配标准和分配比率，必须有制单人员和主管会计人员的签章。其具体格式见表2－10至表2－15。

表2－10　领料单示例

领用部门：　　　　仓库：　　　　编号：

用途：　　　　年　月　日

材料编号	材料名称及规格	单位	数量		计划单价	金额
			请领	实发		

审核：　　　　仓库保管员：　　　　领用人：　　　　制单人：

表2－11　限额领料单示例

领用部门：　　　　编号：

用途：　　　　计划产量：

材料类别、编号：　　　　名称、规格：　　　　单位消耗定额：

领用限额：　　　　计量单位：　　　　单价：

日期	请领数量	实发数量	累计实发数量	领料人签章
累计实发金额：				

审核：　　　　仓库保管员：　　　　制单人：

表2－12　职工薪酬分配表示例

年　月　日　　　　金额单位：

应借项目	职工薪酬					合计
	分配标准	分配率	分配金额	工资	福利费	
生产成本—基本—明细小计						
生产成本—辅助—明细小计						
制造费用—基本						
管理费用						
营业费用						
合计						

审核：　　　　制表人：

表 2－13　固定资产折旧费用分配表示例

年　月　日　　　　　　　　金额单位：

项目	基本生产车间	辅助生产车间			管理部门	销售部门	合计
折旧费							

审核：　　　　　　　　　　　　　　　　　　制单：

表 2－14　待摊（预提）费用分配表示例

年　月　日　　　　　　　　金额单位：

应借科目		待摊（预提）费用				合计
总分类科目	明细分类科目	保险费	报纸杂志费	低值易耗品	……	

审核：　　　　　　　　　　　　　　　　　　制表：

表 2－15　职工薪酬表示例

部门：　　　　　　　　　年　月　日

姓名	上月考勤	本月应出勤	基本工资	辅助工资	扣上月	应发工资	代扣	实发工资	领款人签字
合计									

审批人：　　　　　劳资负责人：　　　　　部门负责人：　　　　　制表人：

五、货币资金收付原始凭证

按照现行制度规定，货币资金收付绝大部分通过企业的开户银行办理。收付凭证主要有：通过银行办理结算的收付凭证；企业购销业务发生时发生的款项收付凭证；企业内部现金收付凭证。前两种均是银行或财税部门设计的专门凭证，如银行设计的收款通知单、进账单和支票；财税部门设计的专用发票、收款收据等。企业设计的主要是内部现金收付凭证，包括收款收据、借据、工资单、差旅费报销单和领款单等。反映货币资金业务的原始凭证，在设计时必须有经济业务说明栏和摘要栏，金额要求大写，有关责任人签字必须齐全，向外单位付款的业务所取得的原始凭证必须加盖外单位的公章或财务章。以下主要针对借据和收据的设计作以说明。

借据通常为一联，财务部门凭该单据付款和记账，借款人报销或还借款时，在报销单上或还款收据上注明款数，结清借款。这种凭证设计存在的问题是，借款人没有任何还款证据，存在漏洞。这一问题可以通过设计三联式借据来解决。一联作为财务部门付款依据，另一联为财务部门结账依据，还有一联作为借款人结清借款的回单，见表2－16。

表2－16　借据示例

借款

借款单位：　　　　　　　　　　　　　　　　借款日期：　　年　月　日

借款事由＿＿＿＿＿＿＿＿借款人＿＿＿＿＿＿＿＿ 借款金额（大写）＿＿＿＿＿＿＿＿（小写）＿＿＿＿＿＿＿＿ 领导批示	第一联付款依据

借款结账联

借款单位：　　　　　　　　　　　　　　　　借款日期：　　年　月　日

借款事由＿＿＿＿＿＿＿＿借款人＿＿＿＿＿＿＿＿ 借款金额（大写）＿＿＿＿＿＿＿＿（小写）＿＿＿＿＿＿＿＿ 领导批示		第二联借款结账
结账记录	报销金额＿＿＿＿退（补）金额＿＿＿＿ 上列借款已于　　　　年　月　日结清	

报销人：　　　　　　　　　　会计：　　　　　　　　出纳：

收据是企业付款的证明。设计收款收据时，必须注明收款事由、收款人和交款人，具体格式见表2－17。

表 2-17　收据示例

年　月　日

付款单位名称		
收款事由	单价	金额
人民币（大写）：　　　　合计		

六、固定资产管理原始凭证

固定资产业务涉及购建、更新改造、折旧、报废和盘点等。固定资产原始凭证一般没有固定格式，而多采用书面报告或自行设计专用格式。这类原始凭证的特点是可以全面、详细记录固定资产情况，以便记账、提取折旧额和日常管理。固定资产的交换使用凭证见表 2-18，报废单，盘点表和盘盈、盘亏报告单重要凭证的格式见表 2-19 至表 2-21。

表 2-18　固定资产交换单示例

年　月　日　　　　　　　　第　号

移交单位__________接收单位__________

固定资产明细__________规格__________

技术特征__________

附属物__________说明书或图纸号数__________

制造工厂或建筑部门______出厂或建筑安装年月______出厂号码______

安装部门__________安装完成年月__________

原价______其中安装费用______已提折旧额______

过去大修理次数__________重新安装费用__________

估计使用年限______估计残余价值______估计清理费用______

估计大修理次数__________金额__________

验收意见：

验收人（签章）

已交单位负责人（签章）　　　　　　接收单位负责人（签章）

表 2－19　固定资产报废单示例

年　月　日

报废固定资产的名称＿＿＿＿＿＿＿＿规格＿＿＿＿＿＿＿＿用途＿＿＿＿＿＿＿＿

报废固定资产的存放地点＿＿＿＿＿＿＿＿使用或保管部门＿＿＿＿＿＿＿＿

开始使用日期＿＿＿＿＿＿＿＿已进行的修理次数＿＿＿＿＿＿＿＿

现在的技术状况和报废原因＿＿＿＿＿＿＿＿

申请报废部门＿＿＿＿＿＿＿＿负责人＿＿＿＿＿＿＿＿

最后结论

企业负责人＿＿＿＿＿＿＿＿

表 2－20　固定资产盘点表示例

年　月　日

固定资产编号	名称	单位	保管单位	存放地点	盘点数量	备注

主管　　　　盘点人　　　　保管人

表 2－21　固定资产盘盈、盘亏报告单示例

固定资产编号	名称	单位	数量	盘盈		盘亏		毁损		原因
				重置价值	估计折旧	原价	已提折旧	原价	已提折旧	

财务负责人：　　　　盘点负责人：　　　　制表人：

七、企业对外投资原始凭证

对外投资业务主要涉及对外投资申请和投资确认两个过程的原始凭证。设计这类原始凭证须注意要有投资性质、投资人和审批人、投资的有关成本费用项目等内容。

从投资申请过程看，应当设计“对外投资付款申请单”，作为投资部门的投资依据和财务部门的付款依据。该申请是企业内部凭证，主要内容包括投资性质和项目、批准依据、投资额度、投资期限和投资回报。为了明确投资责

任，还应具有经办人、投资负责人、审批人以及财务负责人的签字。为了加强内部控制，对外投资申请单还应采用复写凭证，即一式三联，投资部门、财务部门和总经办各留办一份。按以上要求，对外投资申请单的参考格式见表2-22。

表2-22　对外投资付款申请单示例

年　月　日　　　　单位：元

投资项目和性质			被投资人		
投资依据或文件		投资期限		投资回报	
投资金额（大写）：				（小写）	

审批人：　　　投资负责人：　　　财务负责人：　　　经办人：

企业办理付款手续后，应当取得收款人填制的收款收据，在设计该凭证时应当明确收款单位名称、投资方式、投资金额和经办人以及收款单位加盖的印章等，常见的收款收据见表2-23。此外，对发生的投资业务还必须有相应的交割单据，在单据中应标明投资性质、品种、金额以及成本费用和收益等，常见的投资交割单据见表2-24。

表2-23　证券公司收款收据示例

年　月　日　　　　资金流水凭证

资金账号		姓名		银行	
发生日期		流水		币种	
上次金额			本次金额		
发生金额			备注		
发生金额	（大写）				

操作员：　　　审核：　　　客户签章：

表 2-24　证券公司成交报告书示例

××股东代码：　　　委托人：　　　资金账号：　　　成交日期：

<table>
<tr><td colspan="11">资金栏目</td></tr>
<tr><td>性质</td><td>证券名称</td><td>合同号</td><td>平均价</td><td>数量</td><td>金额</td><td>手续费</td><td>印花税</td><td>过户费</td><td>通信费</td><td>应付/付金额</td></tr>
<tr><td></td><td></td><td></td><td></td><td></td><td></td><td></td><td></td><td></td><td></td><td></td></tr>
<tr><td colspan="11">当日发生金额</td></tr>
<tr><td>性质</td><td>证券名称</td><td>合同号</td><td>平均价</td><td>数量</td><td>金额</td><td>手续费</td><td>印花税</td><td>过户费</td><td>通信费</td><td>应付/付金额</td></tr>
<tr><td></td><td></td><td></td><td></td><td></td><td></td><td></td><td></td><td></td><td></td><td></td></tr>
<tr><td colspan="11">当日发生金额</td></tr>
<tr><td colspan="11">总计应收/应付（合计应收—合计应付）：</td></tr>
<tr><td colspan="5">当日存入金额：
上日金额：</td><td colspan="6">当日取出金额：
当日金额：</td></tr>
</table>

操作员：　　　委托：

八、往来结算原始凭证

往来结算业务是指企业赊销、赊购业务和其他应收、应付款业务的结算。这类业务除使用正常销售发票外，还应有证明赊购、赊销已经生效的结算凭证，如商业承兑汇票、银行承兑汇票、双方通过协议约定的结算日期和方式等。设计这类凭证时，应在凭证上设有付款人、付款条件、日期和违约责任等项目。

九、转账、结账原始凭证

转账、结账业务是指会计期末，结平收入、支出等账户，计算并结转成本、利润的账务处理工作。由于转账和结账是由会计人员根据账簿记录进行的，一般不做固定格式的原始凭证，只需会计人员说明各项结转业务的书面摘要作为自制的原始凭证。

第三节　记账凭证

一、记账凭证的分类和内容

记账凭证是由会计人员根据审核无误的原始凭证或原始凭证汇总表加以归类

而填制的，是进行账簿登记的直接依据。记账凭证的作用在于根据经济业务的性质确定应借应贷的会计科目，分门别类地在不同的账簿中进行记录，避免登账差错。由于一切业务的账簿登记主要根据记账凭证进行，因此，记账凭证的编制也有利于对业务的审核和制约，并能保护原始凭证的安全。记账凭证的编制也为日后的审计提供了方便。记账凭证主要有以下几种类型：①通用记账凭证；②专用记账凭证（收、付款凭证和转账凭证）；③单式记账凭证（借项凭证和贷项凭证）；④汇总记账凭证（汇总收款凭证、汇总付款凭证和汇总转账凭证）；⑤科目汇总表。在选用记账凭证时，应根据各种记账凭证的适用性及企业的实际情况加以选择。

二、主要记账凭证举例

（一）通用记账凭证

通用记账凭证可通用于反映收付款业务及转账业务。采用通用记账凭证，所有的业务均编制统一格式的记账凭证，一般一笔业务编制一张，同类业务可适当地合并起来加以编制。通用记账凭证的格式见表 2－25。通用记账凭证编制比较简单，业务反映比较明确，对应关系比较清楚，但是在记账时每一张记账凭证需逐笔过账，登记总账的工作量比较大。对于业务比较简单，采用记账凭证核算组织程序的企业，可以采用通用记账凭证，而业务繁多、会计核算实现了电算化的企业，也适合使用通用记账凭证。

表 2－25 通用记账凭证示例

年 月 日　　　　第 号

摘要	借方科目		贷方科目		金额	记账符合
	一级科目	明细科目	一级科目	明细科目		
合计						

会计主管：　　记账：　　复核：　　制单：

（二）专用记账凭证

专用记账凭证包括收款记账凭证（简称收款凭证）、付款记账凭证（简称付款凭证）和转账记账凭证（简称转账凭证）。专用记账凭证的特点是固定了凭证的适用范围，即与货币资金有关的业务分别编制收款凭证和付款凭证，与货币资金收付无关的业务编制转账凭证。收款凭证可分设银行存款收款凭证和库存现金收款凭证，付款凭证可分设库存现金付款凭证和银行存款付款凭证。其具体格式如下：

收款记账凭证的设计见表 2－26。如果收款凭证分别采用库存现金收款记账凭证和银行存款收款记账凭证，可直接以“现金收款凭证”和“银行存款收款凭证”作为收款记账凭证的名称，并在收款记账凭证上省略借方科目的内容。

表 2－26　收款凭证示例

借方科目：现金　　　　2005 年 9 月 6 日　　　　现收字第 2 号

摘要	贷方科目		金额											记账
	总账科目	明细科目	亿	千	百	十	万	千	百	十	元	角	分	
销售部还余款	其他应收款	销售部								5	5	0	0	
附单据　　张	合计	伍拾伍元整							¥	5	5	0	0	

附单据 1 张

财务主管：hhh　　记账：lll　　出纳：zzz　　审核：xxx　　制单：zzz

付款记账凭证的设计见表 2－27。付款记账凭证的格式与收款记账凭证的格式基本相同，只是调换借方科目和贷方科目的位置。如果付款记账凭证分别采用库存现金付款凭证和银行存款付款凭证，可直接以“现金付款凭证”和“银行存款付款凭证”作为付款记账凭证的名称，并在付款凭证上省略贷方科目的内容。

表 2－27　付款凭证示例

贷方科目：现金　　　　2005 年 9 月 23 日　　　　现付字第 2 号

摘要	借方科目		金额											记账
	总账科目	明细科目	亿	千	百	十	万	千	百	十	元	角	分	
李某暂支差旅费	其他应收款	李某							1	5	0	0	0	
合计	壹佰伍拾元整							¥	1	5	0	0	0	

附单据 1 张

财务主管：hhh　　记账：lll　　出纳：zzz　　审核：xxx　　制单：zzz

转账记账凭证的设计见表 2－28。转账记账凭证是反映不涉及库存现金、银行存款收付的其他业务，其格式与通用记账凭证的格式基本相同。

表 2－28　转账凭证示例

2005 年 9 月 30 日　　　　转字第 11 号

摘要	会计科目		借方金额											贷方金额											记账
	总账科目	明细科目	亿	千	百	十	万	千	百	十	元	角	分	亿	千	百	十	万	千	百	十	元	角	分	
领料	生产成本	材料				4	8	0	0	0	0	0	0												
领料	原材料	甲材料															3	6	0	0	0	0	0	0	
领料	原材料	乙材料															1	2	0	0	0	0	0	0	
合计	肆拾捌万元整				¥	4	8	0	0	0	0	0	0			¥	4	8	0	0	0	0	0	0	

附单据 2 张

财务主管：hhh　　记账：lll　　出纳：zzz　　审核：ttt　　制单：sss

收款记账凭证和付款记账凭证在发生收付款业务时只需填制一栏金额，编制手续简单，业务对应关系清楚，同时也便于登记库存现金日记账和银行存款日记账，在进行科目汇总时比较方便。在收付款业务比较多的企业可以采用分别设置收款记账凭证、付款记账凭证和转账记账凭证专用凭证的方法。这种方法适用于业务比较简单，采用记账凭证核算组织程序的企业，也可适用于业务比较复杂，采用汇总记账凭证核算组织程序、科目汇总表核算组织程序和多栏式日记账核算组织程序的企业。

第四节　凭证的传递与保管

一、凭证的传递

会计凭证的传递程序是指会计凭证从填制或取得起到归档止，在本单位内各有关部门和人员之间的传递过程和停留时间。制定合理的凭证传递程序有利于企业间各部门明确分工，并相互协调和配合；有利于督促经办业务的部门和人员及时正确地完成经济业务，完成凭证编制手续；有利于考核有关人员是否按规定的程序处理业务，从而加强岗位责任制。

会计凭证传递程序设计的要点概括如下：

（1）会计凭证传递程序应根据各项经济业务的特点，结合本单位各部门和人员的分工情况加以制定，以满足内部控制的要求。

（2）会计凭证传递程序应结合业务处理的程序绘制成流程图，使有关人员能够按照流程图准确地传递凭证，也便于分析、追踪和监督业处理的过程。

（3）会计凭证在传递过程中既要有利于各有关部门充分利用会计凭证所提供的信息，满足经济管理的需要，又要避免不必要的传递环节，以免造成传递时间的浪费。

（4）会计凭证在各个环节上停留的时间应根据各部门和人员办理各项业务手续需要的时间来确定，既要防止停留时间过短，影响必要的业务手续的完成，又要防止停留时间过长，影响凭证的及时传递。

（5）会计凭证传递程序要根据业务情况的变动而及时加以修订。

二、凭证的保管

会计凭证的保管制度设计主要考虑凭证的保管措施和办法，便于本单位随时

检查和利用，也便于上级领导机关和审计机关检查和评价工作。

凭证保管制度设计主要包括以下内容：

（1）会计凭证在登记入账以后，应将各种记账凭证连同所附凭证按照凭证编号顺序定期装订成册，以防失散。装订时间间隔的长短视业务量多少而定。

（2）装订成册的凭证应加贴封面和封底，载明单位名称、凭证名称、凭证张数、凭证起讫号数、凭证所属年度、月份或起讫时间等内容。

（3）装订成册的凭证应加贴封条，并由会计主管人员签章，以防抽换凭证。

（4）如原始凭证较多时，可将原始凭证单独装订成册，但必须在记账凭证封面上注明原始凭证另存。

（5）如果原始凭证属于十分重要的业务单据，则应单独予以保管，但必须在有关记账凭证上加注说明，以便日后查考。

（6）确定会计凭证的保管期限，凭证保管期满才能销毁。

（7）确定会计凭证的保管人员，非保管人员不得私自接触归档的凭证等。

第三章 会计技能实训

——应用 Excel 管理会计凭证

第一节 制作会计凭证系统工作簿

填制会计凭证是企业重要的日常会计工作之一。在实现会计电算化的条件下，只要将有关凭证数据输入相应的会计凭证工作表中，就可以实现会计凭证的自动打印。在有些情况下，企业可以自行编制会计电算化软件，包括制作有关的会计凭证。本节主要介绍用 Excel 制作收款凭证、付款凭证、转账凭证和记账凭证的方法和步骤。

首先建立一个名字为“会计凭证制作系统.xls”的工作簿，在此工作簿中插入六个基本工作表，分别重命名为“封面”、“收款凭证”、“付款凭证”、“转账凭证”、“记账凭证”和“会计科目设置”。各个工作表的设计方法和步骤将在下面的各节中详细介绍。

设计封面

“封面”是用户选择不同凭证工作表或进行会计科目设置的窗口。在此封面上，用户可以单击“收款凭证”、“付款凭证”、“转账凭证”、“记账凭证”和“会计科目设置”这五个图形对象按钮，进入相关的工作表，进行数据输入、修改和打印等操作。下面介绍封面的制作步骤。

（一）插入背景对象

激活工作表“封面”，在当前的工作表中插入一个自己喜欢的图片。这里，插入了一个 PowerPoint 模板，具体步骤如下：

（1）单击【插入】菜单中的【对象】命令，打开【对象】对话框，在“对象类型”列表框中选择“Microsoft PowerPoint 幻灯片”，单击【确定】按钮则在 Excel 工作表上插入了一个 Microsoft PowerPoint 幻灯片对象，同时，Excel 的工具栏被隐藏，代替的是 PowerPoint 的工具栏。

（2）单击格式工具栏上的幻灯片设计按钮 设计(S)，打开幻灯片是设计窗格，单击窗格下面的“浏览”超链接按钮，打开【应用模板设计】对话框。

（3）在【应用设计模板】对话框中，双击打开“Presentation Designs”文件夹，在给出的幻灯片模板列表中选择喜欢的幻灯片模板。

（4）单击【应用】按钮，则幻灯片模板就插入了当前的工作表中。

（5）单击工作表中没有幻灯片的任意处，返回 Excel 工作表，则插入幻灯片对象。

（6）单击插入的幻灯片，用鼠标对准幻灯片四周的八个调节柄，调节幻灯片的大小。这样，就在工作表中插入了一个幻灯片对象。

（二）插入艺术汉字

（1）单击【插入】菜单中的【图片】子菜单的【艺术字】命令，打开【艺术字库】对话框。

（2）选择喜欢的艺术字样式，单击【确定】按钮，打开【编辑“艺术字”文字】对话框所示，输入文字“会计凭证制作系统”，设置字体和字号大小，单击【确定】按钮。

（3）在随后弹出的【艺术字】工具栏中，单击【设置艺术字格式】按钮，打开【设置艺术字格式】对话框，对艺术字的格式进行设置。单击【艺术字形状】按钮，对艺术字形状进行设置。如果对艺术字的样式不满意，还可以单击【艺术字库】按钮，打开【艺术字库】对话框，重新选择艺术字的样式。

如果以后需要重新对艺术字的格式进行设置，可以用鼠标对准艺术字，单击鼠标右键，在弹出的快捷菜单中选择“设置艺术字格式”命令，即可打开【设置艺术字格式】对话框并设置艺术字格式。

（三）插入自选图形对象

为了绘图方便，首先单击【视图】菜单的【工具】子菜单中的【绘图】命令，将绘图工具栏放置在视窗的下面，如果用户已经将绘图工具栏放在了视窗的下面，就不需要进行这项操作了。

插入自选图形对象的步骤如下：

（1）单击【绘图】工作栏上的【自选图形】按钮右边的箭头，选择“基本形状”，展开图形集，从中选择喜欢的图形，此处选样“折角行”。单击鼠标左键，使鼠标指针变为十字。

（2）将鼠标移到前面插入的 PowerPoint 幻灯片对象上，按住鼠标左键不放。

拖拽鼠标，画出大小合适的图形。

(3) 选中该自选图形，单击鼠标右键，在弹出的快捷菜单中单击【编辑文字】命令，则在该自选图形内部出行输入文字的光标，用户就可以输入相关的文字。这里输入文字“收款凭证”。

(4) 文字输入完毕后，单击鼠标右键，在弹出的快捷菜单中单击【设置自选图形格式】命令，打开【设置自选图形格式】对话框，单击【对齐】选项卡，将“文本对齐方式”设置为水平居中、垂直居中，单击【字体】选项卡，将“字体”设置为“华文行楷”，将字号设置为22号，设置字体颜色，单击【确定】按钮，关闭【设置自选图形格式】对话框，最后将光标移至图形内部文字中，调整文字之间的间距。

(5) 单击【绘画】工具栏上的【填充颜色】按钮右边的箭头，在展开的颜色项目中选择“填充效果”，打开【填充效果】对话框，在此对话框中，用户可以选择各种配色方案，这里仅对【渐变】选项卡中的有关项目进行设置，将颜色设置为“预设”，选择“预设颜色”为“薄雾浓云”，“底纹方式”设置为“水平”，单击【确定】按钮，关闭【填充效果】对话框。

如果以后需要重新对图形对象进行设置，可以用鼠标单击图形对象，单击鼠标右键，在弹出的快捷菜单中选样【编辑文字】命令，对文字进行编辑，或选择【设置自选图形格式】命令，对自选图形的格式进行设置。

用同样的办法插入其他几个自选图形对象，但最简单的办法是将制作好的第一个自选图形对象进行复制粘贴，然后修改这几个自选图形对象的文字。设置图形的格式，并填充不同的颜色。最后在PowerPoint背景对象的右下角插入一个文字框，插入备注文字，如制作者的有关信息等。

(四) 为自选图形对象按钮插入超链接

上面制作好的自选图形对象仅仅是一个图形而已，还没有按钮的功能，为此需要对其设置按钮功能。一个简单的方法是对自选图形对象建立超链接，下面以“收款凭证”图形对象为例，说明为自选图形对象建立超链接的方法和步骤具体如下：

(1) 选择“收款凭证”图形对象，单击鼠标右键，在弹出的快捷菜单中选择【超链接】命令，也可以直接单击【插入】菜单中的【超链接】命令，或直接按【Ctrl+K】组合键，打开【插入超链接】对话框。

(2) 在“链接到”区域中所显示的几个项目中单击“本文档中的位置”按钮图标，在“或在这篇文档中选择位置”所显示列表中选择“收款凭证”。

(3) 为了使鼠标指针悬停在图形按钮上时能够显示提示信息，单出【屏幕显示】按钮，打开【设置超链接屏幕提示】对话框。在“屏幕提示文字”栏中

输入提示文字“单击打开收款凭证工作表”，单击【确定】按钮，关闭【设置超链接屏幕提示】对话框，返回到【插入超链接】对话框，单击【确定】按钮，关闭【插入超链接】对话框，返回 Excel 工作表。这样就为“收款凭证”自选图形对象建立了指向“收款凭证”工作表的超链接，从而该图形就具备了按钮的功能，当单击“收款凭证”图形对象时，就可以打开“收款凭证”工作表。用同样的办法对其他几个自选图形对象建立指向相应工作表的超链接，使这几个自选图形对象具有按钮的功能。

（五）美化封面

由于“封面”工作表仍有工作表的网格线、行号和列标等信息。下面对工作表视图进行美化，步骤如下：

（1）选择第 J 列到最后一列（第 IV 列），单击【格式】菜单的【列】子菜单中的【隐藏】命令，将第 J 列到最后一列（第 IV 列）全部隐藏。

（2）选择第 30 行到最后一行（第 65536 行）单击【格式】菜单的【行】子菜单中的【隐藏】命令，将第 30 行到最后一行（第 65536 行）全部隐藏。

（3）单击工作表左上角的选中全部单元格按钮，选中工作表的全部单元格，单击工具栏上的【填充颜色】按钮，选中“白色”，将工作表的全部单元格的颜色填充为白色。然后单击【工具】菜单中的“选项”命令，打开【选项】对话框，单击【视图】选项卡，在“窗口选项”的有关项目中，取消“网格线”、“行号列标”复选框，然后单击【确定】按钮，关闭【选项】对话框。最终效果见图 3－1。

图 3－1　会计凭证管理系统封面

第二节　制作会计科目表

会计对象是能够用货币表现的经济业务，而企业中能够用货币表现的经济业务是大量的、各种各样的。会计如果对其不进行分类，以流水账的形式统一地核算，难以分类提供会计信息，由此提供的信息不能满足使用者的需要。因此，按照能够用货币表现经济业务的特点对会计对象进行分类，分为会计要素，即资产、负债、所有者权益、收入、费用、利润，但每一类会计要素仍然包括较多的内容，如资产类中，包括货币资金、存货、应收款项、固定资产、无形资产等，货币资金又由于其存放地点不同，有存放于出纳人员处的库存现金和存放于银行的银行存款；负债类中包括从银行或其他金融机构取得的借款，由于购进存货从购货方取得的应付款项，由于应交、应提等形成的应交款项；收入包括主营业务收入、其他业务收入、营业外收入等；费用也同样包括主营业务成本、其他业务支出、营业外支出等。为了将如此复杂的经济信息变成有规律的、易识别的经济信息，并将其转换为会计信息准备条件，有必要对纷繁复杂、性质不同的经济业务进行科学分类，其分类的标志或项目就是会计科目。

会计科目是对会计要素的具体内容进行分类核算的标志，每一个会计科目都有明确的含义、核算范围。通过设置会计科目，对会计要素的具体内容进行科学的分类，可以为会计信息使用者提供科学、详细的分类指标体系。例如，将资产分设“现金”、“银行存款”、“应收账款”、“原材料”、“产成品”、“固定资产”、“无形资产”、“递延资产”等科目；负债分设“短期借款”、“应付账款”、“应付税金”、“长期借款”等科目；所有者权益分设“实收资本”、“资本公积”、“盈余公积”等科目。在会计核算的各种方法中，设计会计科目占有重要的位置，它决定着账户的开设、报表结构的设计，是一种基本的会计核算方法。

一、会计科目的设置规则

会计科目是设置账户的依据。有一级科目（又称总账科目）、二级科目（又称子目或类目）和明细科目，分别据以开设总分类账户、二级账户和明细分类账户。

一级科目即总分类科目（或总账科目），是指对会计内容进行总分类核算和监督、提供总括指标的会计科目。为了便于宏观经济管理，一级科目由财政部门

统一规定。

二级科目是介于一级科目和明细科目之间的会计科目。二级科目核算的资料比一级科目更为详细，比明细科目更为概括。如在“其他应收款”一级科目下，可分设“存出保证金”、“备用金”、“垫付款”等二级科目。在二级科目下，再按债务人设置明细科目。在我国会计实务中，常把账户称为会计科目。同时，由于账户是按照规定的会计科目开设的，并须标明有关的会计科目作为账户的名称，因此，会计科目也常将它理解为账户的名称。

设置会计科目是会计核算工作中极为重要的一项工作，它是填制会计凭证和设置账户的依据，是编制会计报表的基础。

会计科目必须根据会计准则和国家统一会计制度的规定设置和使用，设置会计科目一般应遵循下列基本原则：

（1）全面反映会计内容。会计科目是在对会计内容进行基本分类的基础上所做的进一步分类，因此，企业所设会计科目应能全面反映和监督资产、负债、所有者权益、收入、费用和利润等会计内容。同时，每个会计主体还应结合本单位的实际情况，设置能够反映本单位特点的会计科目。例如，工业企业是制造产品的生产性单位，就必须设置核算产品制造过程的会计科目；商业企业是组织商品流通的单位，则只需设置能够核算商品流通过程的会计科目。

（2）符合经济管理要求。会计科目的设置既要符合国家宏观经济管理的要求，又要满足会计主体内部经济管理的需要。国家制定会计准则和统一的会计制度就是为了规范各会计主体的会计核算和按照统一要求提供会计信息，以满足国家宏观经济管理的要求。为此，企业必须按照国家统一会计制度的规定设置会计科目。另外，会计主体可以根据其内部管理的不同需要灵活掌握，自行增加、减少或合并某些会计科目。例如，企业可以根据材料品种、数量的多少和管理上的要求，设置一个会计科目反映多种材料，也可以设置多个会计科目进行反映。

（3）内容明确，繁简适宜。会计科目的设置，内容上要清晰准确，级次上讲求实用，繁简适宜。科目名称力求简明扼要、内容确切、含义清楚，不能相互混淆。一个科目原则上只能反映一个特定的内容，不重不漏，以保证核算指标的一致性。所设会计科目的级次，既要防止过于简单，又要避免过于繁杂，能够满足需要即可。

二、会计科目的编号

会计科目的编号要讲究科学性，一方面要能够起区分会计科目的作用，另一方面要便于专业人员识别和计算机的输入。一级会计科目的编号采用“四位数制”，以千位数数码代表会计科目按会计要素区分的类别，一般分为五个数码：“1”为资产类；“2”为负债类；“3”为所有者权益类；“4”为成本类；“5”为损益类。百位数数码代表每大类会计科目下较为详细的类别，可根据实际需要取数；十位和个位上的数码一般代表会计科目的顺序号，为便于会计科目增减，在顺序号中一般都要留有间隔。

二级会计科目或明细科目可以根据企业的具体情况来设置，例如，可以在“银行存款”下设置诸如“中国工商银行”、“中国建设银行”、“中国交通银行”、“中国农业银行”等明细科目；在“应收账款”科目下设置诸如“A 公司”、“B 公司”、“C 公司”、“D 公司”等明细科目；在“应交税金”科目下设置明细科目；在“主营业务收入”科目下设置诸如“A 产品”、“B 产品”、“C 产品”、“D 产品”等明细科目；在“管理费用”科目下设置明细科目，等等。

三、建立总账科目表

在 Excel 上建立会计科目，应考虑方便用户增加和删除会计科目。建立会计科目的具体方法和步骤如下：

（1）激活“会计科目设置”工作表。在单元格 A1 中输入“总账科目”，将其字体设置为“华文行楷”，字号设置为 22 号。选择单元格区域 A1: B1，单击工具栏上的【合并及居中】按钮。

（2）然后单击工具栏上的【边框】按钮，选择“粗底框线”。

（3）在单元格 A2 中输入“编码”，在单元格 B2 中输入“科目名称”，选择单元格 A2 和 B2，单击工具栏上的【居中】按钮。

（4）在单元格 C3 中输入“科目总数量”，在单元格 C4 中输入公式“=COUNTA（B: B）-1”，统计总账科目的总数目；选择单元格区域 C3: C4，将字体设置为红色。统计总账科目数目和明细科目数目的目的是方便用户了解总账科目的数目是多少，方便以后调整会计科目。

（5）从第 3 行开始，在 A 列输入科目编码，在 B 列输入科目名称。

（6）单击 A 列列标，选取 A 列，单击【格式】菜单中的【单元格】命令，打开【单元格格式】对话框，单击【数字】选项卡，在“分类”中选取“文本”，单击【确定】按钮，关闭【单元格格式】对话框，最后再单击工具栏上的【居中】按钮。

（7）由于会计科目项目较多，当单击垂直滚动条时，标题也同时向上滚动，无法看到标题，因此需要冻结窗格，方法是：单击单元格 A3，单击【窗口】菜单中的【冻结窗格】命令，就在第 2 行标题和第 3 行数据之间设置了冻结的拆分条（黑线）。单击垂直滚动条，第 2 行以上的标题不懂，仅仅是第 3 行以下的各

行滚动。如果要取消冻结窗格，可以单击【窗口】菜单中的【撤销窗口冻结】命令。

（8）用户还可以添加或删除会计科目。添加会计科目的方法是，在需要添加科目的行插入一个空行（单击【插入】菜单的【行】命令即可），再输入科目分类、编码和名称。删除会计科目的方法是，选中要删除科目所在的单元格，单击【编辑】菜单中的【删除】命令。在打开的【删除】对话框中选择有关的选项按钮（一般选择“整行”选项按钮），单击【确定】按钮即可。也可以单击要删除科目所在单元格的行号，选中整行，再单击【编辑】菜单中的【删除】命令。

（9）如果要修改某单元格中的数据，直接单击该单元格进行修改即可。

（10）最后选取第 D 列至第 IV 列，单击【格式】菜单中的【列】子菜单的【隐藏】命令，将第 D 列至第 IV 列全部隐藏。如果要将所有隐藏列显示出来，可以先单击工作表窗口左上角的全部选定按钮，然后再单击【格式】菜单中的【列】子菜单的【取消隐藏】命令。

（11）在工作表的适当位置插入一个自选图形对象，在其内部插入汉字“返回封面”，设置图形对象的格式，为其建立指向“封面”工作表的超链接。这样，单击图形对象按钮“返回封面”，就返回“封面”工作表。

四、建立明细科目表

为了修改、增删以及管理明细科目的方便，这里建立总账科目中各个科目下的明细科目工作表。要在工作表“会计科目设置”的后面插入一个新的工作表“现金”的方法如下：

（1）单击工作表“会计科目”后面的一个工作表标签。

（2）单击【插入】菜单中的【工作表】命令，就自动插入了一张新工作表。

也可以单击鼠标右键，在弹出的快捷菜单中选择【插入】命令，打开【插入】对话框，在【常用】选项卡中双击“工作表”图标，就自动插入了一个新的工作表。

（3）用鼠标对准新插入的工作表标签，单击鼠标右键，在弹出的快捷菜单中选择“重命名”命令，或直接双击该工作表标签，或单击该工作表标签，再单击【格式】菜单中的【工作表】子菜单的【重命名】命令，使该工作表标签处于选中状态，最后输入新的名字“现金”。

（4）用同样的方法插入其他明细科目工作表。

五、建立总账科目表中科目项目与明细科目表的超链接

在建立了各个明细科目工作表的情况下，应当建立总账科目工作表中各个科

目名称所在单元格与明细科目工作表的超链接，以便于当单击总账科目中某个科目所在单元格时，可直接打开该科目对应的明细科目工作表。以总账科目中的“现金”科目与“现金”明细科目工作表为例，建立超链接的方法如下：

（1）在总账科目工作表中，单击“现金”科目所在的单元格 B。

（2）单击鼠标右键，在弹出的快捷菜单中选择【超链接】命令，也可以直接单击【插入】菜单中的【超链接】命令，或直接按【Ctrl + K】组合，打开【插入超链接】对话框。

（3）在“链接到”区域所显示的几个项目中单击“本文档中的位置”按钮图标，在“要显示的文字”文字框中输入“现金”，在“请键入单元格引用”文字框中输入“A1”，在“或在这篇文档中选择位置”所显示的“单元格引用”列表中选择“现金”。

（4）单击【确定】按钮，关闭【插入超链接】对话框。

（5）激活“现金”工作表，输入有关项目，然后单击标题“现金”所在的单元格，为其建立指向工作表“总账科目”的超链接。

（6）用同样的办法建立总账科目中其他科目所在单元格指向该科目对应的明细科目工作表的超链接，并设计相应明细科目工作表结构，为其建立指向工作表“总账科目”的超链接。最终的完成效果如表 3 – 1 所示。

表 3 – 1　Excel 会计科目表示例

总账科目

编码	科目名称
1001	现金
1002	银行存款
1009	其他货币资金
1101	短期投资
1102	短期投资跌价准备
1111	应收票据
1121	应收股利
1122	应收利息
1131	应收账款
1133	其他应收款
1141	坏账准备
1151	预付账款

续表

编码	科目名称
1161	应收补贴款
1201	物资采购
1211	原材料
1221	包装物
1231	低值易耗品
1232	材料成本差异
1241	自制半成品
1243	库存商品
1251	委托加工物资
1261	委托代销商品
1271	受托代销商品
1281	存货跌价准备

第三节 制作记账凭证模板

一、制作凭证模板

启动 Excel，仿照记账凭证样式，在 Sheet1 中制作一张空白记账凭证。

二、输入明细项目

为了规范明细项目的内容，我们利用数据有效性规则，制作成下拉菜单样式。

（1）切换到 Sheet2 工作表，在 A 列中依次输入一级会计科目名称；然后分别将二级科目或明细科目名称输入一级科目相应的行中。

（2）同时选中 B1 ~ H1（具体区域请根据实际情况确定），将鼠标定位到“名称栏”中，输入如“公务经费”后，按回车键进行确认。

（3）重复第（2）步操作，将有关区域分别命名为有关一级科目名称；并将 A1 ~ An 区域命名为“一级科目”。

（4）切换到 Sheet1 工作表，选中 A1 ~ A11 区域，执行“数据→有效性”命令，打开“数据有效性”对话框，按“允许”右侧的下拉按钮，在随后出现的下拉列表中，选择“序列”，然后在“来源”下面的方框中输入“ = 一级科目”，按确定返回。

(5) 同时选中 B7 ~ B11 区域，仿照第 (4) 步，打开“数据有效性”对话框，选中“序列”项，并在“来源”栏中输入“ = INDIRECT (A7)”。

以后，只要点击 A1 ~ A11 中任意一个单元格，就会出现一个下拉列表，可以从中选择“一级科目”内容，并按回车键确认。在 A 列的某个单元格确认“一级科目”内容后，点击 B 列相应的单元格，也会出现一个下拉列表，从中选择相应的“二级科目”或明细科目内容。

三、实现特殊效果

填写凭证时最难的一个问题是：“金额”分散在多个单元格中，如果一个一个的输入，需要多次切换单元格，既麻烦又容易出错，我们用下面的方法，实现“一次输入，分散填充”的效果。

(1) 分别选中 E6 ~ N6 单元格（即千、百、十、万、千、百、十、元、角、分各栏），输入数值 10000000、1000000、100000、10000、1000、100、10、1、0.1、0.01；分别选中相应的金额单元格，输入上述系列数值。

(2) 选中 E7 单元格，输入公式“ = IF (OR ($ Z7 = "", INT ($ Z7/E $ 6) =0),""), RIGHT (INT ($ Z7/E $ 6), 1)”。

(3) 再次选中 E7 单元格，当鼠标移至该单元格右下角呈细十字线形状时（填充柄），按住左键，向右拖拉至 N7 单元格，再向下拖拉至 N12 单元格（即需在“借方或贷方”录入金额的单元格内），将上述公式复制到拖拉过的单元格区域内。

(4) 分别选中 Z12 和 AA12 单元格，输入公式“ = SUM (Z7: Z11)”、“ = SUM (A7: AA11)”，用于计算“小计”项。

以后，只要在 Z7 ~ Z11 或 AA7 ~ AA11 单元格中一次性输入数值，如 123456，则相应的数值就会分散填充到 E 列至 N 列或 O 列至 X 列相应的单元格中，同时在 E12 ~ N12 或 O12 ~ X12 单元格中显示出小计的数值。

四、打印凭证

在打印记账凭证时，第 6 行 Z 列和 AA 列的内容不能打印出来，我们用“视图管理器”来实现快速打印。

(1) 执行“视图→视图管理器”对话框，单击“添加”按钮，打开“添加视图”对话框，输入一个名称，如“输入界面”，按“确定”退出。

（2）选中第 6 行，执行“格式→行→隐藏”命令，将它隐藏起来，同时选中 Z 列和 AA 列，执行“格式→列→隐藏”命令，将它隐藏起来。

（3）再次打开“视图管理器”对话框，添加一个“打印界面”视图。

以后需要输入时，打开“视图管理器”对话框，双击“输入界面”选项，即可以进行数据的输入；需要打印时，只要打开“视图管理器”对话框，双击“打印界面”选项，然后执行打印操作。最终的记账凭证模板如表 3－2 所示。

表 3－2　Excel 记账凭证模板示例

2013 年 8 月 15 日　　　　　　现付字第 5 号

摘要	会计科目		借方金额											贷方金额											记账
	总账科目	明细科目	亿	千	百	十	万	千	百	十	元	角	分	亿	千	百	十	万	千	百	十	元	角	分	
提现金	银行存款	招商银行				2	0	0	0	0	0	0	0												
	现金																2	0	0	0	0	0	0	0	
合计	贰拾万元整				¥	2	0	0	0	0	0	0	0			¥	2	0	0	0	0	0	0	0	

附单据 1 张

财务主管：hhh　　记账：lll　　出纳：zzz　　审核：ttt　　制单：sss

第四章　会计技能实训

——账簿与报表

第一节　手工建账

一、新设企业建账

1. 根据企业的规模等，选择适用的《企业会计准则》、《企业会计制度》或《小企业会计制度》。

2. 购买账簿。工业企业由于会计核算涉及内容多，又有成本归集与计算问题，所以工业企业建账是最复杂的，一般而言，工业企业应设置的账簿有：

（1）现金日记账。一般企业只设1本现金日记账。但如有外币，则应就不同的币种分设现金日记账。

（2）银行存款日记账。一般应根据每个银行账号单独设立1本账。如果企业只有1个基本账户，则就设1本银行存款日记账。

现金日记账和银行存款日记账均应使用订本账。根据单位业务量大小可以选择购买100页的或200页的。

（3）总分类账。一般企业只设1本总分类账。外形使用订本账，根据单位业务量大小可以选择购买100页的或200页的。这1本总分类账包含企业所设置的全部账户的总括信息。

（4）明细分类账。明细分类账要使用活页的，所以不能直接买现成的。原材料、存货类的明细账要用数量金额式的账页；收入、费用、成本类的明细账要用多栏式的账页；应交增值税的明细账单有账页；其他的基本用三栏式账页。因此，我们要分别购买这4种账页，根据所需的每种格式账页大概页数分别取部分

出来，外加明细账封皮及经管人员一览表即可。

当然，本数的多少依然是根据单位业务量等情况而设置。业务简单且很少的企业可以把所有的明细账户设在1本明细账上；业务多的企业可根据需要分别就资产、权益、损益类分3本明细账；也可单独就存货、往来各设1本，这并无固定情况，完全视企业管理需要来设。

另外，有些大公司固定资产明细账用卡片账。一般小公司都是和其他资产类合在一起。

3. 选科目。可以参照会计准则应用指南中的会计科目，结合自己单位所属行业及企业管理需要，依次从资产类、负债类、所有者权益类、成本类、损益类中选择出应设置的会计科目。

4. 填制账簿内容。

（1）封皮。

（2）扉页或使用登记表，明细账中称经管人员一览表。

①单位或使用者名称，即会计主体名称，与公章内容一致。

②印鉴，即单位公章。

③使用账簿页数，在本年度结束（12月31日）据实填写。

④经管人员盖相关人员个人名章。另外记账人员更换时，应在交接记录中填写交接人员姓名、经管及交出时间和监交人员职务、姓名。

⑤粘贴印花税票并划双横线，除实收资本、资本公积按万分之五贴花，其他账簿均按5元每本贴花。

另外，如果明细账分若干本的话，还需在经管人员一览表中填列账簿名称。

（3）总分类账的账户目录。总分类账外形采用订本式，印刷时已事先在每页的左上角或右上角印好页码。但由于所有账户均须在一本总账上体现，故应给每个账户预先留好页码。如“库存现金”用第1、2页，“银行存款”用第3、4、5、6页，根据单位具体情况设置。并要把科目名称及其页次填在账户目录中。

明细分类账由于采用活页式账页，在年底归档前可以增减账页，故不用非常严格的预留账页。现金或银行存款日记账各自登记在一本上，故不存在预留账页的情况。

（4）账页（不存在期初余额）。现金和银行存款日记账不用对账页特别设置。

①总账账页。按资产、负债、所有者权益、成本、收入、费用的顺序把所需会计科目名称写在左上角或右上角的横线上，或直接加盖科目章。

②明细账账页。按资产、负债、所有者权益、成本、收入、费用的顺序把所需会计科目名称写在左（右）上角或中间的横线上，或直接加盖科目章，包括

根据企业具体情况分别设置的明细科目名称。另外对于成本、收入、费用类明细账还需以多栏式分项目列示，如“管理费用”借方要分成办公费、交通费、电话费、水电费、工资等项列示，具体按企业管理需要，即费用的分析项目列示，每个企业可以不相同。

另外，为了查找、登记方便，在设置明细账账页时，每一账户的第一张账页外侧粘贴口取纸，并各个账户错开粘贴。当然口取纸上也要写出会计科目名称。一般只写一级科目。另外，也可将资产、负债、所有者权益、收入、费用按红、蓝不同颜色区分开。

二、存续企业年初建账

1. 应该重新建账的。总账、日记账和多数明细账应每年更换一次，即新的年度开始时都需要重新建账。

2. 可以不重新建账的。有些明细账也可以继续使用，如财产物资明细账和债权、债务明细账等，由于材料等财产物资的品种、规格繁多，债权债务单位也较多，如果更换新账，重抄一遍的工作量相当大，因此，可以跨年度使用，不必每年更换一次；固定资产卡片等卡片式账簿及各种备查账簿，也都可以跨年度连续使用。

3. 重新建账的具体做法。

(1) 根据所需购买总账两本日记账，设置明细账。

(2) 填制账簿内容。

①封皮。

②扉页，或使用登记表，明细账中称经管人员一览表。

③总分类账的账户目录。

④账页（见表4－1和表4－2）。

表4－1　总分类账账页示例

总分类账

会计科目：待处理财产损溢

2005		凭证号数	摘要	借方金额	贷方金额	借或贷	余额
月	日						
9	1		期初余额			借	300.00
9	30	汇1	本月发生额	0.00	1300.00	贷	1000.00
9	30		本月合计	0.00	1300.00	贷	1000.00

表 4-2 明细分类账账页示例

应收账款明细账

科目编号 总账科目 明细科目

121101 原材料 甲材料

2005		记账编号	凭证号		摘要	借方金额	贷方金额	借或贷	余额
月	日		类别	号					
9	1				期初余额			借	80000.00
9	2	记账 002	转	2	购材	12000.00		借	200000.00
9	18	记账 022	转	8	购材	12000.00		借	320000.00
9	26	记账 029	银付	10	购材	60000.00		借	380000.00
9	30	记账 033	转	11	领料		360000.00	借	20000.00
9	30	记账 034	转	12	甲材料	1000.00		借	21000.00
9	30	合计				301000.00	36000.00	借	21000.00

以上与企业刚成立一致，只是多一步登记期初余额。不必填制记账凭证，为了衔接，直接将上年该账户的余额抄入新账户所开第一页的首行，也就是直接“过账”。

（A）现金日记账和银行存款日记账。

“日期”栏内，写上“1 月 1 日”或空着；“摘要”栏内写上“上年结转”或“期初余额”或“年初余额”字样；将现金实有数或上年末银行存款账面数填在“余额”栏内。

（B）非损益类总账和明细账。只是比日记账多一项余额方向的列示。即在余额列前要表明“借”或“贷”字。

三、实训例题举例

根据企业业务，准备建账资料。

新兴公司 2009 年 5 月 31 日总分类账账户期末余额如下（单位：元）：

2009 年 5 月 31 日有关明细账户余额如下：

原材料——甲　30000 元，甲材料每公斤 100 元，共 300 公斤。

原材料——乙　10000 元，乙材料每公斤 200 元，共 50 公斤。

生产成本——A 产品　6000 元

生产成本——B 产品　7000 元

库存商品——A 产品　10000 元，A 产品单位成本 250 元，共 40 件。

库存商品——B 产品　　14000 元，B 产品单位成本 200 元，共 70 件。

2009 年 6 月新兴公司发生以下经济业务：

1. 1 日，采购甲材料 10 公斤，单价 100 元，增值税进项税额 170 元，款项以银行存款支付，材料已验收入库。

2. 2 日，生产 A 产品领用甲材料 100 公斤，单价 100 元；车间一般耗用乙材料 15 公斤，单价 200 元；企业行政部门领用甲材料 20 公斤，单价 100 元。

3. 5 日，采购员张某出差预支差旅费 1000 元，付给现金。

4. 7 日，以银行存款支付车间修理费 2000 元。

5. 11 日，销售 B 产品 50 件，单价 600 元，增值税销项税额 5100 元，款项已收存银行。

6. 13 日，从银行提取现金 30000 元，备发工资。

7. 16 日，采购员张某出差回来报销差旅费 1400 元，补付现金 400 元。

8. 17 日，以现金发放工资 30000 元。

9. 20 日，分配工资，A 产品生产工人 8000 元，B 产品生产工人 12000 元，车间管理人员 4000 元，企业行政管理人员 6000 元。

10. 23 日，计提本月固定资产折旧 8000 元，其中车间设备折旧 5000 元，行政管理部门折旧 3000 元。

11. 30 日，结转本月制造费用 14000 元，按工人工资分配。

12. 30 日，结转本月完工产品成本，本月投入生产 A、B 产品各 100 件，A 产品全部完工，B 产品未完工。

13. 30 日，结转本月销售 B 产品成本。

14. 30 日，结转本月各损益类账户。

会计分录：

		借方	贷方
1. 借：	原材料——甲材料	1000	
	应交税费——应交增值税（进项税额）		170
	贷：银行存款		1170
2. 借：	生产成本——A 产品	10000	
	制造费用——材料费	3000	
	管理费用——材料费	2000	
	贷：原材料——甲材料		12000
	——乙材料		3000
3. 借：	其他应收款——张某	1000	
	贷：库存现金		1000
4. 借：	制造费用——修理费	2000	

贷：银行存款　　2000

5. 借：银行存款　　35100

　　贷：主营业务收入——B 产品　　30000

　　　　应交税费——应交增值税（销项税额）　　5100

6. 借：库存现金　　30000

　　贷：银行存款　　30000

7. 借：管理费用——差旅费　　1400

　　贷：其他应收款——张某　　1000

　　　　库存现金　　400

8. 借：应付职工薪酬　　30000

　　贷：库存现金　　30000

9. 借：生产成本——A 产品　　8000

　　　　　　——B 产品12000

　　制造费用——工资4000

　　管理费用——工资6000

　　贷：应付职工薪酬　　30000

10. 借：制造费用——折旧　　5000

　　管理费用——折旧　　3000

　　贷：累计折旧　　8000

11. 制造费用分配率 = 14000/（8000 + 12000） = 0.7

A 产品应分摊的制造费用 = 0.7 × 8000 = 5600（元）

B 产品应分摊的制造费用 = 0.7 × 12000 = 8400（元）

借：生产成本——A 产品　　5600

　　　　　　——B 产品　　8400

　　贷：制造费用　　14000

12. 生产成本 A 产品 = 6000 + 10000 + 8000 + 5600 = 29600

借：库存商品——A 产品　　29600

　　贷：生产成本——A 产品　　29600

13. 借：主营业务成本　　10000

　　贷：库存商品——B 产品　　10000

14. 管理费用 = 2000 + 1400 + 6000 + 3000 = 12400

借：本年利润　　22400

　　贷：主营业务成本　　10000

　　　　管理费用　　12400

借：主营业务收入　　30000
　贷：本年利润　　30000

第二节　账簿的日常记录

一、日记账及其登记

企业通常设置的序时账簿主要是指特种日记账中的现金日记账和银行存款日记账。

（一）现金日记账的格式及登记方法

现金日记账是用来核算和监督库存现金日常收、付、结存情况的序时账簿，通过现金日记账可以全面、连续地了解和掌握企业单位每日库存现金的收支动态和余额，为日常分析、检查企业单位的库存现金收支活动提供资料。现金日记账的格式主要有三栏式和多栏式两种。

三栏式现金日记账，通常设置收入、付出，结余或借方、贷方，余额三个主要栏目，用来登记库存现金的增减变动及其结果。

三栏式现金日记账是由现金出纳员根据现金收款凭证、现金付款凭证以及银行存款的付款凭证（反映从银行提取现金业务），按照库存现金收、付款业务和银行存款付款业务发生时间的先后顺序逐日、逐笔登记。其一般格式见表4－3。

表4－3　现金日记账示例

2013年

月	日	凭证类别	凭证号	摘要	对方科目	借方	贷方	余额
6	25			期初余额				4017.19
6	26	现付	201	购买办公用品	管理费用		287.65	3729.54
6	28	现付	202	李某借差旅费	其他应收款		3000.00	729.54
6	28	银付	302	提现金	银行存款	3000.00		3729.54
6	30	现收	501	李某交回余款	其他应收款	86.00		3815.54
6	30	现收	502	出售废品	营业外收入	28.00		3843.54
6	30	现收	502	出售废品	营业外收入			123.00
汇总						3114.00	3287.65	

为了更清晰地反映账户之间的对应关系，了解现金变化的来龙去脉，还可以在三栏式日记账中收入和付出两个栏目下，按照库存现金收、付的对方科目设置专栏，形成多栏式现金日记账。

采用多栏式现金日记账时，按照收入、付出的对应科目分设专栏逐日逐笔登记，到月末结账时，分栏加计发生额，对全月现金的收入来源、付出去向都可以一目了然，能够为企业的经济活动分析和财务收支分析提供详细具体的资料。但是，在使用会计科目比较多的情况下，多栏式日记账的账页过宽，不便于分工登记，而且容易发生错栏串行。为此，在实际工作中可以将多栏式现金日记账分设两本，即分为多栏式现金收入日记账和多栏式现金支出日记账。

（二）银行存款日记账的格式及登记方法

银行存款收、付业务的结算方式有多种，为了反映具体的结算方式以及相关的单位，需要在三栏式现金日记账的基础上，通过增设栏目设置银行存款日记账。增设的栏目主要为采用的结算方式和对方单位名称等内容。三栏式银行存款日记账的具体格式如表4－4所示。

银行存款日记账由出纳员根据银行存款的收款凭证、付款凭证以及现金的付款凭证（将现金存入银行业务）序时登记的。总体来说，银行存款日记账的登记方法与现金日记账的登记方法基本相同，但有以下几点需要注意：

首先，出纳员在办理银行存款收、付业务时，应对收款凭证和付款凭证进行全面的审查复核，保证记账凭证与所附的原始凭证的内容一致，方可依据正确的记账凭证在银行存款日记账中记明下列内容：日期（收、付款凭证编制日期）、凭证种类（银收、银付或现付）、凭证号数（记账凭证的编号）、采用的结算方式（支票、本票或汇票等）、对方单位（对方收款或付款单位名称）、摘要（概括说明经济业务内容）、对应账户名称、金额（收入、付出或结余）等。

其次，银行存款日记账应按照经济业务发生时间的顺序逐笔分行记录。当日的业务当日记录，不得将记账凭证汇总登记。每日业务记录完毕应结出余额，月末应分别结出本月借方、贷方发生额及期末余额和累计发生额，即做到日清月结。年末应结出全年累计发生额和年末余额，并办理结转下年手续。有关发生额和余额（包括日、月、年）计算出来之后，应在账页中的相应位置予以标明。

再次，银行存款日记账必须按行次、页次顺序登记，不得跳行、隔页，不得以任何借口随意更换账簿。记账过程中一旦发生错误应采用正确的方法进行更正。会计期末按规定结账。

最后，银行存款日记账根据需要也可以采用多栏式。但多栏式银行存款日记账在应用会计科目较多时，账页必然过宽，不便于登记，而且容易发生错栏串行。为了避免这种错误的发生，在实际工作中，可以将银行存款日记账分设两本，即多栏式银行存款收入日记账和多栏式银行存款支出日记账。多栏式银行存款日记账的登记方法除特殊栏目（如结算方式、对方单位等）外基本同于多栏式现金日记账的登记方法。

表 4-4 银行存款日记账

2013 年　　　　开户行：中国工商银行　　　　账号：

月	日	凭证类别	凭证号	结算方式	票据号码	摘要	对方科目	借方	贷方	余额
						期初余额				34667.53
6	1	银付	601	现支	#5646781	提现金	现金		6000.00	28667.53
6	2	银付	602	现支	#227643	购买 A 材料	原材料		22500.00	6167.53
6	2	银收	601	信汇		收销货款	应收账款	14950.00		21117.53
6	3	现付	601			邮寄费	管理费用		46.32	21071.53
6	6	银付	604	转支	#248459	支付包装物款	包装物		6200.00	21071.21
6	6	银收	602	本票		收到货款	应收账款	8000.00		20451.21
6	6	现付	602			现金送银行	现金	2000.00		28451.21
汇总								24950.00	29166.32	30451.21

（三）实训例题

根据第一节给出的本章案例基本资料，登记现金日记账和银行存款日记账。

二、总账及其登记

（一）总账的格式及登记要求

总账又称总分类账，它是按照一级会计科目的编号顺序分类开设并登记全部经济业务的账簿。总分类账的格式有三栏式（即借方、贷方、余额三个主要栏目）和多栏式两种。其中，三栏式又区分为不反映对应科目的三栏式和反映对应科目的三栏式。总分类账的登记依据和方法，主要取决于所采用的会计核算组织程序。它可以直接根据记账凭证逐笔登记，也可以把记账凭证先汇总，编制成汇总记账凭证或科目汇总表，再根据汇总的记账凭证或科目汇总表定期登记。

不管哪种格式的总分类账，每月都应将本月已完成的经济业务全部登记入账，并于月末结出各总分类账户的本期发生额和期末余额。总账在与其他有关账簿核对相符之后，作为编制会计报表的主要依据。

（二）科目汇总表核算组织程序

科目汇总表核算组织程序是指根据各种记账凭证先定期（或月末一次）按会计科目汇总编制科目汇总表，然后根据科目汇总表登记总分类账，并定期编制会计报表的账务处理程序。

1. 科目汇总表核算组织程序下的记账凭证、会计账簿的种类与格式。在科目汇总表核算组织程序下采用的记账凭证与记账凭证核算组织程序、汇总记账凭证核算组织程序相比，存在着较大差别。独特的做法是要设置“科目汇总表”这种具有汇总性质的记账凭证。使用的会计账簿与另两种会计核算组织程序基本相同。

2. 科目汇总表的格式与编制方法。科目汇总表也是根据专用记账凭证汇总编制而成的。基本的编制方法是：根据一定时期内的全部记账凭证，按照相同会计科目进行归类，定期（每 10 天、15 天或 1 个月一次）分别汇总每一个账户的借、贷双方的发生额，并将其填列在科目汇总表的相应栏内，借以反映全部账户的借、贷双方的发生额。根据科目汇总表登记总分类账时，只需将该表中汇总起来的各科目的本期借、贷方发生额的合计数，分次或月末一次记入相应总分类账的借方或贷方即可。

应当注意的是，“科目汇总表”是按各个会计科目的发生额分别进行汇总的。编制科目汇总表的作用是便于对总分类账进行汇总登记。根据科目汇总表登记总分类账时，只需要将科目汇总表中有关各科目的本期借、贷方发生额合计数，分次或月末一次记入相应总分类账的借方或贷方即可。另外，采用科目汇总表时，凭证的编号方法应以“科汇字第×号”字样按月连续编号。

3. 科目汇总表核算组织程序下账务处理的基本步骤。在科目汇总表核算组织程序下，对经济业务进行账务处理的程序大体要经过以下七个步骤：

（1）经济业务发生以后，根据有关的原始凭证或原始凭证汇总表填制各种专用记账凭证（收款凭证、付款凭证和转账凭证）。

（2）根据收款凭证和付款凭证逐笔登记现金日记账和银行存款日记账。

（3）根据记账凭证并参考原始凭证或原始凭证汇总表，逐笔登记各种明细分类账。

（4）根据各种记账凭证汇总编制科目汇总表。

（5）根据科目汇总表汇总登记总分类账。

（6）月末，将日记账、明细分类账的余额与总分类账中相应账户的余额进行核对。

（7）月末，根据总分类账和明细账的记录编制会计报表。

4. 科目汇总表核算组织程序的特点、优缺点及适用范围。科目汇总表核算组织程序的特点是，定期根据所有记账凭证汇总编制汇总表，根据科目汇总表上的汇总数字登记总分类账。

科目汇总表核算组织程序的优点如下：

（1）可以利用该表的汇总结果进行账户发生额的试算平衡。在科目汇总表上的汇总结果体现了一定会计期间内所有账户的借方发生额和贷方发生额之间的相等关系，利用这种发生额的相等关系，可以进行全部账户记录的试算平衡。

（2）在试算平衡的基础上记账能保证总分类账登记的正确性。在科目汇总表核算组织程序下，在登记总分类账之前，能够通过科目汇总表的汇总结果检验所填制的记账凭证是否正确，等于在记账前进行了一次试算平衡。在此基础上记账，能够保证总分类账登记的正确性。

（3）可以大大减轻登记总账的工作量。在科目汇总表核算组织程序下，可根据科目汇总表上有关账户的汇总发生额，在月中定期地或月末一次性地登记总分类账，可以使登记总分类账的工作量大为减轻。

（4）适用性比较强。与记账凭证核算组织程序和汇总记账凭证核算组织程序相比较，由于科目汇总表核算组织程序优点较多，任何规模的会计主体都可以采用。

科目汇总表核算组织程序的缺点如下：

（1）编制科目汇总表的工作量比较大。在科目汇总表核算组织程序下，对发生的经济业务首先要填制各种专用记账凭证，还需要定期地对记账凭证进行汇总，编制作为登记总分类账依据的科目汇总表，增加了工作量。

（2）科目汇总表是按各个会计科目归类汇总其发生额的，不能清楚地显示出各个账户之间的对应关系，不能够清晰地反映经济业务的来龙去脉。

科目汇总表核算组织程序的适用范围：由于科目汇总表核算组织程序账务处理程序清楚，又具有能够进行账户发生额的试算平衡、减轻总分类账登记的工作量等优点，因而不论规模大小的会计主体都可以采用。

三、明细账及其登记

（一）各类明细账的格式及登记要求

明细账又称明细分类账，它是根据二级会计科目或明细科目设置账户，并根据审核无误后的会计凭证登记某一具体经济业务的账簿。各种明细分类账可根据实际需要，分别按照二级会计科目和明细科目开设账户，进行明细分类核算，以便提供资产、负债、所有者权益、收入、费用和利润等的详细信息。这些信息也是进一步加工成会计报表信息的依据。因此，各企业单位在设置总分类账的基础上，还应按照总账科目下设若干必要的明细分类账，作为总分类账的必要补充说明。这样，既能根据总分类账反映该类经济业务的总括情况，又能根据明细分类

账进一步反映该类经济业务的具体和详细情况。明细分类账一般采用活页式账簿，也可以采用卡片式账簿（如固定资产明细账）和订本式账簿等。

根据管理上的要求和各种明细分类账记录经济业务的特点，明细分类账的格式主要有以下三种：

1. 三栏式明细分类账。三栏式明细分类账的格式和三栏式总分类账的格式相同，即账页只设有借方金额栏、贷方金额栏和余额金额栏三个栏目。这种格式的明细账适用于只要求提供货币信息而不需要提供非货币信息（实物量指标等）的账户。一般适用于记载债权债务类经济业务，如应付账款、应收账款、其他应收款、其他应付款等内容。其账页格式与总账账页格式相同。

2. 数量金额式明细账。数量金额式明细账要求在账页上对借方、贷方、余额栏下分别设置数量栏和金额栏，以便同时提供货币信息和实物量信息。这一类明细账适用于既要进行金额核算又要进行实物量核算的财产物资类科目，如原材料、库存商品等科目的明细账。

3. 多栏式明细账。多栏式明细分类账是根据经济业务的特点和经营管理的需要，在一张账页内按有关明细科目或项目分设若干专栏的账簿。按照登记经济业务内容的不同又分为“借方多栏式”，如物资采购明细账、生产成本明细账、制造费用明细账等；“贷方多栏式”，如主营业务收入明细账等。

对于借方多栏式明细账，由于只在借方设多栏，平时在借方登记费用、成本的发生额，贷方登记月末将借方发生额一次转出的数额，所以平时如发生贷方发生额（无法在贷方登记），应该用红字在借方多栏中登记。贷方多栏式明细账也存在同样问题。

（二）实训例题

根据本章第一节给出的案例基本资料，登记相关明细账。

1. 数量金额式明细账。

2. 多栏式明细账。

第三节　结账、对账及账簿的错误更正

一、结账

为了总结某一会计期间的经济活动情况，考核经营成果，便于编制会计报表，必须定期进行对账和结账工作。

（一）结账的概念

定期编制反映企业财务状况、经营成果和现金流量的财务报告以满足不同方面对会计信息的需求是会计核算工作一个极为重要的内容。为了使各会计账户在会计期末时提供编制各种报表所需要的资料，必须通过“结账”程序来实现。所谓结账，是在将本期内所发生的经济业务全部登记入账的基础上，按照规定的方法对该期内的账簿记录进行小结，结算出本期发生额合计和期末余额，并将其余额结转下期或者转入新账的过程。

（二）结账的步骤及内容

结账工作主要包括以下几个步骤及具体内容：

（1）结账前，必须将本期发生的全部经济业务登记入账。所以，在结账时，要首先查明这些经济业务是否已全部登记入账。

（2）在本期经济业务全面入账的基础上，按照权责发生制原则的要求，将收入和费用归属于各个相应的会计期间，即编制调整分录，再据以登记入账。

（3）编制结账分录。对于各种收入、费用类账户的余额，应在有关账户之间进行结转，从而结束各有关收入和费用类账户。也就是将这些反映损益的收入和费用类账户如“主营业务收入”、“主营业务成本”、“营业税金及附加”、“管理费用”、“财务费用”、“销售费用”等损益类账户的余额转入“本年利润”账户，以便在这些损益类账簿上重新记录下一个会计期间的业务。结账分录包括两部分，一部分是结转收入的，另一部分是结转费用的，结账分录也需要登记到相应的账簿中去。

需要注意的是，通过编制结账分录并转入各账户，以结平各损益类账户的方法称为“账结法”。账结法可以在平时每个月末进行，也可以集中于年末进行。如果是集中在年末进行账结，平时可以保持各个损益类账户的余额不变，使得各损益类账户累计地反映全年的收入和费用情况。平时的月末，为了编制利润表，可以在报表中对有关的收入和费用账户进行结转，此即所谓的“表结法”。但无论何种方法，年末时必须按照账结法结平各损益类账户。

（4）计算各账户的本期发生额合计和期末余额。按照《会计工作基础规范》的要求，结账时，应当结出各个账户的期末余额，需要结出当月发生额的，应当在摘要栏内注明“本月合计”字样，并在下面通栏画单红线。需要结出本年累计发生额的，应当在摘要栏内注明“本年累计”字样，全年累计发生额下面应当通栏画双红线。本年各账户的年末余额转入下年，应在摘要栏注明“结转下年”以及“上年结转”字样。

二、对账

对账会计作为一个信息系统，对日常发生的经济业务处理后，在数量关系

中，必然会形成一套以会计账簿为中心，账簿与会计凭证、实物以及会计报表之间的相互控制、稽核和自动平衡的保护性机制。为了保证这个机制的正常运行，确保账证相符、账账相符、账实相符，就有必要对各种账簿记录的内容进行核对。

（一）对账的概念

在会计核算工作中，由于种种原因，有时难免会发生各种差错，诸如填制记账凭证的差错，记账或过账的差错，数量或金额计算的差错，以及财产物资收发计量的差错等。为了确保各种账簿记录的完整和正确，如实地反映和监督经济活动的状况，以便为编制会计报表提供真实、可靠的数据资料，在记账以后结账之前，就必须核对各种账簿记录，做好对账工作。所谓对账，简单地说就是在经济业务全部登记入账之后，对账簿记录所进行的核对工作。

对账工作一般是在会计期末进行的，如果遇到特殊情况，如有关人员办理调动时或发生非常事件后，应随时进行对账。

（二）对账的内容

对账的内容，一般包括以下几个方面：

1. 账证核对。账证核对就是将各种账簿（包括总分类账、明细分类账以及现金和银行存款日记账等）记录与有关的会计凭证（包括记账凭证及其所附的原始凭证）进行核对，做到账证相符。这一步工作一般可以采用抽查法进行。

2. 账账核对。账账核对是在账证核对相符的基础上，对各种账簿记录的内容所进行的核对工作，做到账账相符。账账核对的具体内容包括：

（1）总分类账中各账户的本期借、贷方发生额合计数，期末借、贷方余额合计数，应当分别核对相符，以检查总分类账户的登记是否正确。其核对方法是通过编制“总分类账户发生额及余额试算表”来进行核对。

（2）现金日记账、银行存款日记账的本期发生额合计数以及期末余额合计数，分别与总账中的现金账户、银行存款账户的记录核对相符，以检查日记账的登记是否正确。

（3）总分类账户本期借、贷双方发生额及余额与所属明细分类账户本期借、贷方发生额合计数及余额合计数核对相符，以检查总分类账户和明细分类账户登记是否正确。其核对方法一般是通过编制“总分类账户与明细分类账户发生额及余额试算表”来进行核对。

（4）会计部门登记的各种财产物资明细分类账的结存数，与财产物资保管或使用部门的有关保管账的结存数核对相符，以检查双方登记是否正确。

3. 账实核对。账实核对是在账账核对的基础上，将各种账簿记录余额与各项财产物资、库存现金、银行存款及各种往来款项的实存数核对，做到账实相符。其具体内容包括：

（1）现金日记账的余额与库存现金实际库存数核对相符。

（2）银行存款日记账的发生额及余额与银行对账单核对相符。

（3）财产物资明细账的结存数，分别与财产物资的实存数核对相符。

（4）各种债权、债务的账面记录应定期与有关债务、债权单位或个人核对相符。

三、错账的更正规则

（一）错账的基本类型

会计人员在记账过程中，由于种种原因可能会产生凭证的编制错误或账簿的登记错误，即发生错账。其错账的基本类型主要有以下几种：

（1）记账凭证正确，但依据正确的记账凭证登记账簿时发生过账错误。

（2）记账凭证错误，导致账簿登记也发生错误。这种类型的错误又包括三种情况：一是由于记账凭证上的会计科目用错而引发的错账；二是记账凭证上金额多写而引发的错账；三是记账凭证上金额少写而引发的错账。

（二）账簿错误的查找

会计账簿的日常登记是一项细致的工作，稍有不慎就会发生错误。为了及时更正这些错误，就需要对账簿记录进行检查以便发现错误。在正常情况下，账簿记录错误有两种：一种是凭证错误而导致的账簿错误；另一种是账簿本身登记错误。账簿错误的查找方法主要有以下几种：

1. 顺查法。按照会计核算程序，从经济业务→原始凭证→记账凭证→会计账簿→试算表，按顺序查找。在哪个环节发现错误，分析错误的原因及性质，然后采取正确的方法进行更正。

2. 逆查法。按照与会计核算程序相反的步骤，从试算表→会计账簿→记账凭证→原始凭证→经济业务，逐步缩小错误的范围，直到找出错误为止。

3. 技术方法。根据错账的数字，结合数字之间的某些规律运用数学知识来查找错误的方法。技术方法又具体分为差数法、除 2 法和除 9 法三种。

差数法就是记账人员首先确定错账的差数（即借方和贷方的合计金额的差额），再根据差数去查找错误的方法。这种方法对于发现漏记账目比较有效，也很简便。

除 2 法是指首先算出借方和贷方的差额，再将差额除以 2 得出商数，查找账户记录中有无与商数相同的金额的方法。

除 9 法就是先算出借方与贷方的差额，再除以 9 来查找错误的方法，如能除尽，则可能有两种情况，即数字位移或数字颠倒。数字位移，例如，将 4000 误记成400，差数为3600，用9除得400，将位数前进一位即可。数字颠倒，例如，将15800误写为18500，差数为2700，用9除得300，商数中的非零数字3即为被颠倒的相邻数字8和5的差额，而且凡商数为百位数者，则是百位数与千位数的颠倒，凡商数为千位数者，则是千位数与万位数的颠倒，依次类推。

当然，实际上某些错误可能是由几个错误共同造成的，所以最积极的办法还是加强责任感，认真、细致地做好记账工作。一旦发生了错误，在查找出来的基础上，要采用相应的方法进行更正。

（三）错账的更正方法

如果账簿记录发生错误，不得任意使用刮擦、挖补、涂改等方法去更改字迹，而应该根据错误的具体情况，采用正确的方法予以更正。按照《会计基础工作规范》的要求，更正错账的方法一般有三种，即划线更正法、红字更正法和补充登记法。

1. 划线更正法。在结账前，如果发现账簿记录有错误，而记账凭证没有错误，即纯属账簿记录中的文字或数字的笔误，可用划线更正法予以更正。

更正的方法是：先将账页上错误的文字或数字划一条红线，以表示予以注销，然后将正确的文字或数字用蓝字写在被注销名字或数字的上方，并由记账人员在更正处盖章。应当注意的是，更正时，必须将错误数字全部划销，而不能只划销、更正其中个别错误的数码，并应保持原有字迹仍可辨认，以备查考。

2. 红字更正法。红字更正法适用于以下两种错误的更正：

（1）根据记账凭证所记录的内容登记账簿以后，发现记账凭证的应借、应贷会计科目或记账方向有错误，但金额正确，应采用红字更正法。更正的具体办法是：先用红字填制一张与错误记账凭证内容完全相同的记账凭证，并据以红字登记入账，冲销原有错误的账簿记录；然后，再用蓝字填制一张正确的记账凭证，据以用蓝字或黑字登记入账。

（2）根据记账凭证所记录的内容记账以后，发现记账凭证中应借、应贷的会计科目、记账方向正确，只是金额发生错误，而且所记金额大于应记的正确金额，对于这种错误应采用红字更正法予以更正。更正的具体办法是：将多记的金额用红字填制一张与原错误凭证中科目、借贷方向相同的记账凭证，其金额是错误金额与正确金额两者的差额，登记入账。

3. 补充登记法。记账以后，如果发现记账凭证和账簿的所记金额小于应记金额，而应借、应贷的会计科目并无错误时，那么应采用补充登记的方法予以更正。更正的具体办法是：按少记的金额用蓝字填制一张应借、应贷会计科目与原错误记账凭证相同的记账凭证，并据以登记入账，以补充少记的金额。

这属于金额少记的错误，应采用补充登记的方法予以更正，即用蓝字编制一张与原错误凭证应借科目、应贷科目、记账方向相同的记账凭证，据以蓝字登记入账即可。

采用红字更正法和补充登记法更正错账时，都要在凭证的摘要栏注明原错误凭证号数、日期和错误原因，便于日后核对。

四、会计账簿的更换与保管

为了保持会计账簿资料的连续性，会计账簿的更换工作应于每年年初进行。更换新账时，应将各账户余额结转到新账簿第一行的余额栏内，并注明方向，同时在摘要栏注明“上年结转”字样。企业使用的总账、日记账和多数明细账应每年更换一次。在年度内，订本式账簿记满需更换新账簿时，应办理与年初更换新账簿同样的手续。对于变动较小的明细账可以连续使用，但应在摘要栏内注明“结转下年”字样，以便划分新旧年度的金额，备查账簿可以连续使用。

会计账簿是重要的会计档案，平时应由专人负责保管，年度终了，各种账户结转下年后应对账簿进行归档，集中统一管理，会计账簿应暂由本单位财务会计部门保管1年，期满后由财务会计部门编造清册移交本单位档案部门保管。

第四节　财务报表编制的总体要求

企业的财务报表是对企业财务状况、经营成果和现金流量的结构性表述。根据企业会计准则的规定，财务报表至少应当包括以下几个部分：①资产负债表；②利润表；③现金流量表；④所有者权益（或股东权益，下同）变动表；⑤附注。为了保证企业编制的财务报表真实、合法和公允，企业在编制财务报表时，应当遵循以下一些总体要求：

第一，以真实的交易、事项为基础。

第二，以完整、准确的账簿等资料为依据。

第三，遵循国家统一会计准则规定的编制基础、依据、原则和方法，按照国家统一会计准则规定的报表格式和内容填报。

第四，编制年度报表前应进行全面财产清查，以查实资产、核实债务，应进行账账、账证、账实核对，保证账账、账证、账实一致，应按期结账。

第五，编制报表时应根据登记完整、核对无误的会计账簿记录和其他有关资料编制，以保证报表内容完整、数据真实、计算准确。

第六，报表编制完成后，财务报表之间、财务报表各项目之间应当达到：有逻

辑关系的数字应当相互钩稽一致，有前后期关系的数字应当相互衔接。图 4－1 给出了财务报表与明细账、总账的关系。

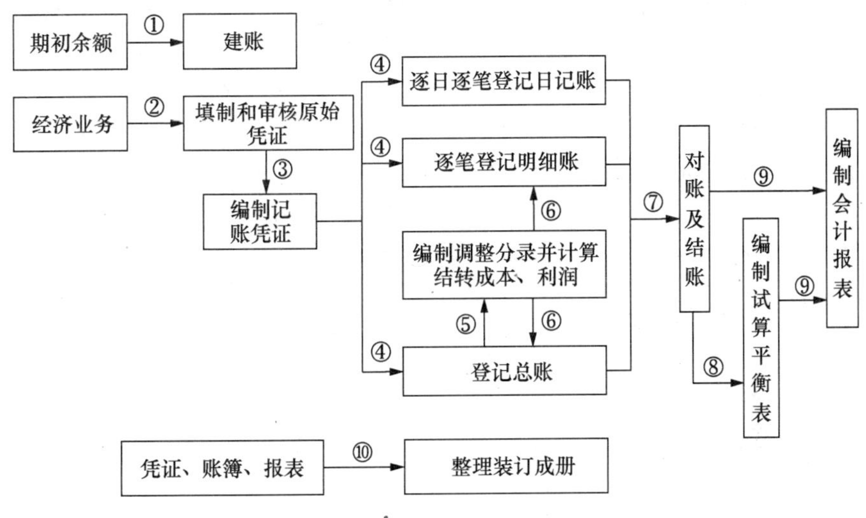

图 4－1　财务报表编制程序

第五节　财务报表编制——资产负债表

一、编制方法

资产负债表数据包括“年初余额”和“期末余额”两栏，“年初余额”栏根据上年末资产负债表“期末余额”栏内数字填列。

“期末余额”一般应根据资产、负债和所有者权益类科目的期末余额填列。主要包括以下几种情况：

(1) 根据总账科目余额直接填列。如“交易性金融资产”、“短期借款”、“应付票据”、“应付职工薪酬”等项目。

(2) 根据总账科目余额计算填列。如“货币资金”项目，需根据“库存现金”、“银行存款”、“其他货币资金”三个总账科目的期末余额合计数填列。

(3) 根据有关明细账科目余额计算填列。如“应付账款”项目，要根据“应付账款”和“预付款项”所属相关明细科目期末贷方余额计算填列；“应收账款”项目，要根据“应收账款”和“预收款项”所属相关明细科目期末借方余额计算填列。

（4）根据总账科目和明细账科目余额分析计算填列。如“长期借款”项目，要根据“长期借款”总账科目余额扣除“长期借款”所属明细科目中将在1年内到期且企业不能自主展期的长期借款金额后的金额填列。

（5）根据有关科目余额减去其备抵科目余额后的净额填列。如“应收账款”项目，应当根据“应收账款”科目的期末余额减去“坏账准备”科目余额后的净额填列。资产负债表的格式如表4－5所示。

表4－5　资产负债表示例

编制单位：　　　　2005年9月30日　　　　单位：人民币元

资产	注释	月初数	月末数	负债及所有者权益	注释	月初数	月末数
应收股利				预收账款			
应收利息				代销商品款			
应收账款		58100.00	58100.00	应付工资			
减：坏账准备		300.00	450.00	应付股利		20000.00	30000.00
应收账款净额		57800.00	57650.00	应付福利费			
预付账款				应交税金		34100.00	51066.22
应收补贴款				其他应交款			
其他应收款		1100.00	800000	其他应付款		400.00	400.00
存货		290000.00	397200.00	预提费用		2000.00	600.00
减：存货跌价准备				1年内到期的流动负债			
存货净额		290000.00	397200.00	其他流动负债		252300.00	482066.22
待摊费用		20000.00	17500.00	流动负债合计			
待处理流动资产净损失		300.00	－1000.00	长期负债：			
1年内到期的长期债券投资				长期借款			
其他流动资产				应付债券			
流动资产合计		441600.00	719334.00	长期应付款			
长期投资：				其他长期负债			
长期股权投资				长期负债合计			
长期债券投资				递延税款贷项			
长期投资合计				负债合计		252300.00	482066.22

续表

资产	注释	月初数	月末数	负债及所有者权益	注释	月初数	月末数
长期投资减值准备				所有者权益：			
长期投资净额				股本		500000.00	500000.00
固定投资：				资本公积			
固定资产原值		400000.00	400000.00	盈余公积		32000.00	77967.78
减：累计折旧		57300.00	59300.00	公益金			
固定资产净值		342700.00	340700.00	任意公积金			
固定资产清理				未分配利润			
工程物资				所有者权益合计		532000.00	577967.78
在建工程							
待处理固定资产净损失							
固定资产合计		342700.00	340700.00				
无形及递延资产：							
无形资产							
开办费							
长期待摊费用							
递延资产							
无形资产及其他资产合计							
其他长期资产							
递延税项：							
递延税款借项							
资产总计		784300.00	1060034.00				

二、编制举例

（一）编制资料

ABC 公司 2007 年年末科目余额资料如表 4－6 所示。

表4-6 科目余额表

会计科目	借方	贷方
1101 库存现金	50.00	
1102 银行存款	4450.00	
1109 其他货币资金	2500.00	
1101 交易性金融资产	0.00	
1121 应收票据	0.00	
1122 应收账款	10000.00	
1231 坏账准备	500.00	
1132 应收利息		
1221 其他应收款		
1235 预付账款	500.00	
1403 原材料	6300.00	
1405 库存商品	4000.00	
1408 委托加工物资		
1411 周转材料	200.00	
1471 存货跌价准备		
1511 长期股权投资	5000.00	
1512 长期股权投资减值准备		
1531 长期应收款		
1601 固定资产	26000.00	
1602 累计折旧	2500.00	
1603 固定资产减值准备		
1604 在建工程	2000.00	
1701 五星资产	12600.00	
1702 累计摊销		
1703 无形资产减值准备		
2001 短期借款		5300.00
2202 应付账款		
2203 预收账款		700.00
2211 应付职工薪酬		
2221 应交税费		200.00
2231 应付股利		800.00
2501 长期借款		11000.00
2502 应付债券		5000.00
4001 股东		36100.00
4002 资本公积		1000.00
4101 盈余公积		2000.00
4103 本年利润		
4104 利润分配		8500.00

该公司2008年度发生如下经济业务：

1. 年初售给乙公司产品一批，价款100万元，增值税17万元，收到对方开出3个月期商业承兑汇票一张，面值117万元，票面利率8%，3个月后到期，企业接银行通知收款。

2. 采用“应收账款余额百分比法”核算坏账损失，提取比例为5%。

（1）该企业从2006年开始计提坏账准备，该年末应收账款余额为110万元；

（2）2007年3月，确认一笔坏账损失，金额为9万元；

（3）2007年10月，上述已确认的坏账收回4万元；

（4）2007年末应收账款余额为10000万元；

（5）2008年未发生坏账，年末应收账款余额为12810万元。

3. 从某企业购进原材料，价值60万元，增值税专用发票上注明增值税额10.2万元，另发生运费0.8万元，以银行存款支付。上述材料验收入库。

4. 领用甲材料300公斤，其中180公斤用于生产产品，40公斤用于车间一般耗用，50公斤用于管理部门，30公斤用于在建工程。甲材料单价为每公斤2万元。

5. 2008年1月8日将银行存款1000万元划入国泰证券公司准备进行股票投资，2月25日以每股52元的价格购入乙公司普通股股票10万股，另付经纪人佣金等费用5万元。该股票购入价款中包括每股1元的已宣告发放但尚未支付的股利。2008年4月15日收到乙公司支付的现金股利10万元。2008年6月12日以每股58元的价格将乙公司的股票10万股出售，另支付佣金4.5万元。

6. 购入一台需要安装的新设备，购入时发票价格200万元，增值税额34万元，运费8.5万元。设备安装领用生产材料实际成本10万元，应转出增值税按17%的税率计算，其他安装费用15万元由银行存款支付。设备安装完毕已交付使用。

7. 报废一台设备，原价900万元，已提折旧800万元，发生清理费用50万元，出售残料收入90万元，净损益转入营业外收支。

8. 出售一栋厂房，其账面价值为2000万元，已提折旧为500万元，双方协议作价2000万元，营业税税率为5%。

9. 因火灾烧毁厂房一栋，其账面原价为1800万元，已提折旧600万元，经保险公司核定应赔偿损失1000万元。企业以银行存款支付清理费用1万元，残料估价为18万元，已经验收入库。

10. 2008年度还发生下列业务：

（1）以银行存款发放职工工资120万元。

（2）年末从银行取得短期借款180万元。

（3）应交消费税金50万元。

（4）本年度应付职工工资按用途分配如下：生产工人工资980万元，车间管理人员工资100万元，厂部科室人员工资为300万元。

（5）预收客户的购货款20万元。

（6）给预收款的客户发货计24万元，余款以支票结清。

（7）以银行存款20万元缴纳应交消费税。

11. 增发普通股500万股，每股面值1元，实际发行价格为每股4元，发行费用20万元，证券公司发行完毕后扣除发行费用，付来发行款1980万元，存入银行。

12. 支付产品包装费10万元，以银行存款支付。

13. 销售给A公司产品500件，单价1万元，增值税税率17%，款项存入银行。

14. 销售给外地S公司A产品2000件，单价1万元；B产品800件，单价0.5万元。增值税税率17%，同时代垫运杂费2万元，已向开户银行办妥货款、销项税金及代垫运费的托收手续。

15. 销售产品一批，价款2000万元，增值税税率17%，款项已收存银行。

16. 销售产品一批，价款1000万元，增值税税率17%，收到对方开出并经银行承兑的面值为价税合计款的无息商业汇票一张。

17. 以银行存款支付广告费30万元。

18. 结转已售产品的生产成本4000万元。

19. 假设没有纳税调整因素，计算所得税，并确认所得税费用。

20. 结转损益类账户年末余额。

21. 计算公司年末净利润，按15%的比例提取法定盈余公积金，5%的比例提取任意盈余公积金。

22. 经批准，用20万元的法定盈余及20万元任意盈余公积金转增资本金。

23. 结转本年利润，并将利润分配转入未分配利润账户。

（二）上述业务资料的分录

1.（1）借：应收票据　　1170000

　　贷：主营业务收入　　1000000

　　　　应交税费——应交增值税（销项税额）　　170000

（2）第一个月计息时

借：应收票据　　7800

　　贷：财务费用　　7800

　　（第二个月同）

（3）3 个月到期时

借：银行存款　　1193400

　　贷：应收票据　　1185600

　　　　财务费用　　7800

2.（1）2006 年末

借：资产减值损失　　55000

　　贷：坏账准备　　55000

（2）2007 年 3 月

借：坏账准备　　90000

　　贷：应收账款　　90000

（3）2007 年 10 月

借：应收账款　　40000

　　贷：坏账准备　　40000

借：银行存款　　40000

　　贷：应收账款　　40000

（4）2007 年末

借：资产减值损失　　4995000

　　贷：坏账准备　　4995000

（5）2008 年末

借：资产减值损失　　1405000

　　贷：坏账准备　　1405000

3.（1）借：在途物资　　608000

　　　　应交税费——应交增值税（进项税额）　　102000

　　　　贷：银行存款　　710000

（2）借：原材料　　608000

　　　　贷：在途物资　　608000

4. 借：生产成本　　3600000

　　　制造费用　　800000

　　　管理费用　　1000000

　　　在建工程　　600000

　　　贷：原材料　　6000000

5.（1）2008 年 1 月 8 日

借：其他货币资金——存出投资款　　10000000

　　贷：银行存款　　10000000

（2）2008 年 2 月 25 日

借：交易性金融资产——股票　　5150000

　　应收股利　　100000

　　贷：其他货币资金——存出投资款　　5250000

（3）2008 年 4 月 15 日

借：其他货币资金——存出投资款　　100000

　　贷：应收股利　　100000

（4）2008 年 6 月 12 日

借：其他货币资金——存出投资款　　5755000

　　贷：交易性金融资产——股票　　5150000

　　　　投资收益　　605000

6.（1）购入待安装设备

借：在建工程　　2425000

　　贷：银行存款　　2425000

（2）设备安装领用材料

借：在建工程　　117000

　　贷：原材料　　100000

　　　　应交税费——应交增值税（进项税额转出）　　17000

（3）支付其他安装费用

借：在建工程　　150000

　　贷：银行存款　　150000

（4）设备安装完毕交付使用

借：固定资产　　2692000

　　贷：在建工程　　2692000

7.（1）设备净值转入清理

借：固定资产清理　　1000000

　　累计折旧　　8000000

　　贷：固定资产　　9000000

（2）支付清理费用

借：固定资产清理　　500000

　　贷：银行存款　　500000

（3）收到残料收入

借：银行存款 900000

　　贷：固定资产清理 900000

（4）净损失转入营业外支出

借：营业外支出 600000

　　贷：固定资产清理 600000

8.（1）房屋净值转入清理

借：固定资产清理 15000000

　　累计折旧 5000000

　　贷：固定资产 20000000

（2）收到转让收入

借：银行存款 20000000

　　贷：固定资产清理 20000000

（3）计算应交营业税

借：固定资产清理 1000000

　　贷：应交税费——应交营业税 1000000

（4）净收益转入营业外收入

借：固定资产清理 4000000

　　贷：营业外收入 4000000

9.（1）房屋残值转入清理

借：固定资产清理 12000000

　　累计折旧 6000000

　　贷：固定资产 18000000

（2）支付清理费用

借：固定资产清理 10000

　　贷：银行存款 10000

（3）收到残料入库

借：原材料 180000

　　贷：固定资产清理 180000

（4）核定保险公司应赔款

借：其他应收款 10000000

　　贷：固定资产清理 10000000

（5）净损失转入营业外支出

借：营业外支出 1830000

贷：固定资产清理　　1830000

10.（1）借：应付职工薪酬　　1200000

贷：银行存款　　1200000

（2）借：银行存款　　1800000

贷：短期借款　　1800000

（3）借：营业税金及附加　　500000

贷：应交税费——应交消费税　　500000

（4）借：生产成本　　9800000

制造费用　　1000000

管理费用　　3000000

贷：应付职工薪酬　　13800000

（5）借：银行存款　　200000

贷：预收账款　　200000

（6）借：预收账款　　200000

银行存款　　40000

贷：主营业务收入　　240000

（7）借：应交税费——应交消费税　　200000

贷：银行存款　　200000

11. 借：银行存款　　19800000

贷：股本　　5000000

资本公积——股本溢价　　14800000

12. 借：销售费用　　100000

贷：银行存款　　100000

13. 借：银行存款　　5850000

贷：主营业务收入　　5000000

应交税费——应交增值税（销项税额）　　850000

14. 借：应收账款　　28100000

贷：主营业务收入　　24000000

应交税费——应交增值税（销项税额）　　4080000

银行存款　　20000

15. 借：银行存款　　23400000

贷：主营业务收入　　20000000

应交税费——应交增值税（销项税额）　　3400000

16. 借：应收票据　　11700000

贷：主营业务收入 10000000
应交税费——应交增值税（销项税额） 1700000
17. 借：销售费用 300000
贷：银行存款 300000
18. 借：主营业务成本 40000000
贷：库存商品 40000000
19. 借：所得税费用 4033375
贷：应交税费——所得税 4033375
20. 借：主营业务收入 60240000
财务费用 23400
投资收益 605000
营业外收入 4000000
贷：本年利润 64868400
借：本年利润 52768375
贷：主营业务成本 40000000
营业税金及附加 500000
管理费用 4000000
销售费用 400000
资产减值损失 1405000
营业外支出 2430000
所得税 4033375
21. 借：利润分配——提取盈余公积 2420005
贷：盈余公积——法定盈余公积金 1815003.75
——任意盈余公积金 605001.25
22. 借：盈余公积——法定盈余公积 200000
——任意盈余公积 200000
贷：股本 400000
23. 借：本年利润 12100025
贷：利润分配——未分配利润 12100025
借：利润分配——未分配利润 2420005
贷：利润分配——提取盈余公积 2420005

（三）报表编制

1. 根据上述业务处理结果，编制凭证清单汇总表（见表4-7）。

表 4-7　凭证清单

记账编号	附单	日期 月	日期 日	凭证号 类型	凭证号 编号	摘要	总账编号	明细账编号	总账科目	明细科目	借方金额	贷方金额	借（贷）平	余额
001		1	1	转字	001	销售商品收到商业承兑汇票	1002	100202	应收票据	商业承兑汇票	1170000		借	1170000
001		1	1	转字	001		6001	600101	主营业务收入	硬盘		1000000	贷	1000000
001		1	1	转字	001		2221	22210101	应交税费			170000	贷	170000
002		1	31	转字	002	应收票据计息	1002	100202	应收票据	商业承兑汇票	7800		借	7800
002		1	31	转字	002		6603		财务费用			7800	贷	7800
003		2	28	转字	003	应收票据计息	1002	100202	应收票据	工商银行	7800		借	7800
003		2	28	转字	003		6603		财务费用			7800	贷	7800
004		3	31	银收字	001	收回商业汇票本息	1002	100201	银行存款		1193400		借	1193400
004		3	31	银收字	001		1002	100202	应收票据			1185600	贷	1185600
004		3	31	银收字	001		6603		财务费用			7800	贷	7800
005		12	31	转字	004	提取坏账准备	6701		资产减值损失		1405000		借	1405000
005		12	31	转字	004		1231		坏账准备			1405000	贷	1405000
006		3	1	银付字	001	采购原材料	1402		在途物资		608000		借	608000
006		3	1	银付字	001		2221	22210102	应交税费		102000		借	102000
006		3	1	银付字	001		1002	100202	银行存款			710000	贷	710000
007		3	10	转字	005	材料验收入库	1403		原材料		608000		借	608000
007		3	10	转字	005		1402		在途物资			608000	贷	608000
008		4	1	转字	006	领用原材料	10011		生产成本		3600000		借	3600000
008		4	1	转字	006		6901		制造费用		800000		借	800000
008		4	1	转字	006		2001		管理费用		1000000		借	1000000
008		4	1	转字	006		6901		在建工程		600000		借	600000
008		4	1	转字	006		5001		原材料			6000000	贷	6000000
008		1	8	银付字	002	投资股票存出保证金	1012		其他货币资金	存出投资款	10000000		借	10000000

2. 根据凭证清单编制明细账、总账，并汇总相关科目编制期末科目余额表（见表4-8）。计算各账户本期发生额时为简化处理，只计算借贷方发生额之差。

表4-8　期末科目余额表

科目名称	科目代码	期初借方余额	本期借贷方发生额	本期借方余额	科目名称	科目代码	期初贷方余额	本期借方发生额	本期贷方余额
库存现金	1001	50.00	0.00	50.00	短期借款	2001	5300.00		5480.00
银行存款	1002	4450.00	5756.84	10206.84	应付票据	2201	0.00		0.00
其他货币资金	1012	2500.00	1060.50	3560.50	应付账款	2202	0.00		0.00
交易性金融资产	10111	0.00	0.00	0.00	其他应付款	2241	0.00		0.00
应收票据	1121	0.00	1170.00	1170.00	预收账款	2203	700.00		700.00
应收账款	1122	10000.00	2810.00	12810.00	应付职工薪酬	2211	0.00	1260.00	1260.00
坏账准备	1231	-500.00	-140.50	-640.50	应交税费	2221	200.00	1544.84	1744.84
预付账款	1123	500.00		500.00	应付利息	2231	0.00		0.00
其他应收款	1221	0.00	1000.00	1000.00	应付股利	2232	0.00		0.00
材料采购	1401	0.00	0.00	0.00	1年内当期长期负债	2237	800.00		800.00
原材料	1403	6300.00	-531.20	5768.00	长期借款	2501	11000.00		11000.00
周转材料	1407	200.00		200.00	应付债券	2507	5000.00		5000.00
生产成本	5001	3.00	1520.00	1523.00	股本	2509	36100.00	540.00	36640.00
库存商品	1405	4000.00	-4000.00	0.00	资本公积	4002	1000.00	1480.00	2480.00
材料成本差异	1404	0.00	0.00	0.00	盈余公积	4101	2000.00	202.00	2202.00
其他流动资产	1409	0.00	0.00	0.00	利润分配（未分配）	4105	8500.00	968.00	9468.00
长期股权投资	1511	5000.00	0.00	5000.00					
固定资产	1601	26000.00	-4430.80	21569.20					
累计折旧	1602	-2500.00	1900.00	-600.00					
固定资产减值准备	1603	0.00		0.00					
工程物资	1608	0.00		0.00					
在建工程	1604	2000.00	60.00	20600.00					
无形资产	1701	12600.00		12600.00					
累计摊销	1702	0.00		0.00					
递延所得税资产	1811	0.00		0.00					
其他长期资产	1709	0.00		0.00					
合计		70600.00	6174.84	76774.84	合计		70600.00	6174.84	76774.84

3. 根据期初、期末科目余额表，编制 ABC 股份有限公司 2008 年 12 月 31 日的资产负债表（局部）（见表 4－9）（实际编制报表时，年初余额栏数据是根据上年度报表的期末余额栏数据直接抄录的）。

表 4－9　资产负债表

2008 年 12 月 31 日　　单位：人民币元

资产	注释	月初数	月末数	负债及所有者权益	注释	月初数	月末数
流动资产：				流动负债：			
货币资金		47400.00	247184.00	短期借款		5300.00	180.00
短期投资				应付票据			
应收票据		7000.00	13817.34	应付账款			
应收股利				预收账款		700.00	
应收利息			1170.00	应付职工薪酬			1260.00
应收账款		10000.00	12810.00	应交税费		200.00	1544.84
减：坏账准备		500.00	640.00	应付股利		800.00	
应收账款净额		9500.00	12169.50	应付利息			
预付账款		500.00		1 年内到期长期负债		34100.00	51066.22
应收补贴款				长期借款		11000.00	
其他应收款			1000.00	应付债券		5000.00	400.00

第五章　会计技能实训

——应用 Excel 编制账簿与报表

第一节　现金日记账

现金日记账通常是由财务出纳根据现金流入流出情况登记的日记账。财务会计核算时，先由出纳进行录入并检查正确，然后，会计记账人员再从出纳处将数据拷贝过来，并再次复核，准确无误后，方可作为记账的数据依据，这样可以节省会计录入数据的工作量。现金日记账的编制步骤如下：

一、新建会计账簿

新建 Excel 工作簿→命名为“会计账簿”→打开工作簿。

二、新建现金日记账表

双击 Sheet1 工作表标签→命名为“现金日记账”→在 A1 单元格中输入表标题“现金日记账”。

三、编制标题行

A2 单元格中输入会计年度（如 2008 年）→B2 单元格中输入“业务号”（即流水号）→C2 单元格中输入“摘要”→D2 单元格中输入“凭证号”→E2 单元格中输入“借方发生额”→F2 单元格中输入“贷方发生额”→G2 单元格中输入“累计余额”。

四、编制月发生额表格

其编制过程是：

A3 单元格中输入“年初”→C3 单元格中输入“期初余额”（为接转上年数）；

A4 单元格中输入月份数 1→拖动 A4 单元格填充序列数 2～12 月份数至 A5～A15 单元格区域中（填充序列时视情况可按住 Ctrl 同时拖动）→C4～C15 单元格区域中输入“本月发生额”→E4 单元格中输入公式“=SUM（SUMIF（$A$17：$A$1000，$A4，E$17：E$1000））”→用拖动填充柄的复制方式将 E4 单元格的公式复制到 E4：F15 单元格区域。

五、编制月累计余额表格

G3 中输入接转上年的余额（如 1159.9）→G4 中输入公式“=G3+E4-F4”→拖动 G4 单元格填充柄复制到 G5：G16 单元格区域中。

六、编制全年累计发生额表格

A16 中输入“年终”→C16 中输入“全年累计”→E16 中输入公式“=SUM（E4：E15）”→E16 单元格拖动复制到 F16 单元格中。

七、编制流水账表格

A17 中输入月数 1→B17 中输入本月流水号 1→G17 中输入公式“=G3+E17-F17”；

A18 中输入公式“=A17”→拖动复制到 A19：A1000（这非常有用，可简化输入月份数的操作）；

B18 中输入公式“B17+1”→拖动复制到 B19：B1000（这同样非常有用，可简化输入流水号的操作）；

G18 中输入公式“=G17+E18-F18”→拖动复制到 G19：G1000（这也非常有用，可自动统计生成累计余额）。

八、其他输入说明

（1）A 列月份数和 B 列业务号数在跨月时才输入当月的月份数和业务号数 1。

（2）D17：F1000 单元格区域为凭证号、借或贷方发生额的输入内容。

（3）业务量大的单位，如单元格区域的行数不够用时，可在第 1000 行的上方（即小于 1000 行之内）的任意行之间插入若干行，这样可以无须修改已设定好公式的单元格。当然，新插入增加的单元格区域仍可采用上述拖动复制的方法快速设定公式。

（4）可以将 A4：A1000 的数字显示设置为“×月”，方法是：单元格格式→数字→自定义→类型窗口中设置为【#“月”】（不包括【】），月的引号为半角引号。

（5）表格中的表标题、标题行、表身等，可根据需要设置不同的显示颜色，不仅会使表美观起来，还方便了对表的操作。颜色的设置这时不再详述。生成的模板如图 5－1 所示。

现金日记账

2013年

月	日	凭证类别	凭证号	摘要	对方科目	借方	贷方	余额
6	25			期初余额				4017.19
6	26	现付	201	购买办公用品	管理费用		287.65	3729.54
6	28	现付	202	李某借旅差费	其他应收款		3000.00	729.54
	28	银付	302	提现金	银行存款	3000.00		3729.54
6	30	现收	501	李某交回余款	其他应收款	86.00		3815.54
	30	现收	502	出售废品	营业外收入	28.00		3843.54
6	30	现收	502	出售废品	营业外收入			123.00
汇总						**3114.00**	**3287.65**	

图 5－1 现金日记账模板

九、注意事项

（1）为方便大家更加直观地了解公式的编制，本表为显示公式方式，大家在单元格常规格式下编辑是不会出现公式的，只会显示值；

（2）下面介绍的输入引号中的文字或者公式时，只输入引号内的内容，不能连同引号输入到单元格中，否则，是不会产生显示结果的；

（3）摘要栏中为简化，只录入收入和支出，实际工作应按《会计基础工作规范》的要求填制；

（4）货币单位录入时应精确到“分”；

（5）每月输入完成后应及时与出纳对账，发现错误应及时纠正；

（6）表格中省去了日期一栏，如有需要，可自行插入添加。

十、公式说明

我们对于常用的简单的公式一般会用，这里我们仅对月发生额中公式“＝SUM（SUMIF（$A$17：$A$1000，$A4，E$17：E$1000））”进行一个简要说明：

SUM——单元格区域之和；

SUMIF——查找符合条件的单元格区域，计算其总和；

$——绝对引用符，如单元格行标或列标前面没有此符号，则为相对引用，公式中$号的位置有讲究，不要随意变动与增减，在拖动复制公式时，凡是有$符号的单元格的行或列，其引用位置不会发生变化，没有$符号的单元格的行或列，其引用位置会随着发生改变；

“:”——起始单元格与结束单元格的单元格区域；

“,”——函数参数分隔标志；

=SUM（SUMIF（$A$17：$A$1000，$A4，E$17：E$1000））——在A17：A1000单元格区域中查找与A4单元格的值相同的单元格，将其对应的E列的值全部相加总和。

第二节　凭证分类汇总表

凭证分类汇总表的编制是财务工作的重点，也是本表格编制的重点。其编制方法如下：

一、新建凭证分类汇总表

打开工作簿→双击Sheet2工作表标签→命名为“凭证分类汇总表”→在A1单元格中输入表标题“凭证分类汇总表”。

二、编制标题行

A2单元格中输入会计年度（如2008年）→B2单元格中输入“凭证号”→C2单元格中输入“科目号”→D2单元格中输入“科目名称”→E2单元格中输入“摘要”→F2单元格中输入“借方发生额”→G2单元格中输入“贷方发生额”。

三、编制月份及凭证号列

A3中输入1（表示是本年1月份）→A4中输入“=A3”→向下拖动复制到A1000，并将A3：A1000的数字显示格式设置为“×月”，方法是：单元格格式→数字→自定义→类型窗口中设置为【#“月”】。

B3中输入1（表示是本月第1号凭证）→B4中输入“=B3”→向下拖动复制到B1000。

四、编制科目名称

科目名称较科目号更能直观、正确地反映凭证的分类，但在编制凭证分类表时，通常我们又不得不进行反复录入相同的科目名称，这既烦琐又极大地影响了编制凭证分类表速度，也有可能出错。这里通过引用公式，可以较好地解决这一问题。公式编制如下：

D3 中输入“ = VLOOKUP （ $C3，‘总账—明细账’！ A $4： H $500， 2， 0）”→向下拖动复制到 D1000。

上面公式中的【‘总账—明细账’!】是指引用总账—明细账表，因我们还没有编制总账—明细账表，在 D3：D1000 单元格区域中会出现错误提示，我们先暂且不用管它。

至此，凭证分类表格的编制基本完成，下一步即可进行实际录入操作了。

公式说明：VLOOKUP 用于在表格或数值数组的首列查找指定的数值，并由此返回表格或数组当前行中指定列处的数值。简言之，VLOOKUP 函数可以根据搜索区域内最左列的值，去查找区域内其他列的数据，并返回该列的数据。

五、汇总应用

从上述编制的表格，只能是凭证分类表，为什么又要称为凭证分类汇总表呢？当我们录入了数据后，你可以利用你所掌握的排序方法，对标题行以下的内容进行任意排序，这就是我们所说的汇总。但这是强调说明的是，你在进行排序操作以前，必须将月份列和凭证号列中的公式以数字形式固定下来，这一点非常重要，否则，在包含公式时你就进行排序操作，所得到的结果会乱套，而并非是正确的结果。

那么，如何把公式以数字形式固定下来呢？方法是：选中 A3：B1000 单元格区域→【Ctrl + 】复制→粘贴→选择性粘贴→数字。

这时你再检查 A3：B1000 单元格区域就会发现，先前的公式没有了，直接以数字取而代之，这样就可以按凭证号进行分类汇总操作了。

第三节　总账/明细账表

编制总账/明细账表，是本表编制的核心，会计核算的最终结果正确与否，完全取决于编制的总账/明细账表是否正确。

这时需要说明的是，编制总账/明细账表编制完成后，其计算过程全部是根据公式自动完成的，如果在使用后进行修改，可能导致前期与后期的账目数据不一致，因此，在编制总账/明细账表前，你应该首先要仔细考虑设计好会计核算的总账科目、二级明细科目和三级明细科目等；其次，设计会计科目应根据《企业会计准则》及《小企业会计制度》的相关规定；最后，也要结合单位的具体情况，尽可能科学合理、全面适用。下面详述编制总账/明细账表的编制方法。

总分类账简称“总账”，是按照总分类账户进行分类登记的一种分类账。通常按每一总分类账户开设账页。总分类账的内容主要包括：账户编号、名称、账户页次，日期，记账依据，借方、贷方金额，期初、期末余额，对应账户名称等。总分类账可以根据记账凭证或日记账逐笔登记，也可以根据记账凭证汇总表等定期汇总登记。通过总分类账，可以全面地、总括地反映企业单位财务收支和经济活动情况，并为编制会计报表提供所需的资料。总分类账的格式如图 5 –2 所示。

总分类账

会计科目：　　待处理财产损溢

2005		凭证号数	摘要	借方金额	贷方金额	借或贷	余额
月	日						
9	1		期初余额			借	300.00
9	30	汇1	本月发生额	0.00	1300.00	贷	1000.00
9	30		本月合计	0.00	1300.00	贷	1000.00

图 5 –2　总分类账模板

利用前面已经建立的“科目汇总表”或“总分类账试算平衡表”，可以很方便地编制总分类账，下面介绍如何在 Excel 上制作总分类账表。

一、总分类账表的结构设计

在 Excel 上设计的总分类账表结构如图 5 –2 所示，总分类账的设计步骤如下：

（1）打开工作表“总分类账”。

（2）在单元格 B2 中输入“总分类账”，加粗字体，设置为 20 号字，设置“会计用双下划线”，合并及居中单元格区域 B2：I2。

（3）在单元格 G3 中输入“会计科目”，单击工具栏上的【右对齐】按钮。

（4）选中单元格 H3，单击【数据】菜单中的【有效性】命令，打开【有效

性】对话框，在【设置】选项卡的“允许”列表中选择“序列”，在“来源”中输入“=总账科目”；在【输入信息】选项卡的“输入信息”中输入“选择会计科目”。

（5）合并及居中单元格 H3 和 I3。

（6）合并及居中单元格 B4 和 O4。

（7）在单元格 B5 中输入“月”，在单元格 C5 中输入“日”。

（8）在单元格 D4 中输入“凭证号数”，合并及居中单元格 D4 和 D5。

（9）在单元格 E4 中输入“摘要”，合并及居中单元格 E4 和 E5。

（10）在单元格 F4 中输入“借方金额”，合并及居中单元格 F4 和 F5。

（11）在单元格 G4 中输入“贷方金额”，合并及居中单元格 G4 和 G5。

（12）在单元格 H4 中输入“借或贷”，合并及居中单元格 H4 和 H5。

（13）在单元格 I4 中输入“余额”，合并及居中单元格 I4 和 I5。

（14）单击工作表左上角的全选按钮，选取工作表的全部单元格，单击工具栏上的【填充颜色】按钮，将单元格的颜色设置为“浅青绿”。

（15）选取单元格区域 B2：I8，单击工具栏上的【填充颜色】按钮，将该单元格区域的颜色设置为“白色”。

（16）选取单元格区域 B4：I8，单击工具栏上的【边框】按钮，选择“所有框线”。

（17）制作或将前面工作表中的艺术字“返回首页”复制过来，并将其放置到工作表的左上角。

二、设置工作表的计算公式

在总分类账工作表中，要直接引用的工作表有“期初余额表”和“总分类账试算平衡表”。这里，引用“期初余额表”的项目主要是日期，而引用“总分类账试算平衡表”的项目是某账户在某月的月初余额、该月借方发生额、该月贷方发生额，以及该月末余额。有关的计算公式设置如下：

（1）在单元格 B4 中输入公式“=YEAR（期初余额表!B2）”。

（2）在单元格 B6 中输入公式“=MONTH（期初余额表！B2）”，在单元格 C6 中输入“1”。

（3）在单元格 B7 中输入公式“=B6”，在单元格 C7 中输入公式“=DAY（EOMONTH（期初余额表！B2，0）”。

（4）在单元格 B8 中输入公式“=B7”，在单元格 C8 中输入公式“=C7”。

（5）在单元格 E6 中输入“期初余额”，在单元格 E7 中输入“本月发生额”，在单元格 E8 中输入“本月合计”。

(6) 在单元格 F7 中输入公式 “ = OFFSET (总分类账试算平衡表! C4, MATCH (H3, 总分类账试算平衡表! C5: C88, 0), 3)”。

(7) 在单元格 G7 中输入公式 “ = OFFSET (总分类账试算平衡表! C4, MAATCH (H3, 总分类账试算平衡表! C5: C88, 0), 4)”。

(8) 在单元格 F8 中输入公式 “ = F7”。

(9) 在单元格 G8 中输入公式 “ = G7”。

(10) 为了判断月初余额和本月发生额以及本月余额的借贷方向, 设计如下辅助计算公式: 在单元格 K4 中输入公式 “ = OFFSET (总分类账试算平衡表! C4, MATCH (H3, 总分类账试算平衡表! C5: C88, 0), 1)”, 在单元格 IA 中输入公式 “ = OFFSET (总分类账试算平衡表! C4, MATCH (H3, 总分类账试算平衡表! C5: C88, 0), 2)”, 在单元格 K6 中输入公式 “ = IF (K4 < >0, K4 + F7 - G7, - (LA + G7 - F7))”。

这样, 就建立了总分类账与总分类账试算平衡表之间的关系。

(11) 在单元格 H6 中输入公式 “ = IF (K4 < >0," 借", IF (L4 < >0, " 贷"," 平"))”。

(12) 在单元格 I6 中输入公式 “ = MAX (K4, LA)”。

(13) 在单元格 I7 中输入公式 “ = ABS (K6)”。

(14) 在单元格 I8 中输入公式 “ = I7”。

(15) 在单元格 H7 中输入公式 “ = IF (K_ 6 >" 借", IF (K6 < 0, "贷"," 平"))”。

(16) 在单元格 H8 中输入公式 “ = H7”。

(17) 然后, 将第 K 列至第 IV 列、第 10 行至第 65536 行全部隐藏。

(18) 最后, 将工作表中的所有固定文字和计算公式全部保护起来。

几个函数的说明:

(1) EOMONTH 函数。

EOMONTH 函数的功能是返回来日期之前或之后用于指示月份的该月最后一天的序列号。语法为:

EOMONTH (start_ date, months)

式中, start_ date 代表开始日期的一个日期, 应使用 DATE 函数来输入日期, 或者将日期作为其他公式或函数的结果输入; months 为 start_ date 之前或之后的月数, 正数表示未来日期, 负数表示过去日期。

(2) OFFSET 函数。

OFFSET 函数的功能是以指定的引用为参照系, 通过给定偏移量得到新的引

用，返回的引用可以为一个单元格或单元格区域，并可以指定返回的行数或列数。语法为：

OFFSET（reference，rows，cols，height，width）

式中，reference 为作为偏移量参照系的引用区域，reference 必须为对单元格或相连单元格区域的引用，否则函数 OFFSET 返回错误值#VALUE!。

rows 为相对于偏移量参照系的左上角单元格，上（下）偏移的行数，例如，如果使用 5 作为参数 rows，则说明目标引用区域的左上角单元格比 reference 低 5 行,行数可为正数（代表在起始引用的下方）或负数（代表在起始引用的上方）。

cols 为相对于偏移量参照系的左上角单元格，左（右）偏移的列数，例如，如果使用 5 作为参数 cols，则说明目标引用区域的左上角单元格比 reference 靠右 5 列，列数可为正数（代表在起始引用的右边）或负数（代表在起始引用的左边）。

height 为高度，即所要返回的引用区域的行数——height 必须为正数。

width 为宽度，即所要返回的引用区域的列数——width 必须为正数。

如果省略 height 或者 width，则假设其高度或者宽度与 reference 相同。

例如，公式 OFFSET（C32.3，1.I）。将 18 单元格 F5 中的值，这里，当前指定的引用为单元格为 C3，以此为参照系，向下偏移 2 行，为第 5 行；向右偏移 3 列，为 F 列；高度和宽度均为 1，表示仅为一个单元格。

又如，公式 OFFSET（A1.2，3.4.5）。表示比单元 4&A1 靠下 2 行并靠右 3 列的 4 行 5 列的区域（即 D3：H7 区域）。

总分类账表的使用方法非常简单，只要在单元格 H3：13 中输入会计科目（或单击该单元格，通过该单元格旁边的下拉箭头选择会计科目），系统就自动生成总分类账表。

三、明细分类账的编制

明细分类账户是根据明细分类科目设置的，用来对会计要素的具体内容进行明细分类核算的账户，简称明细账。在通常情况下，企业会计业务发生后，如果我们只是对它按会计要素和涉及的科目记入账户，则仍然不能详细反映企业要了解的具体内容，或记录后不能满足业务分析需要。此时，我们就要对该项业务进行再一次的具体细分，即将它通过明细分类账户记录该业务的详细情况。

例如，对应收账款，如果我们只记录“应收账款”总账科目，仍不能得知是应收甲企业的，还是应收乙企业的，那么我们在建立应收账款总分类账户的基础上，还要按客户的名称建立明细分类账户，以便于对应收账款进行管理。可见，明细分类账是根据企业内部管理需要设置的，详细说明其业务情况的分类账户。随着具体会计准则的颁布，有些明细账户设置也在具体准则中有详细规定，可参照执行。如“持有至到期投资”总账账户，还需设置“债券投资”二级明细账户。在“债券投资”下还需设置“债券面值”、“债券溢价”、“债券折价”、“应计利息”、“相关费用”三级明细账。本节主要介绍用 Excel 制作三栏式明细分类账。

本节利用有关的查找和引用函数，可以制作动态的明细分类账表，用户只需输入某会计科目名称，系统就自动生成该科目的明细分类表。下面将详细介绍动态的明细分类表的设计方法和步骤。

四、设计明细分类账表格

动态明细分类账表格结构如图 5 –3 所示，其结构设计步骤如下：

（1）打开工作表“明细分类账”。

（2）在单元格 B2 中输入“ = H3&" 明细账"”，合并及居中单元格区域 B2：K2，设置字体为“宋体”，字号为“20”，加粗字体，采用“会计用双下划线”格式，调整行距。

应收账款明细账

	科目编号	总账科目	明细科目
	113101	应收账款	花城公司

2013		记账编号	凭证号		摘要	借方金额	贷方金额	借或贷	余额
月	日		类别	号					
9	1				期初余额			借	8100.00
9	30	合计				0.00	0.00	借	8100.00

图 5 –3 明细分类账模板

（3）在单元格 G3 中输入“科目编号”，在单元格 H3 中输入“总账科目”，在单元格 I3 中输入“明细科目”；将这 3 个单元格的下划线设置为“会计用双下划线”。

（4）在单元格 G4 中输入公式“ = IF （H4 = "，"，IF （I4 = 0，INDEX （编码，MATCH （H4，总账科目，0）），IFINDEX （INDIRECT （$H4&" $A $3：$A100"），MATCH （I4. INDIRECT （$H4&"！$B $3：$B100"），0））））”，提取科目编号。

（5）选取单元格 H4，单击【数据】菜单中的【有效性】命令，打开【有效性】对话框，在【设置】选项卡的"允许"列表中选择"序列"，在"来源"中输入"=总账科目"；在【输入信息】选项卡的"输入信息"中输入"选择总账科目"。

（6）选取单元格 I4，单击【数据】菜单中的【有效性】命令，打开【有效性】对话框，在【设置】选项卡的"允许"列表中选择"序列"，在"来源"中输入公式："=INDIRECT（$H4&"！$B$3：$B"&2+MATCH（"＊"，INDIRECT（$H4&"！$B$3：$B$1000"），-1））"；在【输入信息】选项卡的"输入信息"中输入"选择明细科目"。

（7）在单元格 B5 中输入公式"=YEAR（期初余额表！B2）"，合并及居中单元格区域 B5：C5。

（8）在单元格 B6 中输入"月"，在单元格 C6 中输入"日"，字体居中。

（9）在单元格 D5 中输入"记账编号"，合并及居中单元格区域 D5：D6。

（10）在单元格 E5 中输入"凭证号"，合并及居中单元格区域 E5：F5。

（11）在单元格 E6 中输入"类别"，在单元格 F6 中输入"号"，字体居中。

（12）在单元格 G5 中输入"摘要"，合并及居中单元格区域 G5：G6。

（13）在单元格 H5 中输入"借方金额"，合并及居中单元格区域 H5：H6。

（14）在单元格 I5 中输入"贷方金额"，合并及居中单元格区域 I5：I6。

（15）在单元格 J5 中输入"借或贷"，合并及居中单元格区域 J5：J6。

（16）在单元格 K5 中输入"余额"，合并及居中单元格区域 K5：K6。

（17）在单元格 B7 中输入公式"=MONTH（期初余额表！$B$2）"，在单元格 C7 中输入"1"，在单元格 G7 中输入"期初余额"。

（18）选取单元格区域 B5：K7，单击工具栏上的【边框】按钮，选择"所有框线"。

（19）将前面工作表的"返回首页"图形对象按钮复制过来，放在工作表的左上角。

这样明细分类账表结构就设计完毕，下面的工作就是要设置有关计算公式。在设置有关的计算公式之前，应首先做一些准备工作，包括设计期初余额数据表格、初步筛选数据表格、最终筛选数据表格、借贷合计及余额中间计算结果表格等，下面分别予以介绍。

五、设计明细账期初余额数据表格

设计期初余额数据表格的目的是根据选定的总账科目或明细科目，来取出总账科目或明细科目的期初余额，并判断借贷方向。

期初余额数据表格的结构如图 5 -4 所示，其设计步骤如下：

N	O	P
期初余额数据		
借方	贷方	方向
0	2000	贷

图 5 -4　明细账期初余额结构

（1）在单元格 N5 中输入“期初余额数据”，合并及居中单元格区域 N5：P5。

（2）在单元格 N6、O6 和 P6 中分别输入“借方”、“贷方”和“方向”。

（3）在单元格 N7 中输入公式“ = IF（I4 = ""，VLOOKUP（G4，期初余额表！B5：E88，3），VLOOKUP（G4，INDIRECT（H4&"！A3：E100"），4））”，提取总账科目或明细科目的期初余额的借方数据。这里，注意函数 INDIRECT 的用法，利用这个函数可以建立明细科目名称与该明细科目工作表之间的动态联系。

（4）在单元格 O7 中输入公式“ = IF（I4 = ""，VLOOKUP（G4，期初余额表！B5：E88，4），VLOOKUP（G4，INDIRECT（H4&"！A3：E100"），5））”，取出总账科目或明细科目的期初余额的贷方数据。

（5）在单元格 P7 中输入公式“ = IF（N7 < >0，"借"，IF（O7 < >0，"贷"，"平"））”，判断期初余额的借贷方向。

这样，如果用户只选择总账科目，没有选择明细科目，那么就从工作表“期初余额表”中取期初余额数据；如果用户选择了总账科目，并且还选择了明细科目，那么就从该总账科目对应的明细科目工作表中取出该明细科目的期初余额数据。

六、设置明细账的初步筛选表格

初步筛选表格是利用有关函数将符合条件的记录筛选出来，并分别存放在与“记账凭证清单”工作表的这些记录相同的行中。初步筛选结果表格的结构如图 5 -5所示。

V	W	X	Y	Z	AA	AB
日期	凭证号		摘要	借方金额	贷方金额	记账编号
	类别	号				

图 5-5　明细分类账筛选结果

初步筛选表格的设计步骤如下：

（1）在单元格区域 V4：AB6 中输入标题名字。

（2）在单元格 V7 中输入公式“=IF（$H$4=",",IF（$I$4="",IF（记账凭证清单！$J5=$H$4，OFFSFT（记账凭证清单！$J5，0，-5),""),IF（AND（记账凭证清单！$J5=$H$4，记账凭证清单！$K5=$I$4),OFFSET（记账凭证清单！$K5，0，-6),""))))”，筛选符合条件的会计记录日期。

（3）在单元格 W7 中输入公式“=IF（$H$4="","",IF（$I$4="",IF（记账凭证清单！$J5：$H$4，OFFSET（记账凭证清单！$J5，0，-4),""),IF（AND（记账凭证清单！$J5=$H$4，记账凭证清单！$K5=$I$4),OFFSET（记账凭证清单！$K5，0，-5)，…,)))”，筛选符合条件的会计记录凭证类别。

（4）在单元格 X7 中输入公式“=IF（$H$4="","",IF（$I$4="",IF（记账凭证清单！$J5=$H$4，OFFSET（记账凭证清单！$J5，0，-3),""),IF（AND（记账凭证清单！$J5=$H$4，记账凭证清单！$K5=$1$4),OFFSET（记账凭证清单！$K5，0，-4),"")))”，筛选符合条件的会计记录凭证编号。

（5）在单元格 Y7 中输入公式“=IF（$H$4="","",IF（$I$4="",IF（记账凭证清单！$J5=$H$4，OFFSET（记账凭证清单！$J5，0，-2),""),IF（AND（记账凭证清单！$J5=$H$4，记账凭证清单！$K5=$I$4),OFFSET（记账凭证清单！$K5，0，-3),""))))”，筛选符合条件的会计记录摘要。

(6) 在单元格 Z7 中输入公式“=IF($H$4="","",IF($I$4="",IF(记账凭证清单!$J5=$H$4,OFFSET(记账凭证清单!$J5,0,3),""),IF(AND(记账凭证清单!$J5=$H$4,记账凭证清单!$K5=$I$4),OFFSET(记账凭证清单!$K5,0,2),…,1))))”，筛选符合条件的会计记录借方金额。

(7) 在单元格 AA7 中输入公式“=IF($H$4="","",IF($I$4="",IF(记账凭证清单!$J5=$H$4,OFFSET(记账凭证清单!$J5,0,4),""),IF(AND(记账凭证清单!$J5=$H$4,记账凭证清单!$K5=$I$4),OFFSET(记账凭证清单!K5,0,3),""))))”，筛选符合条件的会计记录贷方金额。

(8) 在单元格 AB7 中输入公式“=IF(AND(W7="",X7=""),"",IF"记账"&REPT("0",3-LEN(TRIM(OFFSET(记账凭证清单!$J5,0,-8))))&OFFSET(记账凭证清单!$J5,0,-8))”，筛选符合条件的会计记录记账编号。

(9) 选取单元格区域 V7：AB7，将其向下填充复制到需要的行数，比如复制到第 1000 行。这样，初步筛选表格就设计完毕。

七、设计最终筛选数据表格

由于初步筛选表格中所得到的符合条件的记录数据并不是一行挨着一行地存放，而是中间可能有空白行。因此，需要设计一个最终筛选数据表格，其目的就是利用有关函数将初步筛选出的结果一行挨着一行地存放，中间没有空白行。

最终筛选数据表格的设计步骤如下：

(1) 在单元格区域 AD4：AJ6 中输入标题名字。

(2) 单击【插入】菜单的【名称】子菜单的【定义】命令，打开【定义名称】对话框，如图 5-6 所示。在“在当前工作簿中的名字”文字框中输入“DATA”，在“引用位置”栏中输入公式“=INDEX(明细分类账！V$7：V$1000,SMALL(IF(明细分类账！V$7：V$1000<>"",ROW(明细分类账！V$7：V$1000)-6,""),ROW(明细分类账！A1)))”。

(3) 在单元格 AD7 中输入公式“=IF(ISERROR(DATA),"",DATA)”。

(4) 选取单元格 AD7，将其向右填充复制到单元格 AJ7。

(5) 选取单元格区域 AD7：AJ7，将其向下填充复制到需要的行数，比如复制到第 1000 行。这样，最终筛选数据表格就设计完成。

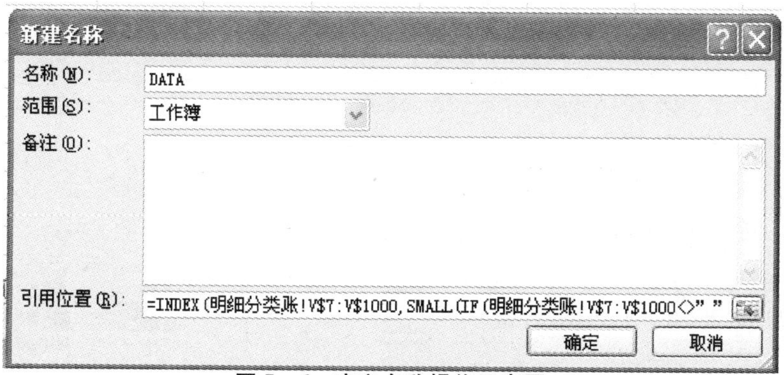

新建名称

名称(N)：DATA

范围(S)：工作簿

备注(O)：

引用位置(R)：=INDEX(明细分类账!V$7:V$1000,SMALL(IF(明细分类账!V$7:V$1000<>" "

确定　取消

图 5－6　定义名称操作示意图

八、设计余额中间计算结果

余额中间计算结果表格是利用有关函数计算每笔会计记录的余额，以便于在明细分类账中判断每笔会计记录的余额方向，以及做出本期的合计计算。设计步骤如下：

（1）在单元格区域 R4：R6 中输入标题名字。

（2）在单元格 R7 中输入公式“＝K7”。

（3）在单元格 R8 中输入公式“＝IF（AND（D8＜＞""，E8＜＞""，F8＜＞0），IF（TRIM（J7）＝" 借"，N（K7），N（K7））＋N（H8）－N（I8），IF（D8＝" 合计"，R7，""））”计算每笔会计记录的余额。

（4）选取单元格区域 R8，将其向下填充复制到需要的行数，比如复制到第 1000 行。

这样，每笔会计记录余额的数据表格就设计完毕。

九、设计明细分类账表格中的计算公式

根据前面设计的各种中间计算表格，就可以在明细分类账表中输入有关的计算公式了，具体步如下：

（1）在单元格 J7 中输入公式“＝P7”。

（2）在单元格 K7 中输入公式“＝MAX（N7，O7）”。

（3）在单元格 B8 中输入公式“＝IF（AND（C8＜＞0，D8＜＞""），MONTH（期初余额表！$B$2），""）”。

（4）在单元格 C8 中输入公式：

“＝IF（ROW（）＜＞COUNT（$V$7：$V$1000）＋8，AD7，DAY（EOMONTH（期初余额表！$B$2，0）））”。

（5）在单元格 D8 中输入公式“=IF（ROW（） < >COUNT（$V$7：$V$1000）+8，AJ7，" 合计"）”。

（6）在单元格 E8 中输入公式“=AE7”。

（7）在单元格 F8 中输入公式“=AF7”。

（8）在单元格 G8 中输入公式“=AG7”。

（9）在单元格 H8 中输入公式“=IF（D8=" 合计"，SUM（$H$7：$H7），IF（AH7=0，""，AH7））”。

（10）在单元格 I8 中输入公式“=IF（D8=" 合计"，SUM（$I$7：$I7），IF（AI7=0，""，AI7））”。

（11）在单元格 J8 中输入公式“=IF（D8◇""，IF（R8>0，" 借"，IF（R8>0，" 贷"，" 平"）），""）”。

（12）在单元格 K8 中输入公式“=IF（D8◇""，ABS（N（R8）），""）”。

（13）选取单元格区域 B8：K8，单击【格式】菜单的【条件格式】命令，打开【条件格式】对话框，为该单元格区域设置条件格式，如图 5-7 所示，在“条件 1（1）”中选样“公式”，在右边的栏中输入条件公式“=$B8< >”，单击【格式】按钮，在打开的【单元格格式】对话框中，将单元格的上、下、左、右边框设置为“细实线”；单击【添加】按钮，在“条件 2（2）”中选择“公式”，在右边的栏中输入条件公式“=$B8=""”，单击【格式】按钮，在打开的【单元格格式】对话框中，将单元格的边框设置为“无”。单击【确定】按钮，关闭【条件格式】对话框。

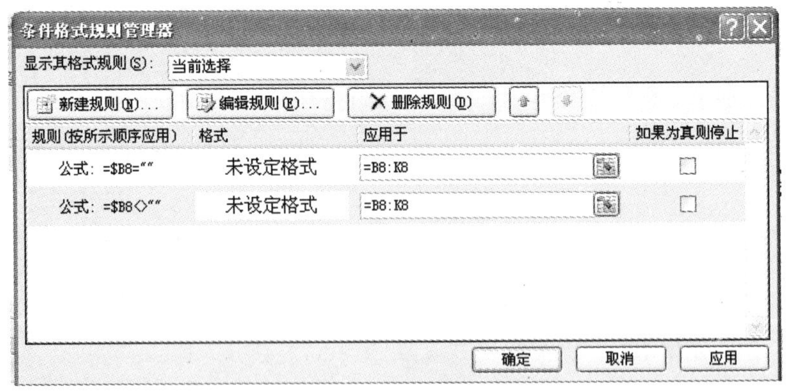

图 5-7 设置条件格式示意图

（14）选取单元格区域 B8：K8，将其向下填充复制到需要的行数，比如复制到第 1000 行。

（15）然后，将第 M 列至第 IV 列全部隐藏。

（16）单击单元格 A7，再单击【窗口】菜单的【冻结窗格】命令，将工作表分成上下两个窗格。这样，明细分类账表就全部设计完毕。

第四节　资产负债表

以下通过一个具体实例说明怎样用 Excel 等电子表格软件来实现数据链接调用和资产负债表的自动生成，其他财务会计报表参照此方法同理可制作。

例如，某企业为增值税一般纳税人，适用税率 17%，存货计价使用实际成本法，产品成本计算使用制造成本法，记账方法使用借贷记账法，会计核算使用科目汇总表核算程序，各种记账凭证按经济业务发生先后顺序统一编号。

一、编制记账凭证（会计分录）清单

该工作表用来输入记账凭证，其格式应该与记账凭证的项目内容相似，主要的项目应该完整，尤其是数据项目的完整和正确。这样，有利于会计科目汇总表的数据调用。我们首先应该把业务录入按照发生的时间先后顺序排列，将与业务相对应的摘要、会计科目、会计科目编号、借方发生额、贷方发生额登记在工作表的相应单元格内，如图 5－8 所示。

记账凭证清单

2013年9月

记账编号	附件	日期		凭证号		摘　要	科目编号	总账科目	明细科目	方向	借方金额	贷方金额	制单人	审核人	现金流量分类
		月	日	类型	号										
001	1	9	2	转	1	购材	121102	原材料	乙材料	借	50,000.00				
001		9	2	转	1	购材	212101	应付账款	大达公司	贷		50,000.00			
002	1	9	2	转	2	购材	121101	原材料	甲材料	借	120,000.00				
002		9	2	转	2	购材	212102	应付账款	永利公司	贷		120,000.00			
003	1	9	3	银收	1	对方还来多收款	100202	银行存款	中国工商银行	借	300.00				收到的其他与经营活动有关的现金
003		9	3	银收	1	对方还来多收款	1911	待处理财产损溢		贷		300.00			
004	1	9	3	银付	1	支付上月销售税金	21710102	应交税金	应交增值税-销项税额	借	2,100.00				
004		9	3	银付	1	支付上月销售税金	100202	银行存款	中国工商银行	贷		2,100.00			支付的各项税费
005	1	9	3	银付	2	支付上月所得税	217106	应交税金	应交所得税	借	32,000.00				
005		9	3	银付	2	支付上月所得税	100202	银行存款	中国工商银行	贷		32,000.00			支付的各项税费
006	1	9	4	银收	2	票据到期解行	100202	银行存款	中国工商银行	借	25,000.00				销售商品提供劳务收到的现金
006		9	4	银收	2	票据到期解行	1111	应收票据		贷		25,000.00			
007	1	9	4	现收	1	出售废品	1001	现金		借	125.00				收到的其他与经营活动有关的现金
007		9	4	现收	1	出售废品	5301	营业外收入		贷		125.00			
008	1	9	5	银付	3	偿欠	212101	应付账款	大达公司	借	5,800.00				
008		9	5	银付	3	偿欠	100202	银行存款	中国工商银行	贷		5,800.00			购买商品接受劳务支付的现金
009	1	9	5	转	3	期票偿欠	212101	应付账款	大达公司	借	50,000.00				
009		9	5	转	3	期票偿欠	211101	应付票据	大达公司	贷		50,000.00			购买商品接受劳务支付的现金

图 5－8　记账凭证清单图样

二、编制科目汇总表工作表

该工作表用来汇总各会计科目的期初余额、本期借方发生额、贷方发生额并计算期末余额。其计算公式为：期末余额 = 期初余额 + 借方发生额 - 贷方发生额，如图 5 - 9 所示，图中所示的余额已是期末余额。

科目余额汇总表

20012-12-31

项　目	借方余额	项　目	贷方余额
现　金	500.00	短期借款	120000.00
银行存款	6864734.00	应付账款	80200.00
应收票据	72120.00	应付票据	85500.00
应收账款	38050.00	预收账款	
坏账准备		其他应付款	
预付账款	26600.00	应付工资	
其他应收款		应付福利费	8430.00
物资采购	73600.00	应交税金	24420.00
原 材 料	53050.00	应付股利	34000.00
库存商品	155300.00	预提费用	1600.00
待摊费用	100.00	长期借款	804800.00
长期股权投资		应付债券	
固定资产	2370000.00	累计折旧	41200.00
无形资产	500000.00	实收资本	8900000.00
利润分配	207290.40	资本公积	
		盈余公积	28290.40
		本年利润	232904.00
合　计	10361344.40	合　计	10361344.40

图 5 - 9　科目余额汇总表

为计算需要，表中的期初余额、借方余额设置为正数，贷方余额设置为负数。表中设置的公式有：

对 1001 现金的计算公式为：

D4 = SUMIF（记账凭证汇总表！D4：D45，A4，记账凭证汇总表！E4：E45）　　(1)

E4 = SUMIF（记账凭证汇总表！D4：D45，A4，记账凭证汇总表！E4：E45）　　(2)

F4 = C4 + D4 - E4　　(3)

对 1002 银行存款的计算公式为：

D5 = SUMIF（记账凭证汇总表！D4：D45，A5，记账凭证汇总表！F4：F45）

E5 = SUMIF（记账凭证汇总表！D4：D45，A5，记账凭证汇总表！F4：F45）

F5 = C5 + D5 - E5

其他会计科目的计算公式依次类推。

对于 1001 现金的计算公式中，公式（3）表示：期末余额 = 期初余额 + 借方发生额 - 贷方发生额；公式（1）是一个条件求和公式，SUMIF 函数有 3 个参数：

搜索区域、搜索条件及求和区域，其功能是在搜索区域查找满足搜索条件的行，将查到的那些行的求和区域内的数相加。这里的搜索区域是记账凭证汇总表！D4：D45，它是记账凭证汇总表工作表的科目代码栏，搜索条件是科目汇总表工作表中的 A4，表示搜索条件是科目代码 1001，求和区域是记账凭证汇总表！E4：E450，在记账凭证汇总表中该栏记录的是本期借方发生额。所以公式（1）表示将记账凭证汇总表中会计科目代码为 1001 的那些行的 E 栏（借方发生额）的数据相加，结果保存在科目汇总表工作表的 D4 单元格中。与此类似，公式（2）的含义是将记账凭证汇总表中会计科目代码为 1001 的那些行的 F 栏（贷方发生额）的数据相加，结果保存在科目汇总表工作表的 E4 单元格中。这样就实现了将记账凭证汇总表上的现金的发生业务汇总到科目汇总表上的功能。其他会计科目的数据计算原理与此相同。

科目汇总表的最底行，第 23 行写入了四个数据栏的求和公式，可用来检查借贷双方的平衡关系。其中期初余额合计数、期末余额合计数为零，本期借方发生额和贷方发生额的合计数相等的时候，可以说明借贷平衡。其他会计科目的计算可以按照 1001 现金会计科目的计算公式一一输入，但这样比较麻烦。我们可以用 Excel 当中的拖动复制功能来完成，这样就需要对以上公式作一些简单改动，基本原理不变。只需要将 SUMIF 函数搜索区域和求和区域的单元格引用变成绝对引用，条件区域仍为相对引用。这样方便公式复制，保证计算结果正确。

三、资产负债表的生成

以下工作用来生成资产负债表，其格式应该与手工工作中的资产负债表的项目内容相似，主要的项目应该按照账户式资产负债表的编制要求设置。我们首先应该设置表头，项目包括报表名称、填制日期、报表编号、金额单位等，都登记在工作表的相应单元格内。

资产负债表采用账户式，报表应分为左右两部分，左边为资产类各账户的本月期初数和期末数，右边为负债和所有者权益类各账户的本月期初数和期末数，报表最底行为双方的合计数，应该相等，反映会计恒等式的要求，即资产 = 负债 + 所有者权益。根据科目余额汇总表的数据，其中数据是通过设置的公式自动生成的。

资产负债表工作表中的所有数据均来自科目汇总表工作表。一般来说，资产负债表是总账的某种重新组合，我们用会计科目汇总表替代总账，资产负债表的数据均来源于前面我们制作的科目汇总表工作表。由于期初数和期末数的公式极为相似，限于篇幅，我们将资产负债表的单元公式只列出了期初公式，图 5 - 10 是资产负债表部分的单元公式。

相应地我们也可以用 SUMIF 函数，将搜索区域定为科目汇总表！A4：A22，

资产负债表			
资　产	期末数	负债及所有者权益	期末数
流动资产：		流动负债：	
货币资金	=科目余额汇总表!B4+科目余额汇总表!B	短期借款	=科目余额汇总表!D4
应收票据	=科目余额汇总表!B6	应付票据	=科目余额汇总表!D6
应收账款	=科目余额汇总表!B7+科目余额汇总表!D	应付账款	=科目余额汇总表!D5
减：坏账准备	=科目余额汇总表!B8	预收账款	=科目余额汇总表!D7
应收账款净额	=B7-B8	应付工资	=科目余额汇总表!D9
其他应收款	=科目余额汇总表!B10	应付福利费	=科目余额汇总表!D10
预付账款	=科目余额汇总表!B9	应交税金	=科目余额汇总表!D11
存　货	=科目余额汇总表!B11+科目余额汇总表!	应付股利	=科目余额汇总表!D12
待摊费用	=科目余额汇总表!B14	其他应付款	=科目余额汇总表!D8
流动资产合计	=SUM(B5:B6,B9:B13)	预提费用	=科目余额汇总表!D13
长期投资：		流动负债合计	=SUM(D5:D14)
长期股权投资	=科目余额汇总表!B15	长期负债：	
固定资产：		长期借款	=科目余额汇总表!D14
固定资产原价	=科目余额汇总表!B16	应付债券	=科目余额汇总表!D15
减：累计折旧	=科目余额汇总表!D16	长期负债合计	=SUM(D17:D18)
固定资产净值	=B18-B19		
		所有者权益：	
无形资产及其他资产：		实收资本	=科目余额汇总表!D17
无形资产	=科目余额汇总表!B17	资本公积	=科目余额汇总表!D18
长期待摊费用		盈余公积	=科目余额汇总表!D19
其他长期资产		未分配利润	=科目余额汇总表!D20-科目余额汇总
无形资产及其他资产合计	=SUM(B23:B25)	所有者权益合计	=SUM(D22:D25)
资产总计	=B14+B16+B20+B26	负债及所有者权益总计	=D15+D19+D26

图5－10　资产负债表公式设置样例

搜索条件定为<1110，这样就应涵盖科目汇总表工作表上包括1001、1002两个科目的行。其求和区域在这些行的C栏和F栏。第7行存货的数据应是科目汇总表123、137以及401科目借方余额的和，我们用DSUM函数。

DSUM函数属于D函数中的一个，D函数原来是专门用来处理数据库数据的一些函数。现在实际上已经成为处理列表数据的一些函数，同其他函数相比，这些函数功能较强，它们的缺点是使用方法比较麻烦，除了写函数本身以外，还需要在工作表上定义一个条件区域，在那里描述需设定的条件，可以写出足够复杂的条件。这里我们就可以用DSUM函数来处理一些资产负债表中计算比较复杂的会计科目，可以将所有满足条件的数据搜索到，它比SUMIF函数的功能要强许多，SUMIF函数只能写出简单的条件，有时不能满足我们的需要，比如计算资产负债表中存货的数据，这时就可以用DSUM函数。

存货期初数＝DSUM（科目汇总表！$A$3：$F$22，科目汇总表！C3，科目汇总表！$H$5：$I$7）

存货期末数＝DSUM（科目汇总表！$A$3：$F$22，科目汇总表！F3，科目汇总表！$H$5：$I$7）

DSUM函数包含三个参数：Database、Field、Criteria。

Database指定义的列表清单和数据库范围的名字。如未特别命名，则同单元格引用。

Field指函数运算时使用的字段。

Criteria指条件范围。

下篇　税务技能实训

第六章　税务技能实训

——增值税纳税申报

第一节　企业概况与实验要求

一、企业概况

广东省衡温空调制造有限公司坐落在广州市花都区伟邦工业区，成立于2002年8月8日，常年从事空调的研发和销售。下设空调制造、销售、维修部门。深受社会的好评与新老客户的厚爱，公司占地共计300000平方米，其中：厂房占地150000平方米，幼儿园占地1500平方米，医院占地3500平方米，图书馆占地2000平方米，食堂占地2000平方米，娱乐设施占地1000平方米，建筑面积250000平方米，属于一级用地。企业属一般纳税人，自行申报纳税。企业出口货物采用“免、抵、退”办法。

法定代表人：陈宏　会计主管：李丽

会计：王久泽　出纳：诸天赐

（国税）纳税人识别号：95474412358 ****

（地税）纳税人识别号：54460678802 ****

地址及电话：广州市花都区伟邦工业区C区020－2856 ****

开户行及账号：中国工商银行广州市花都区支行69001000022289 *****

企业2012年1～6月增值税销项税额合计：1438104.99元

企业增值税进项税抵扣税额2012年1～6月合计：556847.65元

企业增值税进项税转出2012年1～6月合计：34851.2元

企业已缴纳增值税额2012年1～6月合计：763423.78元

企业 2012 年 1 ~6 月固定资产进项税额抵扣额合计：93218.72 元

企业应税货物销售额 2012 年 1 ~6 月合计：8126657 元

企业应税劳物销售额 2012 年 1 ~6 月合计：14650 元

出口货物销售额 2012 年 1 ~6 月合计：1352070 元

企业 6 月纳税所属期缴纳税费：152684.76 元

纳税申报表填表日期：2012 年 8 月 5 日

名称（型号）	功率	类型	成本	不含税单价
衡宝 HB－119UY	小 1P	分体挂式	596	1490
衡宝 HB－288KE	1P	分体挂式	750	1875
衡宝 HB－758SE	小 1.5P	分体挂式	900	2250
衡宝 HB－484ZL	1.5P	分体挂式	1180	2948
衡宝 HB－369FC	小 2P	分体挂式	1352	3380
衡宝 HB－513GQ	2P	分体柜立式	1552	3880
衡宝 HB－888MR	小 3P	分体柜立式	1992	4980
衡宝 HB－941TO	3P	分体柜立式	2364	5911
衡宝 HB－627UB	大 3P	分体柜立式	2762	6905

二、期初资料

科目	科目明细	方向	金额
银行存款	工行	借	5362000.00
应交税费	未交增值税	贷	152684.76
应收账款	洪城家电有限公司	借	15200
	飞翔公司	借	2000
固定资产	叉车	借	120000
累计折旧		贷	9500.00
其他应收款	水费	贷	174804.00
	电费	贷	435500.00

科目	科目明细	单位成本	数量	金额
原材料	塑料外壳	80	500	40000
	过滤器	138	142	19596
	控制电脑板	22.5	120	2700
	轴流风扇电机	30	57	1710
	贯流风扇电机	30	300	9000
	步进电机	33	63	2097
	压缩机	45	500	22500
	加热电器件	20	780	15600
	铜管	11	200	2200
	阀门	3	200	600
	管接头	5	201	1005
	单向阀	6	6	36
	四通阀	9	123	1107
	电源线	0.575	2300	1322.5
	控制线	1.38	860	1186.8
	连接线	0.92	800	736
	电容	2.415	2100	5071.5

科目	科目明细	单位成本	数量	金额
周转材料	低值易耗品——泡沫	8	420	3360
	低值易耗品——纸箱	6	789	4734
	低值易耗品——塑料袋	5	576	2880
库存商品	衡宝 HB－119UY	596	102	60792
	衡宝 HB－484ZL	1180	320	377600
	衡宝 HB－941TO	2364	586	1385304
	衡宝 HB－369FC	1352	354	478608
	衡宝 HB－513GQ	1552	203	315056
	衡宝 HB－627UB	2762	36	99432
	衡宝 HB－288KE	750	85	63750
	衡宝 HB－888MR	1992	290	577680
	衡宝 HB－758SE	900	92	82800
	旧空调	300	6	1800
委托代销商品	衡宝 HS－484ZL	1180	80	94400
受托代销商品	华林牌小 1P 空调	1350	30	40500

三、模拟实训内容

（1）外购原材料业务、外购劳务业务，收购农产品业务，购置固定资产业务；

（2）委托代销业务，委托加工业务，对外提供应税劳务；

（3）销售产品业务、销售原材料业务，视同销售业务，销售旧固定资产业务；

（4）自产货物自用业务、外购货物自用业务，销货退回业务，非正常损失业务等。

四、实训操作程序

（1）根据涉税业务原始凭证进行账务处理，填制记账凭证；

（2）根据原始凭证、记账凭证，登记“应交税费——应交增值税”二级明细账户及其所属进项税、销项税、进项税转出等三级明细账户；

（3）编制增值税应纳税额汇总计算表；

（4）填制一般纳税人《增值税纳税申报表》及其附列资料表，办理增值税纳税申报手续；

（5）填制增值税税收缴款书，办理增值税税款缴纳手续。

五、实训备用物品

（1）记账凭证：收款凭证、付款凭证、转账凭证；

（2）会计账簿：总分类账、三栏式明细账、多栏式增值税专用明细账；

（3）工作底稿：增值税应纳税额汇总计算表；

（4）纳税申报表。

六、实训操作要求

（1）在进行实训操作之前，应全面复习增值税法，增值税涉税业务的账务处理方法，增值税涉税账户录入方法，增值税专用发票管理规定；

（2）将实训操作过程视同从事实际工作，务必做到亲自动手，且认真、严谨，笔笔清晰，字字端正，数据准确；

（3）在实训操作中，参与者可以相互探讨，互相学习，但不可相互抄袭、复制，一旦发现抄袭、复制，以零分处理。

第二节　增值税涉税业务资料

一、实验业务

2012 年 7 月企业经济业务：

1. 2012 年 7 月 1 日，向广州市惠美电器有限公司销售空调，衡宝 HB－119UY 小 1P 空调 50 台，单价 1490 元，总金额 74500 元，税额 12665 元；衡宝 HS－484ZL1.5P 空调 40 台，单价 2948 元，总金额 117920 元，税额 20046.4 元；衡宝 HB－941TO3P 空调 20 台，单价 5911 元，总金额 118220 元，税额 20097.4 元（见附件 1－1 至附件 1－3）。

2. 2012 年 7 月 2 日，向广州市塑材有限公司购进空调塑料外壳 1000 个，单价 80 元/个，合计 80000 元，增值税额：13600 元，材料已验收入库（见附件 2－1 至附件 2－4）。

3. 2012 年 7 月 3 日，向从化市宏辉过滤器有限公司购进空调过滤器 800 台，单价 138 元/台，合计 110400 元，增值税额：18768 元，材料已验收入库（见附件 3－1 至附件 3－4）。

4. 2012 年 7 月 4 日，苏醒电器有限公司送来 15 台空调进行维修，维修费单价 75 元/台，合计 1125 元，税率：17%，税额：191.25 元（见附件 4－1、附件 4－2）。

5. 2012 年 7 月 5 日，向花都区国税局交纳上期应交增值税 152684.76 元（见附件 5－1）。

6. 2012 年 7 月 6 日，广州市长红电器有限公司向本公司以 3100 元/台的不含税价采购衡宝 HB－369FC 小 2P 60 台，双方签订协议，本公司要求长红公司按照每台 3100 元的价格出售给顾客，不得加价，销售后本公司将按售价的 5% 向长红公司返还利润（见附件 6－1 至附件 6－5）。

7. 2012 年 7 月 7 日，收到海威公司预付的货款并存入银行（见附件 7－1）。

8. 2012 年 7 月 8 日，向广州市洪城家电有限公司销售空调，衡宝 HB－513GQ2P 空调 20 台，单价 3880 元，总金额 77600 元，税额 13192 元；衡宝 HB－627UB 大 3P 空调 10 台，单价 6905 元，总金额 69050 元，税额 11738.5 元，签订分期收款合同，货款先收取 60%，往后每个月付款 10%，4 个月付清，发票开取是以收到货款之时按金额开具（见附件 8－1 至附件 8－4）。

9. 2012 年 7 月 9 日，本公司向飞翔公司销售衡宝 HB－288KE 1P 空调 50 台，本公司已于当天发货，同时收到飞翔公司支付的部分货款 50000 元（见附件 9－1 至附件 9－3）。

10. 2012 年 7 月 10 日，向升辉电气有限公司购进材料，N18－8 控制电脑板 1000 块，单价 22.5 元，总金额 22500 元，进项税额 3825 元；KL56 轴流风扇电机 600 部，单价 30 元，总金额 18000 元，进项税额 3060 元；RT6－3 贯流风扇电机 600 部，单价 30 元，总金额 18000 元，进项税额 3060 元；CI93－0 步进电机 400 部，单价 33 元，总金额 13200 元，进项税额 2244 元；LP75－11 压缩机 800 部，单价 45 元，总金额 36000 元，进项税额 6120 元；KF90 加热电器件 1500 件，单价 20 元，总金额 30000 元，进项税额 5100 元，已验收入库（见附件 10－1 至附件 10－5）。

11. 2012 年 7 月 11 日，广州市花都区自来水公司支付上月用水 124860 吨，单价为 1.40 元，共支付水费 174804 元，税率 6%，税额 10488.24 元（水费于上月计入“其他应付款”），并收到增值税专用发票（见附件 11－1 至附件 11－3）。

12. 2012 年 7 月 11 日，向广州市花都区供电局支付上月用电 335000 千瓦时，单价为 1.3 元，共计 435500 元，税率 17%，税额 74035 元，税价合计 509535 元，(电费于上月计入“其他应付款”），并收到增值税专用发票（见附件 12－1 至附件 12－3）。

13. 2012 年 7 月 12 日，收到广东省启明星有限公司上月销售商品的退货，衡宝 HB－513GQ 空调 5 台，单价 3880 元，总金额 19400 元，税额 3298 元，并用银行存款支付所退货款，商品已验收入库（见附件 13－1 至附件 13－4）。

14. 2012 年 7 月 13 日，向广东省铜星公司购进原材料，铜管 500 个，单价 11 元，总金额 5500 元，进项税额 935 元；阀门 50 个，单价 3 元，总金额 150 元，进项税额 25.5 元；管接头 450 个，单价 5 元，总金额 2250 元，进项税额 382.5 元；单向阀 200 个，单价 6 元，总金额 1200 元，进项税额 204 元；四通阀 300 个，单价 9 元，总金额 2700 元，进项税额 459 元，材料已验收入库（见附件14－1 至附件 14－4）。

15. 2012 年 7 月 14 日，本公司采用支付手续费方式委托广州宏达电器代销衡宝 HS－484ZL 1.5P80 台，于当天发往该公司（见附件 15－1）。

16. 2012 年 7 月 15 日，向广东省鑫盛电器有限公司出售空调，衡宝 HB－888MR 小 3P 空调 80 台，单价 4980 元，总金额 398400 元，税额 67728 元；衡宝 HB－941TO 3P 空调 50 台，单价 5911 元，总金额 295550 元，税额 50243.5 元。折扣 15%，并支付运费 3000 元（见附件 16－1 至附件 16－5）。

17. 2012 年 7 月 16 日，给新加坡源源贸易公司空调，衡宝 HS－484ZL 1.5P

空调200台，单价353.9美元，总金额70780美元；衡宝HB-369FC小2P空调200台，单价405.76美元，总金额81152美元；衡宝HB-513GQ 2P空调160台，单价465.79美元，总金额74526.4美元；衡宝HB-888MR小3P空调120台，单价597.84美元，总金额71740.8美元；衡宝HB-941TO 3P空调100台，单价709.6美元，总金额70960美元。币种为USD，当日即期汇率$1=￥6.65（征税率为17%，退税率为13%）（见附件17-1至附件17-5）。

18. 2012年7月17日，与柔暖科技有限公司签订协议，用自产产品衡宝HB-941TO 3P100台对其投资，双方不含税的协议价为591100元（见附件18-1至附件18-3）。

19. 2012年7月18日，向花都儿童福利院捐赠一批空调（衡宝HB-119UY小1P）30台（见附件19-1至附件19-3）。

20. 2012年7月19日，向私联造纸有限公司购入周转材料一批。20Y泡沫2000个，单价8元，总金额16000元，进项税额2720元，价税合计18720元；30U纸箱2000个，单价6元，总金额12000元，进项税额2040元，价税合计14040元；5L塑料袋2000个，单价5元，总金额10000元，进项税额1700元，价税合计11700元（见附件20-1至附件20-4）。

21. 2012年7月20日，向印尼贸发商行进口一批原材料，电源线5000米，单价0.5元/米，总金额2500元，完税价格2875元，增值税税额488.75元；控制线5000米，单价1.2元/米，总金额6000元，完税价格6900元，增值税税额1173元；连接线5000米，单价0.8元/米，总金额4000元，完税价格4600元，增值税税额782元；电容20000片，单价2.1元/片，总金额42000元，完税价格48300元，增值税税额8211元。进口关税税率为15%，该货物为非应税消费品，使用的增值税税率为17%（见附件21-1至附件21-5）。

22. 2012年7月21日，向驰腾购车中心购进五十铃货车5辆，每辆125000元，税额21250元，价税合计146250元，并立即投入使用，预定使用年限为10年，净残值为6250元，使用年限平均法进行折旧（见附件22-1至附件22-4）。

23. 2012年7月22日，向康丽服饰公司出售旧叉车3辆，售价28500元。叉车自2012年1月购进并使用至今，原值30000元，净产值1500元，预计使用寿命5年，已计提折旧2375元，账面净值27625元（见附件23-1至附件23-3）。

24. 2012年7月23日，以物易物与东莞长兴电子设备有限公司用衡宝HB-758SE小1.5P4台，换取控制电脑板400块，单价22.5元，金额9000元，税率17%，税额1530元（见附件24-1至附件24-5）。

25. 2012年7月24日，向丁香电器有限公司销售一批空调（衡宝HB-888MR小3P）25台。为及早收回货款，本公司和丁香公司约定的现金折扣条件为：2/10，1/20，n/30（见附件 25－1 至附件 25－2）。

26. 2012 年 7 月 25 日，本公司受美菱公司委托销售华林牌小 1P 空调 30 台，合同约定本公司应按每台 1350 元对外销售，美菱公司按售价的 10% 支付给本公司手续费。本公司当天即将 30 台空调对外出售，并向美菱公司发出代销清单（见附件 26－1 至附件 26－8）。

27. 2012 年 7 月 26 日，收到经销商宏达电器（小规模纳税人）的代销清单、货款以及收回旧空调，销售清单注明已销售 30 台，旧空调 20 台，收到货款。收回旧空调没有相关增值税进项税额（见附件 27－1 至附件 27－4）。

28. 2012 年 7 月 29 日，收到丁香电器有限公司的货款（见附件 28－1）。

29. 2012 年 7 月 29 日，本公司委托方媛公司销售衡宝 HB－369FC 小 2P 50 台，协议价 3600 元/台，成本为 1352 元。代销协议约定，方媛公司在取得代销商品后，无论是否能够卖出，是否获利，均与本公司无关。这批空调已发出，货款已收到，本公司开具的增值税专用发票上注明增值税税额为 30600 元（见附件 29－1 至附件 29－4）。

30. 2012 年 7 月 30 日，向腾飞公司销售衡宝 HB－888MR 小 3P 60 台，发出商品，货款已预收（见附件 30－1 至附件 30－2）。

二、原始凭证

附件 1－1：

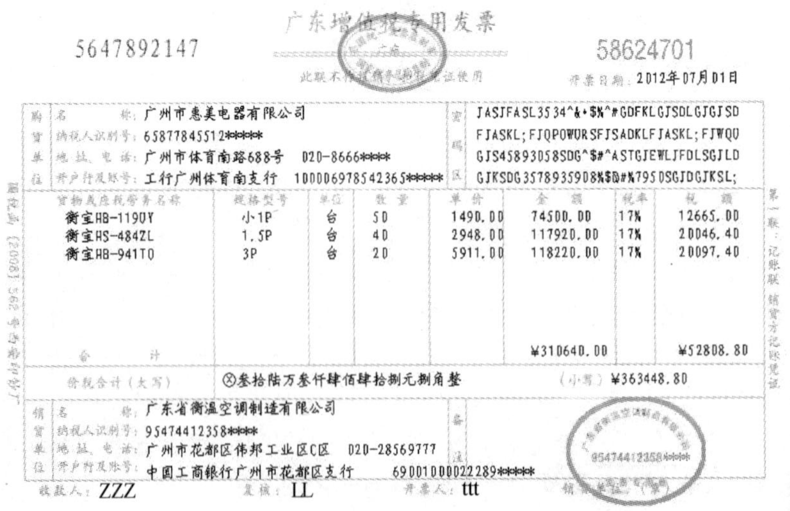

广东增值税专用发票

5647892147　　　　　　　　　　　　　　58624701

此联不作报销、扣税凭证使用　　　　开票日期：2012年07月01日

购货单位 名称：广州市惠美电器有限公司 纳税人识别号：65877845512***** 地址、电话：广州市体育南路688号　020-8666**** 开户行及账号：工行广州体育南支行　100006978542365*****	密码区 JASJFASL3534^&•$%^#GDFKLGJSDLGJGJSD FJASKL;FJQPOWURSFJSADKLFJASKL;FJWQU GJS45893058SDG^$#^ASTGJEWLJFDLSGJLD GJKSDG3578935908%$@#%795DSGJDGJKSL;

货物或应税劳务名称	规格型号	单位	数量	单价	金额	税率	税额
衡宝HB-1190Y	小1P	台	50	1490.00	74500.00	17%	12665.00
衡宝HS-484ZL	1.5P	台	40	2948.00	117920.00	17%	20046.40
衡宝HB-941T0	3P	台	20	5911.00	118220.00	17%	20097.40
合计					¥310640.00		¥52808.80
价税合计（大写）	⊗叁拾陆万叁仟肆佰肆拾捌元捌角整				（小写）¥363448.80		

销货单位 名称：广东省衡温空调制造有限公司 纳税人识别号：95474412358***** 地址、电话：广州市花都区伟邦工业区C区　020-28569777 开户行及账号：中国工商银行广州市花都区支行　69001000022289*****	备注 95474412358*****

收款人：ZZZ　　复核：LL　　开票人：ttt　　销货单位（章）

第一联：记账联　销货方记账凭证

附件 1－2：

进账单（回单或收账通知）

2012年 07月 01日

收款人	全称	广东省衡温空调制造有限公司
	账号	69001000022289*****
	开户银行	中国工商银行广州市花都区支行
人民币（大写）	叁拾陆万叁仟肆佰肆拾捌元捌角整	¥363448.80
付款人	全称	广州市惠美电器有限公司
	账号	100006978542365*****
	开户银行	工行广州体育南支行
事由		销售商品

中国工商银行广州市花都区支行 2012.07.01 收讫

附件 1－3：

商品出库单

客户名称：广州市惠美电器有限公司　　2012 年 7 月 1 日　　编号：10011001

商品名称	规格	单位	数量	单价	亿	千	百	十	万	千	百	十	元	角	分
衡宝 HB－119UY	小 1P	台	50	1490.00					7	4	5	0	0	0	0
衡宝 HS－484ZL	1.5P	台	40	2948.00				1	1	7	9	2	0	0	0
衡宝 HB－941TO	3P	台	20	5911.00				1	1	8	2	2	0	0	0
合计							¥	3	1	0	6	4	0	0	0

第二联　财务联

会计主管：zz　　发货人：ll　　收货人：tt　　制单人：ll

附件 2－1：

广东增值税专用发票

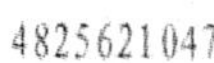
4825621047

45218793

开票日期：2012年07月02日

购货单位	名　　称：广东省衡温空调制造有限公司 纳税人识别号：95474412358**** 地 址、电 话：广州市花都区伟邦工业区C区　020－2856**** 开户行及账号：工行广州市花都区支行69001000022289*****	密码区	JASJFASL3534^&+$%^#GDFKLGJSDLGJGJSD FJASKL;FJQPOWURSFJSADKLFJASKL;FJWQU GJS45893D58SDG^$#^ASTGJEWLJFDLSGJLD GJKSDG35789359O8%$B#%795DSGJDGJKSL;				
货物或应税劳务名称	规格型号	单位	数量	单价	金额	税率	税额
塑料外壳		个	1000	80.00	80000.00	17%	13600.00
合　　计					¥80000.00		¥13600.00
价税合计（大写）	⊗玖万叁仟陆佰元整				（小写）¥93600.00		
销货单位	名　　称：广州市祥和塑材有限公司 纳税人识别号：95474412358**** 地 址、电 话：广州市荔湾区解放路35号　020－589***** 开户行及账号：中行广州市荔湾区支行69001000058947*****	备注					

收款人：ZZ　　复核：LL　　开票人：tt　　销货单位：（章）

国税函〔2008〕562号西安印钞厂

第二联：抵扣联　购货方扣税凭证

附件 2－2：

广东增值税专用发票

4825621047

45218793

开票日期：2012年07月02日

购货单位	名　　称：广东省衡温空调制造有限公司 纳税人识别号：95474412358**** 地 址、电 话：广州市花都区伟邦工业区C区　020－2856**** 开户行及账号：工行广州市花都区支行69001000022289*****	密码区	JASJFASL3534^&+$%^#GDFKLGJSDLGJGJSD FJASKL;FJQPOWURSFJSADKLFJASKL;FJWQU GJS45893D58SDG^$#^ASTGJEWLJFDLSGJLD GJKSDG35789359O8%$B#%795DSGJDGJKSL;				
货物或应税劳务名称	规格型号	单位	数量	单价	金额	税率	税额
塑料外壳		个	1000	80.00	80000.00	17%	13600.00
合　　计					¥80000.00		¥13600.00
价税合计（大写）	⊗玖万叁仟陆佰元整				（小写）¥93600.00		
销货单位	名　　称：广州市祥和塑材有限公司 纳税人识别号：95474412358**** 地 址、电 话：广州市荔湾区解放路35号　020－5897**** 开户行及账号：中行广州市荔湾区支行69001000058947*****	备注					

收款人：ZZ　　复核：LL　　开票人：tt　　销货单位：（章）

国税函〔2008〕562号西安印钞厂

第三联：发票联　购货方记账凭证

附件2－3：

广东省衡温空调制造有限公司

材料验收入库单

供应商名称：广州市祥和塑材有限公司　　2012年7月2日　　凭证编号：25410210

材料名称	规格型号	单位	供应商交货数量	实收数量	单价	金额	备注
塑料外壳		个	1000	1000	80.00	80000.00	
合计			1000	1000		80000.00	

第二联　财务联

财务部：ZZ　　品保部：LL　　验收人：ttt　　制单：nn

附件2－4：

中国工商银行支票存根（粤）

IX II 20120702

附加信息

出票日期 2012年 07月 02日

收款人：广州市祥和塑材有限公司

金　额：¥93,600.00

用　途：购买原材料

单位主管 ZZ　　会计 ttt

附件3－1：

广东增值税专用发票

5647892147　　　　54879213

开票日期：2012年07月03日

购货单位	名称：广东省衡温空调制造有限公司 纳税人识别号：95474412358**** 地址、电话：广州市花都区伟邦工业区C区 020-2856**** 开户行及账号：工行广州市花都区支行69001000022289*****	密码区	JASJFASL3534^&+$%^#GDFKLGJSDLGJGJSD FJASKL;FJQPOWURSFJSADKLFJASKL;FJWQO GJS45893058SDG^$#^ASTGJEWLJFDLSGJLD GJKSDG3578935908%$@#%7950SGJDGJKSL;

货物或应税劳务名称	规格型号	单位	数量	单价	金额	税率	税额
空调过滤器		台	800	138.00	110400.00	17%	18768.00
合计					¥110400.00		¥18768.00
价税合计（大写）	ⓧ壹拾贰万玖仟壹佰陆拾捌元整				（小写）¥129168.00		

销货单位	名称：从化市宏辉过滤器有限公司 纳税人识别号：58796312358**** 地址、电话：从化市美德区镇前路102号 020-5859**** 开户行及账号：中行从化市美德区支行58796000058947*****	备注	58796312358****

收款人：ZZ　复核：ttt　开票人：nnn　销货单位：（章）

国税函〔2008〕562号西安印钞厂

第二联：抵扣联 购货方扣税凭证

附件3－2：

广东增值税专用发票

5647892147　　　　54879213

开票日期：2012年07月03日

购货单位	名称：广东省衡温空调制造有限公司 纳税人识别号：95474412358**** 地址、电话：广州市花都区伟邦工业区C区 020-2856**** 开户行及账号：工行广州市花都区支行69001000022289*****	密码区	JASJFASL3534^&+$%^#GDFKLGJSDLGJGJSD FJASKL;FJQPOWURSFJSADKLFJASKL;FJWQO GJS45893058SDG^$#^ASTGJEWLJFDLSGJLD GJKSDG3578935908%$@#%7950SGJDGJKSL;

货物或应税劳务名称	规格型号	单位	数量	单价	金额	税率	税额
空调过滤器		台	800	138.00	110400.00	17%	18768.00
合计					¥ 110400.00		¥ 18768.00
价税合计（大写）	ⓧ壹拾贰万玖仟壹佰陆拾捌元整				（小写）¥129168.00		

销货单位	名称：从化市宏辉过滤器有限公司 纳税人识别号：58796312358**** 地址、电话：从化市美德区镇前路102号 020-5859**** 开户行及账号：中行从化市美德区支行58796000058947*****	备注	58796312358****

收款人：ZZ　复核：LLL　开票人：ttt　销货单位：（章）

国税函〔2008〕562号西安印钞厂

第三联：发票联 购货方记账凭证

附件 3 -3：

广东省衡温空调制造有限公司

材料验收入库单

供应商名称：从化市宏辉过滤器有限公司　　2012 年 7 月 3 日　　凭证编号：25410211

材料名称	规格型号	单位	供应商交货数量	实收数量	单价	金额	备注
空调过滤器		台	800	800	138.00	110400.00	
合计			800	800		110400.00	

第二联　财务联

财务部：ZZ　　品保部：LL　　验收人：ttt　　制单：nn

附件 3 -4：

中国工商银行支票存根（粤）

IX 11 20120703

附加信息

出票日期 2012 年 07 月 03 日

收款人：从化市宏辉过滤器有限公司

金　额：¥129,168.00

用　途：购买原材料

单位主管 ZZ　　会计 ttt

附件4－1：

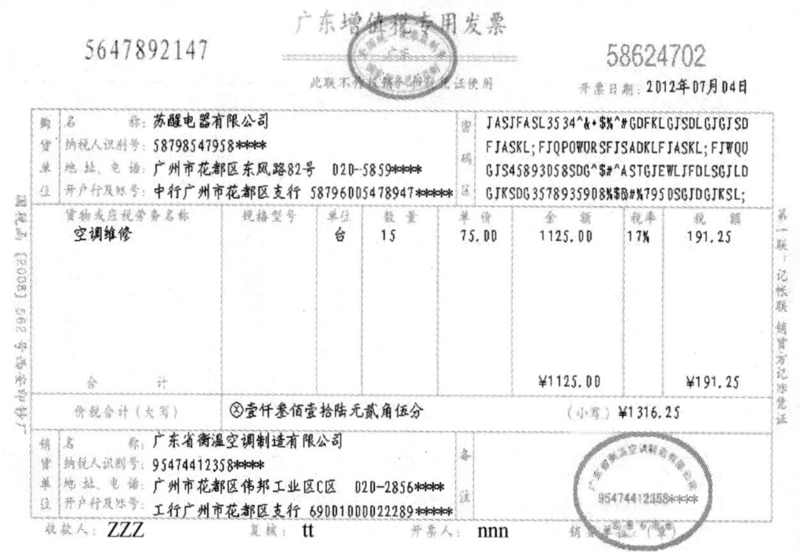

广东增值税专用发票

5647892147　　　　　　　　　　58624702

此联不作报销、扣税凭证使用　　　　开票日期：2012年07月04日

购货单位	名称：苏醒电器有限公司 纳税人识别号：58798547958**** 地址、电话：广州市花都区东风路82号　020-5859**** 开户行及账号：中行广州市花都区支行　58796005478947*****	密码区	JASJFASL3534^&*$%^#GDFKLGJSDLGJGJSD FJASKL;FJQPOWURSFJSADKLFJASKL;FJWQU GJS45893058SDG^$#^ASTGJEWLJFDLSGJLD GJKSDG3578935908%$D#%795DSGJDGJKSL;

货物或应税劳务名称	规格型号	单位	数量	单价	金额	税率	税额
空调维修		台	15	75.00	1125.00	17%	191.25
合计					¥1125.00		¥191.25
价税合计（大写）	⊗壹仟叁佰壹拾陆元贰角伍分				（小写）¥1316.25		

销货单位	名称：广东省衡温空调制造有限公司 纳税人识别号：95474412358**** 地址、电话：广州市花都区伟邦工业区C区　020-2856**** 开户行及账号：工行广州市花都区支行　69001000022289*****	备注	95474412358****

收款人：ZZZ　　复核：tt　　开票人：nnn　　销货单位：（章）

第一联：记帐联　销货方记帐凭证

附件4－2：

进账单（回单或收账通知）

2012年07月04日

收款人	全称	广东省衡温空调制造有限公司	
	账号	69001000022289*****	
	开户银行	中国工商银行广州市花都区支行	
人民币（大写）		壹仟叁佰壹拾陆元贰角伍分	亿千百十万千百十元角分 ¥131625
付款人	全称	苏醒电器有限公司	
	账号	58796005478947*****	
	开户银行	中国银行广州市花都区支行	中国工商银行广州市花都支行 2012.07.04 收讫
事由		空调维修	

附件5－1：

中国工商银行 广东省分行营业部　INDUSTRIAL AND COMMERCIAL BANK OF CHINA

广州市电子缴税回单

No. 00102412

扣账日期：2012 年07月05日　　清算日期：2012 年07月05日

付款人	全称	广东省衡温空调制造有限公司	收款人	全称	广州市国家税务局花都分局
	账号	69001000022289*****		账号	36020011115544*****
	开户银行	中国工商银行广州市花都区支行		开户银行	中华人民共和国国家金库广州市花都区国库

金额	人民币（大写）	壹拾伍万贰仟陆佰捌拾肆元柒角陆分	千	百	十	万	千	百	十	元	角	分
					1	5	2	6	8	4	7	6

内容	代扣国税款	电子税票号	5621045	纳税人编号	95474412384756	纳税人名称	广东省衡温空调制造有限公司

税种	所属期	纳税金额	备注	税种	所属期	纳税金额	备注
增值税	201206	152684.76	国税				
						工行花都支行 *2012.07.05* 业务清讫	

打印日期：2012 年7月5日

附件6－1：

广东增值税普通发票

5647892147　　　58624703

开票日期：2012年07月06日

购货单位	名称：广州市罗岗区和达电器有限公司 纳税人识别号：5D012547958**** 地址、电话：广州市罗岗区教育路52号　020-5850**** 开户行及账号：中行广州市罗岗区支行58796005632147****	密码区	JASJFASL3534^&•$%^#GDFKLGJSDLGJGJSD FJASKL;FJQPOWURSFJSADKLFJASKL;FJWQU GJS45893058SDG^$#^ASTGJEWLJFDLSGJLD GJKSDG3578935908%$@#%795DSGJDGJKSL;

货物或应税劳务名称	规格型号	单位	数量	单价	金额	税率	税额
衡宝HB-369FC	小2P	台	60	3100.00	186000.00	17%	31620
合计					¥186000.00		¥31620.00
价税合计（大写）	⊗贰拾壹万柒仟陆佰贰拾元整				（小写）¥217620.00		

销货单位	名称：广东省衡温空调制造有限公司 纳税人识别号：9547441235B**** 地址、电话：广州市花都区伟邦工业区C区　020-2856**** 开户行及账号：工行广州市花都区支行69001000022289*****	备注	广东省衡温空调制造有限公司 95474412358**** 发票专用章

收款人：ZZZ　　复核：tt　　开票人：LLL　　销货单位：（章）

第一联：记账联 销货方记账凭证

附件 6－2：

商品出库单

客户名称：广州市长红电器有限公司　　2012 年 7 月 6 日　　编号：10011002

商品名称	规格	单位	数量	单价	金额										
					亿	千	百	十	万	千	百	十	元	角	分
衡宝 HB－369FC	小 2P	台	60	3100.00				1	8	6	0	0	0	0	0
合计							¥	1	8	6	0	0	0	0	0

第二联　财务联

会计主管：ZZ　　发货人：tt　　收货人：LL　　制单人：nnn

附件 6－3：

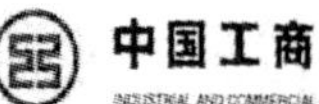

进 账 单（回单或收账通知）

2012年 07月 06日

收款人 全称	广东省衡温空调制造有限公司											
收款人 账号	69001000022289*****											
收款人 开户银行	中国工商银行广州市花都区支行											
人民币（大写）	贰拾壹万柒仟陆佰贰拾元整	亿	千	百	十	万	千	百	十	元	角	分
				¥	2	1	7	6	2	0	0	0
付款人 全称	长红电器有限公司											
付款人 账号	58796005632147*****											
付款人 开户银行	中行广州市海珠区支行											
事由	收取货款											

2012.07.06 收讫

附件6－4：

商品销售合同

2012070601
甲方：广州市长红电器有限公司
乙方：广东省衡温空调制造有限公司

经甲乙双方友好协商，就甲方购买乙方烟草制品达成如下协议：

一、甲方购买乙方衡宝HB-369FC小2P 60台，单价：3100.00元/台。合计售价人民币壹拾捌万陆仟元整（￥186000.00元）

二、乙方要求甲方按照每台3100元的价格出售给顾客，不得加价，销售后甲方将按售价的5%向长红公司返还利润。

三、甲方支付运输费。

四、甲方实际销售时，开出增值税专用发票。

五、乙方负责产品质量，如有质量问题，乙方负责退货或换货，并赔偿甲方损失。

以上协议甲乙双方各持一份，如有异议另签补充协议，补充协议同本协议具有同等法律效力。

甲方：广州市长红电器有限公司
代表签字：李芸
日期：2012年07月06日

乙方：广东省衡温空调制造有限公司
代表签字：陈宇
日期：2012年07月06日

附件6－5：

受托代销商品手续费收入计算表

委托单位：广东省衡温空调制造有限公司　　2012年7月　　编号：00010001

业务时间	代销商品	规格型号	计量单位	销售数量	销售单价	销售金额	手续费率	手续费收入
2012.7.6	HB－369FC	小2P	台	60	3100.00	186000.00	5%	9300.00

销售部经理：zz　　财务主管：tt

附件7－1：

进 账 单（回单或收账通知）

2012年 07月 07日

收款人	全　称	广东省衡温空调制造有限公司											
	账　号	69001000022289*****											
	开户银行	中国工商银行广州市花都区支行											
人民币（大写）	壹拾万零伍仟叁佰元整		亿	千	百	十	万	千	百	十	元	角	分
					¥	1	0	5	3	0	0	0	0
付款人	全　称	广州市海威电器有限公司											
	账　号	58796005638951*****											
	开户银行	招商银行广州市番禺区支行											
事　由	预售货款												

中国工商银行广州市 花都支行 2012.07.07 收讫

附件8－1：

商品出库单

客户名称：广州市洪城家电有限公司　　2012年7月8日　　编号：10011003

商品名称	规格	单位	数量	单价	金额										
					亿	千	百	十	万	千	百	十	元	角	分
衡宝HB－513GQ	2P	台	20	3880.00					7	7	6	0	0	0	0
衡宝HB－6927UB	大3P	台	10	6905.00					6	9	0	5	0	0	0
合计							¥	1	4	6	6	5	0	0	0

第二联　财务联

会计主管：ZZ　　发货人：tt　　收货人：LL　　制单人：nnn

附件8－2：

广东增值税专用发票

5647892147　　　　58624704

此联不作报销、扣税凭证使用　　开票日期：2012年07月08日

购货单位		密码区
名称	广州市洪城家电有限公司	JASJFASL3534^&+$%^#GDFKLGJSDLGJGJSD
纳税人识别号	18854627958****	FJASKL;FJQPOWURSFJSADKLFJASKL;FJWQU
地址、电话	广州市天河区中环西路103号 020-5986****	GJS45893058SDG^$#^ASTGJEWLJFDLSGJLD
开户行及账号	农行广州市天河区支行58796008654551*****	GJKSDG3578935908%$@#%795DSGJDGJKSL;

货物或应税劳务名称	规格型号	单位	数量	单价	金额	税率	税额
衡宝HB-513GQ	2P	台	12	3880.00	46560.00	17%	7915.20
衡宝HB-6270B	大3P	台	6	6905.00	41430.00	17%	7043.10
合计					¥87990.00		¥14958.30
价税合计（大写）	⊗壹拾万零贰仟玖佰肆拾捌元叁角				（小写）¥102948.30		

销货单位		备注
名称	广东省衡温空调制造有限公司	
纳税人识别号	95474412358****	
地址、电话	广州市花都区伟邦工业区C区 020-2856****	
开户行及账号	工行广州市花都区支行69001000022289*****	

收款人：ZZZ　复核：tt　开票人：LLL　销货单位（章）

国税函〔2008〕562号

第一联：记账联 销货方记账凭证

附件8－3：

进 账 单（回单或收账通知）

2012年07月08日

收款人	全称	广东省衡温空调制造有限公司
	账号	69001000022289*****
	开户银行	中国工商银行广州市花都区支行
人民币（大写）	壹拾万贰仟玖佰肆拾捌元叁角整	¥102948.30
付款人	全称	广州市洪城家电有限公司
	账号	58796008654551*****
	开户银行	中国农业银行广州市天河区支行
事由		销售产品

中国工商银行广州市 花都支行 2012.07.08 收讫

附件 8－4：

分期收款合同

2012070702

甲方：广州市洪城家电有限公司

乙方：广东省衡温空调制造有限公司

经甲乙双方友好协商，就甲方采用分期付款购买乙方的空调商品达成如下协议：

一、甲方购买乙方衡宝HB-513GQ 2P空调20台，衡宝HB-627UB大3P空调10台，合计售价人民币壹拾肆万陆仟陆佰伍拾元整（￥146650.00）。

二、甲方支付运输费等其他相关费用。

三、付款方式：采用“分期付款”，五次付清。

四、甲方签订合同后先支付货款总额的60%，余款分4个月付清，5次支付。最后一次付款日期不能超过2012年11月8日。

五、发票开具方式：按每次收到的货款金额开具。

六、乙方在收到第一次货款后，立即发货。

七、乙方负责货品的质量，如发现问题，甲方可要求退货或是换货。并由乙方赔偿甲方相关损失。

八、货物在运输途中的正常亏损，由乙方负责，如发生重大事故或非人为原因造成的重大损失，由双方协商解决。

以上协议甲乙双方各持一份，如有异议另签补充协议，补充协议同本协议具有相同的法律效力。

甲方：广州市洪城家电有限公司

代表签字：马[illegible]

日期：2012年07月08日

乙方：广东省衡温空调制造有限公司

代表签字：陈[illegible]

日期：2012年07月08日

附件 9－1：

商品出库单

客户名称：飞翔公司　　2012 年 7 月 9 日　　编号：10011004

商品名称	规格	单位	数量	单价	金额										
					亿	千	百	十	万	千	百	十	元	角	分
衡宝 HB－288KE	1P	台	50	1875.00					9	3	7	5	0	0	0
合计								¥	9	3	7	5	0	0	0

第二联　财务联

会计主管：ZZ　　发货人：tt　　收货人：nn　　制单人：LLL

附件 9－2：

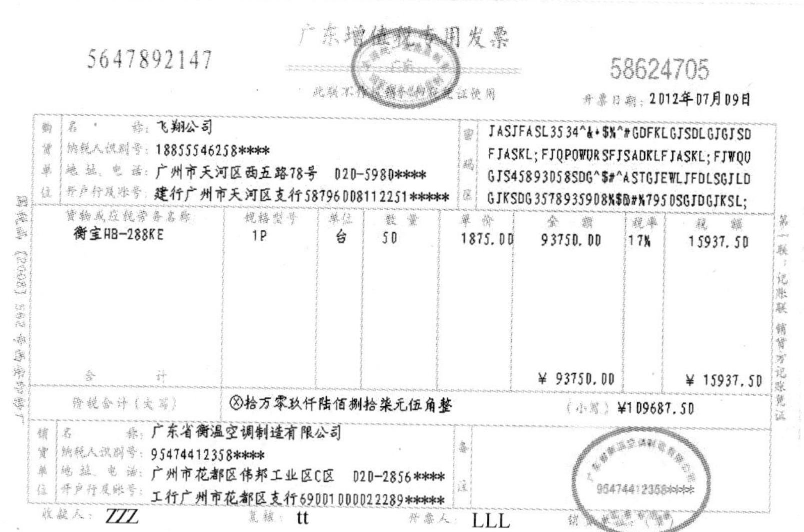

广东增值税专用发票

5647892147　　　　58624705

此联不作报销、扣税凭证使用　　　　开票日期：2012年07月09日

购货单位	名称：飞翔公司 纳税人识别号：18855546258**** 地址、电话：广州市天河区西五路78号　020-5980**** 开户行及账号：建行广州市天河区支行58796008112251*****	密码区	JASJFASL3534^&+$%^#GDFKLGJSDLGJGJSD FJASKL;FJQPOWURSFJSADKLFJASKL;FJWQU GJS45893D58SDG^$#^ASTGJEWLJFDLSGJLD GJKSDG3578935908%$D#%795DSGJDGJKSL;

货物或应税劳务名称	规格型号	单位	数量	单价	金额	税率	税额
衡宝HB-288KE	1P	台	50	1875.00	93750.00	17%	15937.50
合计					¥93750.00		¥15937.50
价税合计（大写）	⊗拾万零玖仟陆佰捌拾柒元伍角整				（小写）¥109687.50		

销货单位	名称：广东省衡温空调制造有限公司 纳税人识别号：95474412358**** 地址、电话：广州市花都区伟邦工业区C区　020-2856**** 开户行及账号：工行广州市花都区支行69001000022289*****	备注	95474412358****

收款人：ZZZ　　复核：tt　　开票人：LLL　　销货单位：（章）

第一联：记账联　销货方记账凭证

附件 9－3：

进 账 单（回单或收账通知）

2012年07月09日

收款人	全称	广东省衡温空调制造有限公司
	账号	69001000022289*****
	开户银行	中国工商银行广州市花都区支行69001000022289*****
人民币（大写）		伍万元整　　¥5000000
付款人	全称	飞翔公司
	账号	58796008112251*****
	开户银行	中国建设银行广州市天河区支行
事由		货款

中国工商银行广州市 花都支行 2012.07.09 收讫

附件 10－1：

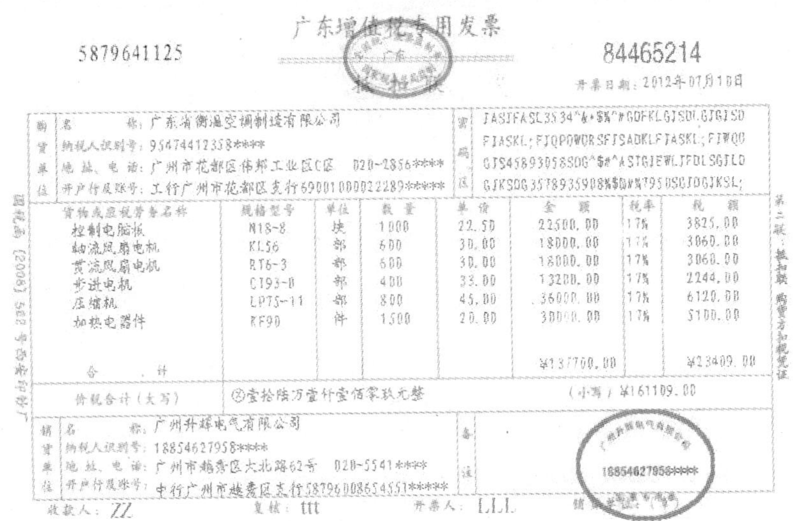

广东增值税专用发票

5879641125　　　　84465214

开票日期：2012年07月10日

购货单位	名称：广东省衡温空调制造有限公司 纳税人识别号：9547441235 8**** 地址、电话：广州市花都区伟邦工业区C区　020-2856**** 开户行及账号：工行广州市花都区支行69001000022289*****	密码区	JASJFASL3534^&*$%^#GDFKLGJSDLGJGJSD FJASKL;FJQPOWQRSFJSADKLFJASKL;FJWQQ GJS45893058SDG^$#^ASTGJEWLJFDLSGJLD GJKSDG3578935908%$D#%795USGJDGJKSL;

货物或应税劳务名称	规格型号	单位	数量	单价	金额	税率	税额
控制电脑板	N18-8	块	1000	22.50	22500.00	17%	3825.00
轴流风扇电机	KL56	部	600	30.00	18000.00	17%	3060.00
贯流风扇电机	RT6-3	部	600	30.00	18000.00	17%	3060.00
步进电机	CI93-D	部	400	33.00	13200.00	17%	2244.00
压缩机	LP75-11	部	800	45.00	36000.00	17%	6120.00
加热电器件	KF90	件	1500	20.00	30000.00	17%	5100.00
合　计					¥137700.00		¥23409.00
价税合计（大写）	⊗壹拾陆万壹仟壹佰零玖元整				（小写）¥161109.00		

销货单位	名称：广州升辉电气有限公司 纳税人识别号：18854627958**** 地址、电话：广州市越秀区大北路62号　020-5541**** 开户行及账号：中行广州市越秀区支行58796008654551*****	备注	18854627958****

收款人：ZZ　　复核：ttt　　开票人：LLL　　销货单位：（章）

第二联：抵扣联　购货方扣税凭证

国税函〔2008〕582号西安印钞厂

附件 10－2：

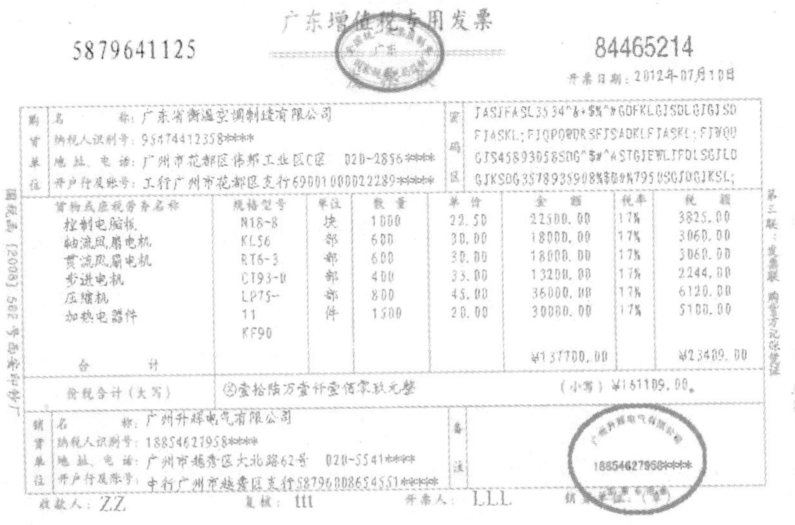

广东增值税专用发票

5879641125　　　　84465214

开票日期：2012年07月10日

购货单位	名称：广东省衡温空调制造有限公司 纳税人识别号：9547441235 8**** 地址、电话：广州市花都区伟邦工业区C区　020-2856**** 开户行及账号：工行广州市花都区支行69001000022289*****	密码区	JASJFASL3534^&*$%^#GDFKLGJSDLGJGJSD FJASKL;FJQPOWQRSFJSADKLFJASKL;FJWQQ GJS45893058SDG^$#^ASTGJEWLJFDLSGJLD GJKSDG3578935908%$D#%795USGJDGJKSL;

货物或应税劳务名称	规格型号	单位	数量	单价	金额	税率	税额
控制电脑板	N18-8	块	1000	22.50	22500.00	17%	3825.00
轴流风扇电机	KL56	部	600	30.00	18000.00	17%	3060.00
贯流风扇电机	RT6-3	部	600	30.00	18000.00	17%	3060.00
步进电机	CI93-D	部	400	33.00	13200.00	17%	2244.00
压缩机	LP75-11	部	800	45.00	36000.00	17%	6120.00
加热电器件	KF90	件	1500	20.00	30000.00	17%	5100.00
合　计					¥137700.00		¥23409.00
价税合计（大写）	⊗壹拾陆万壹仟壹佰零玖元整				（小写）¥161109.00		

销货单位	名称：广州升辉电气有限公司 纳税人识别号：18854627958**** 地址、电话：广州市越秀区大北路62号　020-5541**** 开户行及账号：中行广州市越秀区支行58796008654551*****	备注	18854627958****

收款人：ZZ　　复核：ttt　　开票人：LLL　　销货单位：（章）

第三联：发票联　购货方记账凭证

国税函〔2008〕582号西安印钞厂

附件10-3：

广东省衡温空调制造有限公司

材料验收入库单

供应商名称：升辉电气有限公司　　2012年07月10日　　凭证编号：25410212

材料名称	规格型号	单位	供应商交货数量	实收数量	单价	金额	备注
控制电脑板	N18-8	块	1000	1000	22.50	22500.00	
轴流风扇机	KL56	部	600	600	30.00	18000.00	
贯流风扇机	RT6-3	部	600	600	30.00	18000.00	
步进电机	CI93-0	部	400	400	33.00	13200.00	
压缩机	LP75-11	部	800	800	45.00	36000.00	
合计						107700.00	

第二联　财务联

财务部：ZZ　　品保部：tt　　验收人：LLL　　制单：nn

附件10-4：

中国工商银行支票存根（粤）

IX II 20120704

附加信息

出票日期 2012年 07月 10日

收款人：升辉公司

金　额：¥161109.00

用　途：购买原材料

单位主管 ZZ　　会计 ttt

附件 10－5：

广东省衡温空调制造有限公司

材料验收入库单

供应商名称：升辉电气有限公司　　2012 年 07 月 10 日　　凭证编号：25410213

材料名称	规格型号	单位	供应商交货数量	实收数量	单价	金额	备注
加热电器件	KF90	件	1500	1500	20.00	30000.00	
合计						30000.00	

第二联　财务联

财务部：ZZ　　品保部：tt　　验收人：LLL　　制单：nn

附件 11－1：

广东增值税专用发票

5856211125　　84465621

开票日期：2012年07月11日

购货单位	名称：广东省衡温空调制造有限公司 纳税人识别号：95474412358**** 地址、电话：广州市花都区伟邦工业区C区　020-2856**** 开户行及账号：工行广州市花都区支行69001000022289*****	密码区	JASJFASL3534^&+$%^#GDFKLGJSDLGJGJSD FJASKL;FJQPOWURSFJSADKLFJASKL;FJWQQ GJS45893058SDG^$#^ASTGJEWLJFDLSGJLD GJKSDG357893590B%$@#%795 0SGJDGJKSL;

货物或应税劳务名称	规格型号	单位	数量	单价	金额	税率	税额
自来水		吨	124860	1.40	174804.00	6%	10488.24
合计					¥174804.00		¥10488.24
价税合计（大写）	⊗壹拾捌万伍仟贰佰玖拾贰元贰角肆分				（小写）¥185292.24		

销货单位	名称：广州市花都区自来水公司 纳税人识别号：10024627958**** 地址、电话：广州市黄埔区红军路45号　020-5541**** 开户行及账号：中行广州市黄埔区支行58796008654544*****	备注	10024627958****

第二联：抵扣联　购货方扣税凭证

收款人：ZZ　　复核：tt　　开票人：LL　　销货单位：（章）

附件 11－2：

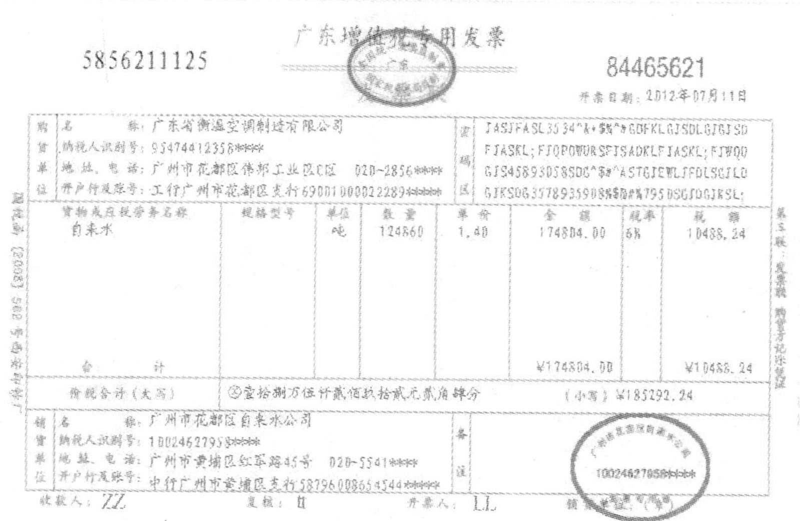

广东增值税专用发票

5856211125　　　　84465621

开票日期：2012年07月11日

购货单位	名称：广东省衡温空调制造有限公司 纳税人识别号：95474412358**** 地址、电话：广州市花都区佛郑工业区C区　020-2856**** 开户行及账号：工行广州市花都区支行69001000022289*****	密码区	JASJFASL3534^&+$%^#GDFKLGJSDLGJGJSD FJASKL;FJQPOWURSFJSADKLFJASKL;FJWQQ GJS458930S8SDG^$#^ASTGJEWLJFDLSGJLD GJKSDG357893S908%$B#%795DSGJDGJKSL;

货物或应税劳务名称	规格型号	单位	数量	单价	金额	税率	税额
自来水		吨	124860	1.40	174804.00	6%	10488.24
合　　计					¥174804.00		¥10488.24
价税合计（大写）	⊗壹拾捌万伍仟贰佰玖拾贰元贰角肆分				（小写）¥185292.24		

销货单位	名称：广州市花都区自来水公司 纳税人识别号：10024627958**** 地址、电话：广州市黄埔区红军路45号　020-5541**** 开户行及账号：中行广州市黄埔区支行58796008654544*****	备注	10024627958****

收款人：ZZ　　复核：II　　开票人：LL　　销货单位：（章）

第三联：发票联　购货方记账凭证

附件 11－3：

中国工商银行 广东省分行 营业部　　　　批扣回单

INDUSTRIAL AND COMMERCIAL BANK OF CHINA

No. 1007110011

批扣日期：2012年　07　月　11　日

付款人	全　称	广东省衡温空调制造有限公司	收款人	全　称	广州市花都区自来水公司
	账　号	69001000022289*****		账　号	58796008654544*****
	开户银行	工行广州市花都区支行		开户银行	中国银行广州市花都区支行
金额	人民币（大写）	壹拾捌万伍仟贰佰玖拾贰元贰角肆分		千百十万千百十元角分	¥18529224
摘要	批扣				
备注					中国工商银行广东省分行营业部 银行回单 专用章

打印日期：2012年　07　月　11　日

附件 12－1：

广东增值税专用发票

5853333125　　　12015621

开票日期：2010年07月11日

购货单位	名　　称：广东省衡温空调制造有限公司 纳税人识别号：95474412358**** 地址、电话：广州市花都区伟邦工业区C区　020-2856**** 开户行及账号：工行广州市花都区支行69001000022289*****	密码区	JASJFASL3534^&*$%^#GDFKLGJSDLGJGJSD FJASKL;FJQPOWURSFJSADKLFJASKL;FJWQU GJS45893058SDG^$#^ASTGJEWLJFDLSGJLD GJKSDG35789359O8%$@#%795DSGJDGJKSL;

货物或应税劳务名称	规格型号	单位	数量	单价	金额	税率	税额
电		kwh	335000	1.30	435500.00	17%	74035.00
合　　计					¥435500.00		¥74035.00
价税合计（大写）	⊗伍拾万玖仟伍佰叁拾伍元整				（小写）¥509535.00		

销货单位	名　　称：广州市花都区供电局 纳税人识别号：10112127958**** 地址、电话：广州市花都区红军路58号　020-5124**** 开户行及账号：中行广州市花都区支行58796008658976*****	备注	

收款人：ZZ　　复核：ttt　　开票人：LLL　　销货单位：（章）

国税函（2008）562号南宁印钞厂

第二联：抵扣联　购货方扣税凭证

附件 12－2：

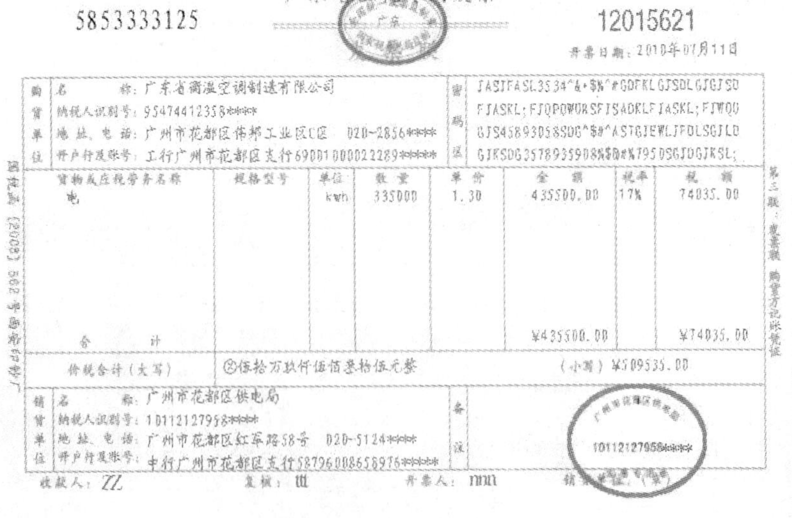

广东增值税专用发票

5853333125　　　12015621

开票日期：2010年07月11日

购货单位	名　　称：广东省衡温空调制造有限公司 纳税人识别号：95474412358**** 地址、电话：广州市花都区伟邦工业区C区　020-2856**** 开户行及账号：工行广州市花都区支行69001000022289*****	密码区	JASJFASL3534^&*$%^#GDFKLGJSDLGJGJSD FJASKL;FJQPOWURSFJSADKLFJASKL;FJWQU GJS45893058SDG^$#^ASTGJEWLJFDLSGJLD GJKSDG35789359O8%$@#%795DSGJDGJKSL;

货物或应税劳务名称	规格型号	单位	数量	单价	金额	税率	税额
电		kwh	335000	1.30	435500.00	17%	74035.00
合　　计					¥435500.00		¥74035.00
价税合计（大写）	⊗伍拾万玖仟伍佰叁拾伍元整				（小写）¥509535.00		

销货单位	名　　称：广州市花都区供电局 纳税人识别号：10112127958**** 地址、电话：广州市花都区红军路58号　020-5124**** 开户行及账号：中行广州市花都区支行58796008658976*****	备注	

收款人：ZZ　　复核：ttt　　开票人：nnn　　销货单位：（章）

国税函（2008）562号南宁印钞厂

第三联：发票联　购货方记账凭证

附件 12－3：

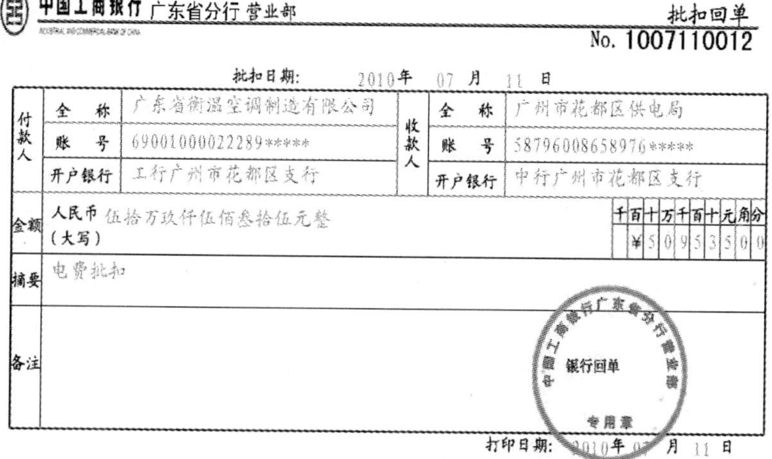

中国工商银行 广东省分行营业部　　　　批扣回单

No. 1007110012

批扣日期：2010年 07 月 11 日

付款人		收款人	
全　称	广东省衡温空调制造有限公司	全　称	广州市花都区供电局
账　号	69001000022289*****	账　号	58796008658976*****
开户银行	工行广州市花都区支行	开户银行	中行广州市花都区支行
金额	人民币（大写）伍拾万玖仟伍佰叁拾伍元整		¥509535.00
摘要	电费批扣		
备注			

打印日期：2010年 07 月 11 日

附件 13－1：

退货商品入库单

退货单位：明星有限公司　　　　2012 年 07 月 12 日　　　　编号：54865120

产品名称	型号	计量单位	交付数量	成本	实收数量	销售单价	增值税	金额
衡宝 HB－513GQ	2P	台	5	1552.00	5	19400.00	3298.00	22698.00

生产车间盖章　　　　检验人盖章　　　　仓库经收人盖章：ZZ

附件 13－2：

中国工商银行支票存根（粤）

IX 11 20120705

附加信息

出票日期 2012年 07月 12日

收款人：	明星有限公司
金　额：	¥22698.00
用　途：	支付退货款

单位主管 ZZ　　会计 ttt

附件 13－3：

开具红字增值税专用发票通知单

填开日期：　2012 年 07 月 12 日　　　　NO：20121112001

销售方	名称	广东省衡温空调制造有限公司	购买方	名称	广东省启明星有限公司
	税务登记代码	93474412358****		税务登记代码	14545412367****

	货物劳务名称	单价	数量	金额	税额
开具红字发票的内内容	衡宝HB-51300	3880.00	-5	-19400.00	-3298.00
	合计			-19400.00	-3298.00

说明

需要作出进项税额出 □

不需要作进项税额转出 ☑

纳税人识别号认证不符 □

专用发票代码、号码认证不符 □

对应蓝字专用发票密码区内打印的代码：e568****

号码：5862****

开具红字专用发票的理由：

销货退回

经办人：ZZZ　　负责人：tt　　主管税务机关名称（盖章）：

广州市国家税务局

第二联　购买方送交销售方留存

附件 13 – 4：

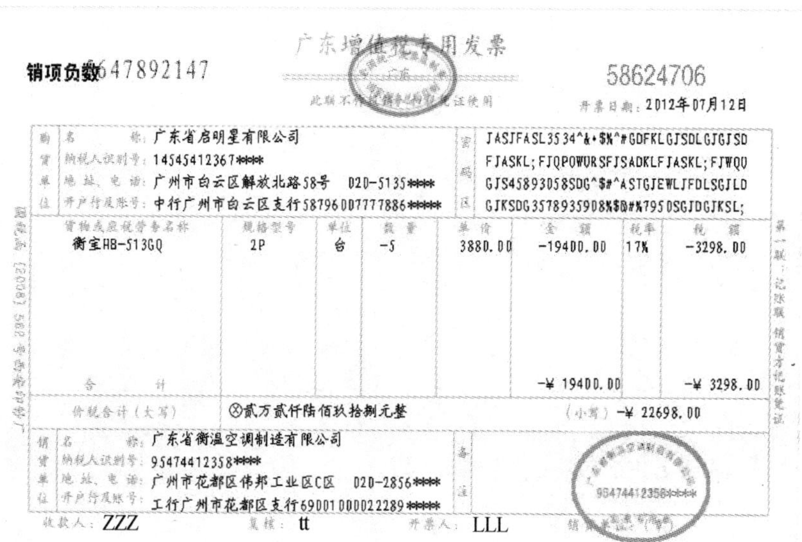

广东增值税专用发票

销项负数 6647892147　　　　58624706

此联不作报销、扣税凭证使用　　　　开票日期：2012年07月12日

购货单位	
名　　称	广东省启明星有限公司
纳税人识别号	14545412367****
地址、电话	广州市白云区解放北路58号　020-5135****
开户行及账号	中行广州市白云区支行58796007777886*****

密码区：
JASJFASL3534^&+$%^#GDFKLGJSDLGJGJSD
FJASKL;FJQPOWURSFJSADKLFJASKL;FJWQU
GJS45893058SDG^$#^ASTGJEWLJFDLSGJLD
GJKSDG3578935908%$@#%795OSGJDGJKSL;

货物或应税劳务名称	规格型号	单位	数量	单价	金额	税率	税额
衡宝HB-513GQ	2P	台	-5	3880.00	-19400.00	17%	-3298.00
合　　计					-¥19400.00		-¥3298.00

价税合计（大写）　⊗贰万贰仟陆佰玖拾捌元整　　（小写）-¥22698.00

销货单位	
名　　称	广东省衡温空调制造有限公司
纳税人识别号	95474412358****
地址、电话	广州市花都区伟邦工业区C区　020-2856****
开户行及账号	工行广州市花都区支行69001000022289*****

备注

收款人：ZZZ　　复核：tt　　开票人：LLL　　销货单位：（章）

第一联：记账联　销货方记账凭证

附件 14 – 1：

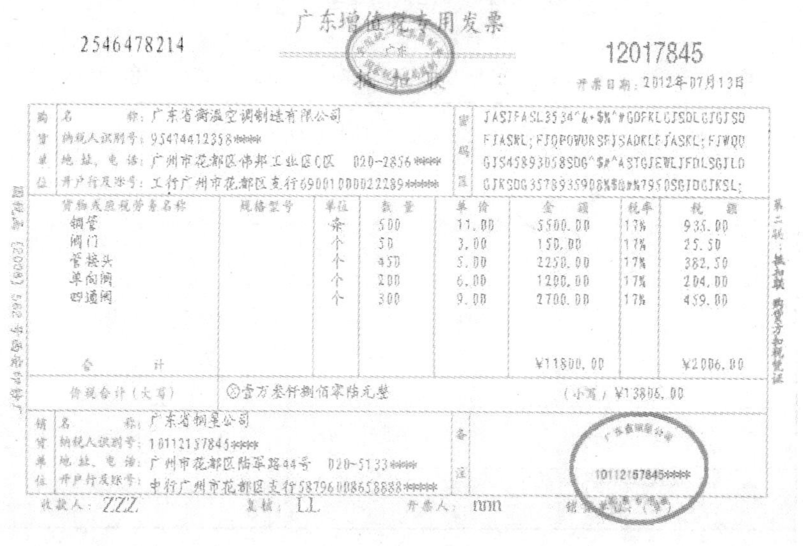

广东增值税专用发票

2546478214　　　　12017845

开票日期：2012年07月13日

购货单位	
名　　称	广东省衡温空调制造有限公司
纳税人识别号	95474412358****
地址、电话	广州市花都区伟邦工业区C区　020-2856****
开户行及账号	工行广州市花都区支行69001000022289*****

密码区：
JASJFASL3534^&+$%^#GDFKLGJSDLGJGJSD
FJASKL;FJQPOWURSFJSADKLFJASKL;FJWQU
GJS45893058SDG^$#^ASTGJEWLJFDLSGJLD
GJKSDG3578935908%$@#%795OSGJDGJKSL;

货物或应税劳务名称	规格型号	单位	数量	单价	金额	税率	税额
钢管		条	500	11.00	5500.00	17%	935.00
阀门		个	50	3.00	150.00	17%	25.50
管接头		个	450	5.00	2250.00	17%	382.50
单向阀		个	200	6.00	1200.00	17%	204.00
四通阀		个	300	9.00	2700.00	17%	459.00
合　　计					¥11800.00		¥2006.00

价税合计（大写）　⊗壹万叁仟捌佰零陆元整　　（小写）¥13806.00

销货单位	
名　　称	广东省钢星公司
纳税人识别号	10112157845****
地址、电话	广州市花都区陆军路44号　020-5133****
开户行及账号	中行广州市花都区支行58796008658888*****

备注

收款人：ZZZ　　复核：LL　　开票人：nnn　　销货单位：（章）

第三联：抵扣联　购货方扣税凭证

附件 14 – 2：

广东增值税专用发票

2546478214　　　　12017845

开票日期：2012年07月13日

购货单位	名称：广东省衡温空调制造有限公司 纳税人识别号：10112127958**** 地址、电话：广州市花都区红军路58号　020-5124**** 开户行及账号：中行广州市花都区支行58796008658976*****	密码区	JASIFASL3534^&*$%^#GDFKLGJSDLGJGJSD FJASKL;FJQPOWURSFJSADKLFJASKL;FJWQD GJS4589305850G^$#^ASTGJEWLJFDLSGJLD GJKSDG3578935908%$@#N7950SGJDGJKSL;

货物或应税劳务名称	规格型号	单位	数量	单价	金额	税率	税额
钢管		条	500	11.00	5500.00	17%	935.00
阀门		个	50	3.00	150.00	17%	25.50
管接头		个	450	5.00	2250.00	17%	382.50
单向阀		个	200	6.00	1200.00	17%	204.00
四通阀		个	300	9.00	2700.00	17%	459.00
合计					¥11800.00		¥2006.00
价税合计（大写）	⊗壹万叁仟捌佰零陆元整				（小写）¥13806.00		

销货单位	名称：广东省铜星公司 纳税人识别号：10112157845**** 地址、电话：广州市花都区陆军路44号　020-5133**** 开户行及账号：中行广州市花都区支行58796008658888*****	备注	10112157845****

收款人：ZZZ　　复核：LL　　开票人：ttt　　销货单位：（章）

第三联：发票联　购货方记账凭证

附件 14 – 3：

广东省衡温空调制造有限公司

材料验收入库单

供应商名称：广东铜星公司　　2012 年 07 月 13 日　　凭证编号：25410213

材料名称	规格型号	单位	供应商交货数量	实收数量	单价	金额	备注
铜管		条	500	500	11.00	5500.00	
阀门		个	50	50	3.00	150.00	
管接头		个	450	450	5.00	2250.00	
单向阀		个	200	200	6.00	1200.00	
四通阀		个	300	300	9.00	2700.00	
合计						11800.00	

第二联　财务联

财务部：ZZ　　品保部：tt　　验收人：nnn　　制单：LL

附件 14－4：

中国工商银行支票存根（粤）

LX 11 20120706

附加信息

出票日期 2012年 07月 13日

收款人：广东省钢业公司

金 额：¥13806.00

用 途：购买原材料

单位主管 ZZ　　会计 ttt

附件 15－1：

商品出库单

客户名称：广州宏达电器　　2012 年 07 月 14 日　　编号：10011005

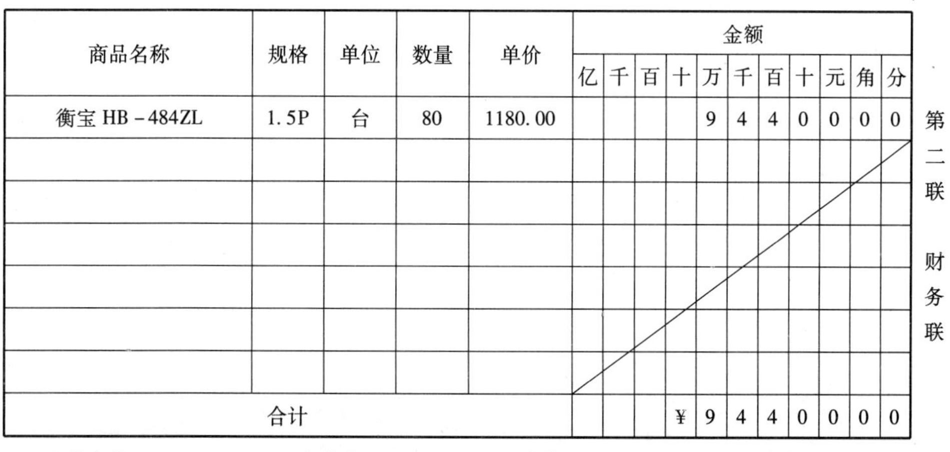

商品名称	规格	单位	数量	单价	金额										
					亿	千	百	十	万	千	百	十	元	角	分
衡宝 HB－484ZL	1.5P	台	80	1180.00					9	4	4	0	0	0	0
合计								¥	9	4	4	0	0	0	0

第二联　财务联

会计主管：ZZ　　发货人：tt　　收货人：nn　　制单人：LLL

附件 16－1：

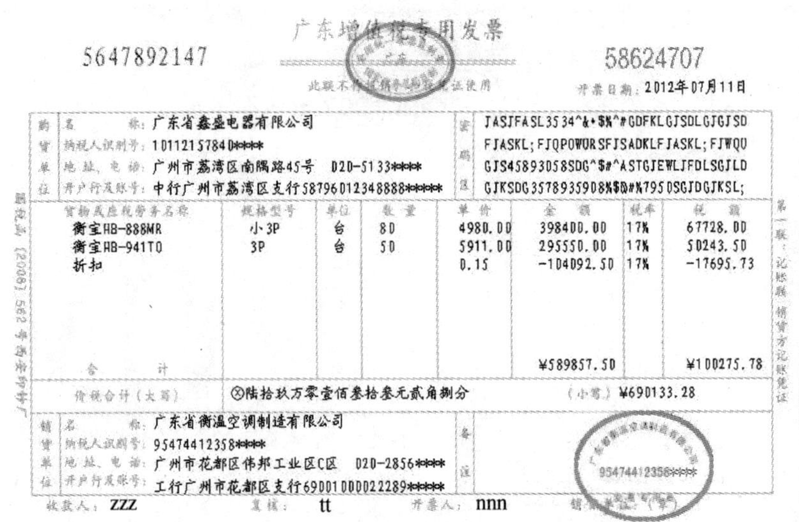

广东增值税专用发票

5647892147　　　　58624707

此联不作报销、扣税凭证使用

开票日期：2012年07月11日

购货单位	
名　　称	广东省鑫盛电器有限公司
纳税人识别号	1011215784０****
地址、电话	广州市荔湾区南隅路45号　020-5133****
开户行及账号	中行广州市荔湾区支行58796012348888*****

密码区：
JASJFASL3534^&•$%^#GDFKLGJSDLGJGJSD
FJASKL;FJQPOWURSFJSADKLFJASKL;FJWQU
GJS4589305８SDG^$#^ASTGJEWLJFDLSGJLD
GJKSDG3578935908%$D#%795DSGJDGJKSL;

货物或应税劳务名称	规格型号	单位	数量	单价	金额	税率	税额
衡宝HB-888MR	小3P	台	80	4980.00	398400.00	17%	67728.00
衡宝HB-941T0	3P	台	50	5911.00	295550.00	17%	50243.50
折扣				0.15	-104092.50	17%	-17695.73
合　计					¥589857.50		¥100275.78
价税合计（大写）	⊗陆拾玖万零壹佰叁拾叁元贰角捌分				（小写）¥690133.28		

销货单位	
名　　称	广东省衡温空调制造有限公司
纳税人识别号	9547441235８****
地址、电话	广州市花都区伟邦工业区C区　020-2856****
开户行及账号	工行广州市花都区支行69001000022289*****

备注：

收款人：zzz　　复核：tt　　开票人：nnn　　销货单位：（章）

第一联：记账联　销货方记账凭证

附件 16－2：

进 账 单（回单或收账通知）

2012年 07月 15日

收款人	全　　称	广东省衡温空调制造有限公司
	账　　号	69001000022289*****
	开户银行	工行广州市花都区支行
人民币（大写）	陆拾玖万零壹佰叁拾叁元贰角捌分	亿千百十万千百十元角分 ¥69013328
付款人	全　　称	广东省鑫盛电器有限公司
	账　　号	58796012348888*****
	开户银行	中行广州市荔湾区支行
事　由	销售产品	

中国工商银行广州市花都支行 2012.07.15 收讫

附件 16－3：

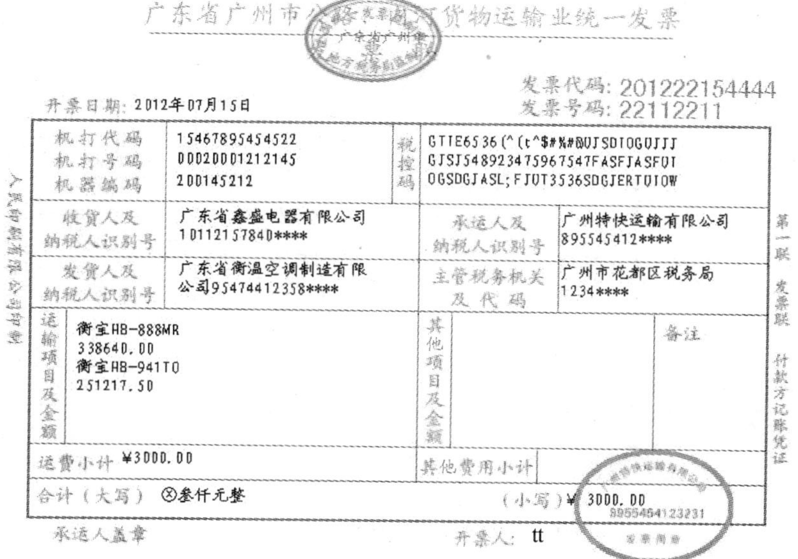

广东省广州市公路内河货物运输业统一发票

开票日期：2012年07月15日

发票代码：201222154444
发票号码：22112211

机打代码 机打号码 机器编码	15467895454522 00020001212145 200145212	税控码	GTIE6536(^(t^$#%#0UJSDIOGUJJJ GJSJ548923475967547FASFJASFUI OGSDGJASL;FJUT3536SDGJERTUIOW
收货人及纳税人识别号	广东省鑫盛电器有限公司 10112157840****	承运人及纳税人识别号	广州特快运输有限公司 895545412****
发货人及纳税人识别号	广东省衡温空调制造有限公司95474412358****	主管税务机关及代码	广州市花都区税务局 1234****
运输项目及金额	衡宝HB-888MR 338640.00 衡宝HB-941TO 251217.50	其他项目及金额	备注
运费小计	¥3000.00	其他费用小计	
合计（大写）	⊗叁仟元整	（小写）	¥3000.00

承运人盖章　　开票人：tt

人民印刷有限公司印制

第一联　发票联　付款方记账凭证

附件 16－4：

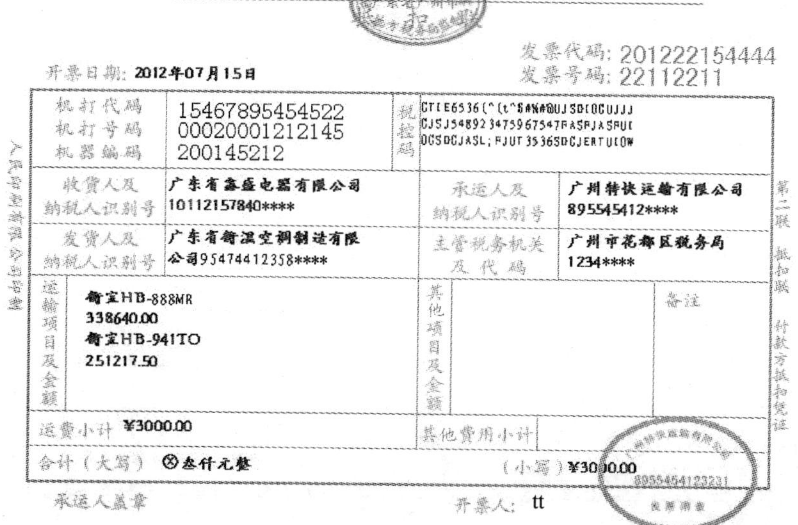

广东省广州市公路、内河货物运输统一发票

开票日期：2012年07月15日

发票代码：201222154444
发票号码：22112211

机打代码 机打号码 机器编码	15467895454522 00020001212145 200145212	税控码	GTIE6536(^(t^$#%#0UJSDIOGUJJJ GJSJ548923475967547FASFJASFUI OGSDGJASL;FJUT3536SDGJERTUIOW
收货人及纳税人识别号	广东省鑫盛电器有限公司 10112157840****	承运人及纳税人识别号	广州特快运输有限公司 895545412****
发货人及纳税人识别号	广东省衡温空调制造有限公司95474412358****	主管税务机关及代码	广州市花都区税务局 1234****
运输项目及金额	衡宝HB-888MR 338640.00 衡宝HB-941TO 251217.50	其他项目及金额	备注
运费小计	¥3000.00	其他费用小计	
合计（大写）	⊗叁仟元整	（小写）	¥3000.00

承运人盖章　　开票人：tt

人民印刷有限公司印制

第二联　抵扣联　付款方抵扣凭证

附件 16－5：

商品出库单

客户名称：广东省鑫盛电器有限公司　　2012 年 07 月 15 日　　编号：10011006

商品名称	规格	单位	数量	单价	金额										
					亿	千	百	十	万	千	百	十	元	角	分
衡宝 HB－888MR	小 1P	台	80	4980.00				3	9	8	4	0	0	0	0
衡宝 HB－941TO	3P	台	50	5911.00				2	9	5	5	5	0	0	0
合计							¥	6	9	3	9	5	0	0	0

第二联　财务联

会计主管：ZZ　　发货人：tt　　收货人：LLL　　制单人：nnn

附件 17－1：

中华人民共和国海关出口货物报关单

预录入编号：124210154　　海关编号：654522123566954*****

出口口岸 广州黄埔口岸	备案号	出口日期 2012-07-16	申报日期 2012-07-15
经营单位 广东省衡温空调制造有限公司	运输方式 江海运输	运输工具名称 0148326N114	提运单号 87508XW456102
发货单位 新加坡源源贸易公司	贸易方式 一般贸易	征免性质 一般征税	结汇方式 电汇
许可证号 45678921	运抵国（地区） 新加坡	装货港 新加波港	境内货源地 广州
批准文号 65387546	成交方式 FOB	运费	保费　杂费
合同协议号 201201546RK-JI	件数	包装种类	毛重（公斤）　净重（公斤）
集装箱号	随附单据		生产厂家

标记唛码及备注

项号	商品编号	商品名称、规格型号	数量及单位	最终目的国（地区）	单价	总价	币制	征免
1	20120701	衡宝 HS-484ZL1.5P	200 台	新加坡	353.90	70780.00	USD	照章征免
2	20120702	衡宝 HB-369FC·小 2P	200 台	新加坡	405.76	81152.00	USD	照章征免
3	20120703	衡宝 HB-513CQ2P	160 台	新加坡	465.79	74526.40	USD	照章征免
4	20120704	衡宝 HB-888MR 小 3P	120 台	新加坡	597.84	71740.80	USD	照章征免
5	20120705	衡宝 HB-941TO3P	100 台	新加坡	709.60	70960.00	USD	照章征免

税费征收情况 中华人民共和国广州海关验讫章（2）

录入员　录入单位	兹声明以上申报无讹并承担法律责任	海关审单批注及放行日期（签章）
报关员		审单　审价
单位地址	申报单位（签章）	征税　统计
邮编 出口结汇专用　电话	填制日期	查验　放行
		签发官员：ttt

关 I0247451　　签发日期：2012-07-15

（印章：中华人民共和国广州海关 验讫章；广东省衡温空调制造有限公司 财务专用章）

附件 17－2：

广东省出口商品统一发票
Guangdong Province Export Goods Unify Invoice
存根联
Record

出口专用

发票号码 145454****
发票代码 3210****

购货单位：新加坡源源贸易公司
Purchaser
地址：
Add
电话：0065-1952****　Tel
开票日期：2012年07月16日　Issued date　Year Month Date

合同号码 Contract No.		贸易方式 Trade Method	一般贸易	收汇方式 Foreign Exchange	T/T
开户银行及账号 Bank where Account Opend&A/C Number		发运港 Port of Departure		转运港 Port of Transshipment	
信用证号 L/C No		运输工具 Means of Transportation	船	目的港 Port of Destination	

订单号码 P.O. No	品名规格 Description and Specification of goods	单位 Unit	数量 Quantity	销售单价 Unit Price	销售总额 Total Sales Amount
1	衡宝HS-484ZL 1.5P	台	200	353.90	70780.00
2	衡宝HB-369FC小2P	台	200	405.76	81152.00
3	衡宝HB-513GQ 2P	台	160	465.79	74526.40
4	衡宝HB-888MR小3P	台	120	597.84	71740.80
5	衡宝HB-941TD 3P	台	100	709.60	70960.00
合计金额大写（币种：USD）Total Amount (Currency)	⊗叁拾陆万玖仟壹佰伍拾玖元贰角			（小写）Total Amount	¥ 369159.20
备注 Notes	USD1=RMB6.65				

第六联 外汇管理局专用联 sixth copy as Foreign Exchange Administration Record

销货单位：广东省衡温空调制造有限公司
地址：广州市花都区伟邦工业区C区
电话：020-2856****
传真：020-2856****
Address of Seller:
Tel:
Fax:

附件 17－3：

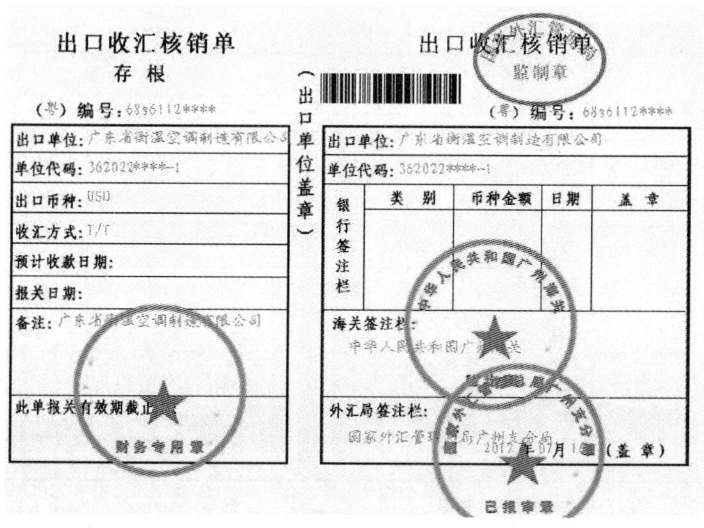

出口收汇核销单
存根
（粤）编号：6836112****

出口单位：广东省衡温空调制造有限公司
单位代码：362022****-1
出口币种：USD
收汇方式：T/T
预计收款日期：
报关日期：
备注：广东省衡温空调制造有限公司
此单报关有效期截止

（出口单位盖章）

出口收汇核销单
监制章
（粤）编号：6836112****

出口单位：广东省衡温空调制造有限公司				
单位代码：362022****-1				
银行签注栏	类别	币种金额	日期	盖章
海关签注栏：中华人民共和国广州海关				
外汇局签注栏：国家外汇管理局广州支局 2012年07月16日（盖章）				

附件 17 －4：

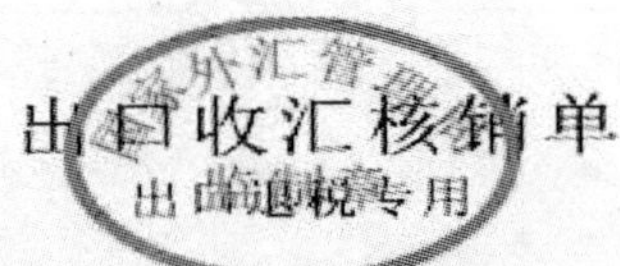

出口收汇核销单

出口退税专用

（粤）编号 6896112****

出口单位：广东省衡温空调制造有限公司

出口代码：362022****-1

货物名称	数　量	币种总价
衡宝 HS-484ZL	200台	USD70780.00
衡宝 HB-369FC	200台	USD81152.00
衡宝 HB-513GQ	160台	USD74526.40
衡宝 HB-888MR	120台	USD71740.80
衡宝 HB-941TO	100台	USD70960.00

报关单编号：124210154

此单报关有效期截止到：

2012 年 07 月　日（盖章）

附件 17 －5：

商品出库单

客户名称：新加坡源源贸易公司　　2012 年 07 月 16 日　　编号：10011007

商品名称	规格	单位	数量	单价	金额										
					亿	千	百	十	万	千	百	十	元	角	分
衡宝 HS－484ZL	1.5P	台	200	1180.00				2	3	6	0	0	0	0	0
衡宝 HB－369FC	小 2P	台	200	1352.00				2	7	0	4	0	0	0	0
衡宝 HB－513GQ	2P	台	160	1552.00				2	4	8	3	2	0	0	0
衡宝 HB－888MR	小 3P	台	120	1992.00				2	3	9	0	4	0	0	0
衡宝 HB－941TO	3P	台	100	2364.00				2	3	6	4	0	0	0	0
合计						¥	1	2	3	0	1	6	0	0	0

第二联　财务联

会计主管：ZZ　　发货人：tt　　收货人：LL　　制单人：nn

附件 18－1：

商品出库单

客户名称：柔暖科技有限公司　　　　2012 年 07 月 17 日　　　　编号：10011008

商品名称	规格	单位	数量	单价	金额										
					亿	千	百	十	万	千	百	十	元	角	分
衡宝 HB－941TO	3P	台	100	5911.00				5	9	1	1	0	0	0	0
合计							¥	5	0	5	2	1	3	6	8

第二联　财务联

会计主管：ZZ　　　　发货人：tt　　　　收货人：LL　　　　制单人：nn

附件 18－2：

股权投资合同

合同编号：2012070703

甲方：广东省暖科技有限公司

乙方：广东省衡温空调制造有限公司

经甲乙双方友好协商，就甲方采用分期付款购买乙方的酒类商品达成如下协议：

一、乙方以自产产品衡宝HB-941TO 3P 100台对甲方投资，取得甲方20%股权，双方不含税的协议价为人民币伍拾玖万壹仟壹佰元整（￥591100.00）。

二、甲方支付运输费及其他费用。

三、发票开具方式：发出货物之时按金额开具。

以上协议甲乙双方各持一份，如有异议另签补充协议，补充协议同本协议具有同等法律效力。

甲方：广东省暖科技有限公司　　　　乙方：广东省衡温空调制造有限公司

代表签字：曾　　　　代表签字：陈

日期：2012 年 07 月 17 日　　　　日期：2012 年 07 月 17 日

附件 18－3：

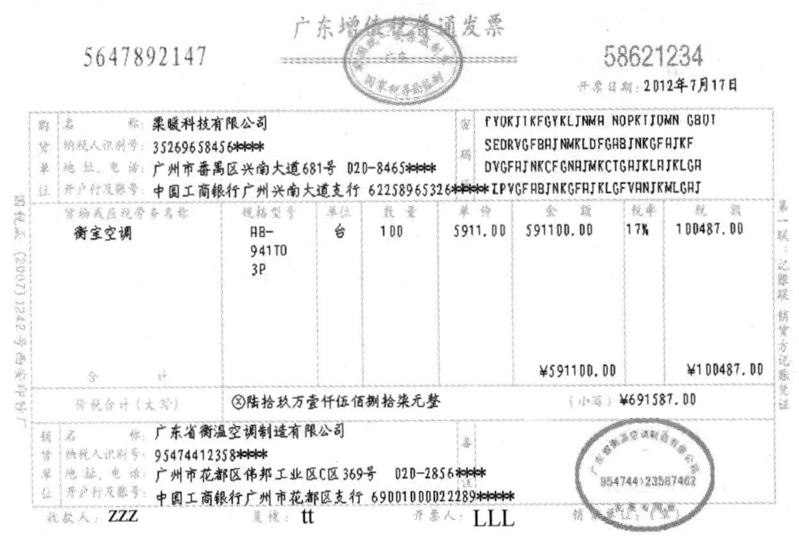

广东增值税普通发票

5647892147　　58621234

开票日期：2012年7月17日

购货单位	
名　　称	柔暖科技有限公司
纳税人识别号	35269658456****
地址、电话	广州市番禺区兴南大道681号 020-8465****
开户行及账号	中国工商银行广州兴南大道支行 62258965326****

密码区：FYOKJTKFGYKLJNMA NOPKIJOMN GBUI SEDRVGFBHJNMKLDFGHBJNKGFHJKF DVGFHJNKCFGNHJMKCTGHJKLHJKLGH IPVGFHBJNKGFHJKLGFVHNJKMLGHJ

货物或应税劳务名称	规格型号	单位	数量	单价	金额	税率	税额
衡宝空调	HB-941T03P	台	100	5911.00	591100.00	17%	100487.00
合　计					¥591100.00		¥100487.00
价税合计（大写）	⊗陆拾玖万壹仟伍佰捌拾柒元整				（小写）¥691587.00		

销货单位	
名　　称	广东省衡温空调制造有限公司
纳税人识别号	95474412358****
地址、电话	广州市花都区伟邦工业区C区369号 020-2856****
开户行及账号	中国工商银行广州市花都区支行 69001000022289****

收款人：ZZZ　复核：tt　开票人：LLL　销货单位：（章）

附件 19－1：

广东增值税普通发票

5647892147　　58621235

开票日期：2012年07月18日

购货单位	
名　　称	花都儿童福利院
纳税人识别号	10112123455****
地址、电话	广州市花都区纪念路45号 020-5139****
开户行及账号	建行广州市花都区支行58796012987686****

密码区：JASJFASL3534^&*$%^#GDFKLGJSDLGJGJSD FJASKL;FJQPOWURSFJSADKLFJASKL;FJWQU GJS45893058SDG^$#^ASTGJEWLJFDLSGJLD GJKSDG3578935908%$0#%795DSGJDGJKSL;

货物或应税劳务名称	规格型号	单位	数量	单价	金额	税率	税额
衡宝HB-1190Y	小1P	台	30	1490.00	44700.00	17%	7599.00
合　计					¥44700.00		¥7599.00
价税合计（大写）	⊗伍万贰仟贰佰玖拾玖元整				（小写）¥52299.00		

销货单位	
名　　称	广东省衡温空调制造有限公司
纳税人识别号	95474412358****
地址、电话	广州市花都区伟邦工业区C区 020-2856****
开户行及账号	工行广州市花都区支行69001000022289****

收款人：ZZZ　复核：tt　开票人：LLL　销货单位：（章）

附件 19－2：

商品出库单

客户名称：花都儿童福利院　　2012 年 07 月 18 日　　编号：10011009

商品名称	规格	单位	数量	单价	金额										
					亿	千	百	十	万	千	百	十	元	角	分
衡宝 HB－119UY	小 1P	台	30	1490.00					4	4	7	0	0	0	0
合计								¥	4	4	7	0	0	0	0

第二联　财务联

会计主管：ZZ　　发货人：tt　　收货人：LL　　制单人：tt

附件 19－3：

商品捐赠

2012070704

甲方：广东省花都儿童福利院

乙方：广东省衡温空调制造有限公司

经甲乙双方友好协商，就乙方无偿捐赠给甲方衡宝HB-119UY小1P空调30台，达成如下协议：

一、乙方于2012年07月18日向甲方无偿捐赠

单位：人民币 元

货物名称	型号	单位	数量	单价	金额
衡宝HB-119UY	小1P	台	30	1490.00	44700.00

合计　小写人民币44700.00元

大写人民币肆万肆仟柒佰元整

二、甲方支付运输费等相关其他费用。

三、乙方捐赠给甲方的商品不得用于销售，只供福利院使用。

四、乙方确保商品质量，如发现商品有质量问题，甲方可退货，并由乙方赔偿甲方的损失。

以上协议甲乙双方各持一份，如有异议另签补充协议，补充协议同本协议具有同等法律效力。

甲方：广东省花都儿童福利院

代表签字：罗强

日期：2012 年 07 月 18 日

乙方：广东省衡温空调制造有限公司

代表签字：陈

日期：2012 年 07 月 18 日

附件 20－1：

广东增值税专用发票

2545875414　　　　　　14548787

开票日期：2012年07月19日

购货单位	名　　称：广东省衡温空调制造有限公司 纳税人识别号：9547441235８**** 地址、电话：广州市花都区东风路82号　020-5859**** 开户行及账号：工行广州市花都区支行69001000022289*****	密码区	JASTFASL3534^&+$%^#GDFKLGJSDLGJGJSD FJASKL;FJQPOWORSFJSADKLFJASKL;FJWQU GJS45893058SDG^$#^ASTGJEWLJFDLSGJLD GJKSDG3578935908%$@#%795DSGJDGJKSL;

货物或应税劳务名称	规格型号	单位	数量	单价	金额	税率	税额
泡沫	20Y	个	2000	8.00	16000.00	17%	2720.00
纸箱	300	个	2000	6.00	12000.00	17%	2040.00
塑料袋	5L	扎	2000	5.00	10000.00	17%	1700.00
合　　计					¥38000.00		¥6460.00
价税合计（大写）	⊗肆万肆仟肆佰陆拾元整				（小写）¥44460.00		

销货单位	名　　称：广州市私联造纸有限公司 纳税人识别号：1011212456２**** 地址、电话：广州市番禺区幸福路87号　020-5131**** 开户行及账号：建行广州市番禺区支行5871234598 7686*****	备注	广州市私联造纸有限公司 101121245621001

收款人：ZZZ　　复核：ttt　　开票人：LLL　　销货单位：（章）

国税函〔2008〕562号西安印钞厂

第二联：抵扣联　购货方扣税凭证

附件 20－2：

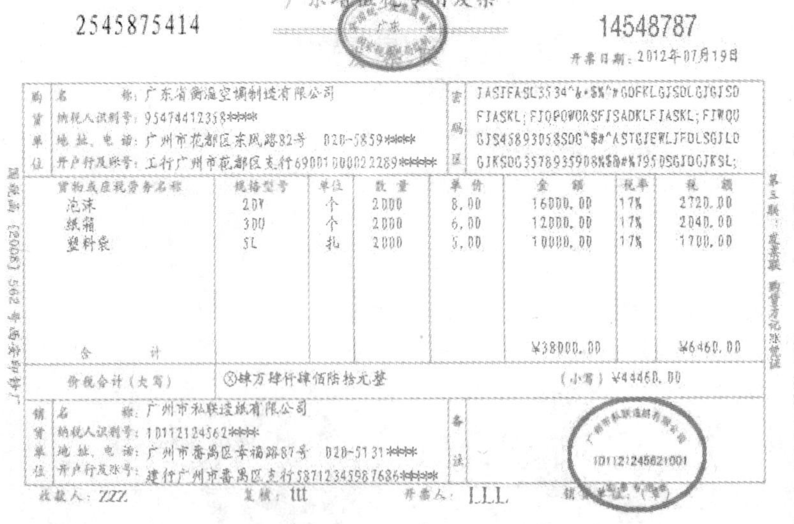

广东增值税专用发票

2545875414　　　　　　14548787

开票日期：2012年07月19日

购货单位	名　　称：广东省衡温空调制造有限公司 纳税人识别号：9547441235８**** 地址、电话：广州市花都区东风路82号　020-5859**** 开户行及账号：工行广州市花都区支行69001000022289*****	密码区	JASTFASL3534^&+$%^#GDFKLGJSDLGJGJSD FJASKL;FJQPOWORSFJSADKLFJASKL;FJWQU GJS45893058SDG^$#^ASTGJEWLJFDLSGJLD GJKSDG3578935908%$@#%795DSGJDGJKSL;

货物或应税劳务名称	规格型号	单位	数量	单价	金额	税率	税额
泡沫	20Y	个	2000	8.00	16000.00	17%	2720.00
纸箱	300	个	2000	6.00	12000.00	17%	2040.00
塑料袋	5L	扎	2000	5.00	10000.00	17%	1700.00
合　　计					¥38000.00		¥6460.00
价税合计（大写）	⊗肆万肆仟肆佰陆拾元整				（小写）¥44460.00		

销货单位	名　　称：广州市私联造纸有限公司 纳税人识别号：1011212456２**** 地址、电话：广州市番禺区幸福路87号　020-5131**** 开户行及账号：建行广州市番禺区支行5871234598 7686*****	备注	广州市私联造纸有限公司 101121245621001

收款人：ZZZ　　复核：ttt　　开票人：LLL　　销货单位：（章）

国税函〔2008〕562号西安印钞厂

第三联：发票联　购货方记账凭证

附件 20－3：

广东省衡温空调制造有限公司

材料验收入库单

供应商名称：私联造纸有限公司　　　　2012 年 07 月 19 日　　　　凭证编号：25410214

材料名称	规格型号	单位	供应商交货数量	实收数量	单价	金额	备注
泡沫	20Y	个	2000	2000	8.00	16000.00	
纸箱	30U	个	2000	2000	6.00	12000.00	
塑料袋	5L	个	2000	2000	5.00	10000.00	
合计						38000.00	

第二联　财务联

财务部：ZZ　　　　品保部：LL　　　　验收人：ttt　　　　制单：nn

附件 20－4：

中国工商银行支票存根（粤）

IX II 20120707

附加信息

出票日期 2012 年 07 月 19 日

收款人：私联造纸有限公司

金　额：¥&&&60.00

用　途：购买原材料

单位主管 ZZ　　会计 ttt

附件 21－1：

中华人民共和国海关进口货物报关单

预录入编号：2140***** 海关编号：5623200312345*****

进口口岸 广州黄埔口岸	备案号	进口日期 2012-07-20	申报日期 2012-07-20
经营单位 广东省衡温空调制造有限公司	运输方式 江海运输	运输工具名称 0418326N114/9	提运单号 3X2451234
收货单位 广东省衡温空调制造有限公司	贸易方式 一般贸易	征免性质 一般征税	征税比例 0%
许可证号	起运国（地区） 印尼	装货港 雅加达	境内目的地 广州
批准文号	成交方式 CIF	运费	保费 / 杂费
合同协议号 2011115RD-AB	件数	包装种类	毛重（公斤） / 净重（公斤）
集装箱号 5	随附单据		用途
标记唛码及备注			

项号	商品编号	商品名称、规格型号	数量及单位	原产国（地区）	单价	总价	币制	征免
1	1109001	电源线	5000米	印尼雅加达	0.5	2500.00	RMB	照章征税
2	1109002	控制线	5000米	印尼雅加达	1.2	6000.00	RMB	照章征税
3	1109003	连接线	5000米	印尼雅加达	0.8	4000.00	RMB	照章征税
4	1109004	电容	20000片	印尼雅加达	2.1	42000.00	RMB	照章征税

税费征收情况

录入员 录入单位	兹声明以上申报无讹并承担法律责任	海关审单批注及放行日期（签章）
报关员		审单 审价
单位地址	申报单位（签章）	征税 统计
邮编 进口贸汇专用	电话 填制日期	查验 放行
		签发官员：

签发日期：2012-07-20

（印章：中华人民共和国广州海关 验讫章）（印章：广东省衡温空调制造有限公司 财务专用章）

关 I0247451

附件 21－2：

海关 进口关税 专用缴款书

(0625)

收入系统：海关系统 填发日期：2012 年 07 月 20 日 号码：20120720000

收款单位				缴款单位（人）		
收入机关	中央金库			名称	广东省衡温空调制造有限公司	
科目	进口关税	预算级次	中央	账号	69001000022289*****	
收款国库	中国人民银行广州支行			开户银行	工行广州市花都区支行	

税号	货物名称	数量	单位	完税价格（￥）	税率(%)	税款金额（￥）
1109001	电源线	5000	米	2500.00	15%	375.00
1109002	控制线	5000	米	6000.00	15%	900.00
1109003	连接线	5000	米	4000.00	15%	600.00
1109004	电容	20000	片	42000.00	15%	6300.00
金额人民币（大写）玖仟肆佰零壹元贰角伍分					合计（￥）	9401.25

申请单位编号	4674*****	报关单编号	544865663*****	填制单位	收款国库（银行）
合同（批文）号	2011115RD-AB	运输工具（号）	0148326N114		
缴款期限	2012年07月20日	提/装货单号	03X2451234		
备注	一般贸易 照章收费 2012-07-20 1USD=6.65RMB 国标代码：546069520665***** 9401.25			制单人：方华 复核人：刘明	

从填发缴款书之日起限 15 日内缴纳（期末遇法定节假日顺延），逾期按日征收税款总额千分之一的滞纳金。

附件 21－3：

广东省衡温空调制造有限公司

材料验收入库单

供应商名称：印尼贸发商行　　　　2012 年 07 月 20 日　　　　凭证编号：25410215

材料名称	规格型号	单位	供应商交货数量	实收数量	单价	金额	备注
电源线		米	5000	5000	0.575	2875.00	
控制线		米	5000	5000	1.38	6900.00	
连接线		米	5000	5000	0.92	4600.00	
电容		件	20000	20000	2.415	48300.00	
合计						62675.00	

第二联　财务联

财务部：ZZ　　　　品保部：LL　　　　验收人：ttt　　　　制单：nn

附件 21－4：

贸易进口付汇核销单（代申报单）

印单局代码：214011123　　　　核销单编号：№ 4401091234

单位代码 0200123　　单位名称 广东省衡温空调制造有限公司　　所在地外汇 美元币

付汇银行名称 中国工商银行花都支行　　收汇人国别 印尼　　交易编码 5620

收款人是否在保税区：是 ☑ 否 ☐　　交易附言

对外付汇币种 USD　　对外付汇总额 11027.03

其中：购汇金额　　现汇金额 11027.03　　其他方式金额

人民币账号　　外汇账号

付汇性质

☑ 正常付款

☐ 不再名录　☐ 90 天以上信用证　☐ 90 天以上托收　☐ 异地付汇

☐ 90 天以上到货　☐ 转门贸易　☐ 境外工程使用物质　☐ 真实性审查

备案表编号

预计货到日期 2012-07-20　　进口批件号 12311214　　合同/发票号 2012115RD-AB

结算方式

信用证　90 天以内 ☐　90 天以上 ☐　承兑日期 / /　付汇日期 / /　期限　天

托　收　90 天以内 ☐　90 天以上 ☐　承兑日期 / /　付汇日期 / /　期限　天

汇款

预付货款 ☐　　货到付款（凭报关单付汇）☐　　付汇日期

报关单号 562320031　报关日期 2012-07-20　报关单币种 USD　金额 11027.03

报关单号　报关日期 / /　报关单币种　金额

报关单号　报关日期 / /　报关单币种　金额

报关单号　报关日期 / /　报关单币种　金额

（若报关单填写不完，可另附纸）

其他 ☐　　付汇日期 2012-07-20

以下由付汇银行填写

申报号码：56789　　8998　　6556

业务编号：　　审核日期 2012-07-20　　（付汇银行签章）

进口单位签章

附件 21－5：

海关 进口增值税 专用缴款书

(0625)

收入系统：海关系统　　填发日期：2012 年 07 月 20 日　　号码：20120720001

收款单位	收入机关	中央金库		缴款单位（人）	名　称	广东省衡温空调制造有限公司
	科　目	进口关税	预算级次　中央		账　号	69001000022289*****
	收款国库	中国人民银行广州支行			开户银行	工行广州市花都区支行

税　号	货 物 名 称	数　量	单位	完税价格（¥）	税率(%)	税款金额（¥）
1109001	电源线	5000	米	2875.00	17%	488.75
1109002	控制线	5000	米	6900.00	17%	1173.00
1109003	连接线	5000	米	4600.00	17%	782.00
1109004	电容	20000	片	48300.00	17%	8211.00
金额人民币（大写）壹万零陆佰伍拾肆元柒角伍分					合计（¥）	10654.75

申请单位编号	4674*****	报关单编号	544865663*****	填 制 单 位	收款国库（银行）
合同（批文）号	2011115RD-AB	运输工具（号）	0148326N114		
缴 款 期 限	2012年07月20日	提／装货单号	03X24*****		
备注	一般贸易　照章收费　2012-07-20　1USD=6.65RMB 国标代码：5460695206665*****　10654.75			制单人：tt 复核人：ZZZ	

从填发缴款书之日起限 15 日内缴纳（期末通法定节假日顺延），逾期按日征收税款总额千分之一的滞纳金。

附件 22－1：

广东省衡温空调制造有限公司

固定资产入库单

供应商名称：驰腾购车中心　　2012 年 07 月 21 日　　凭证编号：10000001

固定资产名称及编号	规格型号	单位	数量	预计使用年限	预计残值	已使用年限	提取折旧的方法	原始价值	已提折旧	备注
五十铃货车	1001	辆	5	10 年	6250.00		年限折旧法	625000.00		
固定资产状况	优									

进入方式	入账价值	管理部门	会计主管
购入	625000.00	资产管理处	李丽

第二联　财务联

财务部：ZZ　　品管部：tt　　验收人：LLL　　制单人：nn

附件22－2：

广东增值税专用发票

8573783828　　　　43222343

开票日期：2012年07月21日

购货单位	名称：广东省衡温空调制造有限公司 纳税人识别号：95474412358**** 地址、电话：广州市花都区伟邦工业区C区　020-2856**** 开户行及账号：工行广州市花都区支行69001000022289*****	密码区	JASJFASL3534^&+$%^#GDFKLGJSDLGJGJSD FJASKL;FJQPOWDRSFJSADKLFJASKL;FJWQU GJS45893058SDG^$#^ASTGJEWLJFDLSGJLD GJKSDG3578935908%$@#%7950SGJDGJKSL;

货物或应税劳务名称	规格型号	单位	数量	单价	金额	税率	税额
五十铃货车		辆	5	125000.00	625000.00	17%	106250.00
合计					¥625000.00		¥106250.00
价税合计（大写）	ⓧ柒拾叁万壹仟贰佰伍拾元整				（小写）¥731250.00		

销货单位	名称：广东省驰腾购车中心 纳税人识别号：10112124561**** 地址、电话：广州市越秀区南宁路90号　020-5131**** 开户行及账号：建行广州市越秀区支行58712345980909*****	备注	101121245612345

收款人：ZZZ　　复核：tt　　开票人：LL　　销货单位：（章）

第二联：抵扣联　购货方扣税凭证

国税函（2008）562号广东印制厂

附件22－3：

广东增值税专用发票

8573783828　　　　43222343

开票日期：2012年07月21日

购货单位	名称：广东省衡温空调制造有限公司 纳税人识别号：95474412358**** 地址、电话：广州市花都区伟邦工业区C区　020-2856**** 开户行及账号：工行广州市花都区支行69001000022289*****	密码区	JASJFASL3534^&+$%^#GDFKLGJSDLGJGJSD FJASKL;FJQPOWDRSFJSADKLFJASKL;FJWQU GJS45893058SDG^$#^ASTGJEWLJFDLSGJLD GJKSDG3578935908%$@#%7950SGJDGJKSL;

货物或应税劳务名称	规格型号	单位	数量	单价	金额	税率	税额
五十铃货车		辆	5	125000.00	625000.00	17%	106250.00
合计					¥625000.00		¥106250.00
价税合计（大写）	ⓧ柒拾叁万壹仟贰佰伍拾元整				（小写）¥731250.00		

销货单位	名称：广东省驰腾购车中心 纳税人识别号：10112124561**** 地址、电话：广州市越秀区南宁路90号　020-5131**** 开户行及账号：建行广州市越秀区支行58712345980909*****	备注	101121245612345

收款人：ZZZ　　复核：tt　　开票人：LL　　销货单位：（章）

第三联：发票联　购货方记账凭证

国税函（2008）562号广东印制厂

附件 22－4：

中国工商银行支票存根（粤）

IX 11 20120708

附加信息

出票日期 2012年 07月 21日

收款人：	广东省融腾购车中心
金　额：	¥731250.00
用　途：	购买轿车

单位主管 ZZ　　会计 ttt

附件 23－1：

中国工商银行 INDUSTRIAL AND COMMERCIAL BANK OF CHINA

进 账 单（回单或收账通知）

2012年 07月 22日

收款人	全　称	广东省衡温空调制造有限公司	
	账　号	69001000022289*****	
	开户银行	工行广州市花都区支行	
人民币（大写）		叁万叁仟叁佰肆拾伍元整	亿 千 百 十 万 千 百 十 元 角 分 ¥ 3 3 3 4 5 0 0
付款人	全　称	广东省康丽服饰公司	中国工商银行广州市 花都支行 2012.07.22 收讫
	账　号	1011212000*****	
	开户银行	广州市海珠区南宁路90号　020-531*****	
事　由		中行广州市海珠区支行58712345980123*****	

附件 23－2：

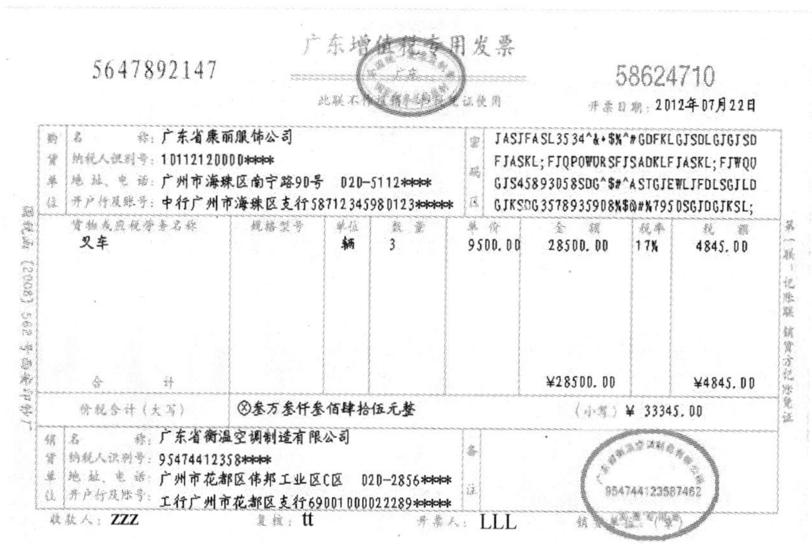

广东增值税专用发票

5647892147　　　　58624710

此联不作报销、扣税凭证使用

开票日期：2012年07月22日

购货单位	
名　　称	广东省康丽服饰公司
纳税人识别号	10112120000****
地址、电话	广州市海珠区南宁路90号　020-5112****
开户行及账号	中行广州市海珠区支行58712345980123*****

密码区：
JASJFASL3534^&+$%^#GDFKLGJSDLGJGJSD
FJASKL;FJQPOWURSFJSADKLFJASKL;FJWQU
GJS45893058SDG^$#^ASTGJEWLJFDLSGJLD
GJKSDG3578935908%$@#%795DSGJDGJKSL;

货物或应税劳务名称	规格型号	单位	数量	单价	金额	税率	税额
叉车		辆	3	9500.00	28500.00	17%	4845.00
合计					¥28500.00		¥4845.00
价税合计（大写）	⊗叁万叁仟叁佰肆拾伍元整				（小写）¥33345.00		

销货单位	
名　　称	广东省衡温空调制造有限公司
纳税人识别号	95474412358****
地址、电话	广州市花都区伟邦工业区C区　020-2856****
开户行及账号	工行广州市花都区支行69001000022289*****

备注

收款人：zzz　　复核：tt　　开票人：LLL　　销货单位：（章）

第一联：记账联　销货方记账凭证

附件 23－3：

固定资产调出单

2012 年 07 月 22 日　　　　凭证编号：12222212

固定资产名称及编号	规格型号	单位	数量	预计使用年限	已使用年限	原始价值	已提折旧	双方确认价
叉车		辆	3	5	0.5	30000.00	2850.00	28500.00
固定资产调出原因	出售							
处理意见	使用部门	技术评估小组		固定资产管理部门			股东大会审批	
	销售部	销售部		zz			ttt	

附件 24－1：

广东省衡温空调制造有限公司

材料验收入库单

供应商名称：东莞长兴电子设备有限公司　　2012 年 07 月 23 日　　凭证编号：25410215

材料名称	规格型号	单位	供应商交货数量	实收数量	单价	金额	备注
控制电脑板		块	400	400	22.50	9000.00	
合计						9000.00	

第二联　财务联

财务部：ZZ　　品保部：tt　　验收人：LLL　　制单：nn

附件 24－2：

商品出库单

客户名称：东莞长兴电子设备有限公司　　2012 年 07 月 23 日　　编号：10011010

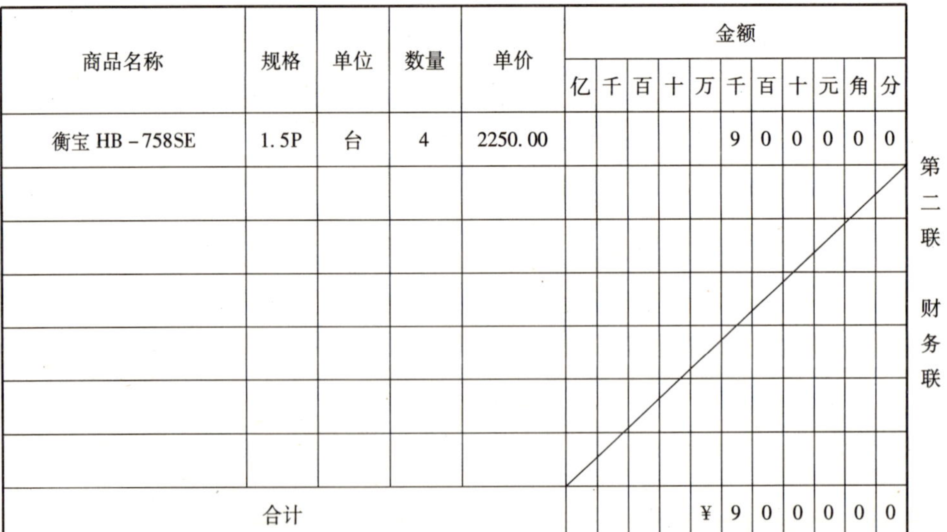

商品名称	规格	单位	数量	单价	金额										
					亿	千	百	十	万	千	百	十	元	角	分
衡宝 HB－758SE	1.5P	台	4	2250.00						9	0	0	0	0	0
合计									¥	9	0	0	0	0	0

第二联　财务联

会计主管：ZZ　　发货人：tt　　收货人：LL　　制单人：nnn

附件 24 －3：

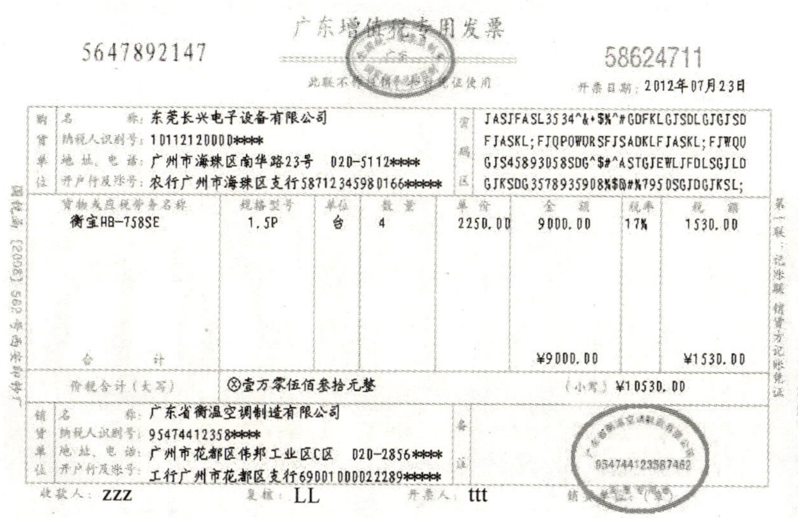

广东增值税专用发票

5647892147　　　　58624711

此联不作报销、扣税凭证使用　　　　开票日期：2012年07月23日

购货单位	名　　称：东莞长兴电子设备有限公司 纳税人识别号：1011212000**** 地 址、电 话：广州市海珠区南华路23号　020-5112**** 开户行及账号：农行广州市海珠区支行5871234598 0166*****	密码区	JASJFASL3534^&+$%^#GDFKLGJSDLGJGJSD FJASKL;FJQPOWURSFJSADKLFJASKL;FJWQU GJS45893058SDG^$#^ASTGJEWLJFDLSGJLD GJKSDG3578935908%$@#%795DSGJDGJKSL;

货物或应税劳务名称	规格型号	单位	数量	单价	金额	税率	税额
衡宝HB-758SE	1.5P	台	4	2250.00	9000.00	17%	1530.00
合　　计					¥9000.00		¥1530.00
价税合计（大写）	⊗壹万零伍佰叁拾元整				（小写）¥10530.00		

销货单位	名　　称：广东省衡温空调制造有限公司 纳税人识别号：95474412358**** 地 址、电 话：广州市花都区伟邦工业区C区　020-2856**** 开户行及账号：工行广州市花都区支行69001000022289*****	备注	954744123587462

收款人：zzz　　复核：LL　　开票人：ttt　　销货单位：（章）

国税函〔2008〕562号南宁印钞厂

第一联：记账联　销货方记账凭证

附件 24 －4：

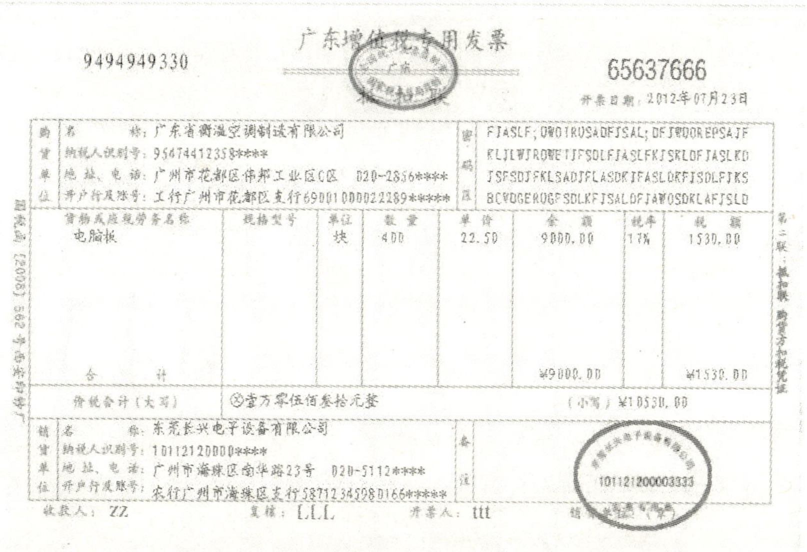

广东增值税专用发票

9494949330　　　　65637666

开票日期：2012年07月23日

购货单位	名　　称：广东省衡温空调制造有限公司 纳税人识别号：95474412358**** 地 址、电 话：广州市花都区伟邦工业区C区　020-2856**** 开户行及账号：工行广州市花都区支行69001000022289*****	密码区	FJASLF;OWOIRUSADFJSAL;DFJWQOREPSAJF KLJLWJROWEIJFSDLFJASLFKJSKLDFJASLKD JSFSDJFKLSADJFLASDKJFASLDKFJSDLFJKS BCVDGERUGFSDLKFJSALDFJAWOSDKLAFJSLD

货物或应税劳务名称	规格型号	单位	数量	单价	金额	税率	税额
电脑板		块	400	22.50	9000.00	17%	1530.00
合　　计					¥9000.00		¥1530.00
价税合计（大写）	⊗壹万零伍佰叁拾元整				（小写）¥10530.00		

销货单位	名　　称：东莞长兴电子设备有限公司 纳税人识别号：1011212000**** 地 址、电 话：广州市海珠区南华路23号　020-5112**** 开户行及账号：农行广州市海珠区支行5871234598 0166*****	备注	101121200003333

收款人：ZZ　　复核：LLL　　开票人：ttt　　销货单位：（章）

国税函〔2008〕562号南宁印钞厂

第二联：抵扣联　购货方扣税凭证

附件 24－5：

广东增值税专用发票

9494949330　　65637666

开票日期：2012年07月23日

购货单位	名称：广东省衡温空调制造有限公司 纳税人识别号：95474412358**** 地址、电话：广州市花都区伟邦工业区C区　020-2856**** 开户行及账号：工行广州市花都区支行69001000022289*****	密码区	FJASLF;OWOIRUSADFJSAL;DFJWOOREPSAJF KLJLWJROWEIJFSDLFJASLFKJSKLDFJASLKD JSFSDJFKLSADJFLASDKJFASLDKFJSDLFJKS GCVDGERUGFSDLKFJSALDFJAWOSDKLAFJSLD

货物或应税劳务名称	规格型号	单位	数量	单价	金额	税率	税额
电脑板		块	400	22.50	9000.00	17%	9000.00
合计					¥9000.00		¥1530.00
价税合计（大写）	⊗壹万零伍佰叁拾元整				（小写）¥10530.00		

销货单位	名称：东莞长兴电子设备有限公司 纳税人识别号：10112120000**** 地址、电话：广州市海珠区南华路23号　020-5112**** 开户行及账号：农行广州市海珠区支行58712345980166*****	备注	101121200003333

收款人：ZZ　复核：LLL　开票人：ttt　销货单位：（章）

第三联：发票联　购货方记账凭证

国税函〔2008〕562号西安印钞厂

附件 25－1：

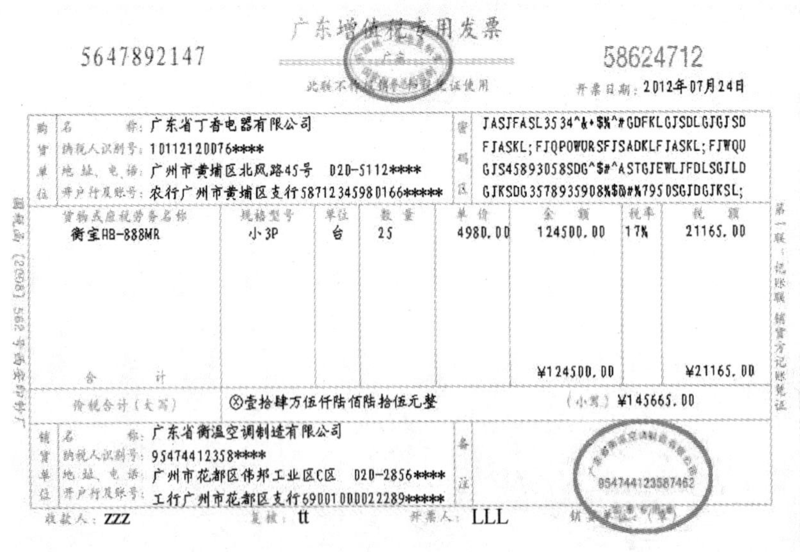

广东增值税专用发票

5647892147　　58624712

此联不作报销、扣税凭证使用

开票日期：2012年07月24日

购货单位	名称：广东省丁香电器有限公司 纳税人识别号：10112120076**** 地址、电话：广州市黄埔区北风路45号　020-5112**** 开户行及账号：农行广州市黄埔区支行58712345980166*****	密码区	JASJFASL3534^&•$%^#GDFKLGJSDLGJGJSD FJASKL;FJQPOWURSFJSADKLFJASKL;FJWQU GJS45893058SDG^$#^ASTGJEWLJFDLSGJLD GJKSDG3578935908%$@#%795DSGJDGJKSL;

货物或应税劳务名称	规格型号	单位	数量	单价	金额	税率	税额
衡宝HB-888MR	小3P	台	25	4980.00	124500.00	17%	21165.00
合计					¥124500.00		¥21165.00
价税合计（大写）	⊗壹拾肆万伍仟陆佰陆拾伍元整				（小写）¥145665.00		

销货单位	名称：广东省衡温空调制造有限公司 纳税人识别号：95474412358**** 地址、电话：广州市花都区伟邦工业区C区　020-2856**** 开户行及账号：工行广州市花都区支行69001000022289*****	备注	954744123587462

收款人：ZZZ　复核：tt　开票人：LLL　销货单位：（章）

第一联：记账联　销货方记账凭证

国税函〔2008〕562号西安印钞厂

附件 25－2：

商品出库单

客户名称：广东省丁香电器有限公司　　2012 年 07 月 24 日　　编号：10011011

商品名称	规格	单位	数量	单价	金额										
					亿	千	百	十	万	千	百	十	元	角	分
衡宝 HB－888MR	小 3P	台	25	4980.00				1	2	4	5	0	0	0	0
合计							¥	1	2	4	5	0	0	0	0

第二联　财务联

会计主管：tt　　发货人：ZZ　　收货人：LL　　制单人：ZZ

附件 26－1：

广东增值税专用发票

8780000900　　87666788

开票日期：2012年07月25日

购货单位	名　　称：广东省衡温空调制造有限公司 纳税人识别号：95474412358**** 地址、电话：广州市花都区伟邦工业区C区　020-2856**** 开户行及账号：工行广州市花都区支行69001000022289****	密码区	JASJFASL3534^&*$%^#GDFKLGJSDLGJGJSD FJASKL;FJQPOWURSFJSADKLFJASKL;FJWQO GJS45893058SDG^$#^ASTGJEWLJFDLSGJLO GJKSDG35789359O8%$@#%795DSGJDGJRSL;

货物或应税劳务名称	规格型号	单位	数量	单价	金额	税率	税额
华林牌空调	小1P	台	30	1350.00	40500.00	17%	6885.00
合　　计					¥40500.00		¥6885.00
价税合计（大写）	⊗肆万柒仟叁佰捌拾伍元整				（小写）¥47385.00		

销货单位	名　　称：广东省美爱公司 纳税人识别号：14555120076**** 地址、电话：广州市天河区北京路45号　020-5166**** 开户行及账号：工行广州市天河区支行58712345980166****	备注	145551200765893

收款人：ZZZ　　复核：tt　　开票人：LL　　销货单位：（章）

第二联：抵扣联　购货方扣税凭证

附件 26－2：

广东增值税专用发票

8780000900　　　　87666788

开票日期：2012年07月25日

购货单位	名　　称：广东省衡温空调制造有限公司 纳税人识别号：95474412358**** 地址、电话：广州市花都区伟邦工业区C区　020-2856**** 开户行及账号：工行广州市花都区支行69001000022289*****	密码区	JASJFASL3534^&+$%^#GDFKLGJSDLGJGJSD FJASKL;FJQPOWURSFJSADKLFJASKL;FJWQU GJS45893058SDG^$#^ASTGJEWLJFDLSGJLD GJKSDG35789359086%$@#%7950SGJDGJKSL;

货物或应税劳务名称	规格型号	单位	数量	单价	金额	税率	税额
华林牌空调	小1P	台	30	1350.00	40500.00	17%	6885.00
合　计					¥40500.00		¥6885.00
价税合计（大写）	⊗肆万柒仟叁佰捌拾伍元整				（小写）¥47385.00		

销货单位	名　　称：广东省美菱公司 纳税人识别号：14555120076**** 地址、电话：广州市天河区北京路45号　020-5166**** 开户行及账号：工行广州市天河区支行58712345980166*****	备注	145551200765893

收款人：ZZZ　　复核：tt　　开票人：nn　　销货单位：（章）

第三联：发票联　购货方记账凭证

附件 26－3：

广东省衡温空调制造有限公司

代销商品入库单

供应商名称：广东省美菱公司　　2012 年 07 月 25 日　　凭证编号：99887787

材料名称	规格型号	单位	供应商交货数量	实收数量	单价	金额	备注
华林牌空调	小 1P	台	30	30	1350.00	40500.00	
合计						40500.00	

第二联　财务联

财务部：ZZ　　品保部：tt　　验收人：LLL　　制单：nn

附件 26－4：

中国工商银行支票存根（粤）

IX 11 58624713

附加信息

出票日期 2012年 07月 25日

收款人：	广东美菱公司
金　额：	¥43335.00
用　途：	支付代销商品款

单位主管 ZZ　　会计 ttt

附件 26－5：

进 账 单（回单或收账通知）

2012年 07月 25日

			亿	千	百	十	万	千	百	十	元	角	分
收款人	全　称	广东省衡温空调制造有限公司											
	账　号	69001000022289*****											
	开户银行	工行广州市花都区支行											
人民币（大写）	肆万柒仟叁佰捌拾伍元整					¥	4	7	3	8	5	0	0
付款人	全　称	广州市国立电器有限公司											
	账　号	96322598000168*****											
	开户银行	工行广州市越秀区支行											
事　由		收到货款											

中国工商银行广州市 花都支行 2012.07.25 收讫

附件 26－6：

商品代销

2012070705

甲方：广东省美菱公司

乙方：广东省衡温空调制造有限公司

经甲乙双方友好协商，就乙方代销甲方的华林牌小1P空调达成如下协议：

一、乙方代销甲方的"华林牌小1P空调，30台，合计售价人民币40500.00元，人民币（大写）肆万零伍佰元整。甲方按售价的10%支付乙方手续费。

二、甲方支付运输费。

三、乙方付款后，甲方立即发货并开具同等数额发票。

四、甲方负责质量，如有质量问题，乙方可要求退货，并由甲方赔偿乙方损失。

以上协议甲乙双方各持一份，如有异议另签补充协议，补充协议同本协议具有相同法律效力。

甲方：广东省美菱公司

代表签字：郑秋千

日期：2012年07月25日

乙方：广东省衡温空调制造有限公司

代表签字：陈

日期：2012年07月25日

附件 26－7：

广东增值税专用发票

5647892147　　58624713

此联不作报销、扣税凭证使用

开票日期：2012年07月25日

购货单位	名称：广州市国立电器有限公司 纳税人识别号：59020002000**** 地址、电话：广州市越秀区立白路968号 开户行及账号：工行广州市越秀区支行96322598000168*****	密码区	FJSDFALK;JSDAFLKJASODFIQWEQROJKSDFL XFWERQSDFKLJASLDFJSDKLFJSDLKFJSDKLF QWRESDJKLFJSDLF;JASL;FJSLKFJSDLFKPS JSKLAD;FJWOEIRQSJFSDL;AFJAWL;RJOFJ

货物或应税劳务名称	规格型号	单位	数量	单价	金额	税率	税额
华林牌空调	小1P	台	30	1350.00	40500.00	17%	6885.00
合计					¥40500.00		¥6885.00
价税合计（大写）	⊗肆万柒仟叁佰捌拾伍元整				（小写）¥47385.00		

销货单位	名称：广东省衡温空调制造有限公司 纳税人识别号：9547441235 8**** 地址、电话：广州市花都区伟邦工业区C区　020-2856**** 开户行及账号：工行广州市花都区支行69001000022289*****	备注	954744123587462

收款人：ZZZ　复核：tt　开票人：LLL　销货单位：（章）

第一联：记账联　销货方记账凭证

附件 26－8：

税务机关代开统一发票

发票代码 6900287001
发票号码 00010002

2012年07月25日

付款方名称	广东省美菱公司	代开普通发票申请表号码	10014258
收款方名称及地址、电话	广东省衡温空调制造有限公司	收款方识别号或证件号码	95474412358****
品目及金额		备注	
手续费　4050.00			
合计人民币（大写）	⊗肆仟零伍拾元整	小写 ¥4050.00	
税额（大写）		完税凭证号码	9256 0001

税控码：3534534645645****　　开票人：ZZ

第三联　收款方记账联

附件 27－1：

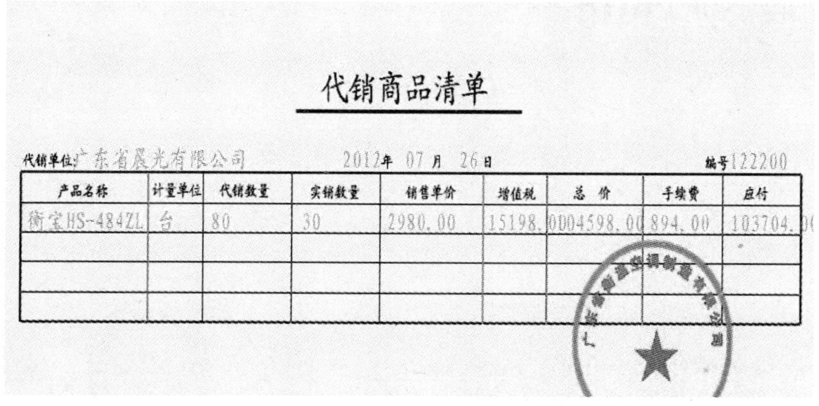

代销商品清单

代销单位：广东省晨光有限公司　　2012年07月26日　　编号122200

产品名称	计量单位	代销数量	实销数量	销售单价	增值税	总价	手续费	应付
衡宝HS-484ZL	台	80	30	2980.00	15198.00	104598.00	894.00	103704.00

附件 27－2：

广东省衡温空调制造有限公司

材料验收入库单

供应商名称：广东省晨光有限公司　　2012 年 07 月 26 日　　凭证编号：2012726

材料名称	规格型号	单位	供应商交货数量	实收数量	单价	金额	备注
旧空调		台	20	20	300.00	6000.00	
合计						6000.00	

第二联　财务联

财务部：ZZ　　品保部：tt　　验收人：LLL　　制单：nn

附件 27－3：

中国工商银行 INDUSTRIAL AND COMMERCIAL BANK OF CHINA　进账单（回单或收账通知）

2012年 07月 26日

收款人	全称	广东省衡温空调制造有限公司
	账号	69001000022289*****
	开户银行	工行广州市花都区支行
人民币（大写）	玖万柒仟柒佰零肆元整	亿 千 百 十 万 千 百 十 元 角 分 ¥ 9 7 7 0 4 0 0
付款人	全称	广东省晨光有限公司
	账号	58712345667756*****
	开户银行	工行广州市白云区支行
事由		销售代销商品

中国工商银行广州市 花都支行 2012.07.26 收讫

附件 27 －4：

广东增值税普通发票

5647892147　　　　58624714

开票日期：2012年07月26日

购货单位	名称：广州宏达电器 纳税人识别号：56284685362**** 地址、电话：广州市天河区中山八路624号　020-8795**** 开户行及账号：中国工商银行中山八路支行　6221456925 8969*****	密码区	##@#@#@#¥¥#¥#gfdbyhggdrjhfdj #¥¥#¥#¥##¥#¥vgub，vmcbvnyubh #¥¥#¥#¥%¥%¥%kgjfjkdurjdshjyndr ……%……%……%……fyjudrhxdeh

货物或应税劳务名称	规格型号	单位	数量	单价	金额	税率	税额
衡宝空调HS-4842L		台	30	2980.00	89400.00	17%	15198.00
合计					¥89400.00		¥15198.00
价税合计（大写）	⊗壹拾万零肆仟伍佰玖拾捌元整				（小写）¥104598.00		

销货单位	名称：广东省衡温空调制造有限公司 纳税人识别号：95474412358**** 地址、电话：广州市花都区伟邦工业区C区　020-2856**** 开户行及账号：工行广州市花都区支行69001000022289*****	备注	954744123567462

收款人：ZZZ　　复核：tt　　开票人：LLL　　销货单位：（章）

附件 28 －1：

中国工商银行
INDUSTRIAL AND COMMERCIAL BANK OF CHINA

进账单（回单或收账通知）

2012年 07月 28日

收款人	全　称	广东省衡温空调制造有限公司
	账　号	69001000022289*****
	开户银行	工行广州市花都区支行
人民币（大写）	壹拾肆万贰仟柒佰伍拾壹元柒角整	亿 千 百 十 万 千 百 十 元 角 分：¥ 1 4 2 7 5 1 7 0
付款人	全　称	广东省丁香电器有限公司
	账　号	58712345980166*****
	开户银行	农行广州市黄埔区支行
事　由		收到货款

中国工商银行广州市 宏德支行 2012.07.28 收讫

附件 29 －1：

广东增值税普通发票

5647892147　　58624714

开票日期：2012年07月29日

购货单位	名　　称：广东省方媛贸易有限公司 纳税人识别号：10988880076**** 地址、电话：广州市白云区连新路45号　020-5222**** 开户行及账号：招行广州市白云区支行58712345667998*****	密码区	JASJFASL3534^&•$%^#GDFKLGJSDLGJGJSD FJASKL;FJQPOWQRSFJSADKLFJASKL;FJWQU GJS45893058SDG^$#^ASTGJEWLJFDLSGJLD GJKSDG3578935908%$D#%795DSGJDGJKSL;

货物或应税劳务名称	规格型号	单位	数量	单价	金额	税率	税额
衡宝HB-369FC	小2P	台	50	3600.00	180000.00	17%	30600.00
合　　计					¥180000.00		¥30600.00
价税合计（大写）	⊗贰拾壹万零陆佰元整				（小写）¥210600.00		

销货单位	名　　称：广东省衡温空调制造有限公司 纳税人识别号：95474412358**** 地址、电话：广州市花都区伟邦工业区C区　020-2856**** 开户行及账号：工行广州市花都区支行69001000022289*****	备注	

收款人：ZZZ　　复核：tt　　开票人：LLL　　销货单位：（章）

附件 29 －2：

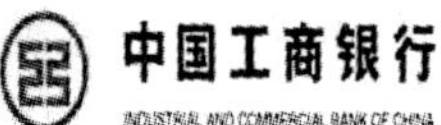

进账单（回单或收账通知）

2012年 07月 29日

收款人	全　　称	广东省衡温空调制造有限公司	
	账　　号	69001000022289*****	
	开户银行	广州市花都区伟邦工业区C区　020-285*****	
人民币（大写）		贰拾壹万零陆佰元整	亿千百十万千百十元角分 ¥21060000
付款人	全　　称	广东省方媛贸易有限公司	
	账　　号	58712345667998*****	
	开户银行	招行广州市白云区支行	
事　由		销售产品	

附件 29－3：

商品出库单

客户名称：广东省方媛贸易有限公司　　2012 年 07 月 29 日　　编号：10011012

商品名称	规格	单位	数量	单价	金额										
					亿	千	百	十	万	千	百	十	元	角	分
衡宝 HB－369FC	小 2P	台	50	3600.00				1	8	0	0	0	0	0	0
合计							¥	1	8	0	0	0	0	0	0

第二联　财务联

会计主管：zz　　发货人：tt　　收货人：LL　　制单人：nn

附件 29－4：

商品代销

2012070706

甲方：广东省衡温空调制造有限公司

乙方：广东省方媛公司

经甲乙双方友好协商，就乙方代销甲方的衡宝HB-369FC 小2P 空调达成如下协议：

一、乙方代销甲方的衡宝HB-369FC 小2P 空调50台，合计售价人民币180000.00元，人民币（大写）壹拾捌万元整。

二、乙方支付运输费。

三、乙方付款后，甲方立即发货并开具同等数额发票。

四、甲方负责质量，如有质量问题，乙方可要求退货，并由甲方赔偿乙方损失。

五、乙方在取得代销商品后，无论是否能够卖出，是否获利，均与甲方无关。

以上协议甲乙双方各持一份，如有异议另签补充协议，补充协议同本协议具有相同法律效率。

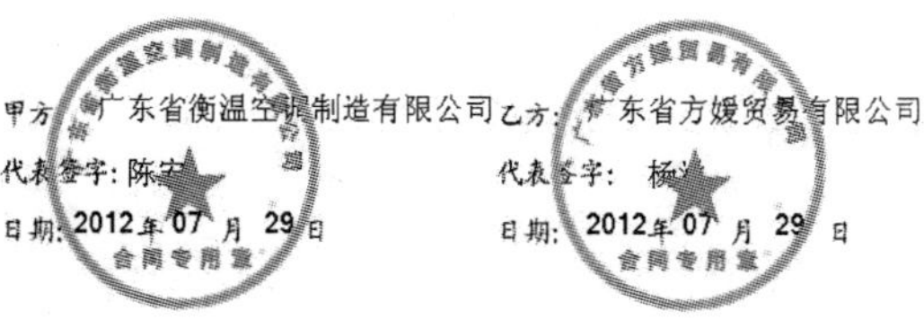

甲方：广东省衡温空调制造有限公司　　乙方：广东省方媛贸易有限公司

代表签字：陈　　代表签字：杨

日期：2012 年 07 月 29 日　　日期：2012 年 07 月 29 日

附件 30－1：

商品出库单

客户名称：广东省腾飞公司　　　　2012 年 07 月 30 日　　　　编号：10011013

商品名称	规格	单位	数量	单价	金额										
					亿	千	百	十	万	千	百	十	元	角	分
衡宝 HB－888MR	小 3P	台	60	4980.00				2	9	8	8	0	0	0	0
合计							¥	2	9	8	8	0	0	0	0

第二联　财务联

会计主管：ZZ　　　　发货人：tt　　　　收货人：LL　　　　制单人：tt

附件 30－2：

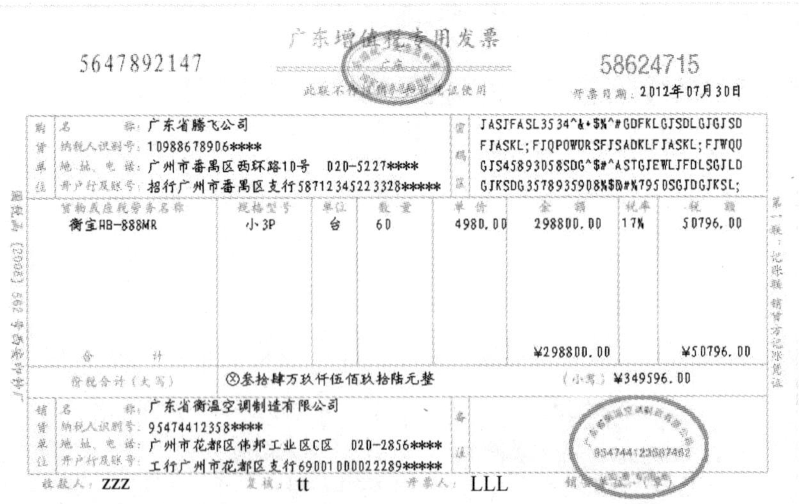

广东增值税专用发票

5647892147　　　　58624715

此联不作报销、扣税凭证使用　　　　开票日期：2012年07月30日

购货单位
名　　称：广东省腾飞公司
纳税人识别号：1098867890 6****
地址、电话：广州市番禺区西环路10号　020-5227****
开户行及账号：招行广州市番禺区支行5871234522 3328*****

密码区
JASJFASL3534^&•$%^#GDFKLGJSDLGJGJSD
FJASKL;FJQPOWURSFJSADKLFJASKL;FJWQU
GJS45893058SDG^$#^ASTGJEWLJFDLSGJLD
GJKSDG3578935908%$D#%7950SGJDGJKSL;

货物或应税劳务名称	规格型号	单位	数量	单价	金额	税率	税额
衡宝HB-888MR	小3P	台	60	4980.00	298800.00	17%	50796.00
合计					¥298800.00		¥50796.00

价税合计（大写）　⊗叁拾肆万玖仟伍佰玖拾陆元整　　（小写）¥349596.00

销货单位
名　　称：广东省衡温空调制造有限公司
纳税人识别号：9547441235 8****
地址、电话：广州市花都区伟邦工业区C区　020-2856****
开户行及账号：工行广州市花都区支行69001000022289*****

备注

收款人：ZZZ　　复核：tt　　开票人：LLL　　销货单位：（章）

第三节 增值税纳税申报表

表 6-1 增值税一般纳税人主表

（适用于增值税一般纳税人）

根据《中华人民共和国增值税暂行条例》第二十二条和第二十三条的规定制定本表。纳税人不论有无销售额，均应按主管税务机关核定的纳税期限按期填报本表，并于次月 1 日起 15 日内，向当地税务机关申报。

税款所属时间：自　　年　　月　　日至　　年　　月　　日

纳税人识别号					
纳税人名称	（公章）	法定代表人姓名		营业地址	
开户银行及账号					

项目		栏次	一般货物及劳务		即征即退货物及劳务	
			本月数	本年累计	本月数	本年累计
销售额	（一）按适用税率征税货物及劳务销售额	1				
	其中：应税货物销售额	2				
	应税劳务销售额	3				
	纳税检查调整的销售额	4				
	（二）按简易征收办法征税货物销售额	5				
	其中：纳税检查调整的销售额	6				
	（三）免、抵、退办法出口货物销售额	7				
	（四）免税货物及劳务销售额	8				
	其中：免税货物销售额	9				
	免税劳务销售额	10				

续表

项目		栏次	一般货物及劳务		即征即退货物及劳务	
			本月数	本年累计	本月数	本年累计
税款计算	销项税额	11				
	进项税额	12				
	上期留抵税额	13				
	进项税额转出	14				
	免抵退货物应退税额	15				
	按适用税率计算的纳税检查应补缴税额	16				
	应抵扣税额合计	17 = 12 + 13 − 14 − 15 + 16				
	实际抵扣税额	18（如 17 < 11，则为 17，否则为 11）				
	应纳税额	19 = 11 − 18				
	期末留抵税额	20 = 17 − 18				
	简易征收办法计算的应纳税额	21				
	按简易征收办法计算的纳税检查应补缴税额	22				
	应纳税额减征额	23				
	应纳税额合计	24 = 19 + 21 − 23				
税款缴纳	期初未缴税额（多缴为负数）	25				
	实收出口开具专用缴款书退税额	26				
	本期已缴税额	27 = 28 + 29 + 30 + 31				
	分次预缴税额	28				
	①出口开具专用缴款书预缴税额	29				
	②本期缴纳上期应纳税额	30				
	③本期缴纳欠缴税额	31				
	期末未缴税额（多缴为负数）	32 = 24 + 25 + 26 − 27				
	其中：欠缴税额（≥0）	33 = 25 + 26 − 27				
	本期应补（退）税额	34 = 24 − 28 − 29				
	即征即退实际退税额	35				
	期初未缴查补税额	36			—	—
	本期入库查补税额	37			—	—
	期末未缴查补税额	38 = 16 + 22 + 36 − 37			—	—
授权声明	如果你已委托代理人申报，请填写下列资料： 为代理一切税务事宜，现授权： （地址）为本纳税人的代理申报人，任何与本申报表有关的往来文件，都可寄予此人。 授权人签字：		申报人声明	此纳税申报表是根据《中华人民共和国增值税暂行条例》的规定填报的，我相信它是真实的、可靠的、完整的。 声明人签字：ZZ		

以下由税务机关填写：

收到日期： 接收人： 主管税务机关盖章：

表 6－2　增值税纳税申报表附列资料（一）

（本期销售情况明细）

税款所属时间：2013 年 3 月 1 日至 2013 年 3 月 31 日

纳税人名称：（公章）　　　　金额单位：元至角分

项目及栏次				开具税控增值税专用发票		开具其他发票		未开具发票		纳税检查调整		合计			应税服务扣除项目本期实际扣除金额	扣除后	
				销售额	销项（应纳）税额	销售额	销项（应纳）税额	销售额	销项（应纳）税额	销售额	销项（应纳）税额	销售额	销项（应纳）税额	价税合计		含税（免税）销售额	销项（应纳）税额
				1	2	3	4	5	6	7	8	9＝1＋3＋5＋7	10＝2＋4＋6＋8	11＝9＋10	12	13＝11－12	14＝13÷（100%＋税率或征收率）×税率或征收率
一、一般计税方法征税	全部征税项目	17%税率的货物及加工修理修配劳务	1											—	—	—	—
		17%税率的有形动产租赁服务	2														
		13%税率	3											—	—	—	—
		11%税率	4														
		6%税率	5														
	其中：即征即退项目	即征即退货物及加工修理修配劳务	6	—	—	—	—	—	—	—	—			—	—	—	—
		即征即退应税服务	7	—	—	—	—	—	—	—	—						

续表

项目及栏次				开具税控增值税专用发票		开具其他发票		未开具发票		纳税检查调整		合计			应税服务扣除项目本期实际扣除金额	扣除后	
				销售额	销项（应纳）税额	销售额	销项（应纳）税额	销售额	销项（应纳）税额	销售额	销项（应纳）税额	销售额	销项（应纳）税额	价税合计		含税（免税）销售额	销项（应纳）税额
				1	2	3	4	5	6	7	8	9 =1 +3 +5 +7	10 =2 +4 +6 +8	11 =9 +10	12	13 =11 −12	14 =13 ÷（100% +税率或征收率）×税率或征收率
二、简易计税方法征税	全部征税项目	6%征收率	8							—	—			—	—	—	—
		5%征收率	9							—	—			—	—	—	—
		4%征收率	10							—	—			—	—	—	—
		3%征收率的货物及加工修理修配劳务	11							—	—			—	—	—	—
		3%征收率的应税服务	12							—	—						
	其中：即征即退项目	即征即退货物及加工修理修配劳务	13	—	—	—	—	—	—	—	—			—	—	—	—
		即征即退应税服务	14	—	—	—	—	—	—	—	—						
三、免抵退税	货物及加工修理修配劳务		15	—	—	—		—		—	—			—	—	—	—
	应税服务		16	—	—	—		—		—	—						
四、免税	货物及加工修理修配劳务		17			—		—		—	—			—	—	—	—
	应税服务		18	—	—	—		—		—	—						

表 6－3 增值税纳税申报表附列资料（二）

（本期进项税额明细）

税款所属时间： 年 月

纳税人名称：（公章） 填表日期： 年 月 日 金额单位：元至角分

一、申报抵扣的进项税额				
项目	栏次	份数	金额	税额
（一）认证相符的防伪税控增值税专用发票	1			
其中：本期认证相符且本期申报抵扣	2			
前期认证相符且本期申报抵扣	3			
（二）非防伪税控增值税专用发票及其他扣税凭证	4			
其中：海关完税凭证	5			
农产品收购凭证及普通发票	6			
代扣代缴税收通用缴款书	7			
运输费用结算单据	8			
6% 征收率	9			
4% 征收率	10			
（三）外贸企业进项税额抵扣证明	11	—	—	
当期申报抵扣进项税额合计	12			
二、进项税额转出额				
项目	栏次	税额		
本期进项税转出额	13			
其中：免税货物用	14			
非应税项目用	15			
非正常损失	16			
简易征收办法征税货物用	17			
免抵退税办法出口货物不得抵扣的进项税额	18			
纳税检查调减进项税额	19			
红字专用发票通知单注明的进项税额	20			
上期留抵税额抵减欠税	21			
上期留抵税额退税	22			
其他应作进项税额转出的情形	23			

续表

三、待抵扣进项税额				
项目	栏次	份数	金额	税额
（一）认证相符的防伪税控增值税专用发票	24	—	—	—
期初已认证相符但未申报抵扣	25			
本期认证相符且本期未申报抵扣	26			
期末已认证相符但未申报抵扣	27			
其中：按照税法规定不允许抵扣	28			
（二）其他扣税凭证	29			
海关进口增值税专用缴款书	30			
农产品收购发票或者销售发票	31			
代扣代缴税收通用缴款书	32			
运输费用结算单据	33			
四、其他				
项目	栏次	份数	金额	税额
本期认证相符的防伪税控增值税专用发票	34			
代扣代缴税额	35	—	—	

注：第1栏＝第2栏＋第3栏＝第25栏＋第34栏－第27栏；第2栏＝第34栏－第26栏；第3栏＝第25栏＋第26栏－第27栏；第4栏等于第5栏至第10栏之和；第12栏＝第1栏＋第4栏＋第11栏；第13栏等于第14栏至第21栏之和；第29栏等于第30栏至第33栏之和。

表6－4　增值税纳税申报表附列资料（三）

（应税服务扣除项目明细）

税款所属时间：　　年　　月　　日至　　年　　月　　日

纳税人名称：（公章）　　　　　　　　　　　　　　　金额单位：元至角分

项目及栏次	本期应税服务价税合计额（免税销售额）	应税服务扣除项目				
		期初余额	本期发生额	本期应扣除金额	本期实际扣除金额	期末余额
	1	2	3	4＝2＋3	5（5≤1且5≤4）	6＝4－5
17%税率的有形动产租赁服务						
11%税率的应税服务						
6%税率的应税服务						
3%征收率的应税服务						
免抵退税的应税服务						
免税的应税服务						

第四节　增值税纳税申报表填写说明

一、名词定义

（一）增值税一般纳税人主表（以下简称主表）及本“填表说明”所称“货物”，是指增值税应税的货物。

（二）主表及本“填表说明”所称“劳务”，是指增值税应税的加工、修理、修配劳务。

（三）主表及本“填表说明”所称“应税服务”，是指营业税改征增值税的应税服务。

（四）主表及本“填表说明”所称“按适用税率征税”、“按适用税率计算”和“一般计税方法”，均指按“应纳税额 = 销项税额 − 进项税额”公式计算增值税应纳税额的征税方法。

（五）主表及本“填表说明”所称“按简易征收办法征税”、“按简易征收办法计算”和“简易计税方法”，均指按“应纳税额 = 销售额 × 征收率”公式计算增值税应纳税额的征税方法。

（六）主表及本“填表说明”所称“应税服务扣除项目”，是指按照国家现行营业税政策规定差额征收营业税的纳税人，营业税改征增值税后，允许其从取得的应税服务全部价款和价外费用中扣除的项目。

（七）主表及本“填表说明”所称“税控增值税专用发票”，具体包括以下三种：

1. 增值税防伪税控系统开具的防伪税控《增值税专用发票》；

2. 货物运输业增值税专用发票税控系统开具的《货物运输业增值税专用发票》；

3. 机动车销售统一发票税控系统开具的税控《机动车销售统一发票》。

二、《增值税一般纳税人主表》填表说明

（一）“税款所属时间”：指纳税人申报的增值税应纳税额的所属时间，应填写具体的起止年、月、日。

（二）“填表日期”：指纳税人填写本表的具体日期。

（三）“纳税人识别号”：填写税务机关为纳税人确定的识别号。即税务登记

证号码。

（四）“所属行业”：按照国民经济行业分类与代码中的小类行业填写。

（五）“纳税人名称”：填写纳税人单位名称全称。

（六）“法定代表人姓名”：填写纳税人法定代表人的姓名。

（七）“注册地址”：填写纳税人税务登记证所注明的详细地址。

（八）“营业地址”：填写纳税人营业地的详细地址。

（九）“开户银行及账号”：填写纳税人开户银行的名称和纳税人在该银行的结算账户号码。

（十）“企业登记注册类型”：按税务登记证填写。

（十一）“电话号码”：填写可联系到纳税人的实际电话号码。

（十二）“即征即退货物及劳务和应税服务”列：反映纳税人按照税法规定享受增值税即征即退税收优惠政策的货物及劳务和应税服务的征（退）税数据。

（十三）“一般货物及劳务和应税服务”列：反映除享受增值税即征即退税收优惠政策以外的货物及劳务和应税服务的征（免）税数据。

（十四）“本年累计”列：除第13栏、第18栏“实际抵扣税额”“一般货物及劳务和应税服务”列、第20、25、32、36、38栏外，“本年累计”列中其他各栏次，均填写本年度内各月“本月数”之和。

（十五）第1栏“（一）按适用税率征税销售额”反映纳税人本期按一般计税方法计算缴纳增值税的销售额。包含在财务上不作销售但按税法规定应缴纳增值税的视同销售和价外费用的销售额；外贸企业作价销售进料加工复出口货物的销售额；税务、财政、审计部门检查按一般计税方法计算调整的销售额。

营业税改征增值税的纳税人应税服务有扣除项目的，本栏应填写扣除之前的不含税销售额。

本栏“一般货物及劳务和应税服务”列“本月数”=《附列资料（一）》第9列第1~5行之和－第9列第6、7行之和；本栏“即征即退货物及劳务和应税服务”列“本月数”=《附列资料（一）》第9列第6、7行之和。

（十六）第2栏“其中：应税货物销售额”反映纳税人本期按适用税率缴纳增值税的应税货物的销售额。包含在财务上不作销售但按税法规定应缴纳增值税的视同销售货物和价外费用销售额，以及外贸企业作价销售进料加工复出口的货物。

（十七）第3栏“其中：应税劳务销售额”反映纳税人本期按适用税率缴纳增值税的应税劳务的销售额。

（十八）第4栏“其中：纳税检查调整的销售额”反映纳税人因税务、财政、审计部门检查，并按一般计税方法在本期计算调整的销售额。但享受即征即退税收优惠政策的货物及劳务和应税服务，经纳税检查发现偷税的，不填入“即征即退货物及劳务和应税服务”列，而应填入“一般货物及劳务和应税服务”列。

营业税改征增值税的纳税人应税服务有扣除项目的，本栏应填写扣除之前的不含税销售额。

本栏“一般货物及劳务和应税服务”列“本月数”=《附列资料（一）》第7列第1行至第5行之和。

（十九）第5栏“按简易征收办法征税销售额”反映纳税人本期按简易计税方法征收增值税的销售额。包含纳税检查调整按简易计税方法征收增值税的销售额。

营业税改征增值税的纳税人应税服务有扣除项目的，本栏应填写扣除之前的不含税销售额。

本栏“一般货物及劳务和应税服务”列“本月数”≥《附列资料（一）》第9列第8行至第12行之和－第9列第13、14行之和；本栏“即征即退货物及劳务和应税服务”列“本月数”≥《附列资料（一）》第9列第13行、第14行之和。

（二十）第6栏“其中：纳税检查调整的销售额”反映纳税人因税务、财政、审计部门检查，并按简易计税方法在本期计算调整的销售额。但享受即征即退税收优惠政策的货物及劳务和应税服务，经纳税检查发现偷税的，不填入“即征即退货物及劳务和应税服务”列，而应填入“一般货物及劳务和应税服务”列。

营业税改征增值税的纳税人应税服务有扣除项目的，本栏应填写扣除之前的不含税销售额。

（二十一）第7栏“免、抵、退办法出口销售额”反映纳税人本期执行免、抵、退税办法的出口货物、劳务和应税服务的销售额。

营业税改征增值税的纳税人应税服务有扣除项目的，本栏应填写扣除之前的销售额。

本栏“一般货物及劳务和应税服务”列“本月数”=《附列资料（一）》第9列第15、16行之和。

（二十二）第8栏“免税销售额”反映纳税人本期按照税法规定免征增值税的销售额和适用零税率的销售额，但零税率的销售额中不包括适用免、抵、退税办法的销售额。

营业税改征增值税的纳税人应税服务有扣除项目的，本栏应填写扣除之前的免税销售额。

本栏“一般货物及劳务和应税服务”列“本月数”=《附列资料（一）》第9列第17、18行之和。

（二十三）第9栏“其中：免税货物销售额”反映纳税人本期按照税法规定免征增值税的货物的销售额及适用零税率的货物的销售额，但不包括适用免、抵、退办法出口货物的销售额。

（二十四）第10栏“其中：免税劳务销售额”反映纳税人本期按照税法规定免征增值税的劳务的销售额及适用零税率的劳务的销售额，但不包括适用免、抵、退办法的劳务的销售额。

（二十五）第11栏“销项税额”反映纳税人本期按一般计税方法征税的货物及劳务和应税服务的销项税额。

营业税改征增值税的纳税人应税服务有扣除项目的，本栏应填写扣除之后的销项税额。

本栏“一般货物及劳务和应税服务”列“本月数”=《附列资料（一）》（第10列第1、3行之和－第10列第6行）+（第14列第2、4、5行之和－第14列第7行）；本栏“即征即退货物及劳务和应税服务”列“本月数”=《附列资料（一）》第10列第6行+第14列第7行。

（二十六）第12栏“进项税额”反映纳税人本期申报抵扣的进项税额。

本栏“一般货物及劳务和应税服务”列“本月数”+“即征即退货物及劳务和应税服务”列“本月数”=《附列资料（二）》第12栏“税额”。

（二十七）第13栏“上期留抵税额”。

1. 上期留抵税额按规定须挂账的纳税人，按以下要求填写本栏的“本月数”和“本年累计”：

上期留抵税额按规定须挂账的纳税人是指试点实施之日前一个税款所属期的申报表第20栏“期末留抵税额”“一般货物及劳务”列“本月数”大于零，且兼有营业税改征增值税应税服务的纳税人。下同。其试点实施之日前一个税款所属期的申报表第20栏“期末留抵税额”“一般货物及劳务”列“本月数”，以下称为货物和劳务挂账留抵税额。

（1）本栏“一般货物及劳务和应税服务”列“本月数”：试点实施之日的税款所属期填写“0”；以后各期按上期申报表第20栏“期末留抵税额”“一般货物及劳务和应税服务”列“本月数”填写。

（2）本栏“一般货物及劳务和应税服务”列“本年累计”反映货物和劳务挂账留抵税额本期期初余额。试点实施之日的税款所属期按试点实施之日前一个税款所属期的申报表第20栏“期末留抵税额”“一般货物及劳务”列“本月数”填写；以后各期按上期申报表第20栏“期末留抵税额”“一般货物及劳务和应税服务”列“本年累计”填写。

（3）本栏“即征即退货物及劳务和应税服务”列“本月数”按上期申报表第20栏“期末留抵税额”“即征即退货物及劳务和应税服务”列“本月数”填写。

2. 其他纳税人，按以下要求填写本栏“本月数”和“本年累计”：

其他纳税人是指除上期留抵税额按规定须挂账的纳税人之外的纳税人。下同。

（1）本栏“一般货物及劳务和应税服务”列“本月数”按上期申报表第20栏“期末留抵税额”“一般货物及劳务和应税服务”列“本月数”填写。

（2）本栏“一般货物及劳务和应税服务”列“本年累计”填写“0”。

（3）本栏“即征即退货物及劳务和应税服务”列“本月数”按上期申报表第20栏“期末留抵税额”“即征即退货物及劳务和应税服务”列“本月数”填写。

（二十八）第14栏“进项税额转出”：反映纳税人已经抵扣按税法规定本期应转出的进项税额。

本栏“一般货物及劳务和应税服务”列“本月数”+“即征即退货物及劳务和应税服务”列“本月数”=《附列资料（二）》第13栏“税额”。

（二十九）第15栏“免、抵、退应退税额”反映税务机关退税部门按照出口货物、劳务和应税服务免、抵、退办法审批的增值税应退税额。

（三十）第16栏“按适用税率计算的纳税检查应补缴税额”反映税务、财政、审计部门检查，按一般计税方法计算征税的纳税检查应补缴的增值税税额。

本栏“一般货物及劳务和应税服务”列“本月数”≤《附列资料（一）》第8列第1行至第5行之和+《附列资料（二）》第19栏。

（三十一）第17栏“应抵扣税额合计”反映纳税人本期应抵扣进项税额的合计数。按表中所列公式计算填写。

（三十二）第18栏“实际抵扣税额”。

1. 上期留抵税额按规定须挂账的纳税人，按以下要求填写本栏的“本月数”和“本年累计”：

（1）本栏“一般货物及劳务和应税服务”列“本月数”按表中所列公式计算填写。

（2）本栏“一般货物及劳务和应税服务”列“本年累计”反映货物和劳务挂账留抵税额本期实际抵减一般货物和劳务应纳税额的数额。将“货物和劳务挂账留抵税额本期期初余额”与“一般计税方法的一般货物及劳务应纳税额”两个数据相比较，取两者中小的数据。

其中：货物和劳务挂账留抵税额本期期初余额＝第13栏“上期留抵税额”“一般货物及劳务和应税服务”列“本年累计”；其中：一般计税方法的一般货物及劳务应纳税额＝（第11栏“销项税额”“一般货物及劳务和应税服务”列“本月数”－第18栏“实际抵扣税额”“一般货物及劳务和应税服务”列“本月数”）×一般货物及劳务销项税额比例。

一般货物及劳务销项税额比例＝（《附列资料（一）》第10列第1、3行之和－第10列第6行）÷第11栏“销项税额”“一般货物及劳务和应税服务”列“本月数”×100％。

（3）本栏“即征即退货物及劳务和应税服务”列“本月数”按表中所列公式计算填写。

2. 其他纳税人，按以下要求填写本栏的“本月数”和“本年累计”：

（1）本栏“一般货物及劳务和应税服务”列“本月数”按表中所列公式计算填写。

（2）本栏“一般货物及劳务和应税服务”列“本年累计”填写“0”。

（3）本栏“即征即退货物及劳务和应税服务”列“本月数”按表中所列公式计算填写。

（三十三）第19栏“应纳税额”反映纳税人本期按一般计税方法计算并应缴纳的增值税额。按以下公式计算填写：

1. 本栏“一般货物及劳务和应税服务”列“本月数”＝第11栏“销项税额”“一般货物及劳务和应税服务”列“本月数”－第18栏“实际抵扣税额”“一般货物及劳务和应税服务”列“本月数”－第18栏“实际抵扣税额”“一般货物及劳务和应税服务”列“本年累计”。

2. 本栏“即征即退货物及劳务和应税服务”列“本月数”＝第11栏“销项税额”“即征即退货物及劳务和应税服务”列“本月数”－第18栏“实际抵扣税额”“即征即退货物及劳务和应税服务”列“本月数”。

（三十四）第20栏“期末留抵税额”。

1. 上期留抵税额按规定须挂账的纳税人，按以下要求填写本栏的“本月数”和“本年累计”：

（1）本栏“一般货物及劳务和应税服务”列“本月数”反映试点实施以后，一般货物及劳务和应税服务共同形成的留抵税额。按表中所列公式计算填写。

（2）本栏“一般货物及劳务和应税服务”列“本年累计”反映货物和劳务挂账留抵税额，在试点实施以后抵减一般货物和劳务应纳税额后的余额。按以下公式计算填写：

本栏“一般货物及劳务和应税服务”列“本年累计”＝第13栏“上期留抵

税额”“一般货物及劳务和应税服务”列“本年累计” - 第18栏“实际抵扣税额”“一般货物及劳务和应税服务”列“本年累计”。

（3）本栏“即征即退货物及劳务和应税服务”列“本月数”按表中所列公式计算填写。

2. 其他纳税人，按以下要求填写本栏“本月数”和“本年累计”：

（1）本栏“一般货物及劳务和应税服务”列“本月数”按表中所列公式计算填写。

（2）本栏“一般货物及劳务和应税服务”列“本年累计”填写“0”。

（3）本栏“即征即退货物及劳务和应税服务”列“本月数”按表中所列公式计算填写。

（三十五）第21栏“简易征收办法计算的应纳税额”反映纳税人本期按简易计税方法计算并应缴纳的增值税额，但不包括按简易计税方法计算的纳税检查应补缴税额。按以下公式计算填写：

本栏“一般货物及劳务和应税服务”列“本月数” = 《附列资料（一）》（第10列第8行至第11行之和 - 第10列第13行） + （第14列第12行 - 第14列第14行）。

本栏“即征即退货物及劳务和应税服务”列“本月数” = 《附列资料（一）》第10列第13行 + 第14列第14行。

（三十六）第22栏“按简易征收办法计算的纳税检查应补缴税额”反映纳税人本期因税务、财政、审计部门检查并按简易计税方法计算的纳税检查应补缴税额。

（三十七）第23栏“应纳税额减征额”反映纳税人本期按照税法规定减征的增值税应纳税额。包含按税法规定可在增值税应纳税额中全额抵减的增值税税控系统专用设备费用以及技术维护费。

当本期减征额小于或等于第19栏“应纳税额”与第21栏“简易征收办法计算的应纳税额”之和时，按本期减征额实际填写；当本期减征额大于第19栏“应纳税额”与第21栏“简易征收办法计算的应纳税额”之和时，按本期第19栏与第21栏之和填写。本期减征额不足抵减部分结转下期继续抵减。

（三十八）第24栏“应纳税额合计”反映纳税人本期应缴增值税的合计数。按表中所列公式计算填写。

（三十九）第25栏“期初未缴税额（多缴为负数）”“本月数”按上一税款所属期申报表第32栏“期末未缴税额（多缴为负数）”“本月数”填写。“本年累计”按上年度最后一个税款所属期申报表第32栏“期末未缴税额（多缴为负数）”“本年累计”填写。

（四十）第 26 栏“实收出口开具专用缴款书退税额”本栏不填写。

（四十一）第 27 栏“本期已缴税额”反映纳税人本期实际缴纳的增值税额，但不包括本期入库的查补税款。按表中所列公式计算填写。

（四十二）第 28 栏“①分次预缴税额”反映纳税人本期已缴纳的准予在本期增值税应纳税额中抵减的税额。营业税改征增值税总机构试点纳税人，按照税法规定从本期增值税应纳税额中抵减的分支机构已缴纳的增值税和营业税税款，也填入本栏。

（四十三）第 29 栏“②出口开具专用缴款书预缴税额”本栏不填写。

（四十四）第 30 栏“③本期缴纳上期应纳税额”反映纳税人本期缴纳上一税款所属期应缴未缴的增值税额。

（四十五）第 31 栏“④本期缴纳欠缴税额”反映纳税人本期实际缴纳和留抵税额抵减的增值税欠税额，但不包括缴纳入库的查补增值税额。

（四十六）第 32 栏“期末未缴税额（多缴为负数）”“本月数”反映纳税人本期期末应缴未缴的增值税额，但不包括纳税检查应缴未缴的税额。按表中所列公式计算填写。“本年累计”栏与“本月数”栏数据相同。

（四十七）第 33 栏“其中：欠缴税额（≥0）”反映纳税人按照税法规定已形成欠税的增值税额。按表中所列公式计算填写。

（四十八）第 34 栏“本期应补（退）税额”反映纳税人本期应纳税额中应补缴或应退回的数额。按表中所列公式计算填写。

（四十九）第 35 栏“即征即退实际退税额”反映纳税人本期因符合增值税即征即退优惠政策规定，而实际收到的税务机关退回的增值税额。

（五十）第 36 栏“期初未缴查补税额”“本月数”按上一税款所属期申报表第 38 栏“期末未缴查补税额”“本月数”填写。“本年累计”按上年度最后一个税款所属期申报表第 38 栏“期末未缴查补税额”“本年累计”填写。

（五十一）第 37 栏“本期入库查补税额”反映纳税人本期因税务、财政、审计部门检查而实际入库的增值税额，包括按一般计税方法计算并实际缴纳的查补增值税额和按简易计税方法计算并实际缴纳的查补增值税额。

（五十二）第 38 栏“期末未缴查补税额”“本月数”反映纳税人因纳税检查本期期末应缴未缴的增值税额。按表中所列公式计算填写。“本年累计”栏与“本月数”栏数据相同。

三、《增值税纳税申报表附列资料（一）》（本期销售情况明细）填表说明

（一）“税款所属时间”、“纳税人名称”的填写同主表。

（二）各列说明。

1. 第1~2列“开具税控增值税专用发票”反映本期开具防伪税控《增值税专用发票》、税控《机动车销售统一发票》和《货物运输业增值税专用发票》的情况。

2. 第3~4列“开具其他发票”反映除上述三种发票以外本期开具的其他发票的情况。

3. 第5~6列“未开具发票”反映本期未开具发票的销售情况。

4. 第7~8列“纳税检查调整”反映经税务、财政、审计部门检查并在本期调整的销售情况。

5. 第9~11列“合计”填写“开具税控增值税专用发票”列、“开具其他发票”列、“未开具发票”列和“纳税检查调整”列之和。

营业税改征增值税的纳税人应税服务有扣除项目的，第1~11列应填写扣除之前的征（免）税销售额、销项（应纳）税额和价税合计额。

6. 第12列“应税服务扣除项目本期实际扣除金额”营业税改征增值税的纳税人应税服务有扣除项目的，按《附列资料（三）》第5列对应各行次数据填写；应税服务无扣除项目的，本列填写“0”。其他纳税人不填写。

7. 第13列“扣除后”“含税（免税）销售额”营业税改征增值税的纳税人，发生应税服务的，本列各行次=第11列对应各行次－第12列对应各行次。其他纳税人不填写。

8. 第14列“扣除后”“销项（应纳）税额”营业税改征增值税的纳税人发生应税服务，按以下要求填写本列，其他纳税人不填写。

（1）应税服务按照一般计税方法征税。

本列各行次=第13列÷（100%＋对应行次税率）×对应行次税率。

本列第7行“按一般计税方法征税的即征即退应税服务”不按本列的说明填写。具体填写要求见“各行说明”第2条第（2）项第③点的说明。

（2）应税服务按照简易计税方法征税。

本列各行次=第13列÷（100%＋对应行次征收率）×对应行次征收率。

（3）应税服务实行免抵退税或免税的，本列不填写。

（三）各行说明。

1. 第1~5行“一、一般计税方法征税”“全部征税项目”各行按不同税率和项目分别填写按一般计税方法计算增值税的全部征税项目。本部分反映的是按一般计税方法的全部征税项目。有即征即退征税项目的纳税人，本部分数据中既包括即征即退征税项目，又包括不享受即征即退政策的一般征税项目。

2. 第6~7行“一、一般计税方法征税”“其中：即征即退项目”各行只反映按一般计税方法计算增值税的即征即退征税项目。按照税法规定不享受即征即退政策的纳税人，不填写本行。即征即退征税项目是全部征税项目的其中数。

（1）第6行“即征即退货物及加工修理修配劳务”反映按一般计税方法征收增值税且享受即征即退政策的货物和加工修理修配劳务。本行不包括应税服务的内容。

①本行第9列“合计”“销售额”栏反映按一般计税方法征收增值税且享受即征即退政策的货物及加工修理修配劳务的不含税销售额。该栏不按第9列所列公式计算，应按照税法规定据实填写。

②本行第10列“合计”“销项（应纳）税额”栏反映按一般计税方法征收增值税且享受即征即退政策的货物及加工修理修配劳务的销项税额。该栏不按第10列所列公式计算，应按照税法规定据实填写。

（2）第7行“即征即退应税服务”反映按一般计税方法征收增值税且享受即征即退政策的应税服务。本行不包括货物及加工修理修配劳务的内容。

①本行第9列“合计”“销售额”栏反映按一般计税方法征收增值税且享受即征即退政策的应税服务的不含税销售额。应税服务有扣除项目的，按扣除之前的不含税销售额填写。该栏不按第9列所列公式计算，应按照税法规定据实填写。

②本行第10列“合计”“销项（应纳）税额”栏反映按一般计税方法征收增值税且享受即征即退政策的应税服务的销项税额。应税服务有扣除项目的，按扣除之前的销项税额填写。该栏不按第10列所列公式计算，应按照税法规定据实填写。

③本行第14列“扣除后”“销项（应纳）税额”栏反映按一般计税方法征收增值税且享受即征即退政策的应税服务实际应计提的销项税额。应税服务有扣除项目的，按扣除之后的销项税额填写；应税服务无扣除项目的，按本行第10列填写。该栏不按第14列所列公式计算，应按照税法规定据实填写。

3. 第8～12行“二、简易计税方法征税”“全部征税项目”各行按不同征收率和项目分别填写按简易计税方法计算增值税的全部征税项目。本部分反映的是简易计税方法的全部征税项目。有即征即退征税项目的纳税人，本部分数据中既包括即征即退征税项目，也包括不享受即征即退政策的一般征税项目。

4. 第13～14行“二、简易计税方法征税”“其中：即征即退项目”各行只反映按简易计税方法计算增值税的即征即退征税项目。按照税法规定不享受即征即退政策的纳税人，不填写本行。即征即退征税项目是全部征税项目的其中数。

（1）第13行“即征即退货物及加工修理修配劳务”反映按简易计税方法计算增值税且享受即征即退政策的货物及加工修理修配劳务。本行不包括应税服务的内容。

①本行第9列“合计”“销售额”栏反映按简易计税方法计算增值税且享受即征即退政策的货物及加工修理修配劳务的不含税销售额。该栏不按第9列所列公式计算，纳税人应依据税法规定据实填写。

②本行第10列“合计”“销项（应纳）税额”栏反映按简易计税方法计算缴纳增值税且享受即征即退政策的货物及加工修理修配劳务的应纳税额。该栏不按第10列所列公式计算，应按照税法规定据实填写。

（2）第14行“即征即退应税服务”反映按简易计税方法计算缴纳增值税且享受即征即退政策的应税服务。本行不包括货物及加工修理修配劳务的内容。

①本行第9列“合计”“销售额”栏反映按简易计税方法计算增值税且享受即征即退政策的应税服务的不含税销售额。应税服务有扣除项目的，按扣除之前的不含税销售额填写。该栏不按第9列所列公式计算，应按照税法规定据实填写。

②本行第10列“合计”“销项（应纳）税额”栏反映按简易计税方法计算增值税且享受即征即退政策的应税服务的应纳税额。应税服务有扣除项目的，按扣除之前的应纳税额填写。该栏不按第10列所列公式计算，应按照税法规定据实填写。

③本行第14列“扣除后”“销项（应纳）税额”栏反映按简易计税方法计算增值税且享受即征即退政策的应税服务实际应计提的应纳税额。应税服务有扣除项目的，按扣除之后的应纳税额填写；应税服务无扣除项目的，按本行第10列填写。

5. 第15行“三、免抵退税”“货物及加工修理修配劳务”反映适用免、抵、退税政策的出口货物、加工修理修配劳务。

6. 第16行“三、免抵退税”“应税服务”反映适用免、抵、退税政策的应税服务。

7. 第17行“四、免税”“货物及加工修理修配劳务”反映按照税法规定免征增值税的货物及劳务和适用零税率的出口货物、加工修理修配劳务，但不包括适用免、抵、退税办法的出口货物、加工修理修配劳务。

8. 第18行“四、免税”“应税服务”反映按照税法规定免征增值税的应税服务和适用零税率的应税服务，但不包括适用免、抵、退税办法的应税服务。

四、《增值税纳税申报表附列资料（二）》（本期进项税额明细）填表说明

（一）“税款所属时间”、“纳税人名称”的填写同主表。

（二）第1～12栏“一、申报抵扣的进项税额”各栏分别反映纳税人按税法规定符合抵扣条件，在本期申报抵扣的进项税额。

1. 第1栏“（一）认证相符的防伪税控增值税专用发票”反映纳税人取得的认证相符本期申报抵扣的防伪税控《增值税专用发票》、税控《机动车销售统一发票》和《货物运输业增值税专用发票》的情况。该栏应等于第2栏“本期认证相符且本期申报抵扣”与第3栏“前期认证相符且本期申报抵扣”数据之和。

（1）申报抵扣的防伪税控《增值税专用发票》、税控《机动车销售统一发票》和发票“税率”栏为“11%”的《货物运输业增值税专用发票》，均按发票票面“金额”填写本栏“金额”，按发票票面“税额”填写本栏“税额”。

（2）发票票面左上角注明“代开”字样且发票“税率”栏为“×××”的《货物运输业增值税专用发票》，按发票票面“价税合计”填写本栏“金额”，按发票票面“价税合计”乘以7%扣除率计算填写本栏“税额”。

2. 第2栏“其中：本期认证相符且本期申报抵扣”反映本期认证相符且本期申报抵扣的防伪税控《增值税专用发票》、税控《机动车销售统一发票》和《货物运输业增值税专用发票》的情况。本栏是第1栏的其中数，本栏只填写本期认证相符且本期申报抵扣的部分。

3. 第3栏“前期认证相符且本期申报抵扣”反映前期认证相符且本期申报抵扣的防伪税控《增值税专用发票》、税控《机动车销售统一发票》和《货物运输业增值税专用发票》的情况。辅导期纳税人依据税务机关告知的稽核比对结果通知书，以及明细清单注明的稽核相符的税控增值税专用发票填写本栏。本栏是第1栏的其中数，本栏只填写前期认证相符且本期申报抵扣的部分。

4. 第4栏“（二）其他扣税凭证”反映本期申报抵扣的除税控增值税专用发票之外的其他扣税凭证的情况。具体包括：海关进口增值税专用缴款书、农产品收购发票或者销售发票（含农产品核定扣除的进项税额）、代扣代缴税收通用缴款书和运输费用结算单据（运输费用结算单据不包括《货物运输业增值税专用发票》）。该栏应等于第5～8栏之和。

5. 第5栏“海关进口增值税专用缴款书”反映本期申报抵扣的海关进口增值税专用缴款书的情况。辅导期纳税人依据税务机关告知的稽核比对结果通知书及明细清单注明的稽核相符的海关进口增值税专用缴款书填写本栏。

6. 第6栏“农产品收购发票或者销售发票”反映本期申报抵扣的农产品收购发票和农产品销售普通发票的情况。执行农产品增值税进项税额核定扣除办法的，填写当期允许抵扣的农产品增值税进项税额，不填写“份数”、“金额”栏。

7. 第7栏“代扣代缴税收通用缴款书”填写本期按税法规定准予抵扣的代扣代缴税收通用缴款书上注明的增值税额。

8. 第8栏“运输费用结算单据”反映本期申报抵扣的交通运输费用结算单据的情况。运输费用结算单据不包括《货物运输业增值税专用发票》。本栏“税

额”按运输费用结算单据中准予抵扣的金额乘以7%扣除率计算填写。辅导期纳税人取得的《公路、内河货物运输业统一发票》，依据税务机关告知的稽核比对结果通知书及明细清单注明的稽核相符的发票填写本栏。

9. 第11栏“（三）外贸企业进项税额抵扣证明”填写本期申报抵扣的税务机关出口退税部门开具的《外贸企业出口视同内销征税货物进项税额抵扣证明》允许抵扣的进项税额。

10. 第12栏“当期申报抵扣进项税额合计”反映本期申报抵扣进项税额的合计数。按表中所列公式计算填写。

（三）第13～23栏“二、进项税额转出额”各栏分别反映纳税人已经抵扣按税法规定在本期应转出的进项税额明细情况。

1. 第13栏“本期进项税转出额”反映已经抵扣按税法规定在本期应转出的进项税额合计数。按表中所列公式计算填写。

2. 第14栏“免税货物用”反映用于免征增值税项目，按税法规定在本期应转出的进项税额。

3. 第15栏“非应税项目用”反映用于非增值税应税项目、集体福利或者个人消费，按税法规定在本期应转出的进项税额。

4. 第16栏“非正常损失”反映纳税人发生非正常损失，按税法规定在本期应转出的进项税额。

5. 第17栏“简易计税方法征税项目用”反映用于按简易计税方法征税项目，按税法规定在本期应转出的进项税额。

6. 第18栏“免抵退税办法出口货物不得抵扣的进项税额”反映按照免、抵、退税办法的规定，由于征税税率与退税税率存在税率差，在本期应转出的进项税额。

7. 第19栏“纳税检查调减进项税额”反映税务、财政、审计部门检查而调减的进项税额。

8. 第20栏“红字专用发票通知单注明的进项税额”填写主管税务机关开具的《开具红字增值税专用发票通知单》、《开具红字货物运输业增值税专用发票通知单》和《开具红字公路、内河货物运输业发票通知单》注明的在本期应转出的进项税额。

9. 第21栏“上期留抵税额抵减欠税”填写本期经税务机关批准的抵减额。

10. 第22栏“上期留抵税额退税”填写本期经税务机关批准的上期留抵税额退税额。

11. 第23栏“其他应作进项税额转出的情形”反映除上述列明进项税额转出情形外，其他应在本期转出的进项税额。

（四）第24~34栏“三、待抵扣进项税额”各栏分别反映纳税人已经取得，但按税法规定不符合抵扣条件，暂不予在本期申报抵扣的进项税额情况及按税法规定不允许抵扣的进项税额情况。

1. 第24~28栏均包括防伪税控《增值税专用发票》、税控《机动车销售统一发票》和《货物运输业增值税专用发票》。

（1）防伪税控《增值税专用发票》、税控《机动车销售统一发票》和发票“税率”栏为“11%”的《货物运输业增值税专用发票》，均按发票票面“金额”填写本栏“金额”，按发票票面“税额”填写本栏“税额”。

（2）发票票面左上角注明“代开”字样且发票“税率”栏为“×××”的《货物运输业增值税专用发票》，按发票票面“价税合计”填写本栏“金额”，按发票票面“价税合计”乘以7%扣除率计算填写本栏“税额”。

2. 第25栏“期初已认证相符但未申报抵扣”反映前期认证相符，但按照税法规定暂不予抵扣及不允许抵扣，结存至本期的税控增值税专用发票情况。辅导期纳税人填写认证相符但未收到稽核比对结果的税控增值税专用发票期初余额数。

3. 第26栏“本期认证相符且本期未申报抵扣”反映本期认证相符，但按税法规定暂不予抵扣及不允许抵扣，而未申报抵扣的税控增值税专用发票情况。辅导期纳税人填写本期认证相符但未收到稽核比对结果的税控增值税专用发票。

4. 第27栏“期末已认证相符但未申报抵扣”反映截至本期期末，按照税法规定仍暂不予抵扣及不允许抵扣且已认证相符的税控增值税专用发票情况。辅导期纳税人填写截至本期期末已认证相符但未收到稽核比对结果的税控增值税专用发票期末余额数。

5. 第28栏“其中：按照税法规定不允许抵扣”反映截至本期期末已认证相符但未申报抵扣的税控增值税专用发票中，按照税法规定不允许抵扣的税控增值税专用发票情况。

6. 第29栏“（二）其他扣税凭证”：反映截至本期期末仍未申报抵扣的除税控增值税专用发票之外的其他扣税凭证情况。具体包括：海关进口增值税专用缴款书、农产品收购发票或者销售发票、代扣代缴税收通用缴款书和运输费用结算单据。该栏应等于第30~33栏之和。

7. 第30栏“海关进口增值税专用缴款书”反映已取得但截至本期期末仍未申报抵扣的海关进口增值税专用缴款书情况。辅导期纳税人填写截至本期期末仍未收到稽核比对结果的海关进口增值税专用缴款书。

8. 第31栏“农产品收购发票或者销售发票”反映已取得但截至本期期末仍未申报抵扣的农产品收购发票和农产品销售普通发票情况。

9. 第32栏“代扣代缴税收通用缴款书”反映已取得但截至本期期末仍未申报抵扣的代扣代缴税收通用缴款书情况。

10. 第33栏“运输费用结算单据”反映已取得但截至本期期末仍未申报抵扣的运输费用结算单据情况。辅导期纳税人填写截至本期期末未收到稽核比对结果的《公路、内河货物运输业统一发票》。

（五）第34~35栏“四、其他”各栏。

1. 第34栏“本期认证相符的防伪税控增值税专用发票”反映本期认证相符的防伪税控《增值税专用发票》、税控《机动车销售统一发票》和《货物运输业增值税专用发票》情况。

2. 第35栏“代扣代缴税额”：填写纳税人根据《中华人民共和国增值税暂行条例》第十八条扣缴的应税劳务的增值税额和根据《交通运输业和部分现代服务业营业税改征增值税试点实施办法》第六条规定扣缴的应税服务增值税额之和。

五、《增值税纳税申报表附列资料（三）》（应税服务扣除项目明细）填表说明

（一）本表用于营业税改征增值税的应税服务有扣除项目的纳税人填写。其他纳税人不填写。

（二）“税款所属时间”、“纳税人名称”的填写同主表。

（三）第1列“本期应税服务价税合计额（免税销售额）”营业税改征增值税的应税服务属于征税项目的，填写扣除之前的本期应税服务价税合计额；营业税改征增值税的应税服务属于免抵退税或免税项目的，填写扣除之前的本期应税服务免税销售额。本列各行次等于《附列资料（一）》第11列对应行次。

（四）第2列“应税服务扣除项目”“期初余额”填写应税服务扣除项目上期期末结存的金额，试点实施之日的税款所属期填写“0”。本列各行次等于上期《附列资料（三）》第6列对应行次。

（五）第3列“应税服务扣除项目”“本期发生额”填写本期取得的按税法规定准予扣除的应税服务扣除项目凭证金额。

（六）第4列“应税服务扣除项目”“本期应扣除金额”填写应税服务扣除项目本期应扣除的金额。

本列各行次=第2列对应各行次+第3列对应各行次。

（七）第5列“应税服务扣除项目”“本期实际扣除金额”填写应税服务扣除项目本期实际扣除的金额。本列各行次应小于或等于第4列对应各行次，且小于或等于第1列对应各行次。

（八）第6列“应税服务扣除项目”“期末余额”填写应税服务扣除项目本期期末结存的金额。本列各行次=第4列对应各行次-第5列对应各行次。

第七章　税务技能实训

——消费税纳税申报

第一节　企业概况与实验要求

一、公司概况

企业主营：粮食白酒、黄酒、啤酒、酒精生产、加工、销售。
法人代表：李应良
报税人：郑丽云
财务负责人：徐明峰
（国税）纳税识别号：66382910992 ****
（地税）纳税识别号：44000687021 ****
广州市海珠区赤沙路 21 号
电话：020 - 8265 ****
中国工商银行广州市海珠区支行
银行账号：20485959140099 *****
税款所属时间：2012 年 6 月
填表日期：2012 年 7 月 5 日
企业主要生产：

产品名称	单位	单价	规格	主要生产原料	消费税税额
穗宝牌白酒	箱	1870.00	500 克/瓶，24 瓶/箱	大米	
清江牌啤酒	箱	42.00	600 毫升/瓶，24 瓶/箱		220 元/吨

续表

产品名称	单位	单价	规格	主要生产原料	消费税税额
纯生啤酒	桶	100.00	600 毫升/瓶，24 瓶/箱，30 升/桶		250 元/吨
埃克森 0910 葡萄酒	箱	2160.00	750 毫升/瓶，24 瓶/箱		
食用酒精	吨	2790.00			
百佳牌黄酒	吨	6500.00			

注：(1) 清江牌啤酒：每箱该啤酒的容积 = 0.6 × 24 = 14.4 升；

每升啤酒的价格 = 42/14.4 = 2.917 元；

每吨出厂价格 = 2.917 × 988 = 2881.67 元 < 3000 元，因此，其每吨消费税税额为 220 元。

(2) 清江牌纯生啤酒：每升啤酒的价格 = 100/30 = 3.33 元；

每吨出厂价格 = 3.33 × 988 = 3293.33 元 > 3000 元，因此，其每吨消费税税额为 250 元。

(3) 粮食白酒同类产品销售价格：30 元/斤。

啤酒	1 吨 = 988 升	黄酒	1 吨 = 962 升

啤酒液：

期初库存外购啤酒液数量：286.00 吨，单价为 3682.00 元。

期末库存外购啤酒液数量：375.00 吨，单价为 3682.00 元。

成本表：

产品	穗宝白酒	清江啤酒	纯生啤酒	葡萄酒	酒精	百家黄酒
成本	1700 元/箱	30/箱	70/箱	1950/箱	1900/箱	5000/箱

二、实验操作程序

(1) 根据消费税涉税业务的原始凭证进行账务处理，填制记账凭证；

(2) 登记“营业税金及附加”、“应交税费——应交消费税”、“应交税费——应交城建税”等账户；

(3) 填制消费税应纳税额汇总计算表、城建税及教育费附加应纳税（费）计算表；

(4) 填制消费税纳税申报表、城建税纳税申报表、教育费附加申报表；

(5) 填制消费税缴款书、营业税缴款书、城建税缴款书。

三、实验备用物品

(1) 记账凭证：收款凭证、付款凭证、转账凭证（学生自备）；

（2）会计账簿：总账、三栏式明细账；

（3）纳税报表：《消费税纳税申报表》、《城建税纳税申报表》、《教育费附加申报表》；

（4）税收缴款书：税收通用缴款书（实训专用）。

四、实验操作要求

（1）在进行实训操作之前，应全面复习增值税法、消费税法、城建税、教育费附加的相关规定及其相关的账务处理、入账方法；

（2）为了强化消费税的账务处理，对每一笔进行一次应税处理，月末再填制消费税应纳税额汇总表；

（3）将实训过程视同从事实际工作，务必做到亲自动手，且认真、严谨，笔笔清晰，字字端正，数据准确；

（4）在实训操作中，参与者可以相互探讨，相互学习，但不可相互抄袭、复制，一旦发现抄袭、复制，以零分处理。

第二节　消费税涉税业务资料

一、会计业务

1. 2012 年 6 月 2 日，销售给开平市海地贸易有限公司穗宝牌白酒 1180 箱，每箱价格 1870. 00 元，合计 2206600. 00 元，开具增值税专用发票（见附件1－1至附件 1－3）。

2. 2012 年 6 月 4 日，用银行存款缴纳上期消费税 21050000. 00 元（见附件 2－1）。

3. 2012 年 6 月 7 日，销售给海宁市海天贸易公司百佳牌黄酒 100 吨，每吨 6500. 00 元，共计 650000. 00 元，开具增值税专用发票（见附件 3－1 至附件3－3）。

4. 2012 年 6 月 8 日，企业向贵州三台集团购买食用酒精 350 吨作为原材料，每吨价格 2850. 00 元，合计 997500. 00 元；啤酒液 450 吨，单价为 3682. 00 元，金额为 1656900. 00 元（见附件 4－1 至附件 4－4）。

5. 2012 年 6 月 8 日，向贵州三台集团销售进口埃克森 0910 葡萄酒 500 箱，金额为 1080000. 00 元，开具增值税专用发票（见附件 5－1 至附件 5－3）。

6.2012年6月10日，销售给广东省粮油集团K牌连锁便利店穗宝牌白酒1500箱、埃克森0910葡萄酒1000箱，穗宝牌白酒每箱价格1870.00元，埃克森0910葡萄酒每箱价格2160元，总金额为4965000.00元，开具增值税专用发票（见附件6-1至附件6-3）。

7.2012年6月12日，以物易物向山东兰斯酒业公司销售百佳牌黄酒150吨，金额共为975000.00元，并向其购买“兰斯云”0102葡萄酒液80吨，单价为12187.50元，金额共为975000.00元（见附件7-1至附件7-5）。

8.2012年6月18日，向农民购买粮食40吨，每吨2000.00元，合计80000.00元。开具统一收购发票，同时支付运输费5800.00元（见附件8-1至附件8-7）。

9.2012年6月19日，给东莞市海洋贸易有限公司加工粮食白酒70吨，该粮食白酒在该地区30元/斤，收取加工费1990000.00元，开具增值税专用发票（见附件9-1至附件9-2）。

10.2012年6月20日，销售给广汇餐饮有限公司清江牌纯生啤酒2800桶（0.02吨），每桶价格100.00元，共280000.00元。同时收取桶押金28000.00元，开具增值税专用发票（见附件10-1至附件10-3）。

11.2012年6月23日，企业使用10箱穗宝牌白酒用于业务招待（见附件11-1至附件11-2）。

12.2012年6月27日，销售给广东老湘楼餐饮有限公司食用酒精80吨，每吨价格2790元，合计223200.00元，开具增值税专用发票（见附件12-1至附件12-3）。

13.2012年6月28日，企业向番禺区敬老院赠送百佳牌黄酒80箱（962升）（见附件13-1）。

14.2012年6月29日，销售给广昌贸易有限公司清江牌啤酒11200箱（160吨），每箱价格40元，合计448000.00元。取得增值税专用发票（见附件14-1至附件14-3）。

15.2012年6月29日，从法国德菲庄园葡萄酒酿酒有限公司进口波多莉亚干红葡萄酒300箱用于加工葡萄酒（750毫升/瓶、24瓶/箱），支付买价2600000.00元，支付到达我国海关前的运输费用180000.00元，保险费用78000.00元（进口关税税率14%，消费税税率10%）（见附件15-1至附件15-6）。

16.2012年6月30日进口葡萄酒全部领用用于连续生产葡萄酒，结转领用成本（见附件16-1）。

17.2012年6月30日结转本月领用啤酒液的成本（见附件17-1）。

二、原始凭证

附件 1－1：

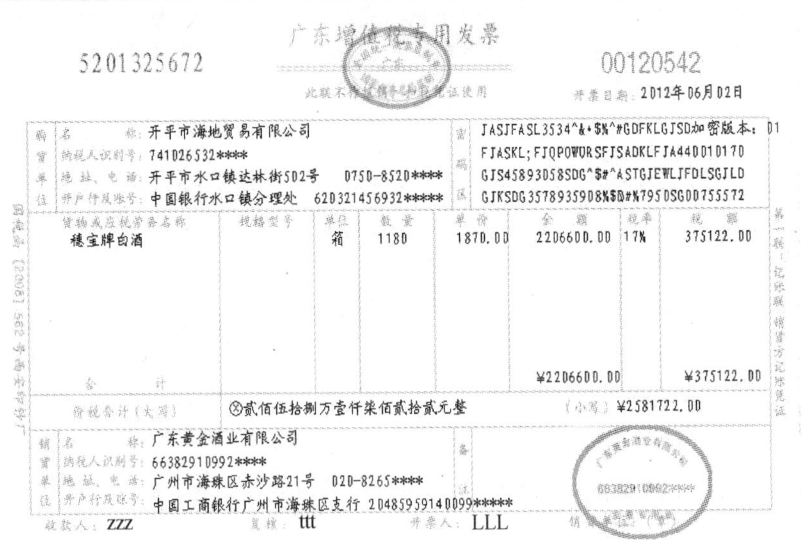

广东增值税专用发票

5201325672　　　　此联不作报销、扣税凭证使用　　　　00120542

开票日期：2012年06月02日

购货单位		密码区
名　　称：开平市海地贸易有限公司		JASJFASL3534^&+$%^#GDFKLGJSD加密版本：01
纳税人识别号：741026532****		FJASKL;FJQPOWURSFJSADKLFJA440010170
地址、电话：开平市水口镇达林街502号　0750-8520****		GJS45893058SDG^$#^ASTGJEWLJFDLSGJLD
开户行及账号：中国银行水口镇分理处　620321456932*****		GJKSDG3578935908%$0#%7950SG00755572

货物或应税劳务名称	规格型号	单位	数量	单价	金额	税率	税额
穗宝牌白酒		箱	1180	1870.00	2206600.00	17%	375122.00
合　　计					¥2206600.00		¥375122.00
价税合计（大写）	⊗贰佰伍拾捌万壹仟柒佰贰拾贰元整				（小写）¥2581722.00		

销货单位	备注
名　　称：广东黄金酒业有限公司	
纳税人识别号：66382910992****	
地址、电话：广州市海珠区赤沙路21号　020-8265****	
开户行及账号：中国工商银行广州市海珠区支行 20485959140099*****	

收款人：ZZZ　　复核：ttt　　开票人：LLL　　销货单位：（章）

第一联：记账联　销货方记账凭证

附件 1－2：

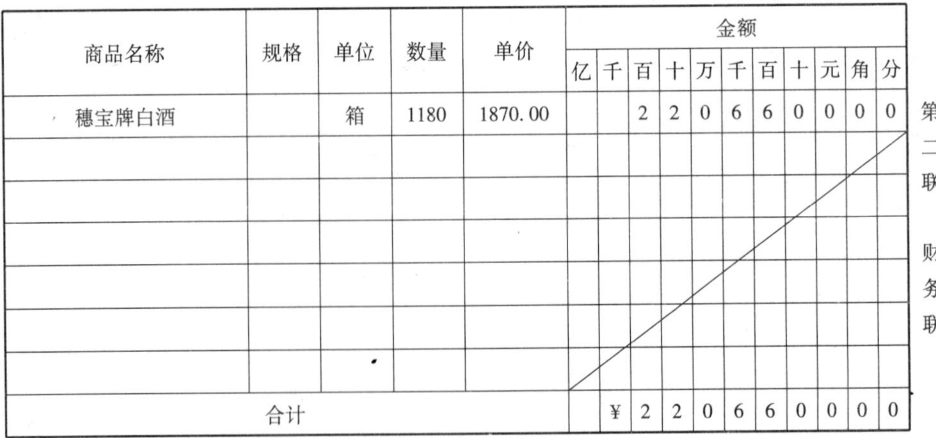

商品出库单

客户名称：开平市海地贸易有限公司　　　　2012 年 06 月 02 日　　　　编号：20120602

商品名称	规格	单位	数量	单价	金额										
					亿	千	百	十	万	千	百	十	元	角	分
穗宝牌白酒		箱	1180	1870.00			2	2	0	6	6	0	0	0	0
合计						¥	2	2	0	6	6	0	0	0	0

第二联　财务联

会计主管：ZZZ　　发货人：ttt　　收货人：LL　　制单人：nnn

附件1－3：

中国工商银行
INDUSTRIAL AND COMMERCIAL BANK OF CHINA

进账单（回单或收账通知）

2012年 06月 02日

收款人	全称	广东黄金酒业有限公司											
	账号	20485959140099*****											
	开户银行	中国工商银行广州市海珠区支行											
人民币（大写）		贰佰伍拾捌万壹仟柒佰贰拾贰元整	亿	千	百	十	万	千	百	十	元	角	分
				¥	2	5	8	1	7	2	2	0	0
付款人	全称	开平市海地贸易有限公司											
	账号	620321456932*****											
	开户银行	中国银行水口镇分行											
事由		销售稳宝牌白酒											

中国工商银行广州市 海珠支行 2012.06.02 收讫

附件2－1：

中国工商银行 广州市海珠区营业部　　广州市电子缴税回单
INDUSTRIAL AND COMMERCIAL BANK OF CHINA

No. 00105124

扣账日期：2012 年06 月 04日　　清算日期：2012 年06月 04日

付款人	全称	广东黄金酒业有限公司		收款人	全称	广州市地方税务局海珠区分局	
	账号	20485959140099*****			账号	51241112252563*****	
	开户银行	中国工商银行广州市海珠区支行			开户银行	中华人民共和国国家金库广州市海珠区国库	

金额	人民币（大写）	千	百	十	万	千	百	十	元	角	分
	贰仟壹佰零伍万元整	2	1	0	5	0	0	0	0	0	0

内容	代扣地税款	电子税票号	1243245	纳税人编号	663829109923	纳税人名称	广东黄金酒业有限公司
税种	**所属期**	**纳税金额**	**备注**	**税种**	**所属期**	**纳税金额**	**备注**
消费税	201206	21 050 000.00					

广州市海珠区支行 *20120604* 业务清讫

打印日期：2012 年06月 04日

附件 3－1：

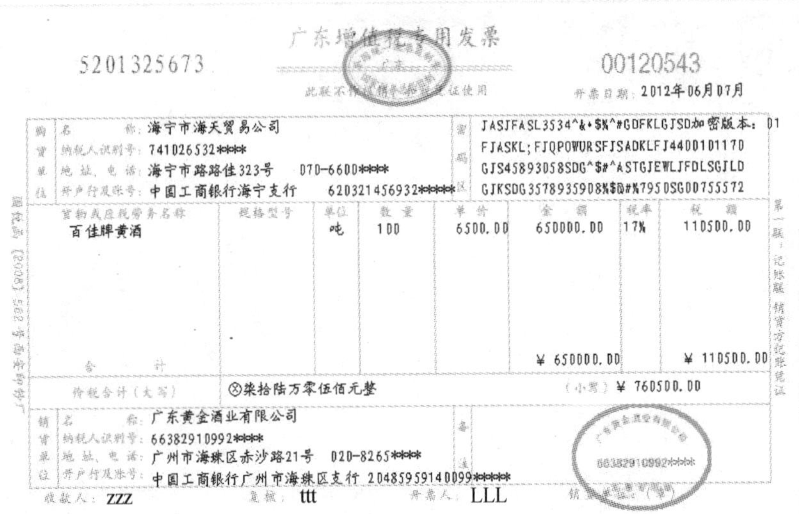

广东增值税专用发票

5201325673　　此联不作报销、扣税凭证使用　　00120543

开票日期：2012年06月07日

购货单位	名称：海宁市海天贸易公司 纳税人识别号：741026532**** 地址、电话：海宁市路路佳323号　070-6600**** 开户行及账号：中国工商银行海宁支行　620321456932*****	密码区	JASJFASL3534^&+$%^#GDFKLGJSD加密版本：01 FJASKL;FJQPOWURSFJSADKLFJ4400101170 GJS45893058SDG^$#^ASTGJEWLJFDLSGJLD GJKSDG3578935908%$@#%795DSG00755572

货物或应税劳务名称	规格型号	单位	数量	单价	金额	税率	税额
百佳牌黄酒		吨	100	6500.00	650000.00	17%	110500.00
合计					¥ 650000.00		¥ 110500.00
价税合计（大写）	⊗柒拾陆万零伍佰元整				（小写）¥ 760500.00		

销货单位	名称：广东黄金酒业有限公司 纳税人识别号：66382910992**** 地址、电话：广州市海珠区赤沙路21号　020-8265**** 开户行及账号：中国工商银行广州市海珠区支行　20485959140099*****	备注	66382910992****

收款人：ZZZ　　复核：ttt　　开票人：LLL　　销货单位：（章）

第一联：记账联　销货方记账凭证

附件 3－2：

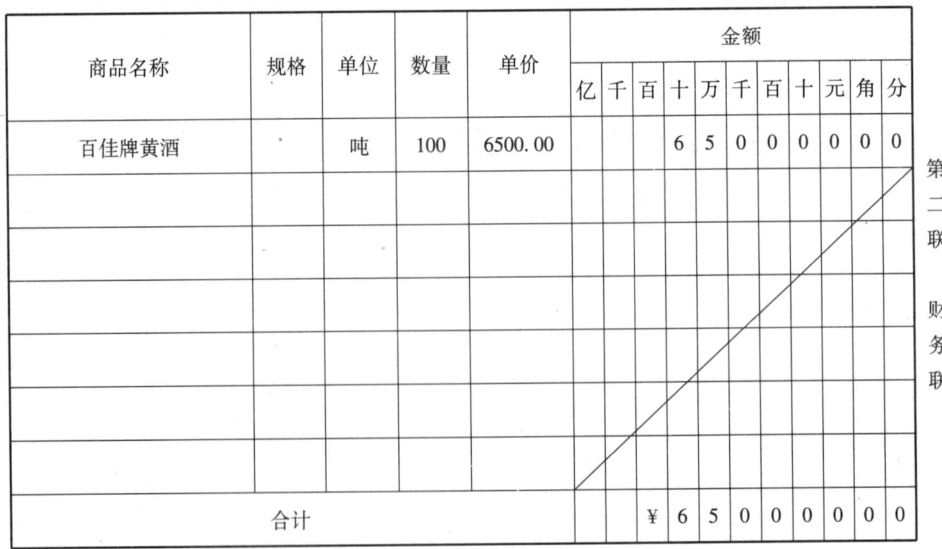

商品出库单

客户名称：海宁市海天贸易公司　　　2012 年 06 月 07 日　　　编号：20120607

商品名称	规格	单位	数量	单价	金额 亿	千	百	十	万	千	百	十	元	角	分
百佳牌黄酒		吨	100	6500.00				6	5	0	0	0	0	0	0
合计							¥	6	5	0	0	0	0	0	0

第二联　财务联

会计主管：ZZZ　　发货人：ttt　　收货人：LLL　　制单人：nnn

附件3－3：

进 账 单（回单或收账通知）

2012年 06月 07日

收款人	全　称	广东黄金酒业有限公司
	账　号	20485959140099*****
	开户银行	中国工商银行广州市海珠区支行
人民币（大写）		柒拾陆万零伍佰元整　　¥76050000（亿千百十万千百十元角分）
付款人	全　称	海宁市海天贸易公司
	账　号	620321456932*****
	开户银行	中国工商银行海宁支行
事　由		销售百佳牌黄酒

中国工商银行广州市海珠区支行 2012.06.07 收讫

附件4－1：

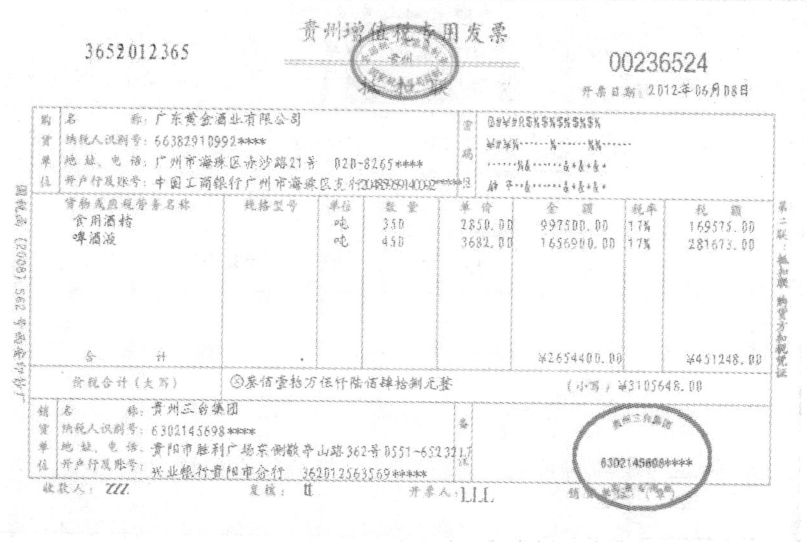

贵州增值税专用发票

3652012365　　　　00236524

开票日期：2012年06月08日

购货单位	名称：广东黄金酒业有限公司 纳税人识别号：66382910992**** 地址、电话：广州市海珠区赤沙路21号 020-8265**** 开户行及账号：中国工商银行广州市海珠区支行20485959140099*****	密码区					
货物或应税劳务名称	规格型号	单位	数量	单价	金额	税率	税额
食用酒精		吨	350	2850.00	997500.00	17%	169575.00
啤酒液		吨	450	3682.00	1656900.00	17%	281673.00
合计					¥2654400.00		¥451248.00
价税合计（大写）	⊗叁佰壹拾万伍仟陆佰肆拾捌元整				（小写）¥3105648.00		
销货单位	名称：贵州三台集团 纳税人识别号：6302145698**** 地址、电话：贵阳市胜利广场东侧歇夺山路362号 0551-6523217 开户行及账号：兴业银行贵阳市分行 362012563569*****	备注					

收款人：ZZZ　　复核：II　　开票人：LLL　　销货单位：（章）

第三联：抵扣联 购货方扣税凭证

附件 4－2：

贵州增值税专用发票

3652012365　　　　　　00236524

开票日期：2012年06月08日

购货单位	名　　称：广东黄金酒业有限公司 纳税人识别号：66382910992**** 地址、电话：广州市海珠区赤沙路21号　020-8265**** 开户行及账号：中国工商银行广州市海珠区支行20489950140002****	密码区	JASJFASL3534^&+$%^#GDFKLGJSD加密版本：01 FJASKL;FJQPOWORSFJSADKLFJ4400101170 GJS4589305850G^$#^ASTGJEWLJFOLSGJLD ZDKSDG3578935908%$D#%795DSG00755572

货物或应税劳务名称	规格型号	单位	数量	单价	金额	税率	税额
食用酒精		吨	350	2850.00	997500.00	17%	169575.00
啤酒液		吨	450	3682.00	1656900.00	17%	281673.00
合　　计					¥2654400.00		¥451248.00
价税合计（大写）	⊗叁佰壹拾万伍仟陆佰肆拾捌元整				（小写）¥3105648.00		

销货单位	名　　称：贵州三台集团 纳税人识别号：6302145698**** 地址、电话：贵阳市胜利广场东侧敬奉山路362号 0551-652**** 开户行及账号：兴业银行贵阳市分行　362012563569****	备注	贵州三台集团 6302145698****

收款人：ZZZ　　复核：tt　　开票人：LLL　　销货单位（章）

第三联：发票联　购货方记账凭证

附件 4－3：

广东黄金酒业有限公司

材料验收入库单

供应商名称：贵州三台集团　　　　2012 年 06 月 08 日　　　　凭证编号：015963852

材料名称	规格型号	单位	供应商交货数量	实收数量	单价	金额	备注
食用酒精		吨	350	350	2850.00	997500.00	
啤酒液		吨	450	450	3682.00	1656900.00	
合计						2654400.00	

第二联　财务联

财务部：ZZZ　　品保部：ttt　　验收人：LL　　制单：nnn

附件4－4：

中国工商银行支票存根（粤）

IX II 201206080

附加信息

出票日期 2012年 06月 08日

收款人：贵州三台集团

金 额：¥3105[illegible]8.00

用 途：购买原材料

单位主管 ZZZ 会计 ttt

附件5－1：

广东增值税专用发票

5201325674 00120544

此联不作报销、扣税凭证使用 开票日期：2012.06.08

购货单位
名 称：贵州三台集团
纳税人识别号：6302145698****
地 址、电 话：贵阳市胜利广场东侧敬亭山路362号 0551-652****
开户行及账号：兴业银行贵阳市分行 362012563569*****

密码区
······58nfkeorpwtk;
46720jbnmd
xcv;55487,;po
hdsym67869

货物或应税劳务名称	规格型号	单位	数量	单价	金额	税率	税额
埃克森0910葡萄酒		箱	500	2160.00	1080000.00	17%	183600.00
合 计					¥1080000.00		¥183600.00

价税合计（大写） ⊗壹佰贰拾陆万叁仟陆佰元整 （小写） ¥1263600.00

销货单位
名 称：广东黄金酒业有限公司
纳税人识别号：66382910992****
地 址、电 话：广州市海珠区赤沙路21号 020-8265****
开户行及账号：中国工商银行广州市海珠区支行 204859591400 99*****

备注

收款人：ZZZ 复核：ttt 开票人：LLL 销货单位：（章）

第一联：记账联 销货方记账凭证

附件 5－2：

商品出库单

客户名称：贵州三台集团　　2012 年 06 月 08 日　　编号：1013

商品名称	规格	单位	数量	单价	金额 亿	千	百	十	万	千	百	十	元	角	分
葡萄酒		箱	500	2160.00			1	0	8	0	0	0	0	0	0
合计						¥	1	0	8	0	0	0	0	0	0

第二联　财务联

会计主管：ZZZ　　发货人：ttt　　收货人：LLL　　制单人：nnn

附件 5－3：

进账单（回单或收账通知）

2012年 06月 08日

收款人	全称	广东黄金酒业有限公司	
	账号	20485959140099*****	
	开户银行	中国工商银行广州市海珠区支行	
人民币（大写）	壹佰贰拾陆万叁仟陆佰元整		亿 千 百 十 万 千 百 十 元 角 分 ¥ 1 2 6 3 6 0 0 0 0
付款人	全称	贵州三台集团	
	账号	362012563569*****	
	开户银行	兴业银行合肥分行	
事由		销售埃克森0910葡萄酒	

中国工商银行广州市海珠支行 2012.06.08 收讫

附件 6－1：

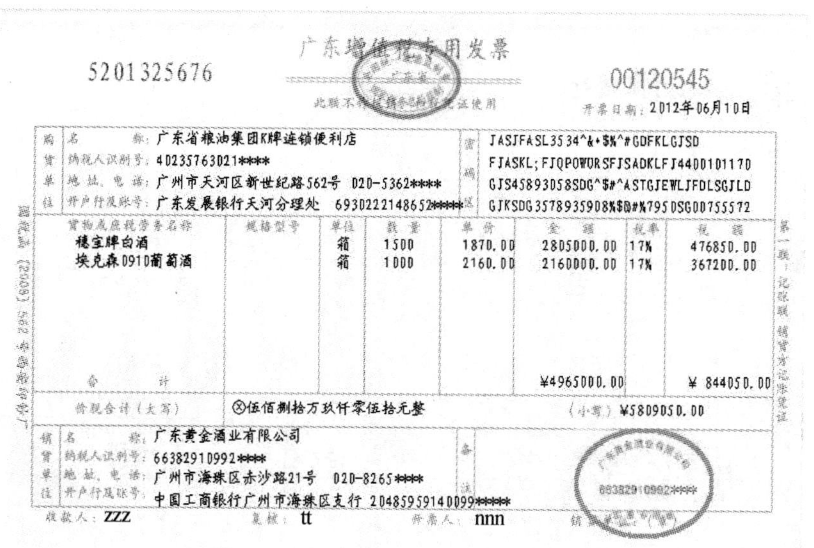

广东增值税专用发票

5201325676　　此联不作报销、扣税凭证使用　　00120545

开票日期：2012年06月10日

购货单位	
名　　称	广东省粮油集团K牌连锁便利店
纳税人识别号	4023576302l****
地址、电话	广州市天河区新世纪路562号　020-5362****
开户行及账号	广东发展银行天河分理处　6930222148652****

密码区：
JASJFASL3534^&+$%^#GDFKLGJSD
FJASKL;FJQPOWURSFJSADKLFJ4400101170
GJS45893058SDG^$#^ASTGJEWLJFDLSGJLD
GJKSDG3578935908%$@#%795DSG00755572

货物或应税劳务名称	规格型号	单位	数量	单价	金额	税率	税额
穗宝牌白酒		箱	1500	1870.00	2805000.00	17%	476850.00
埃克森0910葡萄酒		箱	1000	2160.00	2160000.00	17%	367200.00
合　　计					¥4965000.00		¥ 844050.00
价税合计（大写）	⊗伍佰捌拾万玖仟零伍拾元整				（小写）¥5809050.00		

销货单位	
名　　称	广东黄金酒业有限公司
纳税人识别号	6638291099****
地址、电话	广州市海珠区赤沙路21号　020-8265****
开户行及账号	中国工商银行广州市海珠区支行　2048595914099****

备注

收款人：ZZZ　　复核：tt　　开票人：nnn　　销货单位：（章）

第二联：记账联　销货方记账凭证

附件 6－2：

商品出库单

客户名称：广东省粮油集团 K 牌连锁便利店　　2012 年 06 月 10 日　　编号：20120610

商品名称	规格	单位	数量	单价	金额										
					亿	千	百	十	万	千	百	十	元	角	分
穗宝牌白酒		箱	1500	1870.00			2	8	0	5	0	0	0	0	0
埃克森 0910 葡萄酒		箱	1000	2160.00			2	1	6	0	0	0	0	0	0
合计						¥	4	9	6	5	0	0	0	0	0

第二联　财务联

会计主管：ZZZ　　发货人：LLL　　收货人：ttt　　制单人：nnn

附件 6－3：

中国工商银行
INDUSTRIAL AND COMMERCIAL BANK OF CHINA

进 账 单（回单或收账通知）

2012年 06月 10日

收款人	全　　称	广东黄金酒业有限公司	
	账　　号	20485959140099*****	
	开户银行	中国工商银行广州市海珠区支行	
人民币（大写）	伍佰捌拾万玖仟零伍拾元整		亿千百十万千百十元角分 ¥ 5 8 0 9 0 5 0 0 0
付款人	全　　称	广东省粮油集团K牌连锁便利店	
	账　　号	6930222148652*****	
	开户银行	广东发展银行天河分理处	
事　由		销售穗宝牌白酒和埃克森0910葡萄酒	

中国工商银行广州市 海珠支行 2012.06.10 收讫

附件 7－1：

广东增值税专用发票

5201325672　　　　　　　　　　00120546

此联不作报销、扣税凭证使用　　　　开票日期：2012年06月12日

购货单位	名　　称：山东兰斯酒业公司 纳税人识别号：6302365412 5**** 地址、电话：山东省济南市华山镇369号 0531-852**** 开户行及账号：花旗银行华山镇分行 630214569630214*****	密码区：JASJFASL3534^&•$%^#GDFKLGJSD 加密版本：01 FJASKL;FJQPOWURSFJSADKLFJ44DD10117D GJS45893D58SDG^$#^ASTGJEWLJFDLSGJLD GJKSDG3578935908%$D#%795DSGDD755572

货物或应税劳务名称	规格型号	单位	数量	单价	金额	税率	税额
百佳牌黄酒		吨	150	6500.00	975000.00	17%	165750.00
合　　计					¥975000.00		¥165750.00
价税合计（大写）	⊗壹佰壹拾肆万零柒佰伍拾元整				（小写）¥1140750.00		

销货单位	名　　称：广东黄金酒业有限公司 纳税人识别号：66382910992**** 地址、电话：广州市海珠区赤沙路21号 020-8265**** 开户行及账号：中国工商银行广州市海珠区支行 20485959140099*****	备注

收款人：zzz　　复核：nn　　开票人：ttt　　销货单位：（章）

国税函〔2008〕562号南京印钞厂

第一联：记账联 销货方记账凭证

附件7－2：

山东增值税专用发票

3625986210　　　　0036201523

开票日期：2012年06月12日

购货单位	名称：广东黄金酒业有限公司 纳税人识别号：66382910992**** 地址、电话：广州市海珠区赤沙路21号 020-8265**** 开户行及账号：中国工商银行广州市海珠区支行20485959140002****	密码区	JASIFASL3534^&*$%^#GDFKLGJSD加密版本：01 FJASKL;FJQPOWORSFJSADKLFJ4400101170 GJS45893058SDG^$#^ASTGJEWLJFDLSGJLD GJKSDG35789359O8%$@#%795OSGD0755572

货物或应税劳务名称	规格型号	单位	数量	单价	金额	税率	税额
兰斯云0102葡萄酒液		吨	80	12187.50	975000.00	17%	165750.00
合计					¥975000.00		¥165750.00
价税合计（大写）	ⓧ壹佰壹拾肆万零柒佰伍拾元整				（小写）¥1140750.00		

销货单位	名称：山东兰斯酒业有限公司 纳税人识别号：63023654125**** 地址、电话：山东省济南市华山镇369号 0531-852**** 开户行及账号：花旗银行华山镇分行 630214569630214****	备注	63023654125****

收款人：ZZZ　复核：tt　开票人：LLL　销货单位：（章）

第三联：发票联　购货方记账凭证

国税函〔2008〕562号西安印钞厂

附件7－3：

山东增值税专用发票

3625986210　　　　0036201523

开票日期：2012年06月12日

购货单位	名称：广东黄金酒业有限公司 纳税人识别号：66382910992**** 地址、电话：广州市海珠区赤沙路21号 020-8265**** 开户行及账号：中国工商银行广州市海珠区支行20485959140002****	密码区	JASIFASL3534^&*$%^#GDFKLGJSD加密版本：01 FJASKL;FJQPOWORSFJSADKLFJ4400101170 GJS45893058SDG^$#^ASTGJEWLJFDLSGJLD GJKSDG35789359O8%$@#%795OSGD0755572

货物或应税劳务名称	规格型号	单位	数量	单价	金额	税率	税额
兰斯云0102葡萄酒液		吨	80	12187.50	975000.00	17%	165750.00
合计					¥975000.00		¥165750.00
价税合计（大写）	ⓧ壹佰壹拾肆万零柒佰伍拾元整				（小写）¥1140750.00		

销货单位	名称：山东兰斯酒业有限公司 纳税人识别号：63023654125**** 地址、电话：山东省济南市华山镇369号 0531-852**** 开户行及账号：花旗银行华山镇分行 630214569630214****	备注	63023654125****

收款人：ZZZ　复核：tt　开票人：LLL　销货单位：（章）

第三联：发票联　购货方记账凭证

国税函〔2008〕562号西安印钞厂

附件7－4：

广东黄金酒业有限公司

材料验收入库单

供应商名称：山东兰斯酒业有限公司　　2012年06月12日　　凭证编号：015963853

材料名称	规格型号	单位	供应商交货数量	实收数量	单价	金额	备注
兰斯云0102葡萄酒液		吨	80	80	12187.50	975000.00	
合计						975000.00	

第二联－财务联

财务部：ZZZ　　品保部：LLL　　验收人：tt　　制单：nnn

附件7－5：

商品出库单

客户名称：山东兰斯酒业公司　　2012年06月12日　　编号：1217

商品名称	规格	单位	数量	单价	金额										
					亿	千	百	十	万	千	百	十	元	角	分
百佳牌黄酒		吨	150	6500.00				8	7	5	0	0	0	0	0
合计							¥	8	7	5	0	0	0	0	0

第二联　财务联

会计主管：ZZZ　　发货人：LLL　　收货人：ttt　　制单人：nnn

附件 8－1：

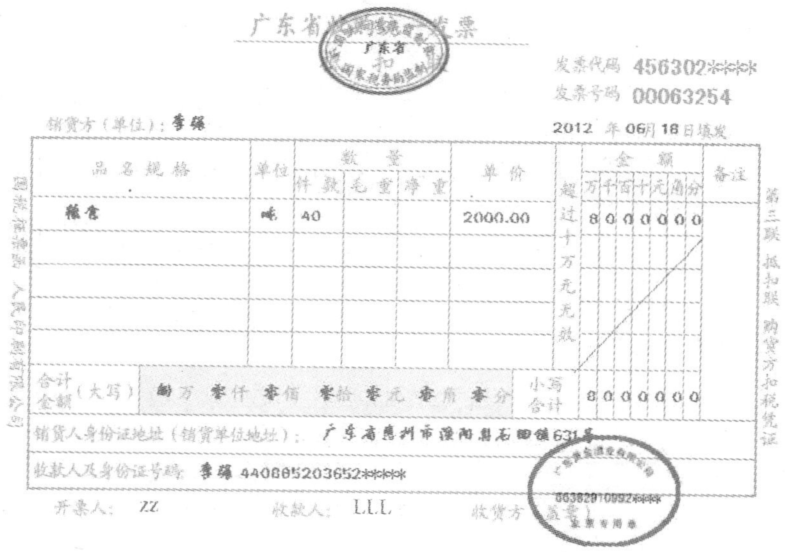

广东省……发票

发票代码 456302****
发票号码 00063254

销货方（单位）：李强　　2012 年 06 月 18 日填发

品名规格	单位	数量：件数	数量：毛重	数量：净重	单价	超过十万元无效	金额（万千百十元角分）	备注
粮食	吨	40			2000.00		8 0 0 0 0 0 0	
合计金额（大写）	捌万 零仟 零佰 零拾 零元 零角 零分				小写合计		8 0 0 0 0 0 0	

销货人身份证地址（销货单位地址）：广东省惠州市…县石田镇631号

收款人及身份证号码：李强 440885203652****

开票人：ZZ　　收款人：LLL　　收货方（盖章）

第三联 抵扣联 购货方扣税凭证

附件 8－2：

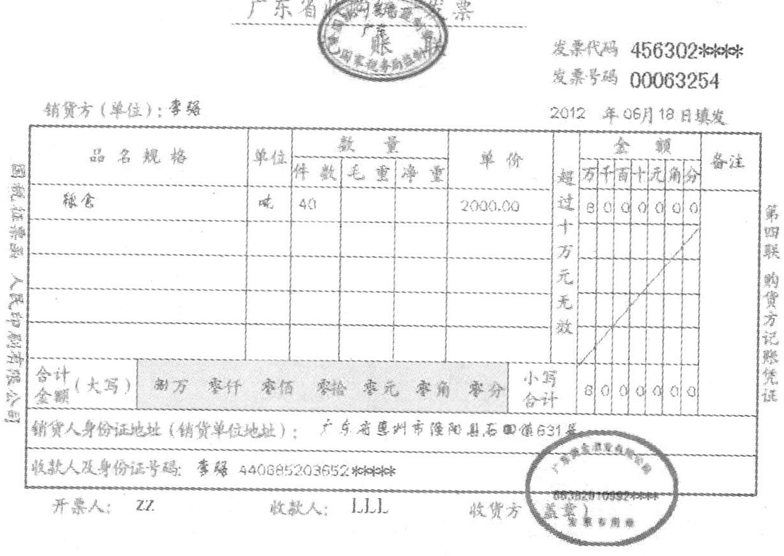

广东省……发票

发票代码 456302****
发票号码 00063254

销货方（单位）：李强　　2012 年 06 月 18 日填发

品名规格	单位	数量：件数	数量：毛重	数量：净重	单价	超过十万元无效	金额（万千百十元角分）	备注
粮食	吨	40			2000.00		8 0 0 0 0 0 0	
合计金额（大写）	捌万 零仟 零佰 零拾 零元 零角 零分				小写合计		8 0 0 0 0 0 0	

销货人身份证地址（销货单位地址）：广东省惠州市…县石田镇631号

收款人及身份证号码：李强 440885203652****

开票人：ZZ　　收款人：LLL　　收货方（盖章）

第四联 购货方记账凭证

附件8－3：

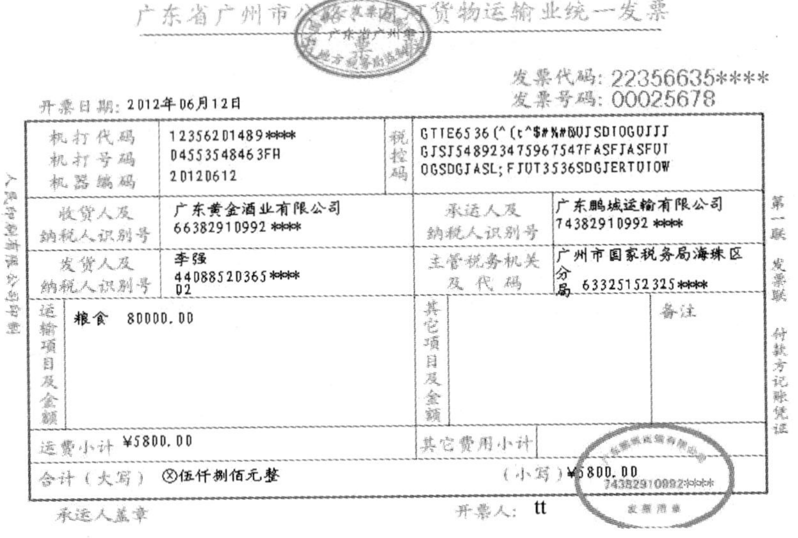

广东省广州市公路、内河货物运输业统一发票

发票代码：22356635****
发票号码：00025678

开票日期：2012年06月12日

机打代码 机打号码 机器编码	12356201489**** 04553548463FH 20120612	税控码	GTIE6536(^(t^$#%#@UJSDIOGUJJJ GJSJ548923475967547FASFJASFUI OGSDGJASL;FJUT3536SDGJERTUIOW	
收货人及纳税人识别号	广东黄金酒业有限公司 66382910992****	承运人及纳税人识别号	广东鹏城运输有限公司 74382910992****	
发货人及纳税人识别号	李强 44088520365****02	主管税务机关及代码	广州市国家税务局海珠区分局 63325152325****	
运输项目及金额	粮食 80000.00	其它项目及金额		备注
运费小计	¥5800.00	其它费用小计		
合计（大写）	⊗伍仟捌佰元整		（小写）¥5800.00	

承运人盖章　　开票人：tt

第一联 发票联 付款方记账凭证

附件8－4：

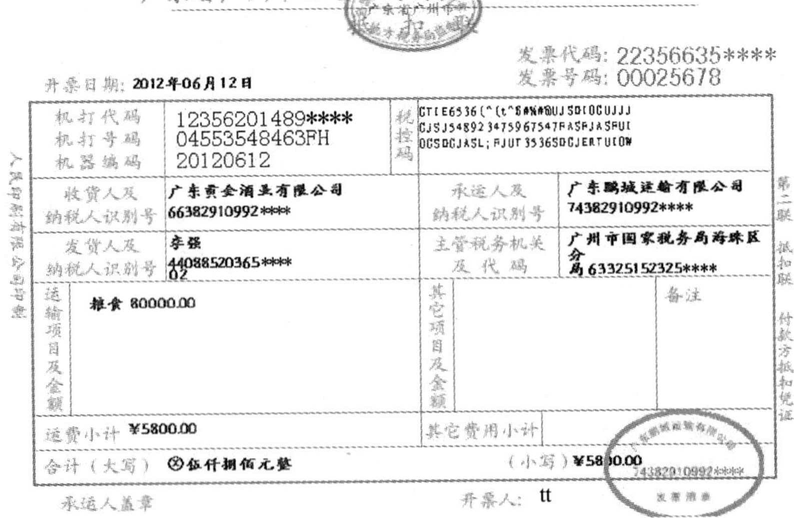

广东省广州市公路、内河货物运输业统一发票

发票代码：22356635****
发票号码：00025678

开票日期：2012年06月12日

机打代码 机打号码 机器编码	12356201489**** 04553548463FH 20120612	税控码	GTIE6536(^(t^$#%#@UJSDIOGUJJJ GJSJ548923475967547FASFJASFUI OGSDGJASL;FJUT3536SDGJERTUIOW	
收货人及纳税人识别号	广东黄金酒业有限公司 66382910992****	承运人及纳税人识别号	广东鹏城运输有限公司 74382910992****	
发货人及纳税人识别号	李强 44088520365****02	主管税务机关及代码	广州市国家税务局海珠区分局 63325152325****	
运输项目及金额	粮食 80000.00	其它项目及金额		备注
运费小计	¥5800.00	其它费用小计		
合计（大写）	⊗伍仟捌佰元整		（小写）¥5800.00	

承运人盖章　　开票人：tt

第二联 抵扣联 付款方抵扣凭证

附件 8 －5：

广东黄金酒业有限公司

材料验收入库单

供应商名称：李强　　　　2012 年 06 月 18 日　　　　凭证编号：015963854

材料名称	规格型号	单位	供应商交货数量	实收数量	单价	金额	备注
粮食		吨	40	400	1874. 85	74994. 00	
合计						74994. 00	

第二联　财务联

财务部：ZZZ　　　　品保部：LLL　　　　验收人：nn　　　　制单：ttt

附件 8 －6：

中国工商银行支票存根（粤）

IX 11 20120618

附加信息

出票日期 2012年 06月 18日

收款人：李强

金　额：¥80000.00

用　途：收购粮食

单位主管 ZZZ　　会计 ttt

附件 8－7：

中国工商银行支票存根（粤）

IX 11 20120619

附加信息

出票日期 2012年 06月 18日

收款人：广东顺诚运输有限公司
金　额：¥5800.00
用　途：支付运费

单位主管 ZZZ　会计 ttt

附件 9－1：

中国工商银行
INDUSTRIAL AND COMMERCIAL BANK OF CHINA

进 账 单（回单或收账通知）

2012年 06月 19日

			亿	千	百	十	万	千	百	十	元	角	分
收款人	全　称	广东黄金酒业有限公司											
	账　号	20485959140099*****											
	开户银行	中国工商银行广州市海珠区支行											
人民币（大写）		贰佰玖拾万元整		¥	2	9	0	0	0	0	0	0	0
付款人	全　称	东莞市海洋贸易有限公司											
	账　号	62031456996302*****											
	开户银行	工商银行西城分行											
事　由		加工粮食白酒，收取加工费和代扣代缴消费税											

中国工商银行广州市 海珠区支行 2012.06.19 收讫

附件9－2：

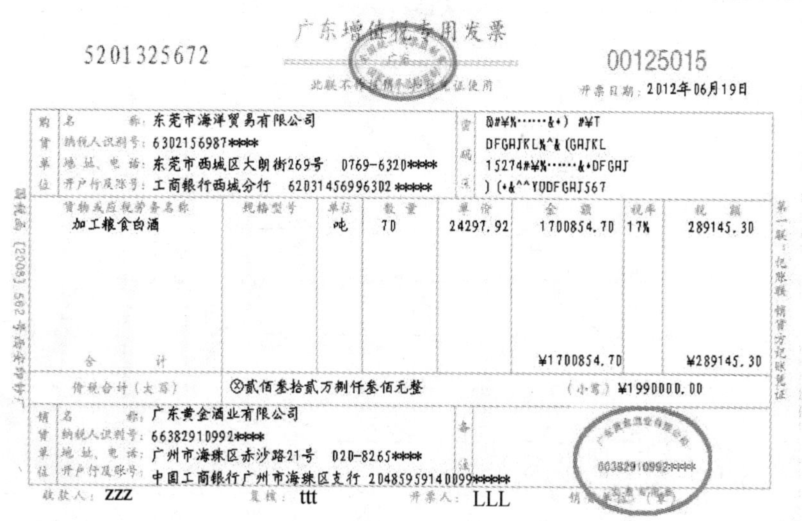

广东增值税专用发票

5201325672　　　　00125015

此联不作报销、扣税凭证使用　　开票日期：2012年06月19日

购货单位	名称：东莞市海洋贸易有限公司 纳税人识别号：6302156987**** 地址、电话：东莞市西城区大朗街269号 0769-6320**** 开户行及账号：工商银行西城分行 62031456996302 *****	密码区	ß#¥%……&+) #¥T DFGHJKL%^&(GHJKL 15274#¥%……&+DFGHJ)(+&^^YUDFGHJ567

货物或应税劳务名称	规格型号	单位	数量	单价	金额	税率	税额
加工粮食白酒		吨	70	24297.92	1700854.70	17%	289145.30
合计					¥1700854.70		¥289145.30
价税合计（大写）	⊗贰佰叁拾贰万捌仟叁佰元整				（小写）¥1990000.00		

销货单位	名称：广东黄金酒业有限公司 纳税人识别号：66382910992**** 地址、电话：广州市海珠区赤沙路21号 020-8265**** 开户行及账号：中国工商银行广州市海珠区支行 20485959140099*****	备注	

收款人：ZZZ　复核：ttt　开票人：LLL　销货单位（章）

第一联：记账联 销货方记账凭证

附件10－1：

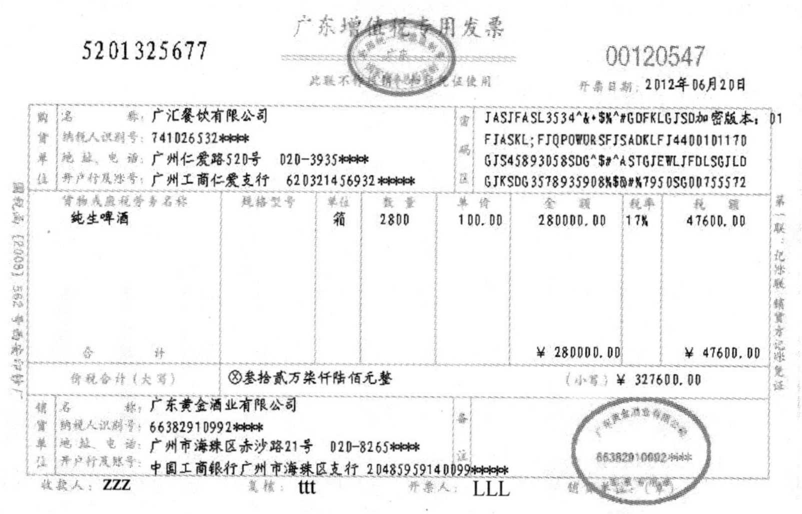

广东增值税专用发票

5201325677　　　　00120547

此联不作报销、扣税凭证使用　　开票日期：2012年06月20日

购货单位	名称：广汇餐饮有限公司 纳税人识别号：741026532**** 地址、电话：广州仁爱路520号 020-3935**** 开户行及账号：广州工商仁爱支行 620321456932 *****	密码区	JASJFASL3534^&+$%^#GDFKLGJSD加密版本：01 FJASKL;FJQPOWURSFJSADKLFJ4400101170 GJS45893058SDG^$#^ASTGJEWLJFDLSGJLD GJKSDG3578935908%$ß#%795 0SG00755572

货物或应税劳务名称	规格型号	单位	数量	单价	金额	税率	税额
纯生啤酒		箱	2800	100.00	280000.00	17%	47600.00
合计					¥ 280000.00		¥ 47600.00
价税合计（大写）	⊗叁拾贰万柒仟陆佰元整				（小写）¥ 327600.00		

销货单位	名称：广东黄金酒业有限公司 纳税人识别号：66382910992**** 地址、电话：广州市海珠区赤沙路21号 020-8265**** 开户行及账号：中国工商银行广州市海珠区支行 20485959140099*****	备注	

收款人：ZZZ　复核：ttt　开票人：LLL　销货单位（章）

第一联：记账联 销货方记账凭证

附件 10－2：

商品出库单

客户名称：广汇餐饮有限公司　　2012 年 06 月 20 日　　编号：20120620

商品名称	规格	单位	数量	单价	金额										
					亿	千	百	十	万	千	百	十	元	角	分
清江牌纯生啤酒		箱	2800	100.00				2	8	0	0	0	0	0	0
合计							¥	2	8	0	0	0	0	0	0

第二联　财务联

会计主管：ttt　　发货人：ZZZ　　收货人：LLL　　制单人：nnn

附件 10－3：

进 账 单（回单或收账通知）

2012年 06月 20日

收款人	全　称	广东黄金酒业有限公司	
	账　号	20485959140099*****	
	开户银行	中国工商银行广州市海珠区支行	
人民币（大写）	叁拾伍万伍仟陆佰元整		亿 千 百 十 万 千 百 十 元 角 分 　 　 ¥ 3 5 5 6 0 0 0 0
付款人	全　称	广汇餐饮有限公司	
	账　号	62032145693２*****	
	开户银行	广州工商仁爱支行	
事　由		销售清江牌纯生啤酒并收取押金	

中国工商银行广州市 海珠支行 2012.06.20 收讫

附件 11－1：

广东黄金酒业有限公司

内部专设使用（销售）专用凭证

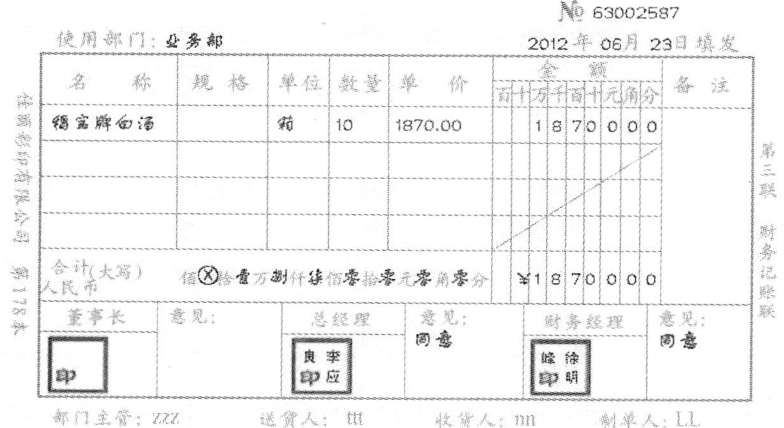

№ 63002587

使用部门：业务部　　　　2012年06月23日填发

名称	规格	单位	数量	单价	金额 百	十	万	千	百	十	元	角	分	备注
穗宝牌白酒		箱	10	1870.00			1	8	7	0	0	0	0	
合计（大写）人民币	佰⊗拾壹万捌仟柒佰零拾零元零角零分					¥	1	8	7	0	0	0	0	

董事长	意见：	总经理	意见：同意	财务经理	意见：同意
印		李良应印		徐峰明印	

部门主管：ZZZ　　送货人：ttt　　收货人：nn　　制单人：LL

第三联　财务记账联

附件 11－2：

商品出库单

客户名称：业务部　　　　2012 年 06 月 23 日　　　　编号：20120623

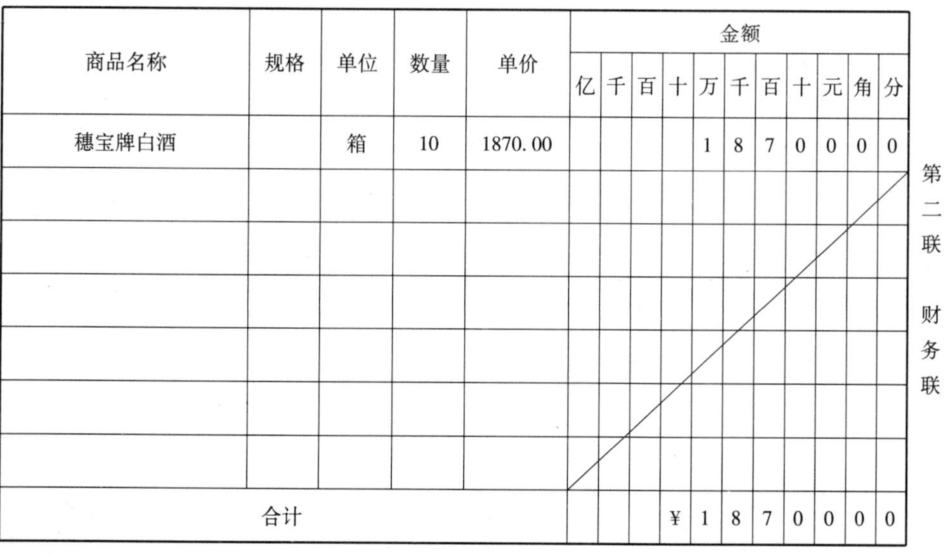

商品名称	规格	单位	数量	单价	金额 亿	千	百	十	万	千	百	十	元	角	分
穗宝牌白酒		箱	10	1870.00					1	8	7	0	0	0	0
合计								¥	1	8	7	0	0	0	0

第二联　财务联

会计主管：ZZZ　　发货人：ttt　　收货人：LLL　　制单人：nnn

附件 12－1：

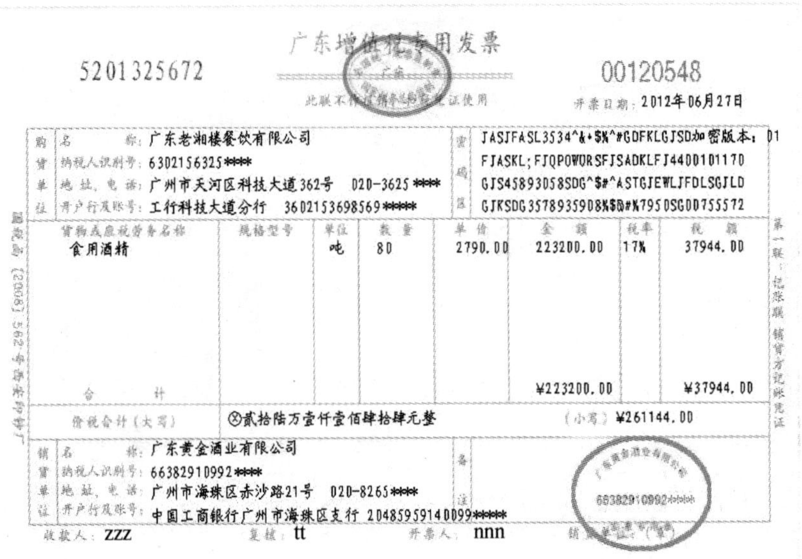

广东增值税专用发票

5201325672 　　　00120548

此联不作报销、扣税凭证使用　　　开票日期：2012年06月27日

购货单位	名　称：广东老湘楼餐饮有限公司 纳税人识别号：6302156325**** 地址、电话：广州市天河区科技大道362号　020-3625**** 开户行及账号：工行科技大道分行　360215369856 9*****	密码区	JASJFASL3534^&+$%^#GDFKLGJSD加密版本：01 FJASKL;FJQPOWURSFJSADKLFJ4400101170 GJS45893058SDG^$#^ASTGJEWLJFDLSGJLD GJKSDG3578935908%$@#%7950SGD0755572

货物或应税劳务名称	规格型号	单位	数量	单价	金额	税率	税额
食用酒精		吨	80	2790.00	223200.00	17%	37944.00
合　计					¥223200.00		¥37944.00
价税合计（大写）	⊗贰拾陆万壹仟壹佰肆拾肆元整				（小写）¥261144.00		

销货单位	名　称：广东黄金酒业有限公司 纳税人识别号：66382910992**** 地址、电话：广州市海珠区赤沙路21号　020-8265**** 开户行及账号：中国工商银行广州市海珠区支行　20485959140099*****	备注	66382910992****

收款人：ZZZ　　复核：tt　　开票人：nnn　　销货单位：（章）

第一联：记账联　销货方记账凭证

附件 12－2：

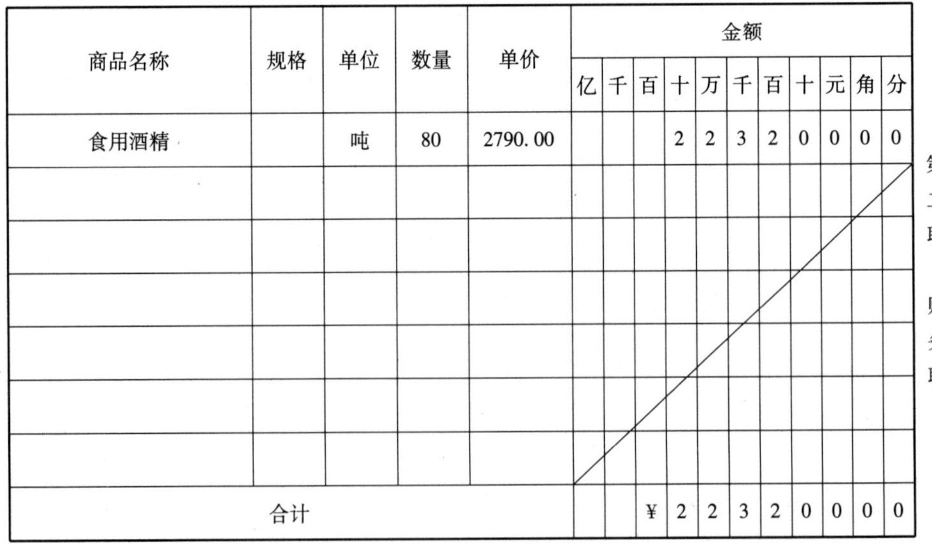

商品出库单

客户名称：广东老湘楼餐饮有限公司　　2012 年 06 月 27 日　　编号：1244

商品名称	规格	单位	数量	单价	金额 亿	千	百	十	万	千	百	十	元	角	分
食用酒精		吨	80	2790.00				2	2	3	2	0	0	0	0
合计							¥	2	2	3	2	0	0	0	0

第二联　财务联

会计主管：ZZZ　　发货人：ttt　　收货人：LLL　　制单人：nnn

附件 12－3：

中国工商银行
INDUSTRIAL AND COMMERCIAL BANK OF CHINA

进 账 单（回单或收账通知）

2012年 06月 27日

收款人	全　称	广东黄金酒业有限公司
	账　号	2048595914009９*****
	开户银行	中国工商银行广州市海珠区支行

人民币（大写）	亿	千	百	十	万	千	百	十	元	角	分
贰拾陆万壹仟壹佰肆拾肆元整			¥	2	6	1	1	4	4	0	0

付款人	全　称	广东老湘楼餐饮有限公司
	账　号	360215369856９*****
	开户银行	工行科技大道分行
事　由		销售食用酒精

中国工商银行广州市
海珠区支行
2012.06.27
收讫

附件 13－1：

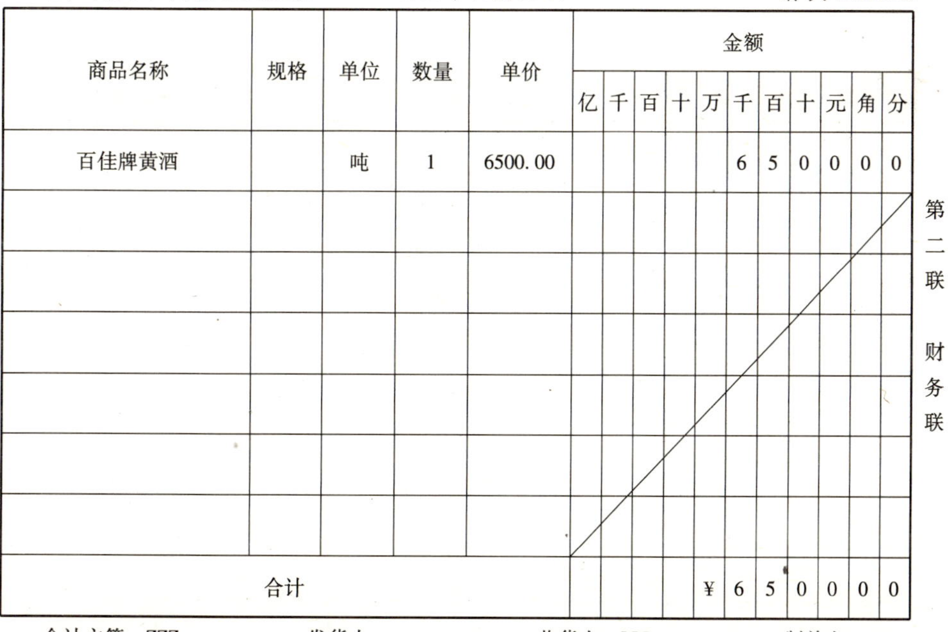

商品出库单

客户名称：广州番禺区敬老院　　2012 年 06 月 28 日　　编号：20120628

商品名称	规格	单位	数量	单价	金额										
					亿	千	百	十	万	千	百	十	元	角	分
百佳牌黄酒		吨	1	6500.00						6	5	0	0	0	0
合计									¥	6	5	0	0	0	0

第二联　财务联

会计主管：ZZZ　　发货人：ttt　　收货人：LLL　　制单人：nnn

附件 14 －1：

广东增值税专用发票

5201325672　　　　00120550

此联不作报销、扣税凭证使用　　　　开票日期：2012年06月29日

购货单位	
名　　称：	广昌贸易有限公司
纳税人识别号：	63201589654****
地址、电话：	广州市海珠区大塘路218号　020-8520****
开户行及账号：	中国银行大塘分行　852032156665*****

密码区：
JASJFASL3534^&•$%^#GDFKLGJSD加密版本：01
FJASKL;FJQPOWURSFJSADKLFJ4400101170
GJS45893058SDG^$#^ASTGJEWLJFDLSGJLD
GJKSDG35789359 08%$D#%795 0SG00755572

货物或应税劳务名称	规格型号	单位	数量	单价	金额	税率	税额
清江牌啤酒		箱	11200	42.00	470400.00	17%	79968.00
合　计					¥470400.00		¥79968.00
价税合计（大写）	⊗伍拾伍万零叁佰陆拾捌元整				（小写）¥550368.00		

销货单位	
名　　称：	广东黄金酒业有限公司
纳税人识别号：	66382910992****
地址、电话：	广州市海珠区赤沙路21号　020-8265****
开户行及账号：	中国工商银行广州市海珠区支行 2048595914 0099*****

备注

收款人：ZZZ　复核：tt　开票人：LLL　销货单位：（章）

第一联：记账联　销货方记账凭证

附件 14 －2：

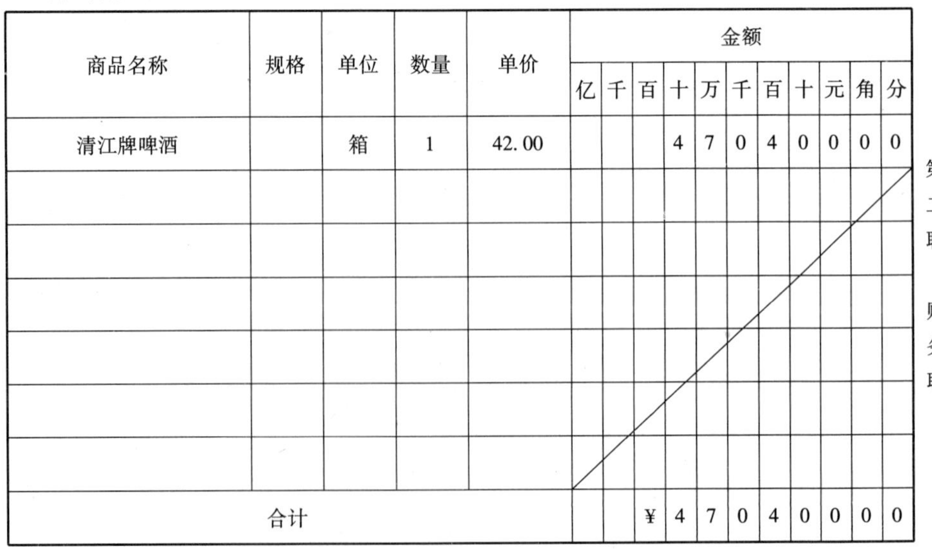

商品出库单

客户名称：广昌贸易有限公司　　　　2012 年 06 月 29 日　　　　编号：20120629

商品名称	规格	单位	数量	单价	金额										
					亿	千	百	十	万	千	百	十	元	角	分
清江牌啤酒		箱	1	42.00				4	7	0	4	0	0	0	0
合计							¥	4	7	0	4	0	0	0	0

第二联　财务联

会计主管：ZZZ　　发货人：ttt　　收货人：LLL　　制单人：nnn

附件 14－3：

中国工商银行
INDUSTRIAL AND COMMERCIAL BANK OF CHINA

进 账 单（回单或收账通知）

2012年 06月 29日

收款人	全　称	广东黄金酒业有限公司
	账　号	20485959140099*****
	开户银行	中国工商银行广州市海珠区支行
人民币（大写）	伍拾伍万零叁佰陆拾捌元整	亿千百十万千百十元角分 ¥55036800
付款人	全　称	广昌贸易有限公司
	账　号	852032156665*****
	开户银行	中国银行大塘分行
事　由		销售酒

中国工商银行广州市 海珠区支行 2012.06.29 收讫

附件 15－1：

海关 进口关税 专用缴款书

(0625)

收入系统：海关系统　填发日期：2012 年 06 月 30 日　号码：521365520174563-A18

收款单位	收入机关	中央金库		缴款单位（人） 名　称	广东黄金酒业有限公司
	科　目	进口关税	预算级次　中央	账　号	6638291099*****
	收款国库	中国人民银行广州分行		开户银行	广州市农商银行

税　号	货物名称	数　量	单位	完税价格（¥）	税率(%)	税款金额（¥）
36233*****	波多莉亚干红葡萄酒	300	箱	2858000.00	14%	400120.00
金额人民币（大写）肆拾万零壹佰贰拾元整					合计（¥）	400120.00

申请单位编号	456321458	报关单编号	632014563*****	填制单位	收款国库（银行）
合同（批文）号	20120630RD-JN	运输工具（号）	0362548N362		
缴款期限	2012年08月08日	提/装货单号	62JK785412		
备注	一般贸易　照章征税 国际代码：852103362015400*****			制单人：李云 复核人：徐帆	

从填发缴款书之日起限 15 日内缴纳（期末遇法定节假日顺延），逾期按日征收税款总额千分之一的滞纳金。

附件 15－2：

海关 进口消费税专用缴款书

(0625)

收入系统：海关系统　　填发日期：2012 年 06 月 30 日　　号码：521365520174563-A18

收款单位	收入机关	中央金库			缴款单位(人)	名　称	广东黄金酒业有限公司
	科　目	进口消费税	预算级次	中央		账　号	6638291099*****
	收款国库	中国人民银行广州分行				开户银行	广州市海珠支行

税　号	货物名称	数　量	单位	完税价格（¥）	税率(%)	税款金额（¥）
36233*****	波多利亚干红葡萄酒	300	箱	3620133.33	10%	362013.33
金额人民币（大写）叁拾陆万贰仟零壹拾叁元叁角叁分					合计（¥）	362013.33

申请单位编号	456321458	报关单编号	632014563*****	填制单位	收款国库（银行）
合同（批文）号	20120630RD-JN	运输工具（号）	0362548N362		
缴款期限	2012年08月08日	提／装货单号	62JK785412		
备注	一般贸易　照章征税 国际代码：852103362015400*****　362013.33			制单人：李云 复核人：徐帆	

从填发缴款书之日起限 15 日内缴纳（期末遇法定节假日顺延），逾期按日征收税款总额千分之一的滞纳金。

附件 15－3：

海关 进口增值税专用缴款书

(0625)

收入系统：海关系统　　填发日期：2012 年 06 月 30 日　　号码：521365520174563-A18

收款单位	收入机关	中央金库			缴款单位(人)	名　称	广东黄金酒业有限公司
	科　目	进口增值税	预算级次	中央		账　号	6638291099*****
	收款国库	中国人民银行广州分行				开户银行	广州市海珠支行

税　号	货物名称	数　量	单位	完税价格（¥）	税率(%)	税款金额（¥）
36233*****	波多利亚干红葡萄酒	300	箱	3620133.30	17%	615422.66
金额人民币（大写）肆佰贰拾叁万伍仟伍佰伍拾伍元玖角陆分					合计（¥）	4235555.96

申请单位编号	456321458	报关单编号	632014563*****	填制单位	收款国库（银行）
合同（批文）号	20120630RD-JN	运输工具（号）	0362548N362		
缴款期限	2012年08月08日	提／装货单号	62JK785412		
备注	一般贸易　照章征税 国际代码：852103362015400*****			制单人：李云 复核人：徐帆	

从填发缴款书之日起限 15 日内缴纳（期末遇法定节假日顺延），逾期按日征收税款总额千分之一的滞纳金。

附件 15 –4：

产成品入库单

交库单位：法国德菲庄园葡萄酒酿酒有限公司　　　　2012 年 06 月 30 日　　　　编号：3021

产品名称	型号规则	数量	单位	检验结果		实收数量	金额
				合格	不合格		
波多利亚干红葡萄酒		300	箱	合格		300	3620133. 30

生产车间：tt　　　　检查人：ZZ　　　　仓库经手：nn

附件 15 –5：

中华人民共和国海关进口货物报关单

预录入编号：21405561　　　　海关编号：1359888579134

进口口岸 广州珠海口岸	备案号	进口日期 2012. 06. 30	申报日期 2012. 06. 30
经营单位 广东黄金酒业有限公司	运输方式 江海运输	运输工具名称 A1120000	提运单号 QQ-111865
收货单位 广东黄金酒业有限公司	贸易方式 一般贸易	征免性质 一般免税	征税比例
许可证号	起运国（地区） 法国	装货港 巴黎	境内目的地 珠海
批准文号	成交方式 CIF	运费 　保费	杂费
合同协议号	件数	包装种类 　毛重（公斤）	净重（公斤）
集装箱号	随附单据		用途
标记唛码及备注			

项号	商品编号	商品名称、规格型号	数量及单位	原产国（地区）	单价	总价	币制	征免
1	1202	波多莉亚干红葡萄酒	300箱	法国		2600000. 00	RMB	0%

税费征收情况

录入员　录入单位　　兹声明以上申报无讹并承担法律责任　　海关审单批注及放行日期（签章）

报关员　　　　审单　审价

单位地址　　申报单位（签章）　　征税　统计

邮编 进口转汇专用　电话　填制日期 2012. 06. 30　　查验　放行

签发官员：

关 I0247451　　　　签发日期：2012. 06. 30

附件 15 –6：

贸易进口付汇核销单（代申报单）

印单局代码：214011561　　　　核销单编号：№ 4401092101

单位代码 126586-7899	单位名称 广东黄金酒业有限公司	所在地外汇 法郎
付汇银行名称 中国工商银行广州市海珠支行	收汇人国别 法国	交易编码 6059
收款人是否在保税区：是 ☑ 否 ☐	交易附言 波多莉亚干红葡萄酒	

对外付汇币种 RMB　　　　对外付汇总额 2600000.00

其中：购汇金额　　　　现汇金额 2600000.00　其他方式金额

人民币账号 2048595914009*****　外汇账号

付汇性质

☑ 正常付款

☐ 不再名录　☐ 90 天以上信用证　☐ 90 天以上托收　☐ 异地付汇

☐ 90 天以上到货　☐ 转门贸易　☐ 境外工程使用物质　☐ 真实性审查

备案表编号

预计货到日期 2012.06.30	进口批件号 12312404	合同／发票号 2012065RD-TY

结算方式

信用证　90 天以内 ☐　90 天以上 ☐　承兑日期　/ /　付汇日期　/ /　期限　天

托　收　90 天以内 ☑　90 天以上 ☐　承兑日期 2012/06/30　付汇日期　/ /　期限　天

汇款：

预付货款 ☐　货到付款（凭报关单付汇）☐　付汇日期

报关单号 124596354　报关日期 2012/06/30　报关单币种 RMB　金额 2600000.00

报关单号　报关日期　/ /　报关单币种　金额

报关单号　报关日期　/ /　报关单币种　金额

报关单号　报关日期　/ /　报关单币种　金额

（若报关单填写不完，可另附纸）

其他 ☐　　　　付汇日期 2012.06.30

以下由付汇银行填写

申报号码：6 6 3 8 2 9 … 8 7 5 0 1 … 4 9 5 …

业务编号：12055746632　审核日期 2012年06月30日　（付汇银行签章）

进口单位签章

附件 16－1：

领料单 No.：6549974644

领用部门：生产部门　　用途：生产葡萄酒　　日期：2012 年 6 月 30 日

编号	名称及规格	单位	数量		单价	金额	备注
			请领	实发			
	波多利亚干红葡萄酒	箱	300	300	12067.111	3620133.30	其中：进口消费税为 362012.33 元

第二联 财务联

会计主管：ZZZ　　记账：nn　　领料部门主管：tt　　领料：tt　　制单：LLL

附件 17－1：

领料单 No.：6549974644

领用部门：生产部门　　用途：生产清江啤酒　　日期：2012 年 6 月 30 日

编号	名称及规格	单位	数量		单价	金额	备注
			请领	实发			
	啤酒液	吨	361	361	3692.00	1329202.00	其中：可抵扣消费税为 90250.00 元

第二联 财务联

会计主管：ZZZ　　记账：nn　　领料部门主管：tt　　领料：tt　　制单：LLL

第三节　消费税纳税申报表

表7－1　酒及酒精消费税纳税申报表

税款所属期：　　　年　　月　　日至　　　年　　月　　日

纳税人识别号：

纳税人名称（公章）

填表日期：　　年　月　日　　　　　　　　　单位：吨、元（列至角分）

<table>
<tr><th colspan="2" rowspan="2">项目应税
消费品名称</th><th colspan="2">适用税率</th><th rowspan="2">销售数量
（C）</th><th rowspan="2">销售额
（D）</th><th rowspan="2">应纳税额
（E＝C×A＋D×B）</th></tr>
<tr><th>定额税率（A）</th><th>比例税率（B）</th></tr>
<tr><td>1</td><td>粮食白酒</td><td></td><td></td><td></td><td></td><td></td></tr>
<tr><td>2</td><td>薯类白酒</td><td></td><td></td><td></td><td></td><td></td></tr>
<tr><td>3</td><td>啤酒</td><td></td><td>—</td><td></td><td></td><td></td></tr>
<tr><td>4</td><td>啤酒</td><td></td><td>—</td><td></td><td></td><td></td></tr>
<tr><td>5</td><td>黄酒</td><td></td><td>—</td><td></td><td></td><td></td></tr>
<tr><td>6</td><td>其他酒</td><td>—</td><td></td><td></td><td></td><td></td></tr>
<tr><td>7</td><td>酒精</td><td>—</td><td></td><td></td><td></td><td></td></tr>
<tr><td>8</td><td>合计</td><td>—</td><td>—</td><td>—</td><td>—</td><td></td></tr>
<tr><td>9</td><td colspan="2">本期减（免）税额</td><td></td><td colspan="3" rowspan="5">声明
此纳税申报表是根据国家税收法律的规定填报的，我确定它是真实的、可靠的、完整的。

经办人（签章）：
财务负责人（签章）：
联系电话：</td></tr>
<tr><td>10</td><td colspan="2">本期准予扣除税额</td><td></td></tr>
<tr><td>11</td><td colspan="2">上期结转抵减税额</td><td></td></tr>
<tr><td>12</td><td colspan="2">结转下期抵减税额
12栏＝8行E－9栏－10栏－11栏。如12栏≥0，则12栏为0；如12栏<0，则12栏为｜第12栏｜</td><td></td></tr>
<tr><td>13</td><td colspan="2">期初未缴税额</td><td></td></tr>
<tr><td>14</td><td colspan="2">本期缴纳前期应纳税额</td><td></td><td colspan="3" rowspan="4">（如果你已委托代理人申报，请填写）
授权声明
为代理一切税务事宜，现授权
（地址）为本纳税人的代理申报人，任何与本申报表有关的往来文件，都可寄予此人。
授权人签章：</td></tr>
<tr><td>15</td><td colspan="2">本期预缴税额</td><td></td></tr>
<tr><td>16</td><td colspan="2">本期应补（退）税额
16栏＝8行E－9栏－（10栏＋11栏－12栏）－15栏</td><td></td></tr>
<tr><td>17</td><td colspan="2">期末未缴税额17栏＝13栏＋16栏－14栏</td><td></td></tr>
</table>

以下由税务机关填写

受理人（签章）：　　　　　　　　　　受理日期：　　年　月　日

受理税务机关（章）：

表 7－2　本期代收代缴税额计算表

税款所属期：　　年　　月　　日至　　年　　月　　日

纳税人识别号：

纳税人名称（公章）

填表日期：　　年　月　日　　　　金额单位：元（列至角、分）

应税消费品名称项目			粮食白酒	薯类白酒	啤酒	啤酒	黄酒	其他酒	酒精	合计
1	适用税率	定额税率	元/斤	元/斤	元/吨	元/吨	元/吨	—	—	—
2		比例税率			—	—	—			—
3	受托加工数量									
4	同类产品销售价格				—	—	—			—
5	材料成本				—	—	—			—
6	加工费				—	—	—			—
7	组成计税价格				—	—	—			—
8	本期代收代缴税款									

表 7－3　本期准予抵减税额计算表

税款所属期：　　年　　月　　日至　　年　　月　　日

纳税人识别号：

纳税人名称（公章）

填表日期：　　年　月　日　　　　单位：吨、元（列至角分）

1	一、当期准予抵减的外购啤酒液已纳税款计算			
2	期初库存外购啤酒液数量	定额税率	元/吨（2A）	
			元/吨（2B）	
3	当期购进啤酒液数量	定额税率	元/吨（3A）	
			元/吨（3B）	
4	期末库存外购啤酒液数量	定额税率	元/吨（4A）	
			元/吨（4B）	
5	当期准予抵减的外购啤酒液已纳税款 5 栏 ＝（2A＋3A－4A）×250＋（2B＋3B－4B）×220			
6	二、当期准予抵减的进口葡萄酒已纳税款			
7	三、本期准予抵减税款合计：7 栏＝5 栏＋6 栏			

第四节　消费税纳税申报表填写说明

1. 酒及酒精消费税纳税申报表（以下简称本表）仅限酒及酒精消费税纳税人使用。

2. 本表“销售数量”为《中华人民共和国消费税暂行条例》、《中华人民共和国消费税暂行条例实施细则》及其他法规、规章规定的当期应申报缴纳消费税的酒及酒精销售（不含出口免税）数量。计量单位：粮食白酒和薯类白酒为斤（如果实际销售商品按照体积标注计量单位，应按500毫升为1斤换算），啤酒、黄酒、其他酒和酒精为吨。

3. 本表“销售额”为《中华人民共和国消费税暂行条例》、《中华人民共和国消费税暂行条例实施细则》及其他法规、规章规定的当期应申报缴纳消费税的酒及酒精销售（不含出口免税）收入。

4. 根据《中华人民共和国消费税暂行条例》和《财政部国家税务总局关于调整酒类产品消费税政策的通知》（财税〔2001〕84号）的规定，本表“应纳税额”计算公式如下：

（1）粮食白酒、薯类白酒。

应纳税额 = 销售数量 × 定额税率 + 销售额 × 比例税率

（2）啤酒、黄酒。

应纳税额 = 销售数量 × 定额税率

（3）其他酒、酒精。

应纳税额 = 销售额 × 比例税率

5. 本表“本期准予抵减税额”按本表附件一本期准予抵减税款合计金额填写。

6. 本表“本期减（免）税额”不含出口退（免）税额。

7. 本表“期初未缴税额”填写本期期初累计应缴未缴的消费税额，多缴为负数。其数值等于上期“期末未缴税额”。

8. 本表“本期缴纳前期应纳税额”填写本期实际缴纳入库的前期消费税额。

9. 本表“本期预缴税额”填写纳税申报前已预先缴纳入库的本期消费税额。

10. 本表“本期应补（退）税额”计算公式如下，多缴为负数：

本期应补（退）税额 = 应纳税额（合计栏金额） − 本期准予抵减税额 − 本期减（免）税额 − 本期预缴税额

11. 本表“期末未缴税额”计算公式如下，多缴为负数：

期末未缴税额 = 期初未缴税额 + 本期应补（退）税额 - 本期缴纳前期应纳税额

12. 本表为 A4 竖式，所有数字小数点后保留两位。一式二份，一份纳税人留存，一份税务机关留存。

第八章　税务技能实训

——土地增值税纳税申报

第一节　企业概况与实验要求

一、企业概况

广州市联合利美房地产有限公司坐落在广州市白云区白云大道。该地产公司主要经营：一级房地产开发；二级房产买卖。企业土地增值税实施按开发项目申报交纳土地增值税。营业税5%，城建税7%，教育费附加3%。企业自行申报纳税。

法定代表人：×××

会计主管：×××

会计：××

主管部门：广州市房地产管理局

电话：020－88******

填表日期：2011年9月3日

税款所属日期：2011年8月1日～2011年8月31日

开户银行及账号：中国工商银行广州市白云区白云大道办事处

地址：广州市白云区白云大道210号

纳税人识别号：429120352******

账号：3875879458368******

电话：020－51******

邮编：511480

二、企业土地转让项目及成本利润简介

表 8－1　广州市联合利美房地产股份有限公司转让金禧裕华一期情况表

金额单位：元，面积单位：平方米

<table>
<tr><td colspan="2">项目名称</td><td>金禧裕华一期</td><td colspan="2">地址</td><td colspan="2">广州市白云大道 259 号</td></tr>
<tr><td colspan="2">土地使用权受让合同</td><td>20100315</td><td colspan="2">受让时间</td><td colspan="2">2010. 3. 15</td></tr>
<tr><td colspan="2">建设项目起讫时间</td><td>2010. 4. 12 ~ 2011. 3. 9</td><td>总预算</td><td>307440</td><td>房产成本</td><td>3660. 00</td></tr>
<tr><td colspan="2">开发土地总面积</td><td>2544000</td><td>建筑面积</td><td>826800</td><td>房地产转让合同</td><td>金禧裕华一期</td></tr>
<tr><td colspan="3">转让土地面积</td><td colspan="3">转让建筑面积</td><td>转让合同签订日期</td></tr>
<tr><td>一</td><td colspan="2">60000</td><td colspan="3">42000</td><td>2011. 8. 1</td></tr>
<tr><td>二</td><td colspan="2">54000</td><td colspan="3">37800</td><td>2011. 8. 5</td></tr>
</table>

表 8－2　金禧裕华一期转让收入及成本、费用情况表

项目	金额
一、收入（货币）	414960000. 00
二、取得土地使用权所支付费用	22572000. 00
三、房地产开发成本	73396000. 00
其中：土地征用及拆迁补偿费	15600000. 00
前期工程费	7600000. 00
建筑安装工程费	24860000. 00
基础设施费	7120000. 00
公共配套设施费	7096000. 00
开发间接费用	11120000. 00
四、房地产开发费用	26120000. 00
财务费用	12300000. 00
其中：利息	8000000. 00
管理费用	7140000. 00

续表

项目	金额
销售费用	6680000.00
五、利润	292872000.00

该项目的利息是精确计算的且有银行（工行）证明材料，广东省政府规定其他房地产开发费用扣除比例为5%。

三、实验业务

（1）地价款，土地登记、过户费用；房地产开发成本、开发费用、借款利息的账务处理、入账方法。

（2）房地产转让营业税、城建税、教育费附加、印花税等税费计算、账务处理、入账方法。

（3）土地增值额、扣除项目金额、土地增值税应纳税额计算、账务处理、入账方法，纳税申报表的编制。

（4）契税应纳税额计算、账务处理、入账方法，契税纳税申报表的编制。

四、实验操作程序

（1）根据原始凭证或票据进行账务处理，填制记账凭证。

（2）根据会计账户记录、计算土地增值额、扣除项目金额、土地增值税应纳税额，编制土地增值税应纳税额计算表、契税计算表。

（3）根据土地增值税应纳税额计算表和契税应纳税额计算表，编制土地增值税纳税申报表、契税纳税申报表。

（4）根据土地增值税和契税应纳税额计算表、纳税申报表，编制涉税会计分录、登记相关涉税账户。

五、实验操作要求

（1）在进行实训操作之前，应全面复习增值税法、消费税法，城建税、教育费附加的相关规定及其相关的账务处理、入账方法。

（2）为了强化消费税的账务处理，对每一笔进行一次应税处理，月末再填制消费税应纳税额汇总表。

（3）将实训过程视同从事实际工作，务必做到亲自动手，且认真、严谨，笔笔清晰，字字端正，数据准确。

（4）在实训操作中，参与者可以相互探讨，互相学习，但不可相互抄袭、复制，一旦发现抄袭、复制，以零分处理。

第二节 土地增值税纳税申报表

表 8－3 土地增值税纳税申报表

（从事房地产开发的纳税人适用）

税款所属时间： 年 月 日 填表日期： 年 月 日

纳税人编码： 金额单位：人民币元，面积单位：平方米

<table>
<tr><td>纳税人名称</td><td></td><td>项目名称</td><td colspan="2"></td><td colspan="2">项目地址</td><td></td></tr>
<tr><td>业别</td><td></td><td>经济性质</td><td></td><td>纳税人地址</td><td></td><td>邮政编码</td><td></td></tr>
<tr><td>开户银行</td><td></td><td>银行账号</td><td></td><td>主管部门</td><td></td><td>电话</td><td></td></tr>
<tr><td colspan="2">项目</td><td>行次</td><td>金额</td></tr>
<tr><td colspan="2">一、转让房地产收入总额 1 =2 +3</td><td>1</td><td></td></tr>
<tr><td rowspan="2">其中</td><td>货币收入</td><td>2</td><td></td></tr>
<tr><td>实物收入及其他收入</td><td>3</td><td></td></tr>
<tr><td colspan="2">二、扣除项目金额合计 4 =5 +6 +13 +16 +20</td><td>4</td><td></td></tr>
<tr><td colspan="2">1. 取得土地使用权所支付的金额</td><td>5</td><td></td></tr>
<tr><td colspan="2">2. 房地产开发成本 6 =7 +8 +9 +10 +11 +12</td><td>6</td><td></td></tr>
<tr><td rowspan="6">其中</td><td>土地征用及拆迁补偿费</td><td>7</td><td></td></tr>
<tr><td>前期工程费</td><td>8</td><td></td></tr>
<tr><td>建筑安装工程费</td><td>9</td><td></td></tr>
<tr><td>基础设施费</td><td>10</td><td></td></tr>
<tr><td>公共配套设施费</td><td>11</td><td></td></tr>
<tr><td>开发间接费用</td><td>12</td><td></td></tr>
<tr><td colspan="2">3. 房地产开发费用 13 =14 +15</td><td>13</td><td></td></tr>
<tr><td rowspan="2">其中</td><td>利息支出</td><td>14</td><td></td></tr>
<tr><td>其他房地产开发费用</td><td>15</td><td></td></tr>
</table>

续表

项目		行次	金额
4. 与转让房地产有关的税金等 16 = 17 + 18 + 19		16	
其中	营业税	17	
	城市维护建设税	18	
	教育费附加	19	
5. 财政部规定的其他扣除项目		20	
三、增值额 21 = 1 − 4		21	
四、增值额与扣除项目金额之比（%）22 = 21 ÷ 4		22	
五、适用税率（%）		23	
六、速算扣除系数（%）		24	
七、应缴土地增值税税额 25 = 21 × 23 − 4 × 24		25	
八、已缴土地增值税税额		26	
九、应补（退）土地增值税税额 27 = 25 − 26		27	

授权代理人	（如果你已委托代理申报人，请填写下列资料） 为代理一切税务事宜，现授权____（地址）____为本纳税人的代理申报人，任何与本报表有关的来往文件都可寄予此人。 授权人签字：________	声明	我声明：此纳税申报表是根据《中华人民共和国土地增值税暂行条例》及其《实施细则》的规定填报的。我确信它是真实的、可靠的、完整的。 声明人签字：________

纳税人签章		法人代表签章		经办人员（代理申报人）签章		备注	

（以下部分由主管税务机关负责填写）

主管税务机关收到日期		接收人		审核日期		税务审核人员签章	
审核记录						主管税务机关盖章	

表 8－4　土地增值税项目登记表

（从事房地产开发的纳税人适用）

填表日期：　　年　月　日　　　　　　　　　　　　　　金额单位：元（列至角、分）

纳税人识别号：　　　　　　　　　　　　　　　　　　　　　　面积单位：平方米

纳税人名称				税款所属时期	
项目名称				项目地址	
行业	建筑业	登记注册类型	私营	主管部门	
开户银行				银行账号	
地址		邮政编码		电话	
土地使用权受让（行政划拨）合同号			受让（行政划拨）时间		
建设项目起讫时间		总预算成本		单位预算成本	
项目详细坐落地点			广州市白云大道 259 号		
开发土地总面积		开发建筑面积		房地产转让合同名称	
转让土地面积（按次填写）	转让建筑面积（按次填写）		转让合同签订日期（按次填写）		
……					
广州市联合利美房地产股份有限公司 纳税人（公章）	法定代表人（签章）		经办人员（代理申报人）签章		备注

（以下部分由主管税务机关负责填写）

税务机关受理登记日期		税务机关受理登记意见：
主管税务人员签字		
主管税务机关（公章）		

第三节　土地增值税纳税申报表填写说明

1. 土地增值税纳税申报表（从事房地产开发的纳税人适用）适用于纳税人申报缴纳土地增值税。

2. 从事房地产开发并转让的纳税人，应根据土地增值税的基本计税单位作为填报单位。纳税人如果在规定的申报期限内转让2个或2个以上计税单位的房地产，对每一个计税单位填写一份申报表。纳税人如果既从事普通标准住宅开发，又从事其他房地产开发的，应分别填写申报表；从事非房地产开发的纳税人应根据转让房地产项目作为填报对象。纳税人如果同时转让2个或2个以上房地产的，应分别填报申报表。

3. 表头说明：

(1)"纳税人税务登记号"指地方税务登记证号。

(2)"纳税人电脑编码"指纳税人在地税计算机征收管理系统的识别号码。

(3)"税款所属期"是指申报税款所属的时段。

(4)"管理机关"指纳税人就该申报事项的应税行为的主管税务机关。

(5)"申报流水号"是税务机关录入申报资料后计算机生成的顺序号，此号码由税务机关录入人员填写。

4. 主表说明：

(1)"纳税人名称"是指纳税人税务登记的全称。

(2)"注册地址"是指纳税人于工商登记的地址。

(3)"注册类型"是指纳税人于工商登记的企业类型。

(4)"开户银行"是指纳税人用于缴纳税款账号所在的银行。

(5)"账号"是指纳税人用于缴纳税款的账号。

(6)纳税人按税务机关要求进行正常申报的选正常申报；根据税务机关的自查公告或在正常申报后，发现问题并进行补申报的，选择自查补报（该申报税款不收逾期申报罚款，但加收滞纳金）；纳税人在稽查局发出稽查通知书后就以往税期的税款进行申报的选择被查申报（该申报税款属稽查税款）；纳税人申请延期申报，经税务机关批准后，纳税人根据审批文书填写申报表预缴税款时，选延期申报预缴。延期申报预缴后在规定限期内进行申报的，选正常申报。

(7)"项目名称"、"项目代码"要与从事房地产开发的纳税人在进行单项税种登记时登记的信息相一致。

(8)对从事房地产开发企业应填写土地使用证号，对非从事房地产开发企业，如果该项目（或房产）有土地使用证号的，填写土地使用证号，如果是土地使用证与房产证两证合一的，填写房地产证号。

(9)从事房地产开发企业需要填写的内容如下：

A."转让房地产收入总额"，按纳税人在转让房地产开发项目所取得的全部收入额填写。

B."货币收入"，按纳税人在转让房地产开发项目所取得的货币形态收入额填写。

C. “实物收入”，按纳税人在转让房地产开发项目所取得的实物形态和无形资产等其他形式的收入额填写。

D. “取得土地使用权所支付的金额”，按纳税人为取得该房地产开发项目所需要的土地使用权而实际支付（补交）的土地出让金（地价款）及按国家统一规定交纳的有关费用填写。

E. “房地产开发成本”应根据《土地增值税暂行条例实施细则》（以下简称《细则》）规定的从事房地产开发实际发生的各项开发成本的具体数额填列。若有些房地产开发成本属于整个房地产项目的，而该项目同时包含 2 个或 2 个以上计税单位的，要对该成本在各计税项目之间按一定比例进行分摊。

F. “利息支出”按纳税人进行房地产开发实际发生的利息支出中符合《细则》第七条（三）规定的数额填写。如果不单独计算利息支出的，填 0。

G. “其他房地产开发费用”根据《细则》第七条（三）的规定填写。

H. “与转让房地产有关的税金等”按纳税人转让房地产时实际交纳的税金数额填写。

I. “财政部规定的其他扣除项目”，是指根据《条例》和《细则》等有关规定所确定的财政部规定的扣除项目的合计数。

J. “适用税率”中，如果纳税人建造普通标准住宅出售，增值额未超过扣除项目金额 20% 的，填 0。

K. “已缴土地增值税额”按纳税人已经缴纳的土地增值税数额填列。

L. “批准抵缴税额”指纳税人在其他计税项目中多缴的，经税务局确认的，在本项目中可以抵缴税额。

第九章　税务技能实训

——个人所得税纳税申报

第一节　企业概况与实验要求

公司概况

主营业务：装饰装修、商务贸易、家具生产和物流配送等产业模块
法定代表人：×××
财务经理：××
会计：××
出纳：××
填表日期：2012 年 4 月 5 日
税款所得期：2012 年 3 月 1 日至 2012 年 3 月 31 日
公司地址：广东省广州市越秀北路 323 号
电话：020－885＊＊＊＊＊
邮编：512362
纳税识别号：3510268415＊＊＊＊＊
开户银行及账号：中国工商银行广州市荔湾支行 67891257483989＊＊＊＊＊
邮编：2010810

企业发放工资及支付劳务费用情况简介

1. 公司邀请国内歌星陈拉西演出。2012 年 3 月 28 日公司支付其劳务报酬 50000 元，其将 15000 元通过广州越秀捐赠中心捐赠给某水灾灾区，并由企业代扣代缴个人所得税（税前）。（其身份证号：4875123602598＊＊＊＊＊，报税号：

020123＊＊＊＊＊，凭证字号：银付0221009，代扣代缴日期：2012年3月27日，用工方式：城镇户籍）

2. 该公司购买阿加莎所拥有的一项专利技术。2012年3月28日公司支付其费用70000元（税前），由企业代扣代缴个人所得税。（其报税号：020123＊＊＊＊＊，凭证字号：银付0221009，代扣代缴日期：2012年3月27日，用工方式：城镇户籍）

年初，公司派发上一年的红利，个人股东红利如表9－1所示。

表9－1　个人股东红利表　　金额单位：元

姓名	报税号或身份证号	用工方式	红利收入	捐赠额	代收代扣日期	完税凭证
汤唯	6501051983110＊＊＊＊＊	城镇户籍	118700	10000	2012.4.6	银付0205555
汤江	6401031978022＊＊＊＊＊	城镇户籍	108888	10000	2012.4.6	银付0205555
马亮	5302041967050＊＊＊＊＊	城镇户籍	66780	5000	2012.4.6	银付0205555
肖斌	4408231977092＊＊＊＊＊	城镇户籍	55430	5000	2012.4.6	银付0205555

3. 个人具体信息、捐款、纳税等情况如表9－2所示。

说明：（1）因某地区发生严重水灾，公司通过广州越秀捐赠中心积极发动每位员工表现爱心，进行捐款活动。

（2）阿加莎，艾布特默认来华365天，最长离境时间是10天。

表9－2　个人捐款表

序号	纳税人姓名	国籍	3月份工资、薪金所得含税金额	职务	捐赠金额	公务交通补贴	生育津贴	季度奖金	代扣代缴日期	代扣代缴凭证字号	国外收入
1	艾布特	英国	12800	高级建筑顾问	500	300		25000	2012.4.5	银付0205555	
2	阿加莎	美国	13500	高级设计顾问	500	300		25000	2012.4.5	银付0205555	
3	龚建华	中国	9500	总经理	800	300		18000	2012.4.5	银付0205555	
4	汤江	中国	9000	副总经理	800	300		16000	2012.4.5	银付0205555	
5	马维	中国	6500	设计部门经理	300	300		4000	2012.4.5	银付0205555	
6	张云	中国	4500	设计人员	100	200		2000	2012.4.5	银付0205555	
7	李永	中国	7000	技术部总管	500	300		4000	2012.4.5	银付0205555	
8	杨辉	中国	6500	技术部监管	200	300		4000	2012.4.5	银付0205555	
9	贺君	中国	3000	装修工	50	100		1000	2012.4.5	银付0205555	
10	温光荣	中国	3000	装修工	50	100		2000	2012.4.5	银付0205555	
11	柳燕	中国	6000	财务经理	300	300		4000	2012.4.5	银付0205555	
12	王芳	中国	4000	会计	250	200	7500	2000	2012.4.5	银付0205555	
13	李红	中国	2800	出纳	50	200		2000	2012.4.5	银付0205555	

表 9－3　个人信息登记表（外籍人员及港澳台同胞适用）

填表日期：2012 年 4 月 5 日

扣缴义务人纳税人编码							扣缴义务人税务登记号								扣缴义务人名称			
登记状态	身份证明类别	护照号码	纳税人姓名（中文）	纳税人姓名（英文）	性别	出生年月日	国籍/地区	何国/地区税收居民	境内有无住所	工资收入是否采用年薪制	职务	职业	纳税证明送达方式	境外住址	境外服务单位	境内通信地址	邮政编码	联系电话
已登记在职	护照	258 ***	艾布特	Abute	男	1972－08－26	英国	中国	有	是	高级建筑顾问	室内装修工程师	邮寄	—		广东省广州市越秀北路 323 号	512362	020－885 *****
已登记在职	护照	651 ***	阿加莎	Ajisa	女	1975－02－06	美国	美国	无	是	高级设计顾问	设计师	邮寄	—	美国怡美建筑设计院	广东省广州市越秀北路 323 号	512362	020－885 *****
扣缴义务人（盖章）：李静 2012 年 4 月 5 日					经办人（签章）：丽娜 2012 年 4 月 5 日					主管税务机关填写	受理人（签章）： 受理日期：　年　月　日							
											录入人（签章）： 录入日期：　年　月　日							

表 9－4　个人信息登记表（国内人员适用）

填表日期：2012 年 4 月 5 日

扣缴义务人纳税人编码				扣缴义务人税务登记号							扣缴义务人名称			
登记状态	身份证明类别	身份证明号码	纳税人姓名	性别	用工方式	工资收入是否采用年薪制	个人参保号	职务	职业	入职时间	纳税证明送达方式	通信地址	邮政编码	联系电话
已登记在职	身份证	360823197 *********	龚建华	男	城镇户籍职工	是		总经理	其他	2005. 01. 01	邮寄	广东省广州市越秀北路 323 号	512362	020－885 ****
已登记在职	身份证	640103197 *********	汤江	女	城镇户籍职工	是		副总经理		2005. 01. 01	邮寄	广东省广州市越秀北路 324 号	512362	020－885 ****
已登记在职	身份证	258410236 *********	马维	女	城镇户籍职工	是		设计部门经理	设计师	2005. 02. 15	邮寄	广东省广州市越秀北路 325 号	512362	020－885 ****
已登记在职	身份证	341056219 *********	张云	女	城镇户籍职工	是		设计人员		2005. 02. 15	邮寄	广东省广州市越秀北路 326 号	512362	020－885 ****
已登记在职	身份证	154268954 *********	李永	男	城镇户籍职工	是		技术部总管	建筑工程师	2005. 04. 09	邮寄	广东省广州市越秀北路 327 号	512363	020－885 ****
已登记在职	身份证	651023841 *********	杨辉	男	城镇户籍职工	是		技术部监管		2005. 06. 30	邮寄	广东省广州市越秀北路 328 号	512364	020－885 ****
已登记在职	身份证	510236984 *********	贺君	男	农民工	是		装修工		2007. 08. 15	邮寄	广东省广州市越秀北路 329 号	512365	020－885 ****
已登记在职	身份证	812563024 *********	温光荣	男	农民工	是		装修工		2007. 08. 15	邮寄	广东省广州市越秀北路 330 号	512366	020－885 ****

续表

扣缴义务人纳税人编码				扣缴义务人税务登记号							扣缴义务人名称			
登记状态	身份证明类别	身份证明号码	纳税人姓名	性别	用工方式	工资收入是否采用年薪制	个人参保号	职务	职业	入职时间	纳税证明送达方式	通信地址	邮政编码	联系电话
已登记在职	身份证	254123654 *********	柳燕	女	城镇户籍职工	是		财务经理	注册会计师	2005. 03. 11	邮寄	广东省广州市越秀北路 327 号	512362	020 – 885 ****
已登记在职	身份证	354126874 *********	王芳	女	城镇户籍职工	是		会计	中级会计	2006. 07. 22	邮寄	广东省广州市越秀北路 328 号	512362	020 – 885 ****
已登记在职	身份证	687412596 *********	李红	女	城镇户籍职工	是		出纳		2008. 09. 26	邮寄	广东省广州市越秀北路 329 号	512362	020 – 885 ****
入资	身份证	650105198 *********	汤唯	女	城镇户籍职工	否		其他人员			邮寄	广东省广州市越秀北路 330 号	512362	020 – 885 ****
入资	身份证	640103197 *********	汤红	男	城镇户籍职工	否		其他人员			邮寄	广东省广州市越秀北路 331 号	512362	020 – 885 ****
入资	身份证	530204196 *********	马亮	男	城镇户籍职工	否		其他人员			邮寄	广东省广州市越秀北路 332 号	512362	020 – 885 ****
入资	身份证	440823197 *********	肖斌	男	城镇户籍职工	否		其他人员			邮寄	广东省广州市越秀北路 333 号	512362	020 – 885 ****
扣缴义务人（盖章）：李静　经办人：丽娜 2012 年 04 月 05 日　2012 年 04 月 05 日						主管税务机关填写		受理人（签章）：			受理申报日期：　年　月　日			
								录入人（签章）：			录入日期：　年　月　日			

表9－5　人所得税工资税率表（2011年9月1日起正式实施）

全月应纳税所得额	税率	速算扣除数（元）
全月应纳税额不超过1500元	3%	0
全月应纳税额超过1500元至4500元	10%	105
全月应纳税额超过4500元至9000元	20%	555
全月应纳税额超过9000元至35000元	25%	1005
全月应纳税额超过35000元至55000元	30%	2755
全月应纳税额超过55000元至80000元	35%	5505
全月应纳税额超过80000元	45%	13505

表9－6　个人所得税劳务报酬税率表（2011年9月1日起正式实施）

每月应纳税所得额	税率	速算扣除数（元）
不超过20000元的部分	20%	0
20000～50000元的部分	30%	2000
超过50000元的部分	40%	7000

注：填“扣缴义务人姓名”栏，按照以上表中姓名顺序填写。同时，公务交通补贴收入的70%免税收入，生育津贴免征个人所得税。

第二节　个人所得税纳税申报表

表9－7　扣缴个人所得税报告表

扣缴义务人编码：

纳税人名称
（公章）

填表日期：　　年　月　日　　　　　　　　金额单位：元（列至角、分）

序号	纳税人姓名	身份证照类型	身份证号码	国籍	所得项目	所得期间	收入额	免税收入额	允许扣除的税费	费用扣除标准	准予扣除的捐赠额	应纳税所得额	税率（%）	速算扣除数	应扣税额	已扣税额	备注
1																	
2																	
3																	

续表

序号	纳税人姓名	身份证照类型	身份证号码	国籍	所得项目	所得期间	收入额	免税收入额	允许扣除的税费	费用扣除标准	准予扣除的捐赠额	应纳税所得额	税率(%)	速算扣除数	应扣税额	已扣税额	备注
4																	
5																	
6																	
7																	
8																	
9																	
10																	
11																	
12																	
13																	
14																	
15																	
16																	
17																	
18																	
19																	
合计										—	—	—	—	—			

扣缴义务人声明	我声明：此扣缴报告表是根据国家税收法律、法规的规定填报的，我确定它是真实的、可靠的、完整的。 声明人签字：

会计主管签字：　　负责人签字：　　扣缴单位（或法定代表人）（签章）：

受理人（签章）：　　受理日期：　　年　月　日　　受理税务机关（章）：

第三节　个人所得税纳税申报（扣缴）表填写说明

一、表9－7适用于扣缴义务人的扣缴申报（除特定行业计税办法的年度申报）

二、纳税人基础信息

1.“证照名称”：身份证、军官证、士兵证、外籍人编码、其他。

2.“国籍或地区”：据实填写如中国、中国台湾、中国香港、美国、日本、德国、韩国、澳大利亚、瑞典、挪威、英国、法国、加拿大、新加坡、马来西亚等。

3.“职业”：按劳动和保障部门国标。

A. 国家机关、党群组织、企业、事业单位负责人：①国家机关及其工作机构负责人；②事业单位负责人；③企业负责人。

B. 专业技术人员：①科学研究人员；②工程技术人员；③卫生专业技术人员；④经济业务人员；⑤金融业务人员；⑥法律专业人员；⑦教学人员；⑧文学艺术工作人员；⑨体育工作人员；⑩新闻出版、文化工作人员。

C. 办事人员和有关人员。

D. 商业服务人员：①购销人员；②饭店、旅游及健身娱乐场所服务人员。

E. 农、林、牧、渔、水利生产人员。

F. 生产、运输设备操作人员及有关人员。

G. 军人。

H. 其他。

4.“职务”：高层、中层、普通。

5.“所得项目”中“工资、薪金所得”分为：正常工资薪金、特殊行业工资薪金、内退一次性补偿金、解除劳动合同一次性补偿金、补发工资、全年一次性奖金收入、外籍人员正常工资薪金、外籍人员数月奖金、“劳务报酬所得”、“稿酬所得”、“特许权使用费所得”、“利息、股息、红利所得”、“财产租赁所得”、“财产转让所得”、“偶然所得”、“其他所得”。

6.“税款负担形式”：雇员负担、雇主负担。雇主负担分为全额负担、比例负担（填写比例）、定额负担（填写定额）、超过原居住国税款负担。

7.“所得起始日期”、“所得终止日期”：格式为YYYY－MM－DD。

8. “收入额”：税款由雇员负担的为含税收入额。税款由雇主负担的为不含税收入应予以反算为含税收入额，进行填列。

9. “三险一金合计”：按税法规定允许扣除的基本养老保险、基本医疗保险、失业保险和住房公积金。

10. “其他扣除项目额”：按税法规定允许扣除的项目金额。

三、表内逻辑关系

1. “本期单位总人数”>“其中特定行业计税办法人数”；
2. “本期单位总人数”≥“其中纳税总人数”；
3. “本期非本单位人数”≥“其中纳税人数”；
4. “计税人员收入总额”=(12)的合计；
5. “纳税人收入总额”=(12)的合计，条件为(15)>0；
6. “三险一金总额”=(13)的合计；
7. “应纳税所得额合计” =(15)的合计；
8. “减免税额合计”=(19)的合计；
9. “本期实缴税额合计”=(20)的合计；
10. (15)=[(12)-(13)-(14)]，且≥0；
11. (20)=(17)-(18)-(19)。

四、其他需要说明

“本期已缴（扣）税额（18）”：用于当期的补充申报，填列本期已申报并缴库的税额。

第十章　税务技能实训

——企业所得税纳税申报

第一节　企业概况与实验要求

企业概况

广州煌迪电子科技股份有限公司为高新企业，成立于1998年2月13日（开业日期），该企业因其智能手机软件技术，已于2009年9月被认定为高新技术企业资格。

企业实行计税工资计税办法，税局核定人均月计税工资费用扣除标准2000元。

固定资产折旧采用年限平均法（即直线法）。

坏账核算方式采用备抵法核算，期初坏账余额（会计）为2681500.00元，期初坏账余额（税法）为2681500.00元。

广告费税前扣除比例为15%，职工教育经费扣除比例2.5%。

以前年度转接股权转让损失余额为0元。

企业是查账征收，非汇总纳税企业。

年度纳税申报方式：按季度申报。

预缴方式：按实际数预缴，2010年前三个季度已实际预缴1439738.26元企业所得税。

工资费用扣除方法：计税工资。

自2010年起，公司企业所得税税率减按15%征收。2010年实际经营月份12个月。

境外所得已纳税款抵扣方法：分国不分项限额抵免。

(一) 纳税人基本信息

纳税人识别号：3578563835 *****　　纳税人海关编号：33578 *****
公司名称：广州煌迪电子科技股份有限公司　　电话：020－856 *****
纳税人编码：11062 *****　　网上报税密码：220 *****
法人名称：×××　　传真：020－856 *****
注册地址：广州市花都区登山大道853号　　所属行业：高新技术
营业地址：广州市花都区登山大道853号　　邮编：512360
注册类型：股份有限公司　　主管税务机关代码：1 *****
增值税纳税类型：一般纳税人　　主管税务机关名称：广州市花都区税务局
纳税优惠：无　　监控标志：国家重点税源户
开户银行：工行广州花都支行　　信用度：A
开户账号：65410235874123 *****　　财务负责人：×××
经济性质：股份有限公司　　所在省份：广东
办税人员：×××

(二) 2010年经营情况表与前5年亏损情况表

表10－1　2010年经营情况表　　单位：元

月份	营业收入	营业成本
1	10000000	1000000
2	9800000	971495
3	12000000	1100000
第一季度合计	31800000	3071495
4	10667266	1000000
5	9000000	1000000
6	11200000	1300000
第二季度合计	30867266	3300000
7	7200000	1000000
8	10800000	1600000
9	10000000	1400000
第三季度合计	28000000	4000000
10	7600000	700000
11	10400000	800000
12	7000000	700000
第四季度合计	25000000	2200000
全年合计	115667266	12571495

表 10-2　前 5 年亏损情况表　　单位：万元

年度	2005	2006	2007	2008	2009
利润	452.63	579.34	685.26	1029.35	-78.26

（三）企业所得税申报资料

填表日期：2011 年 1 月 12 日

2010 年生产经营利润情况（货币单位：元）：

（1）主营业务收入：115600916 元。

HD1308 款手机收入：37866049 元；HD1301 款手机收入：25895421 元。

HD1202 款手机收入：14011583 元；HD1198 款手机收入：12984638 元。

HD1086 款手机收入：12587050 元；HD1086 款手机收入：12256175 元。

（2）主营业务成本：12535152 元。

HD1308 款手机成本：4735828 元；HD1301 款手机成本：2823625 元。

HD1202 款手机成本：2425625 元；HD1198 款手机成本：915628 元。

HD1086 款手机成本：836570 元；HD1086 款手机成本：797876 元。

包含视同销售成本 5000 元。

（3）主营业务税金及附加：58365 元。

包括除增值税以外的企业应邀的其他税额。

（4）其他业务收入：57150 元。

代购代销手续费收入：25612 元；包装物出租收入：31538 元。

（5）其他业务成本：36343 元。

出租包装物成本：20658 元；代购代销成本：15685 元。

（6）视同销售收入：9200 元。

将自产的手机发给公司优秀职工作为福利共 9200 元，视同销售为营业收入，应调增所得额为 9200 元。

（7）营业外收入：5983 元。

出售公司 5 辆废旧货车，获得净收益 5983 元。

（8）销售费用：51553665.22 元。

A. 广告费用：12987670 元。

B. 业务宣传费用：1589810 元。

C. 业务招待费用：905669 元。

D. 固定资产折旧：35256016.22 元。

（9）管理费用：30924017.99 元。

A. 坏账准备金：29130 元（会计按 3% 计提坏账准备金）（见表 10-3）。

表 10－3　坏账准备金情况表　　单位：元

项目	期初余额	年初坏账准备金余额	本期转回额	本期新增额	期末余额	年末坏账准备金余额	本期计提的坏账准备金
应收账款	2681500	80445	1564000	2535000	3652500	109575	29130

B. 差旅费：684000 元。

C. 会议费：582500 元。

D. 固定资产折旧：19332384.66 元（见表 10－4）。

表 10－4　固定资产折旧表

固定资产	资产原值	折旧额	残值（按残值率 10%）
生产用			
房屋建筑物	1058260200	47621709	105826020
机械及其他设备	785962100	70736589	78596210
电子设备	3521368	1056410.4	352136.8
运输工具	1000000	225000	100000
合计		119639708.4	
管理部门			
房屋建筑物	256841252	11557856.34	25684125.2
机械及其他设备	65412898	5887160.82	6541289.8
电子设备	5541225	1662367.5	554122.5
运输工具	1000000	225000	100000
合计		19332384.66	
销售部门			
房屋建筑物	687412965	30933583.43	68741296.5
机械及其设备	36895491	3320594.19	3689549.1
电子设备	2589462	776838.6	258946.2
运输工具	1000000	225000	100000
合计		35256016.22	

续表

固定资产	资产原值	折旧额	残值（按残值率10%）
总计			
房屋建筑物	2002514417	90113148.77	200251441.7
机械及其他设备	888270489	79944344.01	88827048.9
电子设备	11652055	3495616.5	1165205.5
运输工具	3000000	675000	300000
合计	2905436961	174228109.3	290543696.1

E. 无形资产、递延资产摊销（公司于2007年1月1日申请本公司智能手机软件专利2630000元，摊销年限15年，采用直线法摊销）：175333.33元。

F. 新技术研发费用4585250元（未形成无形资产）。

（10）财务费用：12953100元。

A. 利息支出：11880000元（公司因扩大规模，已于2007年1月1日向中国工商银行广州支行申请借款200000000元，贷款期限：8年，年利率为5.94%）。

B. 汇兑损失：390000元。

C. 利息支出：683100元（公司因一时资金不足，向非关联个人借款11500000元，签订借款合同，按照金融企业同期同类贷款利率计息）。

（11）营业外支出：6627900元。

A. 固定资产盘亏：2359900元。

B. 处置固定资产净损失：2268000元。

C. 捐赠支出：2000000元。

企业本年度内于5月26日通过公益性社会团体“乐助会”向湖南水灾灾区捐赠2000000元。

（12）投资收益：1824540.1元。

A. 短期股权投资转让净收入：85000.0000元（深圳天童股票：转让价275000.0000，转让成本：190000.0000元）。

B. 集团债券利息收入：941296元（此债券投资成本：380000元）。

C. 国债利息收入：368415.2元（此国债投资成本：250000元）。

D. 权益性投资收益：山西钢铁股份有限公司的股权收入429828.9元（投资公司所在地：山西太原市迎新街58号，投资时间：2007年5月20日，本公司占该公司的股权为45%，投资成本为250万元，该公司八年度宣布发放股利为

12735670元，该公司的企业所得税税率为25%）。

（13）工资福利表（见表10－5）。

表10－5 工资福利表

本年应付职工薪酬汇总表				单位：元
项目	应付工资	应付福利费	应付职工教育经费	应付职工工会经费
生产成本	15214200	2065250		
制造费用	2650210	322250		
销售费用	1025250	139250		
管理费用	3823020	520160	689560	502680
总额	22712680	3046910	689560	502680

（14）损益表（见表10－6）。

表10－6 损益表

2010年12月 单位：元

项目	行次	本月数	本年累计数
一、主营业务收入	1	9267533.4	115610116
减：主营业务成本	2	1047374	12535152
销售费用	3	2989657	51553665.22
主营业务税金及附加	4	4963.27	58365
二、主营业务利润	5	5225539.13	51462933.78
加：其他业务利润	6	3574.3	20807
减：管理费用	7	2014112	30924017.99
财务费用	8	1329876	12953100
三、营业利润	9	1885125.43	7606622.79
加：投资收益	10	252045	1824540.1
补贴收入	11		
营业外收入	12	846.32	5983
减：营业外支出	13	496005.38	6627900
加：以前年度损益调整	14		
四、利润总额	15	1642011.37	2809245.89

第二节　企业所得税纳税申报账表

表 10－7　中华人民共和国企业所得税年度纳税申报表（A 类）

纳税人名称：

纳税人识别号：

税款所属期间：　　年　月　日至　　年　月　日　　　　　金额单位：元（列至角、分）

类别	行次	项　　目	金额
利润总额计算	1	一、营业收入（填附表一）	
	2	减：营业成本（填附表二）	
	3	营业税金及附加	
	4	销售费用（填附表二）	
	5	管理费用（填附表二）	
	6	财务费用（填附表二）	
	7	资产减值损失	
	8	加：公允价值变动收益	
	9	投资收益	
	10	二、营业利润	
	11	加：营业外收入（填附表一）	
	12	减：营业外支出（填附表二）	
	13	三、利润总额（10＋11－12）	
应纳税所得额计算	14	加：纳税调整增加额（填附表三）	
	15	减：纳税调整减少额（填附表三）	
	16	期中：不征税收入	
	17	免税收入	
	18	减计收入	
	19	减、免税项目所得	
	20	加计扣除	
	21	抵扣应纳税所得额	
	22	加：境外应税所得弥补境内亏损	
	23	纳税调整后所得（13＋14－15＋22）	
	24	减：弥补以前年度亏损（填附表四）	
	25	应纳税所得额（23－24）	

续表

类别	行次	项　　　目	金额
应纳税额计算	26	税率（25%）	
	27	应纳所得税额（25×26）	
	28	减：减免所得税额（填附表五）	
	29	减：抵免所得税额（填附表五）	
	30	应纳税额（27－28－29）	
	31	加：境外所得应纳所得额（填附表六）	
	32	减：境外所得抵免所得额（填附表六）	
	33	实际应纳所得税额（30＋31－32）	
	34	减：本年累计实际已预缴的所得税额	
	35	其中：汇总纳税的总机构分摊预缴的税额	
	36	汇总纳税的总机构所属分支机构分摊的预缴税额	
	37	汇总纳税的总机构所属分支机构分摊的预缴税额	
	38	合并纳税（母子体制）成员企业就地预缴比例	
	39	合并纳税企业就地预缴的所得税额	
	40	本年应补（退）的所得税额（33－34）	
附列资料	41	以前年度多缴的所得税额在本年抵减额	
	42	以前年度应缴未缴在本年入库所得税额	
纳税人公章：		代理申报中介机构公章：	主管税务机关受理专用章
经办人： 申报日期：____年__月__日		经办人及执业证件号码：__________ 代理申报日期：____年__月__日	受理人：__________ 受理日期：____年__月__日

表 10－8　企业所得税年度纳税申报表（附表一）

收入明细表

填表时间：　　年　月　日　　　　　　　　　　　　金额单位：元（列至角、分）

行次	项　　　目	金额
1	一、销售（营业）收入合计（2＋13）	
2	（一）营业收入合计（3＋8）	
3	1. 主营业务收入（4＋5＋6＋7）	
4	（1）销售货物	
5	（2）提供劳务	
6	（3）让渡资产使用权	
7	（4）建造合同	
8	2. 其他业务收入（9＋10＋11＋12）	
9	（1）材料销售收入	
10	（2）代购代销手续费收入	
11	（3）包装物出租收入	
12	（4）其他	
13	（二）视同销售收入（14＋15＋16）	
14	（1）非货币性交易视同销售收入	
15	（2）货物、财产、劳务视同销售收入	
16	（3）其他视同销售收入	
17	二、营业外收入（18＋19＋20＋21＋22＋23＋24＋25＋26）	
18	1. 固定资产盘盈	
19	2. 处置固定资产净收益	
20	3. 非货币性资产交易收益	
21	4. 出售无形资产收益	
22	5. 罚款净收入	
23	6. 债务重组收益	
24	7. 政府补助收入	
25	8. 捐赠收入	
26	9. 其他	

经办人（签章）：×××　　　　　　　　　　法定代表人（签章）：×××

表 10-9　企业所得税年度纳税申报表（附表二）

成本费用明细表

填报时间：　　年　月　日　　　　　　　　金额单位：元（列至角、分）

行次	项　　　目	金额
1	一、销售（营业）成本合计（2+7+12）	
2	（一）主营业务成本（3+4+5+6）	
3	（1）销售货物成本	
4	（2）提供劳务成本	
5	（3）让渡资产使用权成本	
6	（4）建造合同成本	
7	（二）其他业务成本（8+9+10+11）	
8	（1）材料销售成本	
9	（2）代购代销费用	
10	（3）包装物出租成本	
11	（4）其他	
12	（三）视同销售成本（12+14+15）	
13	（1）非货币性交易视同销售成本	
14	（2）货物、财产、劳务视同销售成本	
15	（3）其他视同销售成本	
16	二、营业外支出（17+18+…+24）	
17	1. 固定资产盘亏	
18	2. 处置固定资产净损失	
19	3. 出售无形资产损失	
20	4. 债务重组损失	
21	5. 罚款支出	
22	6. 非常损失	
23	7. 捐赠支出	
24	8. 其他	
25	三、期间费用（26+27+28）	
26	1. 销售（营业）费用	
27	2. 管理费用	
28	3. 财务费用	

经办人（签章）：　　　　　　　　　　法定代表人（签章）：

表 10－10　企业所得税年度纳税申报表（附表三）

纳税调整项目明细表

填表时间：　　年　月　日　　　　　　　　　　　　　金额单位：元（列至角、分）

	行次	项　　目		账载金额	税收金额	调增金额	调减金额
				1	2	3	4
	1	一、收入类调整项目					
	2	1. 视同销售收入（填写附表一）					
#	3	2. 接受捐赠收入					
	4	3. 不符合税收规定的销售折扣和折让					
*	5	4. 未按权责发生制原则确认的收入					
*	6	5. 按权益法核算长期股权投资对初始投资成本调整确认收益					
	7	6. 按权益法核算的长期股权投资持有期间的投资损益					
*	8	7. 特殊重组					
*	9	8. 一般重组					
*	10	9. 公允价值变动净收益（填写附表七）					
	11	10. 确认为递延收益的政府补助					
	12	11. 境外应税所得（填写附表六）					
	13	12. 不允许扣除的境外投资损失					
	14	13. 不征税收入（填附表一）					
	15	14. 免税收入（填附表五）					
	16	15. 减计收入（填附表五）					
	17	16. 减、免税项目所得（填附表五）					
	18	17. 抵扣应纳税所得额（填附表五）					
	19	18. 其他					
	20	二、扣除类调整项目					
	21	1. 视同销售成本（填写附表二）					
	22	2. 工资薪金支出					
	23	3. 职工福利费支出					
	24	4. 职工教育经费支出					
	25	5. 工会经费支出					
	26	6. 业务招待费支出					
	27	7. 广告费和业务宣传费支出（填写附表八）					
	28	8. 捐赠支出					

续表

行次	项　　目		账载金额	税收金额	调增金额	调减金额
			1	2	3	4
29	9. 利息支出					
30	10. 住房公积金					
31	11. 罚金、罚款和被没收财物的损失					
32	12. 税收滞纳金					
33	13. 赞助支出					
34	14. 各类基本社会保障性缴款					
35	15. 补充养老保险、补充医疗保险					
36	16. 与为实现融资收益相关在当期确认的财务费用					
37	17. 与取得收入无关的支出					
38	18. 不征税收入用于支出所形成的费用					
39	19. 加计扣除（填附表五）					
40	20. 其他					
41	三、资产类调整项目					
42	1. 财产损失					
43	2. 固定资产折旧（填写附表九）					
44	3. 生产性生物资产折旧（填写附表九）					
45	4. 长期待摊费用的摊销（填写附表九）					
46	5. 无形资产摊销（填写附表十一）					
47	6. 投资转让、处置所得（填写附表十一）					
48	7. 油气勘探投资（填写附表九）					
49	8. 油气开发投资（填写附表九）					
50	9. 其他					
51	四、准备金调整项目（填写附表十）					
52	五、房地产企业预售收入计算的预计利润					
53	六、特别纳税调整应税所得					
54	七、其他					
55	合计					

注：1. 标有＊的行次为执行新会计准则的企业填列，标有#的行次为除执行新会计准则以外的企业填列。

2. 没有标注的行次，无论执行何种会计核算办法，有差异就填表相应行次，填＊号的不可以填列。

3. 有二级附表的项目只填调整、调减金额，账载金额、税收金额不再填写。

经办人（签章）：　　　　　　　　　　法定代表人（签章）：

表 10－11 企业所得税年度纳税申报表（附表四）

企业所得税弥补亏损明细表

填报时间： 年 月 日　　　　　　　　　　金额单位：元（列至角分）

行次	项目	年度	盈利额或亏损额	合并分立企业转入可弥补亏损额	当年可弥补的所得额	以前年度亏损弥补额					本年度实际弥补的以前年度亏损额	可结转以后年度弥补的亏损额
						前四年度	前三年度	前二年度	前一年度	合计		
		1	2	3	4	5	6	7	8	9	10	11
1	第一年	2005										
2	第二年	2006										
3	第三年	2007										
4	第四年	2008										
5	第五年	2009										
6	本年	2010										
7	可结转以后年度弥补的亏损额合计											

经办人（签章）：　　　　　　　　　　法定代表人（签章）：

表 10－12 企业所得税年度纳税申报表（附表五）

税收优惠明细表

填报时间： 年 月 日　　　　　　　　　　金额单位：元（列至角分）

行次	项　　目	金额
1	一、免税收入（2＋3＋4＋5）	
2	1. 国债利息收入	
3	2. 符合条件的居民企业之间的股息、红利等权益性投资收益	
4	3. 符合条件的非营利组织的收入	
5	4. 其他	
6	二、减计收入（7＋8）	
7	1. 企业综合利用资源，生产符合国家产业政策规定的产品所取得的收入	
8	2. 其他	
9	三、加计扣除额合计（10＋11＋12＋13）	
10	1. 开发新技术、新产品、新工艺发生的研究开发费用	
11	2. 安置残疾人员所支付的工资	
12	3. 国家鼓励安置的其他就业人员支付的工资	
13	4. 其他	
14	四、减免所得额合计（15＋25＋29＋30＋31＋32）	
15	（一）免税所得（16＋17＋…＋24）	

续表

行次	项　　目	金额
16	1. 蔬菜、谷物、薯类、油料、豆类、棉花、麻类、糖料、水果、坚果的种植	
17	2. 农作物新品种的选育	
18	3. 中药材的种植	
19	4. 林木的培养和种植	
20	5. 牲畜、家禽的饲养	
21	6. 林产品的采集	
22	7. 灌溉、农产品初加工、兽医、农技推广、农技作业和维修等农、林、牧、渔服务项目	
23	8. 远洋捕捞	
24	9. 其他	
25	（二）减税所得（26+27+28）	
26	1. 花卉、茶以及其他饮料作物和香料作物的种植	
27	2. 海水养殖、内陆养殖	
28	3. 其他	
29	（三）从事国家重点扶持的公共基础设施项目投资经营的所得	
30	（四）从事符合条件的环境保护、节能节水项目的所得	
31	（五）符合条件的技术转让所得	
32	（六）其他	
33	五、减免税合计（34+35+36+37+38）	
34	（一）符合规定条件的小型微利企业	
35	（二）国家需要重点扶持的高新技术企业	
36	（三）民族自治地方的企业应缴纳的企业所得税种属于地方分享的部分	
37	（四）过渡期税收优惠	
38	（五）其他	
39	六、创业投资企业抵扣的应纳税所得额	
40	七、抵免所得税额合计（41+42+43+44）	
41	（一）企业购置用于环境保护专业设备的投资额抵免的税额	
42	（二）企业购置用于节能节水专业设备的投资额抵免的税额	
43	（三）企业购置用于安全生产专业设备的投资额抵免的税额	
44	（四）其他	
45	企业从业人数（全年平均人数）	
46	资产总额（全年平均数）	
47	所属行业（工业企业　其他企业）	

经办人（签章）：　　　　　　　　　　法定代表人（签章）：

表 10－13 企业所得税年度纳税申报表（附表六）

境外所得税抵免计算明细表

填报时间： 年 月 日　　　　金额单位：元（列至角分）

抵免方式	国家或地区	境外所得	境外所得换算含税所得	弥补以前年度亏损	免税所得	弥补亏损前境外应税所得额	可弥补境内亏损	境外应纳税所得额	税率	境外所得应纳税额	境外所得可抵免税额	境外所得税款抵免限额	本年可抵免的境外所得税款	未超过境外所得税款抵免限额的余额	本年可抵免以前年度所得税额	前五年境外所得已缴税款未抵免余额	定率抵免
	1	2	3	4	5	6（3－4－5）	7	8（6－7）	9	10（8×9）	11	12	13	14（12－13）	15	16	17
直接抵免																	
间接抵免				*	*									*	*	*	
				*	*									*	*	*	
				*	*									*	*	*	
				*	*									*	*	*	
	合计																

经办人（签章）：　　　　法定代表人（签章）：

表 10－14 企业所得税年度纳税申报表（附表七）

以公允价值计量资产纳税调整表

填报时间： 年 月 日　　　　金额单位：元（列至角分）

行次	资产种类	期初金额		期末金额		纳税调整额（纳税调减以“－”表示）
		账载金额（公允价值）	计税基础	账载金额（公允价值）	计税基础	
		1	2	3	4	5
1	一、公允价值计量且其变动计入当期损益的金融资产					
2	1. 交易性金融资产					
3	2. 衍生金融工具					

续表

行次	资产种类	期初金额		期末金额		纳税调整额（纳税调减以“－”表示）
		账载金额（公允价值）	计税基础	账载金额（公允价值）	计税基础	
		1	2	3	4	5
4	3. 其他以公允价值计量的金融资产					
5	二、公允价值计量且其变动计入当期损益的金融负债					
6	1. 交易性金融负债					
7	2. 衍生金融工具					
8	3. 其他以公允价值计量的金融负债					
9	三、投资性房地产					
10	合计					

经办人：　　　　经办人（签章）：　　　　法定代表人（签章）：

表 10－15　企业所得税年度纳税申报（附表八）

广告费和业务宣传费跨年度纳税调整表

填报时间：　　年　月　日　　　　金额单位：元（列至角分）

行次	项　　目	金额
1	本年度广告费和业务宣传费支出	
2	其中：不允许扣除的广告费和业务宣传费支出	
3	本年度符合条件的广告费和业务宣传费支出（1－2）	
4	本年计算广告费和业务宣传费扣除限额的销售（营业）收入	
5	税收规定的扣除率	
6	本年广告费和业务宣传费扣除限额（4×5）	
7	本年广告费和业务宣传费支出纳税调整额（3≤6，本行＝2 行；3＞6，本行＝1－6）	
8	本年结转以后年度扣除额（3＞6，本行＝3－6；3≤6，本行＝0）	
9	加：以前年度累计结转扣除额	
10	减：本年扣除的以前年度结转额	
11	累计结转以后年度扣除额（8＋9－10）	

经办人（签章）：　　　　法定代表人（签章）：

表 10－16　企业所得税年度纳税申报表（附表九）

资产折旧、摊销纳税调整明细表

填报日期：　　年　月　日　　　　　　　　　　金额单位：元（列至角分）

行次	资产类别	资产原值		折旧、摊销年限		本期折旧、摊销额		纳税调整金额
		账载金额	计税基础	会计	税收	会计	税收	
		1	2	3	4	5	6	7
1	一、固定资产							
2	1. 房屋建筑物							
3	2. 飞机、火车、轮船、机器、机械和其他生产设备							
4	3. 与生产经营有关的器具工具家具							
5	4. 飞机、火车、轮船以外的运输工具							
6	5. 电子设备							
7	二、生产性生物资产							
8	1. 林木类							
9	2. 畜类							
10	三、长期待摊费用							
11	1. 已足额提取折旧的固定资产的改建支出							
12	2. 租入固定资产的改建支出							
13	3. 固定资产大修理支出							
14	4. 其他长期待摊费用							
15	四、无形资产							
16	五、油气勘探投资							
17	六、油气开发投资							
18	合计							

经办人（签章）：　　　　　　　　　　法定代表人（签章）：

表 10－17 企业所得税年度纳税申报表（附表十）

资产减值准备项目调整明细表

填表日期： 年 月 日 金额单位：元（列至角分）

行次	准备金类别	期初余额	本期转回额	本期计提额	期末余额	纳税调整额
		1	2	3	4	5
1	坏（呆）账准备					
2	存货跌价准备					
3	＊期中：消耗性生物资产减值准备					
4	＊持有至到期投资减值准备					
5	＊可供出售金融资产减值					
6	#短期投资跌价准备					
7	长期股权投资减值准备					
8	＊投资性房地产减值准备					
9	固定资产减值准备					
10	在建工程（工程物资）减值准备					
11	＊生产性生物资产减值准备					
12	无形资产减值准备					
13	商誉减值准备					
14	贷款损失转变					
15	矿区权益减值					
16	其他					
17	合计					

注：表中＊项目为执行新会计准则企业专用；表中加#项目为执行企业会计制度、小企业会计制度的企业专用。

经办人（签章）： 法定代表人（签章）：

表 10－18　企业所得税年度纳税申报表（附表十一）

长期股权投资所得（损失）明细表

填报时间：　　年　月　日　　　　　　　　　　　　金额单位：元（列至角分）

行次	被投资企业	期初投资额	本年度增(减)投资额	投资成本		股息红利					投资转让所得（损失）					
				初始投资成本	权益法核算对初始投资成本调整产生的收益	会计核算投资收益	会计投资损益	税收确认的股息红利		会计与税收的差异	投资转让净收入	投资转让的会计成本	投资转让的税收成本	会计上确认的转让所得或损失	按税收计算的投资转让所得或损失	会计与税收的差异
								免税收入	全额征税收入							
	1	2	3	4	5	6(7＋14)	7	8	9	10（7－8－9）	11	12	13	14（11－12）	15（11－13）	16(14－15)
1																
2																
3																
4																
5																
6																
7																
8																
合计																

投资损失补充资料								
行次	项目	年度	当年度结转金额	已弥补金额	本年度弥补金额	结转以后年度待弥补金额		备注：
1	第一年							
2	第二年							
3	第三年							
4	第四年							
5	第五年							
以前年度结转在本年度税前扣除的股权投资转让损失								

第三节　企业所得税申报表主表填报说明

一、适用范围

本表适用于实行查账征收企业所得税的居民纳税人（以下简称纳税人）填报。

二、填报依据及内容

根据《中华人民共和国企业所得税法》及其实施条例、相关税收政策，以及国家统一会计制度（企业会计制度、企业会计准则、小企业会计制度、分行业会计制度、事业单位会计制度和民间非营利组织会计制度）的规定，填报计算纳税人利润总额、应纳税所得额、应纳税额和附列资料等有关项目。

三、有关项目填报说明

（一）表头项目

1. “税款所属期间”：正常经营的纳税人，填报公历当年1月1日至12月31日；纳税人年度中间开业的，填报实际生产经营之日的当月1日至同年12月31日；纳税人年度中间发生合并、分立、破产、停业等情况的，填报公历当年1月1日至实际停业或法院裁定并宣告破产之日的当月月末；纳税人年度中间开业且年度中间又发生合并、分立、破产、停业等情况的，填报实际生产经营之日的当月1日至实际停业或法院裁定并宣告破产之日的当月月末。

2. “纳税人识别号”：填报税务机关统一核发的税务登记证号码。

3. “纳税人名称”：填报税务登记证所载纳税人的全称。

（二）表体项目

本表是在纳税人会计利润总额的基础上，加减纳税调整额后计算出“纳税调整后所得”（应纳税所得额）。会计与税法的差异（包括收入类、扣除类、资产类等差异）通过纳税调整项目明细表（附表三）集中体现。

本表包括利润总额计算、应纳税所得额计算、应纳税额计算和附列资料四个部分。

1. “利润总额计算”中的项目，按照国家统一会计制度口径计算填报。实行企业会计准则的纳税人，其数据直接取自损益表；实行其他国家统一会计制度的纳税人，与本表不一致的项目，按照其利润表项目进行分析填报。

利润总额部分的收入、成本、费用明细项目，一般工商企业纳税人，通过附表一《收入明细表》和附表二《成本费用明细表》相应栏次填报。

2. “应纳税所得额计算”和“应纳税额计算”中的项目，除根据主表逻辑关系计算的外，通过附表相应栏次填报。

3. “附列资料”填报用于税源统计分析的上一纳税年度税款在本纳税年度抵减或入库金额。

（三）行次说明

1. 第1行“营业收入”：填报纳税人主要经营业务和其他经营业务取得的收入总额。本行根据“主营业务收入”和“其他业务收入”科目的数额计算填报。一般工商企业纳税人，通过附表一《收入明细表》计算填报。

2. 第2行“营业成本”项目：填报纳税人主要经营业务和其他经营业务发生的成本总额。本行根据“主营业务成本”和“其他业务成本”科目的数额计算填报。一般工商企业纳税人，通过附表二《成本费用明细表》计算填报。

3. 第3行“营业税金及附加”：填报纳税人经营活动发生的营业税、消费税、城市维护建设税、资源税、土地增值税和教育费附加等相关税费。本行根据“营业税金及附加”科目的数额计算填报。

4. 第4行“销售费用”：填报纳税人在销售商品和材料、提供劳务的过程中发生的各种费用。本行根据“销售费用”科目的数额计算填报。

5. 第5行“管理费用”：填报纳税人为组织和管理企业生产经营发生的管理费用。本行根据“管理费用”科目的数额计算填报。

6. 第6行“财务费用”：填报纳税人为筹集生产经营所需资金等发生的筹资费用。本行根据“财务费用”科目的数额计算填报。

7. 第7行“资产减值损失”：填报纳税人计提各项资产准备发生的减值损失。本行根据“资产减值损失”科目的数额计算填报。

8. 第8行“公允价值变动收益”：填报纳税人交易性金融资产、交易性金融负债，以及采用公允价值模式计量的投资性房地产、衍生工具、套期保值业务等公允价值变动形成的应计入当期损益的利得或损失。本行根据“公允价值变动损益”科目的数额计算填报。

9. 第9行“投资收益”：填报纳税人以各种方式对外投资确认所取得的收益或发生的损失。本行根据“投资收益”科目的数额计算填报。

10. 第10行“营业利润”：填报纳税人当期的营业利润。根据上述项目计算填列。

11. 第11行“营业外收入”：填报纳税人发生的与其经营活动无直接关系的

各项收入。本行根据“营业外收入”科目的数额计算填报。一般工商企业纳税人，通过附表一《收入明细表》相关项目计算填报。

12. 第12行“营业外支出”：填报纳税人发生的与其经营活动无直接关系的各项支出。本行根据“营业外支出”科目的数额计算填报。一般工商企业纳税人，通过附表二《成本费用明细表》相关项目计算填报。

13. 第13行“利润总额”：填报纳税人当期的利润总额。

14. 第14行“纳税调整增加额”：填报纳税人会计处理与税收规定不一致，进行纳税调整增加的金额。本行通过附表三《纳税调整项目明细表》“调增金额”列计算填报。

15. 第15行“纳税调整减少额”：填报纳税人会计处理与税收规定不一致，进行纳税调整减少的金额。本行通过附表三《纳税调整项目明细表》“调减金额”列计算填报。

16. 第16行“不征税收入”：填报纳税人计入利润总额但属于税收规定不征税的财政拨款、依法收取并纳入财政管理的行政事业性收费、政府性基金以及国务院规定的其他不征税收入。

17. 第17行“免税收入”：填报纳税人计入利润总额但属于税收规定免税的收入或收益，包括国债利息收入；符合条件的居民企业之间的股息、红利等权益性投资收益；从居民企业取得与该机构场所有实际联系的股息、红利等权益性投资收益；符合条件的非营利组织的收入。本行通过附表五《税收优惠明细表》第1行计算填报。

18. 第18行“减计收入”：填报纳税人以《资源综合利用企业所得税优惠目录》规定的资源作为主要原材料，生产国家非限制和禁止并符合国家和行业相关标准的产品取得收入10%的数额。本行通过附表五《税收优惠明细表》第6行计算填报。

19. 第19行“减、免税项目所得”：填报纳税人按照税收规定减征、免征企业所得税的所得额。本行通过附表五《税收优惠明细表》第14行计算填报。

20. 第20行“加计扣除”：填报纳税人开发新技术、新产品、新工艺发生的研究开发费用，以及安置残疾人员及国家鼓励安置的其他就业人员所支付的工资，符合税收规定条件的准予按照支出额一定比例，在计算应纳税所得额时加计扣除的金额。本行通过附表五《税收优惠明细表》第9行计算填报。

21. 第21行“抵扣应纳税所得额”：填报创业投资企业采取股权投资方式投资于未上市的中小高新技术企业2年以上的，可以按照其投资额的70%在股权持有满2年的当年抵扣该创业投资企业的应纳税所得额。当年不足抵扣的，可以在以后纳税年度结转抵扣。本行通过附表五《税收优惠明细表》第39行计算

填报。

22. 第22行“境外应税所得弥补境内亏损”：填报纳税人根据税收规定，境外所得可以弥补境内亏损的数额。

23. 第23行“纳税调整后所得”：填报纳税人经过纳税调整计算后的所得额。

当本表第23行<0时，即为可结转以后年度弥补的亏损额；如本表第23行>0时，继续计算应纳税所得额。

24. 第24行“弥补以前年度亏损”：填报纳税人按照税收规定可在税前弥补的以前年度亏损的数额。

本行通过附表四《企业所得税弥补亏损明细表》第6行第10列填报。但不得超过本表第23行“纳税调整后所得”。

25. 第25行“应纳税所得额”：金额等于本表第23－24行。

本行不得为负数。本表第23行或者按照上述行次顺序计算结果本行为负数，本行金额填零。

26. 第26行“税率”：填报税法规定的税率为25%。

27. 第27行“应纳所得税额”：金额等于本表第25×26行。

28. 第28行“减免所得税额”：填报纳税人按税收规定实际减免的企业所得税额，包括小型微利企业、国家需要重点扶持的高新技术企业、享受减免税优惠过渡政策的企业，其法定税率与实际执行税率的差额，以及其他享受企业所得税减免税的数额。本行通过附表五《税收优惠明细表》第33行计算填报。

29. 第29行“抵免所得税额”：填报纳税人购置用于环境保护、节能节水、安全生产等专用设备的投资额，其设备投资额的10%可以从企业当年的应纳所得税额中抵免的金额；当年不足抵免的，可以在以后5个纳税年度结转抵免。本行通过附表五《税收优惠明细表》第40行计算填报。

30. 第30行“应纳税额”：金额等于本表第27－28－29行。

31. 第31行“境外所得应纳所得税额”：填报纳税人来源于中国境外的所得，按照企业所得税法及其实施条例以及相关税收规定计算的应纳所得税额。

32. 第32行“境外所得抵免所得税额”：填报纳税人来源于中国境外所得依照中国境外税收法律以及相关规定应缴纳并实际缴纳的企业所得税性质的税款，准予抵免的数额。

企业已在境外缴纳的所得税额，小于抵免限额的，“境外所得抵免所得税额”按其在境外实际缴纳的所得税额填报；大于抵免限额的，按抵免限额填报，超过抵免限额的部分，可以在以后五个年度内，用每年度抵免限额抵免当年应抵税额后的余额进行抵补。

33. 第33行“实际应纳所得税额”：填报纳税人当期的实际应纳所得税额。

34. 第34行“本年累计实际已预缴的所得税额”：填报纳税人按照税收规定本纳税年度已在月（季）度累计预缴的所得税款。

35. 第35行“汇总纳税的总机构分摊预缴的税额”：填报汇总纳税的总机构按照税收规定已在月（季）度在总机构所在地累计预缴的所得税款。

36. 第36行“汇总纳税的总机构财政调库预缴的税额”：填报汇总纳税的总机构按照税收规定已在月（季）度在总机构所在地累计预缴在财政调节专户的所得税款。

37. 第37行“汇总纳税的总机构所属分支机构分摊的预缴税额”：填报汇总纳税的分支机构已在月（季）度在分支机构所在地累计分摊预缴的所得税款。

38. 第38行“合并纳税（母子体制）成员企业就地预缴比例”：填报经国务院批准的实行合并纳税（母子体制）的成员企业按照税收规定就地预缴税款的比例。

39. 第39行“合并纳税企业就地预缴的所得税额”：填报合并纳税的成员企业已在月（季）度累计预缴的所得税款。

40. 第40行“本年应补（退）的所得税额”：填报纳税人当期应补（退）的所得税额。

41. 第41行“以前年度多缴的所得税在本年抵减额”：填报纳税人以前纳税年度汇算清缴多缴的税款尚未办理退税并在本纳税年度抵缴的所得税额。

42. 第42行“以前年度应缴未缴在本年入库所得额”：填报纳税人以前纳税年度损益调整税款、上一纳税年度第四季度预缴税款和汇算清缴的税款，在本纳税年度入库所得税额。

四、表内及表间关系

1. 第1行 = 附表一（1）第2行或附表一（2）第1行或附表一（3）第2行~第7行合计。

2. 第2行 = 附表二（1）第2+7行或附表二（2）第1行或附表二（3）第2~9行合计。

3. 第10行 = 本表第1-2-3-4-5-6-7+8+9行。

4. 第11行 = 附表一（1）第17行或附表一（2）第42行或附表一（3）第9行。

5. 第12行 = 附表二（1）第16行或附表二（2）第45行或附表二（3）第10行。

6. 第13行=本表第10+11-12行。
7. 第14行=附表三第55行第3列合计。
8. 第15行=附表三第55行第4列合计。
9. 第16行=附表一（3）第10行或附表三第14行第4列。
10. 第17行=附表五第1行。
11. 第18行=附表五第6行。
12. 第19行=附表五第14行。
13. 第20行=附表五第9行。
14. 第21行=附表五第39行。
15. 第22行=附表六第7列合计（当本表第13+14-15行≥0时，本行=0）。
16. 第23行=本表第13+14-15+22行。
17. 第24行=附表四第6行第10列。
18. 第25行=本表第23-24行（当本行<0时，则先调整第21行的数据，使其本行≥0；当21行=0时，23-24行≥0）。
19. 第26行填报25%。
20. 第27行=本表第25×26行。
21. 第28行=附表五第33行。
22. 第29行=附表五第40行。
23. 第30行=本表第27-28-29行。
24. 第31行=附表六第10列合计。
25. 第32行=附表六第13列合计+第15列合计或附表六第17列合计。
26. 第33行=本表第30+31-32行。
27. 第40行=本表第33-34行。

第四节　附表一《收入明细表》填报说明

一、适用范围

本表适用于执行企业会计制度、小企业会计制度、企业会计准则以及分行业会计制度的一般工商企业的居民纳税人填报。

二、填报依据和内容

根据《中华人民共和国企业所得税法》及其实施条例、相关税收政策，以及企业会计制度、小企业会计制度、企业会计准则，以及分行业会计制度规定，填报“主营业务收入”、“其他业务收入”和“营业外收入”，以及根据税收规定确认的“视同销售收入”。

三、有关项目填报说明

1. 第1行“销售（营业）收入合计”：填报纳税人根据国家统一会计制度确认的主营业务收入、其他业务收入，以及根据税收规定确认的视同销售收入。

本行数据作为计算业务招待费、广告费和业务宣传费支出扣除限额的计算基数。

2. 第2行“营业收入合计”：填报纳税人根据国家统一会计制度确认的主营业务收入和其他业务收入。

本行数额填入主表第1行。

3. 第3行“主营业务收入”：根据不同行业的业务性质分别填报纳税人按照国家统一会计制度核算的主营业务收入。

（1）第4行“销售货物”：填报从事工业制造、商品流通、农业生产以及其他商品销售企业取得的主营业务收入。

（2）第5行“提供劳务”：填报从事提供旅游饮食服务、交通运输、邮政通信、对外经济合作等劳务、开展其他服务的纳税人取得的主营业务收入。

（3）第6行“让渡资产使用权”：填报让渡无形资产使用权（如商标权、专利权、专有技术使用权、版权、专营权等）而取得的使用费收入以及以租赁业务为基本业务的出租固定资产、无形资产、投资性房地产在主营业务收入中核算取得的租金收入。

（4）第7行“建造合同”：填报纳税人建造房屋、道路、桥梁、水坝等建筑物，以及船舶、飞机、大型机械设备等取得的主营业务收入。

4. 第8行：根据不同行业的业务性质分别填报纳税人按照国家统一会计制度核算的其他业务收入。

（1）第9行“材料销售收入”：填报纳税人销售材料、下脚料、废料、废旧物资等取得的收入。

（2）第10行“代购代销手续费收入”：填报纳税人从事代购代销、受托代销商品取得的手续费收入。

（3）第 11 行“包装物出租收入”：填报纳税人出租、出借包装物取得的租金和逾期未退包装物没收的押金。

（4）第 12 行“其他”：填报纳税人按照国家统一会计制度核算、上述未列举的其他业务收入。

5. 第 13 行：填报纳税人会计上不作为销售核算，但按照税收规定视同销售确认的应税收入。

（1）第 14 行“非货币性交易视同销售收入”：填报纳税人发生非货币性交易行为，会计核算未确认或未全部确认损益，按照税收规定应视同销售确认的应税收入。

纳税人按照国家统一会计制度已确认的非货币性交易损益的，直接填报非货币性交易换出资产公允价值与已确认的非货币交易收益的差额。

（2）第 15 行“货物、财产、劳务视同销售收入”：填报纳税人将货物、财产、劳务用于捐赠、偿债、赞助、集资、广告、样品、职工福利或者利润分配等用途的，按照税收规定应视同销售确认应税收入。

（3）第 16 行“其他视同销售收入”：填报除上述项目外，按照税收规定其他视同销售确认应税收入。

6. 第 17 行“营业外收入”：填报纳税人与生产经营无直接关系的各项收入的金额。本行数据填入主表第 11 行。

（1）第 18 行“固定资产盘盈”：填报纳税人在资产清查中发生的固定资产盘盈。

（2）第 19 行“处置固定资产净收益”：填报纳税人因处置固定资产而取得的净收益。

（3）第 20 行“非货币性资产交易收益”：填报纳税人发生的非货币性交易按照国家统一会计制度确认为损益的金额。执行企业会计准则的纳税人，发生具有商业实质且换出资产为固定资产、无形资产的非货币性交易，填报其换出资产公允价值和换出资产账面价值的差额；执行企业会计制度和小企业会计制度的纳税人，填报与收到补价相对应的收益额。

（4）第 21 行“出售无形资产收益”：填报纳税人处置无形资产而取得净收益的金额。

（5）第 22 行“罚款收入”：填报纳税人在日常经营管理活动中取得的罚款收入。

（6）第 23 行“债务重组收益”：填报纳税人发生的债务重组行为确认的债务重组利得。

（7）第 24 行“政府补助收入”：填报纳税人从政府无偿取得的货币性资产

或非货币性资产的金额，包括补贴收入。

（8）第25行“捐赠收入”：填报纳税人接受的来自其他企业、组织或者个人无偿给予的货币性资产、非货币性资产捐赠，确认的收入。

（9）第26行“其他”：填报纳税人按照国家统一会计制度核算、上述项目未列举的其他营业外收入。

四、表内及表间关系

（一）表内关系

1. 第1行=本表第2+13行。
2. 第2行=本表第3+8行。
3. 第3行=本表第4+5+6+7行。
4. 第8行=本表第9+10+11+12行。
5. 第13行=本表第14+15+16行。
6. 第17行=本表第18行至第26行合计。

（二）表间关系

1. 第1行=附表八第4行。
2. 第2行=主表第1行。
3. 第13行=附表三第2行第3列。
4. 第17行=主表第11行。

第五节　附表二《成本费用明细表》填报说明

一、适用范围

本表适用于执行企业会计制度、小企业会计制度、企业会计准则，以及分行业会计制度的一般工商企业的居民纳税人填报。

二、填报依据和内容

根据《中华人民共和国企业所得税法》及其实施条例、相关税收政策，以及企业会计制度、小企业会计制度、企业会计准则，以及分行业会计制度的规定，填报“主营业务成本”、“其他业务成本”和“营业外支出”，以及根据税收规定确认的“视同销售成本”。

三、有关项目填报说明

1. 第1行"销售（营业）成本合计"：填报纳税人根据国家统一会计制度确认的主营业务成本、其他业务成本和按税收规定视同销售确认的成本。

2. 第2行"主营业务成本"：根据不同行业的业务性质分别填报纳税人按照国家统一会计制度核算的主营业务成本。

（1）第3行"销售货物成本"：填报从事工业制造、商品流通、农业生产以及其他商品销售企业发生的主营业务成本。

（2）第4行"提供劳务成本"：填报从事提供旅游饮食服务、交通运输、邮政通信、对外经济合作等劳务、开展其他服务的纳税人发生的主营业务成本。

（3）第5行"让渡资产使用权成本"：填报让渡无形资产使用权（如商标权、专利权、专有技术使用权、版权、专营权等）发生的使用费成本以及以租赁业务为基本业务的出租固定资产、无形资产、投资性房地产在主营业务收入中核算发生的租金成本。

（4）第6行"建造合同成本"：填报纳税人建造房屋、道路、桥梁、水坝等建筑物，以及船舶、飞机、大型机械设备等发生的主营业务成本。

3. 第7行"其他业务成本"：根据不同行业的业务性质分别填报纳税人按照国家统一会计制度核算的其他业务成本。

（1）第8行"材料销售成本"：填报纳税人销售材料、下脚料、废料、废旧物资等发生的支出。

（2）第9行"代购代销费用"：填报纳税人从事代购代销、受托代销商品发生的支出。

（3）第10行"包装物出租成本"：填报纳税人出租、出借包装物发生的租金支出和逾期未退包装物发生的支出。

（4）第11行"其他"：填报纳税人按照国家统一会计制度核算，上述项目未列举的其他业务成本。

4. 第12行"视同销售成本"：填报纳税人会计上不作为销售核算，但按照税收规定视同销售确认的应税成本。

本行数据填入附表三第21行第4列。

5. 第16~24行"营业外支出"：填报纳税人与生产经营无直接关系的各项支出。

本行数据填入主表第12行。

（1）第17行"固定资产盘亏"：填报纳税人在资产清查中发生的固定资产盘亏。

（2）第18行“处置固定资产净损失”：填报纳税人因处置固定资产发生的净损失。

（3）第19行“出售无形资产损失”：填报纳税人因处置无形资产而发生的净损失。

（4）第20行“债务重组损失”：填报纳税人发生的债务重组行为按照国家统一会计制度确认的债务重组损失。

（5）第21行“罚款支出”：填报纳税人在日常经营管理活动中发生的罚款支出。

（6）第22行“非常损失”：填报纳税人按照国家统一会计制度规定在营业外支出中核算的各项非正常的财产损失。

（8）第23行“捐赠支出”：填报纳税人实际发生的货币性资产、非货币性资产捐赠支出。

（9）第24行“其他”：填报纳税人按照国家统一会计制度核算、上述项目未列举的其他营业外支出。

6. 第25～28行“期间费用”：填报纳税人按照国家统一会计制度核算的销售（营业）费用、管理费用和财务费用的数额。

（1）第26行“销售（营业）费用”：填报纳税人在销售商品和材料、提供劳务的过程中发生的各种费用。本行根据“销售费用”科目的数额计算填报。本行数据填入主表第4行。

（2）第27行“管理费用”：填报纳税人为组织和管理企业生产经营发生的管理费用。本行根据“管理费用”科目的数额计算填报。本行数据填入主表第5行。

（3）第28行“财务费用”：填报纳税人为筹集生产经营所需资金等发生的筹资费用。本行根据“财务费用”科目的数额计算填报。本行数据填入主表第6行。

四、表内及表间关系

（一）表内关系

1. 第1行=本表第2+7+12行。
2. 第2行=本表第3～6行合计。
3. 第7行=本表第8行至第11行合计。
4. 第12行=本表第13+14+15行。
5. 第16行=本表第17～24行合计。
6. 第25行=本表第26+27+28行。

（二）表间关系

1. 第2+7行=主表第2行。
2. 第12行=附表三第21行第4列。
3. 第16行=主表第12行。
4. 第26行=主表第4行。
5. 第27行=主表第5行。
6. 第28行=主表第6行。

第六节　附表三《纳税调整项目明细表》填报说明

一、适用范围

本表适用于实行查账征收企业所得税的居民纳税人填报。

二、填报依据和内容

根据《中华人民共和国企业所得税法》及其实施条例、相关税收政策，以及国家统一会计制度的规定，填报企业财务会计处理与税收规定不一致、进行纳税调整项目的金额。

三、有关项目填报说明

本表纳税调整项目按照“收入类调整项目”、“扣除类调整项目”、“资产类调整项目”、“准备金调整项目”、“房地产企业预售收入计算的预计利润”、“特别纳税调整应税所得”、“其他”七大项分类汇总填报，并计算纳税调整项目的“调增金额”和“调减金额”的合计数。

数据栏分别设置“账载金额”、“税收金额”、“调增金额”、“调减金额”四个栏次。“账载金额”是指纳税人按照国家统一会计制度规定核算的项目金额。“税收金额”是指纳税人按照税收规定计算的项目金额。

“收入类调整项目”：“税收金额”扣减“账载金额”后的余额为正，填报在“调增金额”，余额如为负数，将其绝对值填报在“调减金额”。其中第4行“不符合税收规定的销售折扣和折让”，按“扣除类调整项目”处理。

“扣除类调整项目”、“资产类调整项目”：“账载金额”扣减“税收金额”后的余额为正，填报在“调增金额”，余额如为负数，将其绝对值填报在“调减金额”。

其他项目的“调增金额”、“调减金额”按上述原则计算填报。

本表打＊号的栏次均不填报。

（一）收入类调整项目

1. 第1行“一、收入类调整项目”：填报收入类调整项目第2行至第19行的合计数。第1列“账载金额”、第2列“税收金额”不填报。

2. 第2行“视同销售收入”：填报纳税人会计上不作为销售核算、税收上应确认为应税收入的金额。

（1）事业单位、社会团体、民办非企业单位直接填报第3列“调增金额”。

（2）一般工商企业第3列“调增金额”取自附表一《收入明细表》第13行。

（3）第1列“账载金额”、第2列“税收金额”和第4列“调减金额”不填。

3. 第3行“接受捐赠收入”：第2列“税收金额”填报纳税人按照国家统一会计制度规定，将接受捐赠直接计入资本公积核算、进行纳税调整的金额。第3列“调增金额”等于第2列“税收金额”。第1列“账载金额”和第4列“调减金额”不填。

4. 第4行“不符合税收规定的销售折扣和折让”：填报纳税人不符合税收规定的销售折扣和折让应进行纳税调整的金额。第1列“账载金额”填报纳税人按照国家统一会计制度规定，销售货物给购货方的销售折扣和折让金额。第2列“税收金额”填报纳税人按照税收规定可以税前扣除的销售折扣和折让的金额。第3列“调增金额”填报第1列与第2列的差额。第4列“调减金额”不填。

5. 第5行“未按权责发生制原则确认的收入”：填报纳税人会计上按照权责发生制原则确认收入，但按照税收规定不按照权责发生制确认收入，进行纳税调整的金额。

第1列“账载金额”填报纳税人按照国家统一会计制度确认的收入；第2列“税收金额”填报纳税人按照税收规定确认的应纳税收入；第3列“调增金额”填报纳税人纳税调整的金额；第4列“调减金额”填报纳税人纳税调减的金额。

6. 第6行“按权益法核算长期股权投资对初始投资成本调整确认收益”：填报纳税人采取权益法核算，初始投资成本小于取得投资时应享有被投资单位可辨认净资产公允价值份额的差额计入取得投资当期的营业外收入。本行“调减金额”数据通过附表十一《长期股权投资所得（损失）明细表》第5列“合计”填报。第1列“账载金额”、第2列“税收金额”和第3列“调增金额”

不填。

7. 第7行“按权益法核算的长期股权投资持有期间的投资损益”：第3列“调增金额”填报纳税人应分担被投资单位发生的净亏损、确认为投资损失的金额；第4列“调减金额”填报纳税人应分享被投资单位发生的净利润、确认为投资收益的金额。本行根据附表十一《长期股权投资所得（损失）明细表》分析填列。

8. 第8行“特殊重组”：填报纳税人按照税收规定作为特殊重组处理，导致财务会计处理与税收规定不一致进行纳税调整的金额。

第1列“账载金额”填报纳税人按照国家统一会计制度确认的账面金额；第2列“税收金额”填报纳税人按照税收规定确认的应税收入金额；第3列“调增金额”填报纳税人进行纳税调整增加的金额；第4列“调减金额”填报纳税人进行纳税调整减少的金额。

9. 第9行“一般重组”：填报纳税人按照税收规定作为一般重组处理，导致财务会计处理与税收规定不一致进行纳税调整的金额。

第1列“账载金额”填报纳税人按照国家统一会计制度确认的账面金额；第2列“税收金额”填报纳税人按照税收规定确认的应税收入金额；第3列“调增金额”填报纳税人进行纳税调整增加的金额；第4列“调减金额”填报纳税人进行纳税调整减少的金额。

10. 第10行“公允价值变动净收益”：第3列“调增金额”或第4列“调减金额”通过附表七《以公允价值计量资产纳税调整表》第10行第5列数据填报。

附表七第5列“纳税调整额”第10行“合计”数为正数时，填入附表三第10行本行第3列“调增金额”；为负数时，将其绝对值填入本行第4列“调减金额”。

11. 第11行“确认为递延收益的政府补助”：填报纳税人取得的不属于税收规定的不征税收入、免税收入以外的其他政府补助，按照国家统一会计制度确认为递延收益，税收处理应计入应纳税所得额应进行纳税调整的数额。

第1列“账载金额”填报纳税人按照国家统一会计制度确认的账面金额；第2列“税收金额”填报纳税人按照税收规定确认的应税收入金额；第3列“调增金额”填报纳税人进行纳税调整增加的金额；第4列“调减金额”填报纳税人进行纳税调整减少的金额。

12. 第12行“境外应税所得”：第3列“调增金额”填报纳税人并入利润总额的成本费用或确认的境外投资损失。第4列“调减金额”填报纳税人并入利润总额的境外收入、投资收益等。第1列“账载金额”、第2列“税收金额”

不填。

13. 第13行“不允许扣除的境外投资损失”：第3列“调增金额”填报纳税人境外投资除合并、撤销、依法清算外形成的损失。第1列“账载金额”、第2列“税收金额”和第4列“调减金额”不填。

14. 第14行“不征税收入”：第4列“调减金额”通过附表三第13行“不征税收入”填报。第1列“账载金额”、第2列“税收金额”和第3列“调增金额”不填。

15. 第15行“免税收入”：第4列“调减金额”通过附表五《税收优惠明细表》第1行“免税收入”填报。第1列“账载金额”、第2列“税收金额”和第3列“调增金额”不填。

16. 第16行“减计收入”：第4列“调减金额”通过取自附表五《税收优惠明细表》第6行“减计收入”填报。第1列“账载金额”、第2列“税收金额”和第3列“调增金额”不填。

17. 第17行“减、免税项目所得”：第4列“调减金额”通过取自附表五《税收优惠明细表》第14行“减免所得额合计”填报。第1列“账载金额”、第2列“税收金额”和第3列“调增金额”不填。

18. 第18行“抵扣应纳税所得额”：第4列“调减金额”通过取自附表五《税收优惠明细表》第39行“创业投资企业抵扣应纳税所得额”填报。第1列“账载金额”、第2列“税收金额”和第3列“调增金额”不填。

19. 第19行“其他”：填报企业财务会计处理与税收规定不一致、进行纳税调整的其他收入类项目金额。

（二）扣除类调整项目

1. 第20行“二、扣除类调整项目”：填报扣除类调整项目第21行至第40行的合计数。第1列“账载金额”、第2列“税收金额”不填报。

2. 第21行“视同销售成本”：第2列“税收金额”填报按照税收规定视同销售应确认的成本。

（1）事业单位、社会团体、民办非企业单位直接填报第4列“调减金额”。

（2）一般工商企业第4列“调减金额”取自附表二《成本费用明细表》第12行。

（3）第1列“账载金额”、第2列“税收金额”和第3列“调增金额”不填。

3. 第22行“工资薪金支出”：第1列“账载金额”填报纳税人按照国家统一会计制度计入成本费用的职工工资、奖金、津贴和补贴；第2列“税收金额”填报纳税人按照税收规定允许税前扣除的工资薪金。如本行第1列≥第2列，第

1 列减去第 2 列的差额填入本行第 3 列“调增金额”；如本行第 1 列 < 第 2 列，第 2 列减去第 1 列的差额填入本行第 4 列“调增金额”。

4. 第 23 行“职工福利费支出”：第 1 列“账载金额”填报纳税人按照国家统一会计制度计入成本费用的职工福利费；第 2 列“税收金额”填报纳税人按照税收规定允许税前扣除的职工福利费，金额小于或等于第 22 行“工资薪金支出”第 2 列“税收金额”×14%；如本行第 1 列≥第 2 列，第 1 列减去第 2 列的差额填入本行第 3 列“调增金额”，如本行第 1 列 < 第 2 列，如本行第 1 列 < 第 2 列，第 2 列减去第 1 列的差额填入本行第 4 列“调增金额”。

5. 第 24 行“职工教育经费支出”：第 1 列“账载金额”填报纳税人按照国家统一会计制度计入成本费用的教育经费支出；第 2 列“税收金额”填报纳税人按照税收规定允许税前扣除的职工教育经费，金额小于或等于第 22 行“工资薪金支出”第 2 列“税收金额”×2.5%，或国务院财政、税务主管部门另有规定的金额；如本行第 1 列≥第 2 列，第 1 列减去第 2 列的差额填入本行第 3 列“调增金额”，如本行第 1 列 < 第 2 列，如本行第 1 列 < 第 2 列，第 2 列减去第 1 列的差额填入本行第 4 列“调增金额”。

6. 第 25 行“工会经费支出”：第 1 列“账载金额”填报纳税人按照国家统一会计制度计入成本费用的工会经费支出。第 2 列“税收金额”填报纳税人按照税收规定允许税前扣除的工会经费，金额等于第 22 行“工资薪金支出”第 2 列“税收金额”×2%减去没有工会专用凭据列支的工会经费后的余额，如本行第 1 列≥第 2 列，第 1 列减去第 2 列的差额填入本行第 3 列“调增金额”，如本行第 1 列 < 第 2 列，如本行第 1 列 < 第 2 列，第 2 列减去第 1 列的差额填入本行第 4 列“调增金额”。

7. 第 26 行“业务招待费支出”：第 1 列“账载金额”填报纳税人按照国家统一会计制度计入成本费用的业务招待费支出；第 2 列“税收金额”填报纳税人按照税收规定允许税前扣除的业务招待费支出的金额。

8. 第 27 行“广告费与业务宣传费支出”：第 3 列“调增金额”取自附表八《广告费和业务宣传费跨年度纳税调整表》第 7 行“本年广告费和业务宣传费支出纳税调整额”，第 4 列“调减金额”取自附表八《广告费和业务宣传费跨年度纳税调整表》第 10 行“本年扣除的以前年度结转额”。第 1 列“账载金额”和第 2 列“税收金额”不填。

9. 第 28 行“捐赠支出”：第 1 列“账载金额”填报纳税人按照国家统一会计制度实际发生的捐赠支出。第 2 列“税收金额”填报纳税人按照税收规定允许税前扣除的捐赠支出的金额。如本行第 1 列≥第 2 列，第 1 列减去第 2 列的差额填入本行第 3 列“调增金额”，第 4 列“调减金额”不填；如本行第 1 列 < 第 2

列，第 3 列“调增金额”、第 4 列“调减金额”均不填。

10. 第 29 行“利息支出”：第 1 列“账载金额”填报纳税人按照国家统一会计制度实际发生的向非金融企业借款计入财务费用的利息支出的金额；第 2 列“税收金额”填报纳税人按照税收规定允许税前扣除的利息支出的金额。如本行第 1 列≥第 2 列，第 1 列减去第 2 列的差额填入本行第 3 列“调增金额”，第 4 列“调减金额”不填；如本行第 1 列 < 第 2 列，第 3 列“调增金额”、第 4 列“调减金额”均不填。

11. 第 30 行“住房公积金”：第 1 列“账载金额”填报纳税人按照国家统一会计制度实际发生的住房公积金的金额；第 2 列“税收金额”填报纳税人按照税收规定允许税前扣除的住房公积金的金额。如本行第 1 列≥第 2 列，第 1 列减去第 2 列的差额填入本行第 3 列“调增金额”，第 4 列“调减金额”不填；如本行第 1 列 < 第 2 列，第 3 列“调增金额”、第 4 列“调减金额”均不填。

12. 第 31 行“罚金、罚款和被没收财物的损失”：第 1 列“账载金额”填报纳税人按照国家统一会计制度实际发生的罚金、罚款和被罚没财物损失的金额，不包括纳税人按照经济合同规定支付的违约金（包括银行罚息）、罚款和诉讼费。第 3 列“调增金额”等于第 1 列；第 2 列“税收金额”和第 4 列“调减金额”不填。

13. 第 32 行“税收滞纳金”：第 1 列“账载金额”填报纳税人按照国家统一会计制度实际发生的税收滞纳金的金额。第 3 列“调增金额”等于第 1 列；第 2 列“税收金额”和第 4 列“调减金额”不填。

14. 第 33 行“赞助支出”：第 1 列“账载金额”填报纳税人按照国家统一会计制度实际发生且不符合税收规定的公益性捐赠的赞助支出的金额。第 3 列“调增金额”等于第 1 列；第 2 列“税收金额”和第 4 列“调减金额”不填。

广告性的赞助支出按广告费和业务宣传费的规定处理，在第 27 行“广告费与业务宣传费支出”中填报。

15. 第 34 行“各类基本社会保障性缴款”：第 1 列“账载金额”填报纳税人按照国家统一会计制度实际发生的各类基本社会保障性缴款的金额，包括基本医疗保险费、基本养老保险费、失业保险费、工伤保险费和生育保险费；第 2 列“税收金额”填报纳税人按照税收规定允许税前扣除的各类基本社会保障性缴款的金额。本行第 1 列≥第 2 列，第 1 列减去第 2 列的差额填入本行第 3 列“调增金额”；如本行第 1 列 < 第 2 列，第 3 列“调增金额”、第 4 列“调减金额”均不填。

16. 第 35 行“补充养老保险、补充医疗保险”：第 1 列“账载金额”填报纳税人按照国家统一会计制度实际发生的补充养老保险、补充医疗保险的金额；第

2 列“税收金额”填报纳税人按照税收规定允许税前扣除的补充养老保险、补充医疗保险的金额。如本行第 1 列≥第 2 列，第 1 列减去第 2 列的差额填入本行第 3 列“调增金额”，如本行第 1 列<第 2 列，则第 3 列“调增金额”、第 4 列“调减金额”均不填。

17. 第 36 行“与未实现融资收益相关在当期确认的财务费用”：第 1 列“账载金额”填报纳税人按照国家统一会计制度实际发生的、与未实现融资收益相关并在当期确认的财务费用的金额。第 2 列“税收金额”填报纳税人按照税收规定允许税前扣除的相关金额。

18. 第 37 行“与取得收入无关的支出”：第 1 列“账载金额”填报纳税人按照国家统一会计制度实际发生的、与取得收入无关的支出的金额。第 3 列“调增金额”等于第 1 列；第 2 列“税收金额”和第 4 列“调减金额”不填。

19. 第 38 行“不征税收入用于支出所形成的费用”：第 1 列“账载金额”填报纳税人按照国家统一会计制度实际发生的、不征税收入用于支出形成的费用的金额。第 3 列“调增金额”等于第 1 列；第 2 列“税收金额”和第 4 列“调减金额”不填。

20. 第 39 行“加计扣除”：第 4 列“调减金额”取自附表五《税收优惠明细表》第 9 行“加计扣除额合计”金额。第 1 列“账载金额”、第 2 列“税收金额”和第 3 列“调增金额”不填。

21. 第 40 行“其他”：填报企业财务会计处理与税收规定不一致、进行纳税调整的其他扣除类项目金额。

（三）资产类调整项目

1. 第 41 行“资产类调整项目”：填报资产类调整项目第 42 行至第 50 行的合计数。第 1 列“账载金额”、第 2 列“税收金额”不填报。

2. 第 42 行“财产损失”：第 1 列“账载金额”填报纳税人按照国家统一会计制度确认的财产损失金额；第 2 列“税收金额”填报纳税人按照税收规定允许税前扣除的财产损失金额。如本行第 1 列≥第 2 列，第 1 列减去第 2 列的差额填入本行第 3 列“调增金额”；如本行第 1 列<第 2 列，第 1 列减去第 2 列的差额的绝对值填入第 4 列“调减金额”。

3. 第 43 行“固定资产折旧”：通过附表九《资产折旧、摊销纳税调整明细表》填报。附表九《资产折旧、摊销纳税调整明细表》第 1 行“固定资产”第 7 列“纳税调整额”的正数填入本行第 3 列“调增金额”；附表九《资产折旧、摊销纳税调整明细表》第 1 行“固定资产”第 7 列“纳税调整额”负数的绝对值填入本行第 4 列“调减金额”。第 1 列“账载金额”、第 2 列“税收金额”不填。

4. 第 44 行“生产性生物资产折旧”：通过附表九《资产折旧、摊销纳税调整明细表》填报。附表九《资产折旧、摊销纳税调整明细表》第 7 行“生产性生物资产”第 7 列“纳税调整额”的正数填入本行第 3 列“调增金额”；附表九《资产折旧、摊销纳税调整明细表》第 7 行“生产性生物资产”第 7 列“纳税调整额”的负数的绝对值填入本行第 4 列“调减金额”。第 1 列“账载金额”、第 2 列“税收金额”不填。

5. 第 45 行“长期待摊费用”：通过附表九《资产折旧、摊销纳税调整明细表》填报。附表九《资产折旧、摊销纳税调整明细表》第 10 行“长期待摊费用”第 7 列“纳税调整额”的正数填入本行第 3 列“调增金额”；附表九《资产折旧、摊销纳税调整明细表》第 10 行“长期待摊费用”第 7 列“纳税调整额”的负数的绝对值填入本行第 4 列“调减金额”。第 1 列“账载金额”、第 2 列“税收金额”不填。

6. 第 46 行“无形资产摊销”：通过附表九《资产折旧、摊销纳税调整明细表》填报。附表九《资产折旧、摊销纳税调整明细表》第 15 行“无形资产”第 7 列“纳税调整额”的正数填入本行第 3 列“调增金额”；附表九《资产折旧、摊销纳税调整明细表》第 15 行“无形资产”第 7 列“纳税调整额”的负数的绝对值填入本行第 4 列“调减金额”。第 1 列“账载金额”、第 2 列“税收金额”不填。

7. 第 47 行“投资转让、处置所得”：第 3 列“调增金额”和第 4 列“调减金额”通过附表十一《股权投资所得（损失）明细表》分析填报。第 1 列“账载金额”、第 2 列“税收金额”不填。

8. 第 48 行“油气勘探投资”：通过附表九《资产折旧、摊销纳税调整明细表》填报。附表九《资产折旧、摊销纳税调整明细表》第 16 行“油气勘探投资”第 7 列“纳税调整额”的正数填入本行第 3 列；附表九《资产折旧、摊销纳税调整明细表》第 16 行“油气勘探投资”第 7 列“纳税调整额”负数的绝对值填入本行第 4 列“调减金额”。第 1 列“账载金额”、第 2 列“税收金额”不填。

9. 第 49 行“油气开发投资”：通过附表九《资产折旧、摊销纳税调整明细表》填报。附表九《资产折旧、摊销纳税调整明细表》第 17 行“油气开发投资”第 7 列“纳税调整额”的正数填入本行第 3 列；附表九《资产折旧、摊销纳税调整明细表》第 17 行“油气开发投资”第 7 列“纳税调整额”负数的绝对值填入本表第 4 列“调减金额”。第 1 列“账载金额”、第 2 列“税收金额”不填。

10. 第 50 行“其他”：填报企业财务会计处理与税收规定不一致、进行纳税调整的其他资产类项目金额。

（四）准备金调整项目

第51行“准备金调整项目”：通过附表十《资产减值准备项目调整明细表》填报。附表十《资产减值准备项目调整明细表》第17行“合计”第5列“纳税调整额”的正数填入本行第3列“调增金额”；附表十《资产减值准备项目调整明细表》第17行“合计”第5列“纳税调整额”的负数的绝对值填入本行第4列“调减金额”。第1列“账载金额”、第2列“税收金额”不填。

（五）房地产企业预售收入计算的预计利润

第52行“房地产企业预售收入计算的预计利润”：第3列“调增金额”填报从事房地产开发业务的纳税人本期取得的预售收入，按照税收规定的预计利润率计算的预计利润的金额；第4列“调减金额”填报从事房地产开发业务的纳税人本期将预售收入转为销售收入，转回已按税收规定征税的预计利润的数额。第1列“账载金额”、第2列“税收金额”不填。

（六）特别纳税调整应税所得

第53行“特别纳税调整应税所得”：第3列“调增金额”填报纳税人按特别纳税调整规定，自行调增的当年应纳税所得。第1列“账载金额”、第2列“税收金额”、第4列“调减金额”不填。

（七）其他

第54行“其他”：填报企业财务会计处理与税收规定不一致、进行纳税调整的其他项目金额。第1列“账载金额”、第2列“税收金额”不填报。

第55行“合计”：“调增金额”等于本表第1、20、41、51、52、53、54行第3列合计；“调减金额”分别等于本表第1、20、41、51、52、53、54行第4列合计。

四、表内及表间关系

（一）表内关系

1. 第1行 = 本表第2 + 3 + … + 19行。

2. 第20行 = 本表第21 + 22 + … + 40行。

3. 第41行 = 本表第42 + 43 + … + 50行。

（二）表间关系

1. 一般工商企业：第2行第3列 = 附表一（1）第13行。

金融企业：第2行第3列 = 附表一（2）第38行。

2. 第6行第4列 = 附表十一第5列“合计”行的绝对值。

3. 当附表七第10行第5列为正数时：第10行第3列 = 附表七第10行第5列；附表七第10行第5列为负数时：第10行第4列 = 附表七第10行第5列负数

的绝对值。

4. 第 14 行第 4 列 = 附表一（3）第 10 行。

5. 第 15 行第 4 列 = 附表五第 1 行。

6. 第 16 行第 4 列 = 附表五第 6 行。

7. 第 17 行第 4 列 = 附表五第 14 行。

8. 第 18 行第 4 列 = 附表五第 39 行。

9. 一般工商企业：第 21 行第 4 列 = 附表二（1）第 12 行。

金融企业：第 21 行第 4 列 = 附表二（2）第 41 行。

10. 第 27 行第 3 列 = 附表八第 7 行。第 27 行第 4 列 = 附表八第 10 行。

11. 第 39 行第 4 列 = 附表五第 9 行。

12. 附表九第 1 行第 7 列为正数时：第 43 行第 3 列 = 附表九第 1 行第 7 列；附表九第 1 行第 7 列为负数时：第 43 行第 4 列 = 附表九第 1 行第 7 列负数的绝对值。

13. 附表九第 7 行第 7 列为正数时：第 44 行第 3 列 = 附表九第 7 行第 7 列；附表九第 7 行第 7 列为负数时：第 44 行第 4 列 = 附表九第 7 行第 7 列负数的绝对值。

14. 附表九第 10 行第 7 列为正数时：第 45 行第 3 列 = 附表九第 10 行第 7 列；附表九第 10 行第 7 列为负数时：第 45 行第 4 列 = 附表九第 10 行第 7 列负数的绝对值。

15. 附表九第 15 行第 7 列为正数时：第 46 行第 3 列 = 附表九第 15 行第 7 列；附表九第 15 行第 7 列为负数时：第 46 行第 4 列 = 附表九第 15 行第 7 列负数的绝对值。

16. 附表九第 16 行第 7 列为正数时：第 48 行第 3 列 = 附表九第 16 行第 7 列；附表九第 16 行第 7 列为负数时：第 48 行第 4 列 = 附表九第 16 行第 7 列负数的绝对值。

17. 附表九第 17 行第 7 列为正数时：第 49 行第 3 列 = 附表九第 17 行第 7 列；附表九第 17 行第 7 列为负数时：第 49 行第 4 列 = 附表九第 17 行第 7 列负数的绝对值。

18. 附表十第 17 行第 5 列合计数为正数时：第 51 行第 3 列 = 附表十第 17 行第 5 列；附表十第 17 行第 5 列合计数为负数时：第 51 行第 4 列 = 附表十第 17 行第 5 列的绝对值。

19. 第 55 行第 3 列 = 主表第 14 行。

20. 第 55 行第 4 列 = 主表第 15 行。

第七节 附表四《企业所得税弥补亏损明细表》填报说明

一、适用范围

本表适用于实行查账征收企业所得税的居民纳税人填报。

二、填报依据及内容

根据《中华人民共和国企业所得税法》及其实施条例、相关税收政策规定，填报本纳税年度及本纳税年度前5年度发生的税前尚未弥补的亏损额。

三、有关项目填报说明

1. 第1列“年度”：填报公历年度。第1~5行依次从6行往前倒推5年，第6行为申报年度。

2. 第2列“盈利额或亏损额”：填报主表的第23行“纳税调整后所得”的金额（亏损额以“-”表示）。

3. 第3列“合并分立企业转入可弥补亏损额”：填报按照税收规定企业合并、分立允许税前扣除的亏损额，以及按税收规定汇总纳税后分支机构在2008年以前按独立纳税人计算缴纳企业所得税尚未弥补完的亏损额（以“-”表示）。

4. 第4列“当年可弥补的所得额”：金额等于第2+3列合计。

5. 第9列“以前年度亏损弥补额”：金额等于第5+6+7+8列合计（第4列为正数的不填）。

6. 第10列第1~5行“本年度实际弥补的以前年度亏损额”：填报主表第24行金额，用于依次弥补前5年度尚未弥补的亏损额。

7. 第6行第10列“本年度实际弥补的以前年度亏损额”：金额等于第1~5行第10列的合计数（第6行第10列的合计数≤第6行第4列的合计数）。

8. 第11列第2~6行“可结转以后年度弥补的亏损额”：填报前5年度的亏损额被本年主表中第24行数据依次弥补后，各年度仍未弥补完的亏损额，以及本年度尚未弥补的亏损额。第11列=第4列的绝对值-第9列-第10列（第4列大于零的行次不填报）。

9. 第 7 行第 11 列“可结转以后年度弥补的亏损额合计”：填报第 2 ~6 行第 11 列的合计数。

四、表内及表间关系

第 6 行第 10 列 = 主表第 24 行。

第八节　附表五《税收优惠明细表》填报说明

一、适用范围

本表适用于实行查账征收企业所得税的居民纳税人填报。

二、填报依据和内容

根据《中华人民共和国企业所得税法》及其实施条例、相关税收政策规定，填报纳税人本纳税年度发生的免税收入、减计收入、加计扣除、减免所得、减免税、抵扣的应纳税所得额和抵免税额。

三、有关项目填报说明

（一）免税收入

1. 第 2 行“国债利息收入”：填报纳税人持有国务院财政部门发行的国债取得的利息收入。

2. 第 3 行“符合条件的居民企业之间的股息、红利等权益性投资收益”：填报居民企业直接投资于其他居民企业所取得的投资收益，不包括连续持有居民企业公开发行并上市流通的股票不足 12 个月取得的投资收益。

3. 第 4 行“符合条件的非营利组织的收入”：填报符合条件的非营利组织的收入，不包括除国务院财政、税务主管部门另有规定外的从事营利性活动所取得的收入。

4. 第 5 行“其他”：填报国务院根据税法授权制定的其他免税收入。

（二）减计收入

1. 第 7 行“企业综合利用资源，生产符合国家产业政策规定的产品所取得的收入”：填报纳税人以《资源综合利用企业所得税优惠目录》内的资源作为主要原材料，生产非国家限制和禁止并符合国家和行业相关标准的产品所取得的收入减计 10% 部分的数额。

2. 第 8 行“其他”：填报国务院根据税法授权制定的其他减计收入的数额。

（三）加计扣除额合计

1. 第 10 行“开发新技术、新产品、新工艺发生的研究开发费用”：填报纳税人为开发新技术、新产品、新工艺发生的研究开发费用，未形成无形资产计入当期损益的，按研究开发费用的 50% 加计扣除的金额。

2. 第 11 行“安置残疾人员所支付的工资”：填报纳税人按照有关规定条件安置残疾人员，支付给残疾职工工资的 100% 加计扣除额。

3. 第 12 行“国家鼓励安置的其他就业人员支付的工资”：填报国务院根据税法授权制定的其他就业人员支付工资的加计扣除额。

4. 第 13 行“其他”：填报国务院根据税法授权制定的其他加计扣除额。

（四）减免所得额合计

1. 第 16 行“蔬菜、谷物、薯类、油料、豆类、棉花、麻类、糖料、水果、坚果的种植”：填报纳税人种植蔬菜、谷物、薯类、油料、豆类、棉花、麻类、糖料、水果、坚果免征的所得额。

2. 第 17 行“农作物新品种的选育”：填报纳税人从事农作物新品种的选育免征的所得额。

3. 第 18 行“中药材的种植”：填报纳税人从事中药材的种植免征的所得额。

4. 第 19 行“林木的培育和种植”：填报纳税人从事林木的培育和种植免征的所得额。

5. 第 20 行“牲畜、家禽的饲养”：填报纳税人从事牲畜、家禽的饲养免征的所得额。

6. 第 21 行“林产品的采集”：填报纳税人从事采集林产品免征的所得额。

7. 第 22 行“灌溉、农产品初加工、兽医、农技推广、农机作业和维修等农、林、牧、渔服务业项目”：填报纳税人从事灌溉、农产品初加工、兽医、农技推广、农机作业和维修等农、林、牧、渔服务业免征的所得额。

8. 第 23 行“远洋捕捞”：填报纳税人从事远洋捕捞免征的所得额。

9. 第 24 行“其他”：填报国务院根据税法授权制定的其他免税所得额。

10. 第 26 行“花卉、茶以及其他饮料作物和香料作物的种植”：填报纳税人从事花卉、茶以及其他饮料作物和香料作物种植取得的所得减半征收的部分。

11. 第 27 行“海水养殖、内陆养殖”：填报纳税人从事海水养殖、内陆养殖取得的所得减半征收的部分。

12. 第28行“其他”：填报国务院根据税法授权制定的其他减税所得额。

13. 第29行“从事国家重点扶持的公共基础设施项目投资经营的所得”：填报纳税人从事《公共基础设施项目企业所得税优惠目录》规定的港口码头、机场、铁路、公路、城市公共交通、电力、水利等项目的投资经营的所得额。不包括企业承包经营、承包建设和内部自建自用该项目的所得。

14. 第30行“从事符合条件的环境保护、节能节水项目的所得”：填报纳税人从事公共污水处理、公共垃圾处理、沼气综合开发利用、节能减排技术改造、海水淡化等项目减征、免征的所得额。

15. 第31行“符合条件的技术转让所得”：填报居民企业技术转让所得免征、减征的部分（技术转让所得不超过500万元的部分，免征企业所得税；超过500万元的部分，减半征收企业所得税）。

16. 第32行“其他”：填报国务院根据税法授权制定的其他减免所得。

（五）减免税合计

1. 第34行“符合规定条件的小型微利企业”：填报纳税人从事国家非限制和禁止行业并符合规定条件的小型微利企业享受优惠税率减征的企业所得税税额。

2. 第35行“国家需要重点扶持的高新技术企业”：填报纳税人从事国家需要重点扶持的拥有核心自主知识产权等条件的高新技术企业享受减征企业所得税税额。

3. 第36行“民族自治地方的企业应缴纳的企业所得税种属于地方分享的部分”：填报纳税人经民族自治地方所在省、自治区、直辖市人民政府批准，减征或者免征民族自治地方的企业缴纳的企业所得税中属于地方分享的企业所得税税额。

4. 第37行“过渡期税收优惠”：填报纳税人符合国务院规定以及经国务院批准给予的过渡期税收优惠政策。

5. 第38行“其他”：填报国务院根据税法授权制定的其他减免税额。

（六）创业投资抵扣应纳税所得额

第39行“创业投资企业抵扣的应纳税所得额”填报创业投资企业采取股权投资方式投资于未上市的中小高新技术企业2年以上的，可以按照其投资额的70%在股权持有满2年的当年抵扣该创业投资企业的应纳税所得额；当年不足抵扣的，可以在以后纳税年度结转抵扣。

（七）抵免所得税额合计

1. 第41~43行，填报纳税人购置并实际使用《环境保护专用设备企业所得税优惠目录》、《节能节水专用设备企业所得税优惠目录》和《安全生产专用设

备企业所得税优惠目录》规定的环境保护、节能节水、安全生产等专用设备的，允许从企业当年的应纳税额中抵免的投资额10%的部分。当年不足抵免的，可以在以后5个纳税年度结转抵免。

2. 第44行“其他”：填报国务院根据税法授权制定的其他抵免所得税额部分。

（八）减免税附列资料

1. 第45行“企业从业人数”：填报纳税人全年平均从业人员，按照纳税人年初和年末的从业人员平均计算，用于判断是否为税收规定的小型微利企业。

2. 第46行“资产总额”：填报纳税人全年资产总额平均数，按照纳税人年初和年末的资产总额平均计算，用于判断是否为税收规定的小型微利企业。

3. 第47行“所属行业（工业企业其他企业）”项目，填报纳税人所属的行业，用于判断是否为税收规定的小型微利企业。

四、表内及表间关系

（一）表内关系

1. 第1行=本表第2+3+4+5行。
2. 第6行=本表第7+8行。
3. 第9行=本表第10+11+12+13行。
4. 第14行=本表第15+25+29+30+31+32行。
5. 第15行=本表第16~24行合计。
6. 第25行=本表第26+27+28行。
7. 第33行=本表第34+35+36+37+38行。
8. 第40行=本表第41+42+43+44行。

（二）表间关系

1. 第1行=附表三第15行第4列=主表第17行。
2. 第6行=附表三第16行第4列=主表第18行。
3. 第9行=附表三第39行第4列=主表第20行。
4. 第14行=附表三第17行第4列=主表第19行。
5. 第39行=附表三第18行第4列。
6. 第33行=主表第28行。
7. 第40行=主表第29行。

第八节 附表六《境外所得税抵免计算明细表》填报说明

一、适用范围

本表适用于实行查账征收企业所得税的居民纳税人填报。

二、填报依据和内容

根据《中华人民共和国企业所得税法》及其实施条例、相关税收政策的规定，填报纳税人本纳税年度来源于不同国家或地区的境外所得，按照税收规定应缴纳和应抵免的企业所得税额。

三、各项目填报说明

1. 第1列“国家或地区”：填报境外所得来源的国家或地区的名称。来源于同一国家或地区的境外所得可合并到一行填报。

2. 第2列“境外所得”：填报来自境外的税后境外所得的金额。

3. 第3列“境外所得换算含税所得”：填报第2列境外所得换算成包含在境外缴纳企业所得税以及按照我国税收规定计算的所得。

4. 第4列“弥补以前年度亏损”：填报境外所得按税收规定弥补以前年度境外亏损额。

5. 第5列“免税所得”：填报按照税收规定予以免税的境外所得。

6. 第6列“弥补亏损前境外应税所得额”：填报境外所得弥补境内亏损前的应税所得额。第6列=第3列－第4列－第5列。

7. 第7列“可弥补境内亏损”：填报境外所得按税收规定弥补境内亏损额。

8. 第8列“境外应纳税所得额”：填报弥补亏损前境外应纳税所得额扣除可弥补境内亏损后的金额。

9. 第9列“税率”：填报纳税人境内税法规定的税率25%。

10. 第10列“境外所得应纳税额”：填报境外应纳税所得额与境内税法规定税率的乘积的金额。

11. 第11列“境外所得可抵免税额”：填报纳税人已在境外缴纳的所得税税

款的金额。

12. 第 12 列“境外所得税款抵免限额”：抵免限额 = 中国境内、境外所得依照企业所得税法和条例的规定计算的应纳税总额 × 来源于某国（地区）的应纳税所得额 ÷ 中国境内、境外应纳税所得总额。

13. 第 13 列“本年可抵免的境外所得税款”：填报本年度来源于境外的所得已缴纳所得税，在本年度允许抵免的金额。

14. 第 14 列“未超过境外所得税款抵免限额的余额”：填报本年度在抵免限额内抵免完境外所得税后，可用于抵免以前年度结转的待抵免的所得税额。

15. 第 15 列“本年可抵免以前年度税额”：填报本年度可抵免以前年度未抵免、结转到本年度抵免的境外所得税额。

16. 第 16 列“前 5 年境外所得已缴税款未抵免余额”：填报可结转以后年度抵免的境外所得税未抵免余额。

17. 第 17 列“定率抵免”。本列适用于实行定率抵免境外所得税款的纳税人，填报此列的纳税人不填报第 11 列至第 16 列。

四、表内及表间关系

（一）表内关系

1. 第 6 列 = 本表第 3 – 4 – 5 列。

2. 第 8 列 = 本表第 6 – 7 列。

3. 第 10 列 = 本表第 8 × 9 列。

4. 第 14 列 = 本表第 12 – 13 列。

5. 第 13 列“本年可抵免的境外所得税款”。第 12 列某行 ≤ 同一行次的第 11 列，第 13 列 = 第 12 列；当第 12 列某行 ≥ 同一行次的第 11 列，第 13 列 = 第 11 列。

6. 第 14 列“未超过境外所得税款抵免限额的余额”各行 = 同一行的第 12 – 13 列，当计算出的值 ≤ 0 时，本列该行为 0；当计算出的值 ≥ 0 时，第 14 列 = 第 15 列。

7. 第 15 列“本年可抵免以前年度所得税额”各行 ≤ 同一行次的第 14 列；第 13 列合计行 + 第 15 列合计行 = 主表第 32 行。

（二）表间关系

1. 《纳税调整明细表》（附表三）第 12 行“境外应税所得”第 4 列调减金额，数据来源于《境外所得税抵免计算明细表》（附表六）第 2 列“境外所得”。

2. 主表第 22 行“境外应税所得，弥补境内亏损”，由附表六第 7 列“可弥补境内亏损合计数”填入。

3. 第10列合计数 = 主表第31行。

4. 第13列合计行 + 第15列合计行 = 主表第32行。

5. 第17列合计行 = 主表第32行。

第十节 附表七《以公允价值计量资产纳税调整表》填报说明

一、适用范围

本表适用于实行查账征收企业所得税的居民纳税人填报。

二、填报依据和内容

根据《中华人民共和国企业所得税法》及其实施条例、相关税收政策，以及企业会计准则的规定，填报纳税人以公允价值计量且其变动计入当期损益的金融资产、金融负债、投资性房地产的期初、期末的公允价值、计税基础以及纳税调整额。

三、各项目填报说明

1. 第1列、第3列"账载金额（公允价值）"：填报纳税人根据会计准则规定以公允价值计量且其变动计入当期损益的金融资产、金融负债以及投资性房地产的期初、期末账面金额。

2. 第2列、第4列"计税基础"：填报纳税人以公允价值计量且其变动计入当期损益的金融资产、金融负债以及投资性房地产按照税收规定确定的计税基础的金额。

3. 对第6行第5列交易性金融负债的"纳税调整额" = 本表(第2列 - 第4列) - (第1列 - 第3列)。其他行次第5列"纳税调整额" = 本表(第4列 - 第2列) - (第3列 - 第1列)。

四、表内及表间关系

第10行第5列为正数时：第10行第5列 = 附表三第10行第3列；第10行第5列为负数时：第10行第5列负数的绝对值 = 附表三第10行第4列。

第十一节　附表八《广告费和业务宣传费跨年度纳税调整表》填报说明

一、适用范围

本表适用于实行查账征收企业所得税的居民纳税人填报。

二、填报依据和内容

根据《中华人民共和国企业所得税法》及其实施条例、相关税收政策，以及国家统一企业会计制度的规定，填报纳税人本年度发生的全部广告费和业务宣传费支出的有关情况、按税收规定可扣除额、本年度结转以后年度扣除额及以前年度累计结转扣除额等。

三、有关项目填报说明

1. 第1行“本年度广告费和业务宣传费支出”：填报纳税人本期实际发生的广告费和业务宣传费用的金额。

2. 第2行“不允许扣除的广告费和业务宣传费支出”：填报税收规定不允许扣除的广告费和业务宣传费支出的金额。

3. 第3行“本年度符合条件的广告费和业务宣传费支出”：本行等于本表第1－2行。

4. 第4行“本年计算广告费和业务宣传费扣除限额的销售（营业）收入”：一般工商企业：填报附表一（1）第1行的“销售（营业）收入合计”数额；金融企业：填报附表一（2）第1行“营业收入”＋第38行“按税法规定视同销售的收入”；事业单位、社会团体、民办非企业单位：填报主表第1行“营业收入”。

5. 第5行“税收规定的扣除率”：填报按照税收规定纳税人适用的扣除率。

6. 第6行“本年广告费和业务宣传费扣除限额”：金额等于本表第4×5行。

7. 第7行“本年广告费和业务宣传费支出纳税调整额”：当第3行≤第6行，本行＝本表第2行；当第3行＞第6行，本行＝本表第1－6行。

8. 第8行“本年结转以后年度扣除额”：当第3行＞第6行，本行＝本表第3－6行；当第3行≤第6行，本行填0。

9. 第9行“加：以前年度累计结转扣除额”：填报以前年度允许税前扣除但超过扣除限额未扣除、结转扣除的广告费和业务宣传费的金额。

10. 第10行“减：本年扣除的以前年度结转额”：当第3行≥第6行，本行填0；当第3行<第6行，第3行-第6行差额如果小于或者等于第9行“以前年度累计结转扣除额”，直接将差额填入本行；其差额如果大于第9行“以前年度累计结转扣除额”，本行=第9行。

11. 第11行“累计结转以后年度扣除额”：本行=本表第8+9-10行。

四、表间关系

第7行=附表三第27行第3列。

第10行=附表三第27行第4列。

第十二节　附表九《资产折旧、摊销纳税调整表》填报说明

一、适用范围

本表适用于实行查账征收企业所得税的居民纳税人填报。

二、填报依据和内容

根据《中华人民共和国企业所得税法》及其实施条例、相关税收政策，以及国家统一会计制度的规定，填报固定资产、生产性生物资产、长期待摊费用、无形资产、油气勘探投资、油气开发投资会计处理与税收处理的折旧、摊销，以及纳税调整额。

三、各项目填报说明

1. 第1列“账载金额”：填报纳税人按照国家统一会计制度计算提取折旧、摊销的资产原值（或历史成本）的金额。

2. 第2列“计税基础”，填报纳税人按照税收规定计算税前扣除折旧、摊销的金额。

3. 第3列：填报纳税人按照国家统一会计制度计算提取折旧、摊销额的年限。

4. 第4列：填报纳税人按照税收规定计算税前扣除折旧、摊销额的年限。

5. 第5列：填报纳税人按照国家统一会计制度计算本纳税年度的折旧、摊销额。

6. 第6列：填报纳税人按照税收规定计算税前扣除的折旧、摊销额。

7. 第7列：金额 = 第5 - 6列。如本列为正数，进行纳税调增；如本列为负数，进行纳税调减。

四、表间关系

1. 第1行第7列 >0 时：第1行第7列 = 附表三第43行第3列；第1行第7列 <0 时：第1行第7列负数的绝对值 = 附表三第43行第4列。

2. 第7行第7列 >0 时：第7行第7列 = 附表三第44行第3列；第7行第7列 <0 时：第7行第7列负数的绝对值 = 附表三第44行第4列。

3. 第10行第7列 >0 时：第10行第7列 = 附表三第45行第3列；第10行第7列 <0 时：第10行第7列负数的绝对值 = 附表三第45行第4列。

4. 第15行第7列 >0 时：第15行第7列 = 附表三第46行第3列；第15行第7列为 <0 时：第15行第7列负数的绝对值 = 附表三第46行第4列。

5. 第16行第7列 >0 时：第16行第7列 = 附表三第48行第3列；第16行第7列 <0 时：第16行第7列负数的绝对值 = 附表三第48行第4列。

6. 第17行第7列 >0 时：第17行第7列 = 附表三第49行第3列；第17行第7列 <0 时：第17行第7列负数的绝对值 = 附表三第49行第4列。

第十三节　附表十《资产减值准备项目调整明细表》填报说明

一、适用范围

本表适用于实行查账征收企业所得税的居民纳税人填报。

二、填报依据和内容

根据《中华人民共和国企业所得税法》及其实施条例、相关税收政策，以及国家统一会计制度的规定，填报各项资产减值准备、风险准备等准备金支出，以及会计处理与税收处理差异的纳税调整额。

三、各项目填报说明

本表“注：……”修改为：“标有＊或#的行次，纳税人分别按照适用的国家统一会计制度填报”。

1. 第1列“期初余额”：填报纳税人按照国家统一会计制度核算的各项准备金期初数的金额。

2. 第2列“本期转回额”：填报纳税人按照国家统一会计制度核算价值恢复、资产转让等原因转回的准备金本期转回金额。

3. 第3列“本期计提额”：填报纳税人按照国家统一会计制度核算资产减值的准备金本期计提数的金额。

4. 第4列“期末余额”：填报纳税人按照国家统一会计制度核算的各项准备金期末数的金额。

5. 第5列“纳税调整额”：金额等于本表第3列－第2列。当第5列>0时，进行纳税调增；第5列<0时，进行纳税调减。

四、表间关系

第17行第5列>0时：第17行第5列＝附表三第51行第3列；第17行第5列<0时：第17行第5列＝附表三第51行第4列。

第十四节　附表十一《长期股权投资所得（损失）明细表》填报说明

一、适用范围

本表适用于实行查账征收企业所得税的居民纳税人填报。

二、填报依据和内容

根据《中华人民共和国企业所得税法》及其实施条例、相关税收政策，以及国家统一企业会计制度的规定，填报会计核算的长期股权投资成本、投资收益及其税收处理，以及会计处理与税收处理差异的纳税调整额。

三、有关项目填报说明

1. 第2列“期初投资额”：填报对被投资企业投资的期初余额。

2. 第3列“本年度增（减）投资额”：填报本纳税年度内对同一企业股权投资增减变化金额。

3. 第4列“初始投资成本”：填报纳税人取得长期股权投资的所有支出的金额，包括支付的货币性资产、非货币性资产的公允价值及支付的相关税费。

4. 第5列“权益法核算对初始投资成本调整产生的收益”：填报纳税人采取权益法核算，初始投资成本小于取得投资时应享有被投资单位可辨认净资产公允价值份额的差额计入取得投资当期的营业外收入的金额。

5. 第6列“会计核算投资收益”：填报纳税人按照国家统一会计制度核算的投资收益的金额。本行根据“投资收益”科目的数额计算填报。

6. 第7列“会计投资损益”：填报纳税人按照国家统一会计制度核算的扣除投资转让损益后的金额。

7. 第8、9列“税收确认的股息红利”：填报纳税人在纳税本年度取得按照税收规定确认的股息红利的金额。对于符合税收免税规定条件的股息红利，填入第8列“免税收入”，不符合的填入第9列“全额征税收入”。

8. 第11列“投资转让净收入”：填报纳税人因收回、转让或清算处置股权投资时，转让收入扣除相关税费后的金额。

9. 第12列“投资转让的会计成本”：填报纳税人因收回、转让或清算处置股权投资时，按照国家统一会计制度核算的投资转让成本的金额。

10. 第13列“投资转让的税收成本”：填报纳税人因收回、转让或清算处置股权投资时，按税收规定计算的投资转让成本的金额。

11. 第14列“会计上确认的转让所得或损失”：填报纳税人按照国家统一会计制度核算的长期股权投资转让所得或损失的金额。

12. 第15列“按税收计算的投资转让所得或损失”：填报纳税人因收回、转让或清算处置股权投资时，按税收规定计算的投资转让所得或损失。

四、“投资损失补充资料”填报说明

本部分主要反映投资转让损失历年弥补情况。如“按税收计算投资转让所得或损失”与“税收确认的股息红利”合计数大于零，可弥补以前年度的投资损失。

1. “年度”：分别填报本年度前5年自然年度。

2. “当年度结转金额”：当年投资转让损失需结转以后年度弥补的金额。

3. “已弥补金额”：已经用历年投资收益弥补的金额。

4. “本年度弥补金额”：本年投资所得（损失）合计数为正数时，可按顺序弥补以前年度的投资损失。

5. “以前年度结转在本年度税前扣除的股权投资转让损失”：填报本年度弥补金额合计数＋第一年结转填入附三表中“投资转让所得、处置所得”调减项目中。

五、表间关系

第5列“合计”行＝附表三第6行第4列。

第十一章　税务技能实训

——纳税申报综合案例

第一节　企业概况与实验要求

一、企业概况

广东雅士力汽车制造有限公司坐落在广州市越秀区梅花街青松路369号，常年从事开发生产和销售各种乘用、商用及越野车型。下设汽车制造部、销售部、维修事业部。深受社会的好评与新老客户的厚爱，公司占地面积共计800000平方米，其中，厂房及车辆检测占地400000平方米，幼儿园占地1500平方米，医院占地3500平方米，图书馆占地2000平方米，食堂占地2000平方米，娱乐设施占地1000平方米。建筑面积500000平方米，属于一级用地。企业属于一般纳税人，自行申报纳税。企业出口货物采用“免、抵、退”办法。

法定代表人：××

纳税人识别号：3881263295 *****

地址及电话：广州市越秀区梅花街青松路369号 020－890 *****

开户行及账号：中国工商银行广州市越秀区支行 69001000000056 *****

会计主管：×××

会计：×××

出纳：××

摩托车出口退税率为13%，小轿车出口退税率为17%

二、税款所属期

税款所属时期：2012 年 12 月 1 日至 12 月 31

填表日期：2013 年 1 月 7 日

三、增值税纳税申报资料

企业 1 ~ 11 月增值税销项税额合计：1506973.76（元）

企业 1 ~ 11 月应税货物销售额合计：150045021.20（元）

企业 1 ~ 11 月应税劳物销售额合计：652302.56（元）

企业 1 ~ 11 月出口货物销售额合计：102536542.80（元）

企业 1 ~ 11 月销项税额合计：25618545.04（元）

企业 1 ~ 11 月增值税进项税抵扣税额合计：34512247.84（元）

企业 1 ~ 11 月增值税进项税转出合计：65202.80（元）

企业 1 ~ 11 月固定资产进项税额抵扣额合计：5263218.72（元）

企业 1 ~ 11 月留抵税额合计：250000.00（元）

11 月没有发生购销业务，也没有发生过缴纳增值税。

企业 1 ~ 11 月应退增值税合计：8578500.00（元）

四、车船使用税纳税申报资料

1. 有一辆大型客车，规定的单位税额为 600 元/辆，应纳税月数为 12 个月。

2. 有两辆微型客车，规定的单位税额都是为 240 元/辆，两辆应纳税月数都为 12 个月。

3. 有自重 5 吨的载货汽车一辆，规定的单位税额为 96 元/吨，应纳税月数为 12 个月。

4. 有自重 4 吨的载货汽车一辆，规定的单位税额为 96 元/吨，应纳税月数为 12 个月。

5. 有自重 15 吨的轮式专用机械车一辆，规定的单位税额为 96 元/吨，应纳税月数为 12 个月。

6. 有自重 35 吨的轮式专用机械车一辆，规定的单位税额为 96 元/吨，应纳税月数为 12 个月。

广东省雅士力汽车制造有限公司 2013 年 1 月 15 日申报车船税，税款所属时期为 2012 年 1 月 1 日至 12 月 31 日，附表资料如下，请按以下顺序填写纳税申报表。

号牌号码	号牌颜色	车船类型	机动车登记证书编号或船舶初次登记号	车船登记地	自重吨位/净吨位	税额标准
粤 AE6595	蓝色	大型客车	625590568125	广州市	—	600
粤 AW6595	蓝色	微型客车	600590568383	广州市	—	240
粤 AD3852	蓝色	微型客车	600820014269	广州市	—	240
粤 AR5263	蓝色	载货汽车	600200068919	广州市	5	96
粤 A8P295	蓝色	载货汽车	600200067172	广州市	4	96
粤 AY5130	蓝色	轮式专用机械车	600321161381	广州市	15	96
粤 AQ6920	蓝色	轮式专用机械车	600752690280	广州市	35	96

五、城镇土地使用税纳税申报资料

填表时间：2012 年 6 月 10 日

税款所属时期：2012 年 1 月 1 日至 12 月 31 日

本地区的房产税缴纳。从价计征的采用在每年的 6 月 1 日至 9 月 30 日按年申报：若 9 月之后发生的从价计征的税额采用按月申报，直至下一年开始采用按年申报；从租计征采用按月申报。

广东省雅士力汽车制造有限公司 2012 年申报城镇土地使用税资料如下：

1. 公司去年建设房屋与厂房生产经营占地面积共为 800000.00 平方米，其中属于地上建筑物的房屋原价值为 125012300.00 元，地下厂房的房屋原值为 251010123.00 元。

2. 2012 年 5 月 22 日，由于扩大生产规模，该公司借用广州运程机械加工有限公司的地下仓库，并签订合同，仓库总面积 100000 平方米，共交付 300 万元现金，该仓库交付使用。

六、房产税纳税申报资料

填表时间：2012 年 6 月 10 日

税款所属时期：2012 年 1 月 1 日至 12 月 31 日

本地区的房产税缴纳：扣除比例 30%，地下建筑物扣除比例 60%，经税务局审定为二级土地，税率为 18 元。从价计征的采用在每年的 6 月 1 日至 9 月 30 日按年申报：若 9 月之后发生的从价计征的税额采用按月申报，直至下一年开始采用按年申报；从租计征采用按月申报。

广东省雅士力汽车制造有限公司 2012 年申报房产税资料如下：

1. 公司去年建设房屋与厂房生产经营占地面积共为 800000.00 平方米，其中属于地上建筑物的房屋原价值为 125012300.00 元，地下厂房的房屋原价值为 251010123.00 元。

2.2012 年 5 月 22 日，由于扩大生产规模，该公司借用广州运程机械加工有限公司的地下仓库，并签订合同，仓库总面积 100000 平方米，共交付 300 万元现金，该仓库交付使用。

七、企业财务会计制度

1. 均以实际成本核算。
2. 确认收入的同时结转成本。
3. 支付的运费均取得运输专用发票，除题目有特殊说明以外。
4. 购买的原材料均已入库。
5. 购进的固定资产可直接使用。
6. 货款均已收、已付，且通过银行存款结算。
7. 代销产品及委托代销产品均采用视同买断方式。
8. 增值税率 17%，1 美元 =8.33 元人民币。
9. 记账凭证编号的方法采用收、付、转按月顺序编号。

八、产品价格体系

1. 雅士力 Y3 小轿车：汽缸容量：1.0 升，不含税单价：55000.00 元。
2. 雅士力 Y6 小轿车：汽缸容量：1.3 升，不含税单价：75000.00 元。
3. 雅士力 Y7 小轿车：汽缸容量：2.0 升，不含税单价：150000.00 元。
4. 雅士力 Y8 小轿车：汽缸容量：2.5 升，不含税单价：190000.00 元。
5. 雅士力 Y9 小轿车：汽缸容量：3.0 升，不含税单价：250000.00 元。
6. 雅士力 YSL－168 越野车：汽缸容量：4.5 升，不含税单价：350000.00 元。
7. 雅士力中轻型商用客车：不含税单价：600000.00 元。
8. 雅士力摩托车 M125：汽缸容量：125 毫升，不含税单价：4000.00 元。
9. 雅士力摩托车 M400：汽缸容量：400 毫升，不含税单价：8000.00 元。

九、产品成本体系

名称	成本（元）	名称	成本（元）
雅士力 Y3 小轿车	40000	雅士力 YSL－168 越野车	200000
雅士力 Y6 小轿车	60000	雅士力中轻型商用客车	400000
雅士力 Y7 小轿车	120000	雅士力摩托车 M125	3000
雅士力 Y8 小轿车	150000	雅士力摩托车 M400	6000

十、相关期初数据

科目	明细科目	数量（个）	单位成本（元）	金额（元）
原材料	轮胎	12500	120	1500000
	L16DD－1 螺丝	52	3000	156000
	L16DD－3 螺丝	13	3300	42900
	W5501－8 螺丝	5	3500	17500
	多美牌油漆	165	550	90750
	#JAP2901 发动机	35	6668.90	233411.50
	#JAP#2903 发动机	360	3753.40	1351224
	#JAP3502 发动机	52	7918.40	411756.80
	隔热玻璃	144	800	115200
	隔音玻璃	7500	950	7125000
	BS601 不锈钢板	53	5300	280900
	BS605 不锈钢板	200	4000	800000
	2009－1 配件	45	3000	135000
	2009－3 配件	62	2500	155000
	2007－8 配件	14	4000	56000
	2008－3 配件	25	3500	87500
	BS－3 型钢板	750	7500	5625000
	防爆玻璃	100	950	95000
库存商品	雅士力 Y3 小轿车	480	40000	19200000
	雅士力 Y6 小轿车	1800	60000	108000000
	雅士力中轻型商用车	120	400000	48000000
	雅士力 Y7 小轿车	126	120000	15120000
	雅士力摩托车 M125 型	105	3000	315000
	雅士力 Y8 小轿车	375	150000	56250000
	雅士力摩托车 YSL－168 越野车	145	200000	29000000
	雅士力摩托车 M400	512	6000	3072000
	雅士力 Y9 小汽车	180	180000	32400000
	蓝天中轻型商用客车	45	4500000	202500000
	SZ6 环保型中轻型商用客车	5	350000	1750000

科目	明细科目	方向	金额（元）
银行存款	工商银行	借	97854615
	焊接设备	借	79666320
	冲压设备	借	47778500
	旧仓库	借	96320000
	电脑	借	100500
	货车	借	1200000
	商品房	借	94562100
累计折旧		贷	5462000
应收账款	湖北省黄冈市达利汽车贸易有限公司	借	10234512
其他应收款	高鹤	借	1950
应交税费	应交消费税	贷	75123
应付账款	水费	贷	313800
	电费	贷	7000000
应付职工薪酬	非货币性福利	贷	45623

第二节　实验业务与原始凭证

一、经济业务

1. 2012 年 12 月 1 日，向广州市东昌汽车贸易有限公司销售雅士力 Y3 小轿车 30 辆，单价 55000.00 元，合计 1650000.00 元，增值税额 280500.00 元；雅士力 Y6 小轿车 20 辆，单价 75000.00 元，合计 1500000.00 元，增值税额 255000.00 元；商品已出库并开具增值税专用发票给对方（见附件 1 – 1 至附件 1 – 3）。

2. 2012 年 12 月 2 日，向广州市第八轮胎有限公司购进轮胎 20000 个，120.00 元/个，合计 2400000.00 元，增值税额 408000 元，材料已经验收入库，并收到增值税专用发票（见附件 2 – 1 至附件 2 – 4）。

3. 2012 年 12 月 3 日，广州市精穗巴士有限公司送 5 辆大巴到公司进行维修，维修费 2500 元/辆，合计 12500.00 元，税率 17%，税额为 2125.00 元，并开具给对方增值税普通发票（见附件 3 – 1 至附件 3 – 2）。

4. 2012 年 12 月 5 日，向安徽省黄山市轻松自驾游有限公司销售雅士力中轻型商用车 5 辆，不含税单价 600000. 00 元，总税额为 510000. 00 元，合计 3000000. 00 元；雅士力 Y7 小轿车 3 辆，不含税单价 150000. 00 元，合计 450000. 00 元；合计总税额为 586500. 00 元；支付广州市联合物流有限公司运输费 20000. 00 元（见附件 4 –1 至附件 4 –5）。

5. 2012 年 12 月 5 日，向广州市宏鑫五金有限公司购买汽车螺丝，#L1600 –1，4 吨，单价 3000. 00 元，合计 12000. 00 元；#L1600 –3，6 吨，单价 3300. 00 元，合计 19800. 00 元；#W5501 –8，8 吨，单价 3500. 00 元，合计 28000. 00 元；材料已经验收入库（见附件 5 –1 至附件 5 –4）。

6. 2012 年 12 月 6 日，向东莞市多美涂化工有限公司购买“多美”牌油漆 300 桶，550. 00 元/桶，合计 165000. 00 元，增值税额 28050. 00 元，材料已经验收入库。收到增值税发票（见附件 6 –1 至附件 6 –4）。

7. 2012 年 12 月 7 日，向佛山市慧聪摩托车贸易有限公司销售雅士力摩托车 M125 型 35 辆，单价 3600. 00 元，合计 126000. 00 元，增值税额 21420. 00 元。雅士力 Y8 小轿车 10 辆，单价 190000. 00 元，合计 1900000. 00 元，增值税额 323000. 00 元。总金额为 2026000. 00 元，总税额为 344420. 00 元，并开具增值税专用发票（见附件 7 –1 至附件 7 –3）。

8. 2012 年 12 月 7 日，向日本三菱汽车有限公司购进#JAP2901 发动机 150 台，单价 800. 00 美元，合计 120000 美元；#JAP#2903 发动机 400 台，单价 450 美元，合计 180000. 00 美元；#JAP3502 发动机 300 台，单价 950 美元，合计 285000. 00 美元；该批货物运抵我国海关前发生的包装费、运输费、保险费等共计 500 美元，材料已经验收入库（见附件 8 –1 至附件 8 –6）。

9. 2012 年 12 月 7 日，向广州市普利通汽车设备制造有限公司购进焊接设备 200 套，单价 20000. 00 元，合计 4000000. 00 元，增值税额 680000. 00 元；冲压设备 200 套，单价 35000. 00 元，合计 7000000. 00 元，增值税额 1190000. 00 元，总金额为 11000000. 00 元，总税额为 1870000. 00 元。用于扩大生产。设备已经验收入库，并收到增值税专用发票（见附件 9 –1 至附件 9 –4）。

10. 2012 年 12 月 8 日，向湖北省黄冈市第一汽车客运有限公司销售雅士力中轻型商用客车 10 辆，单价 600000. 00 元，合计 6000000. 00 元。增值税额 1020000. 00 元；并开具机动车销售统一发票（见附件 10 –1 至附件 10 –3）。

11. 2012 年 12 月 9 日，向广州市环亚汽车玻璃有限公司购进隔热玻璃 1800 平方米，单价 800. 00 元，合计 1440000. 00 元，增值税额 244800. 00 元，隔音玻璃 3000 平方米，单价 950. 00 元，合计 2850000. 00 元，增值税额 484500. 00 元。材料已经验收入库，并收到增值税专用发票（见附件 11 –1 至附件 11 –4）。

12. 2012 年 12 月 10 日，向山西省宝山钢铁有限公司购进不锈钢板 BS601 型 100 吨，5300.00 元/吨，合计 530000.00 元，增值税额 90100.00 元；BS605 型 500 吨，4000.00 元/吨，合计 2000000.00 元，增值税额 340000.00 元；材料已经验收入库，并收到增值税专用发票（见附件 12－1 至附件 12－4）。

13. 2012 年 12 月 11 日，公司将空闲的仓库无偿赠与中国减灾委员会，面积 700 平方米，经相关机构评估总市面价值为 5600000.00 元，并持受赠双方共同办理的“赠与合同公证书”、“房产所有权证”和《个人无偿赠与不动产登记表》办理免税手续（见附件 13－1 至附件 13－2）。

14. 2012 年 12 月 11 日，向广州市 365 旅游有限公司销售雅士力中轻型商用客车 6 辆，单价 600000.00 元，总合计 3600000.00 元，增值税额合计 612000.00 元（见附件 14－1 至附件 14－3）。

15. 2012 年 12 月 12 日，受广东省重联汽车制造有限公司委托加工 10 辆重联卡车配件，材料成本为 185200 元/辆，加工费 5000.00 元/辆，总金额合计 50000.00 元，总税额为 8500.00 元，并开具增值税专用发票（见附件 15－1 至附件 15－2）。

16. 2012 年 12 月 12 日，向广州市森海蓝电脑科技有限公司购买 10 台“金锐 II”电脑，3500.00 元/台，合计 35000.00 元，商品已经验收入库。收到代开增值税专用发票（见附件 16－1 至附件 16－4）。

17. 2012 年 12 月 13 日，向湖北黄冈市开峰汽车配件有限公司购进标准配件一批，#2009－1 型 15 吨，3000.00 元/吨，增值税额 1350.00 元；#2009－3型 25 吨，2500.00 元/吨，增值税额 1875.00 元；#2007－8 型 35 吨，4000.00 元/吨，增值税额 4200.00 元；#2008－3 型 15 吨，3500.00 元/吨，增值税额 1575.00 元；总金额为 300000.00 元，总税额为 9000.00 元，材料已经入库。收到税务机关代开增值税专用发票（见附件17－1至附件 17－4）。

18. 2012 年 12 月 13 日，上个月用水 156900 吨，单价 2.00 元，共支付水费 313800.00 元，税率 6%，税额为 18828.00 元。并收到增值税专用发票。上月已计入“应付账款”科目（见附件 18－1 至附件 18－3）。

19. 2012 年 12 月 13 日，上个月用电 258000 千瓦时，单价 1.30 元，支付电费 335400.00 元，税率 17%，税额为 57018.00 元。并收到增值税专用发票。上月已计入“应付账款”科目（见附件 19－1 至附件 19－3）。

20. 2012 年 12 月 14 日，向合肥市中发汽车销售有限公司销售雅士力 Y3 小轿车 120 辆，单价 55000.00 元，合计 6600000.00 元，增值税额 1122000.00 元；雅士力 Y7 小轿车 30 辆，单价 150000.00 元，合计 4500000.00 元，增值税额 765000.00 元；雅士力 YSL－168 越野车 20 辆，单价 350000.00 元，合计 7000000.00 元，增值税额 1190000.00 元；雅士力摩托车 M400 180 辆，单价

8000.00 元，合计 1440000.00 元，增值税额 244800.00 元。总金额为 19540000.00 元，总税额为 3321800.00 元，支付广州市联合物流有限公司运输费 26000.00 元（见附件 20－1 至附件 20－7）。

21. 2012 年 12 月 14 日，收到安徽省黄山市轻松自驾游有限公司退货，雅士力中轻型商用车 1 辆（见附件 21－1 至附件 21－4）。

22. 2012 年 12 月 15 日，采取以物易物方式销售雅士力 Y6 小轿车 100 辆，单价 75000.00 元，合计 7500000.00 元，增值税额 1275000.00 元；购进山西省宝山钢铁有限公司 BS－3 型钢板 1000 吨，7500 元/吨，合计 7500000.00 元，增值税额 1275000.00 元。材料已验收入库（见附件 22－1 至附件 22－5）。

23. 2012 年 12 月 15 日，采用分期收款方式销售货物，首期支付 50% 的货款，第二次支付 25%，第三次支付 25%，按每次收到的货款开具增值税发票。向湖北省黄冈市达利汽车贸易有限公司销售雅士力中轻型商用客车 30 辆，单价 600000.00 元，合计 18000000.00 元，增值税额 3060000.00 元，支付广州市联合物流有限公司运输费 20000.00 元（见附件 23－1 至附件 23－7）。

24. 2012 年 12 月 16 日，向广州市鼎胜贸易有限公司销售使用过的旧货车一部，不含税价 80000.00 元。税额为 1600.00 元。旧货车为 2005 年 12 月买进，原值 120000.00 元，预计残值 20000 元，汽车使用年限均为 10 年，采用平均年限法计提折旧（见附件 24－1 至附件 24－5）。

25. 2012 年 12 月 16 日，收到广州市白云货运有限公司送来的货车 5 辆进行维修，收取维修费 4500.00 元/辆，合计 22500.00 元，税率 17%，税额为 3825.00 元（见附件 25－1 至附件 25－2）。

26. 2012 年 12 月 17 日，向土耳其麦思达贸易有限公司出口雅士力摩托车 M400 50 辆，1500.00 美元/辆，合计 75000.00 美元；雅士力 Y6 小轿车 30 辆，单价 12000.00 美元，合计 360000.00 美元；雅士力 Y8 小轿车 25 辆，单价 30000.00 美元，合计 750000.00 美元，总销售额为 1185000.00 美元，换算成人民币 9871050.00 元（征税率 17%，摩托车的退税率 13%，小轿车的退税率 17%）（见附件 26－1 至附件 26－5）。

27. 2012 年 12 月 18 日，向广州市环亚汽车玻璃有限公司购进防爆玻璃 10000 平方米，950 元/平方米，合计 9500000.00 元，增值税额 1615000.00 元，材料已验收入库（见附件 27－1 至附件 27－4）。

28. 2012 年 12 月 19 日，向广东省公安局赠送雅士力 Y9 小轿车 3 辆，单价 250000.00 元，合计 750000.00 元，增值税额 127500.00 元；雅士力摩托车 M400 8 辆，单价 8000.00 元，合计 64000.00 元，增值税额 10880.00 元；支付广州市联合物流有限公司运输费 10000.00 元（见附件 28－1 至附件 28－6）。

29. 2012 年 12 月 20 日，向广州市伯朗汽车销售有限公司销售 Y9 小轿车 25 辆，单价 250000. 00 元，合计 6250000. 00 元，增值税额 1062500. 00 元；雅士力中轻型商用客车 10 辆，单价 600000. 00 元，合计 6000000. 00 元，增值税额 1020000. 00 元；由于个人因素，开错一张发票，作废，接着补开一张发票（见附件 29 – 1 至附件 29 – 4）。

30. 2012 年 12 月 21 日，广州市环亚汽车玻璃有限公司隔音玻璃 50 平方米有质量问题，经协商退回，单价 950. 00 元，合计 47500. 00 元，增值税额 8075. 00 元（见附件 30 – 1 至附件 30 – 3）。

31. 2012 年 12 月 22 日，公司评选“年度优秀员工奖”，决定把雅士力 Y9 小轿车 1 辆以奖励方式送给王储总经理（见附件 31 – 1 至附件 31 – 2）。

32. 2012 年 12 月 23 日，两年前公司以一栋商品房抵押给银行，签订贷款抵押合同，取得贷款 700 万元（贷款期限 2 年，年利率 8%，贷款期间商品房已交给银行使用以抵利息，只归还本金）。本月贷款到期，该公司无力归还，银行将抵押商品房没收，双方核定该商品房价值为 850 万元，余款银行已支付给房地产开发公司，取得土地使用权支付 2500000 元，商品房造价 700 万元，已提折旧 100 万元，公允价值 600 万元。建造同样的商品房需要 8000000. 00 元，该房子五成新（见附件 32 – 1 至附件 32 – 5）。

33. 2012 年 12 月 25 日，收到代销产品，上海公用汽车制造有限公司“蓝天中轻型商用客车”10 辆，单价 4500000. 00 元，总金额为 45000000. 00 元，增值税额 7650000. 00 元，视同买断（见附件 33 – 1 至附件 33 – 5）。

34. 2012 年 12 月 26 日，公司自主研发一辆新型 SZ6 环保型中轻型商用客车，外面无同类产品，产品成本是 350000. 00 元。利润率 5%。经公司决定，将该车无偿赠送给广州市亚运会筹备委员会使用。开具增值税普通发票。该类型车经由财政部和国家税务总局会同国家机械工业局和国家环境保护总局进行审核认定，没有达到低污染排放限值（见附件 34 – 1 至附件 34 – 2）。

35. 2012 年 12 月 28 日，公司把雅士力 Y7 小轿车 10 辆调往他省一个独立核算的经营部，单价 150000. 00 元，合计 1500000. 00 元，税率 17%，税额为 255000. 00 元（见附件 35 – 1 至附件 35 – 3）。

36. 2012 年 12 月 30 日，公司盘点，发现隔音玻璃 3 平方米出现裂纹，单价 950. 00 元，总金额为 2850. 00 元，总税额为 484. 5 元，经调查属于仓库管理员高鹤失职造成的，由仓库管理员高鹤赔偿（见附件 36 – 1 至附件 36 – 2）。

37. 2012 年 12 月 31 日，购买本月印花税票，缴纳印花税（见附件 37 – 1）。

38. 2012 年 12 月 31 日，计提本月应退的增值税（见附件 38 – 1）。

二、原始凭证

附件 1－1：

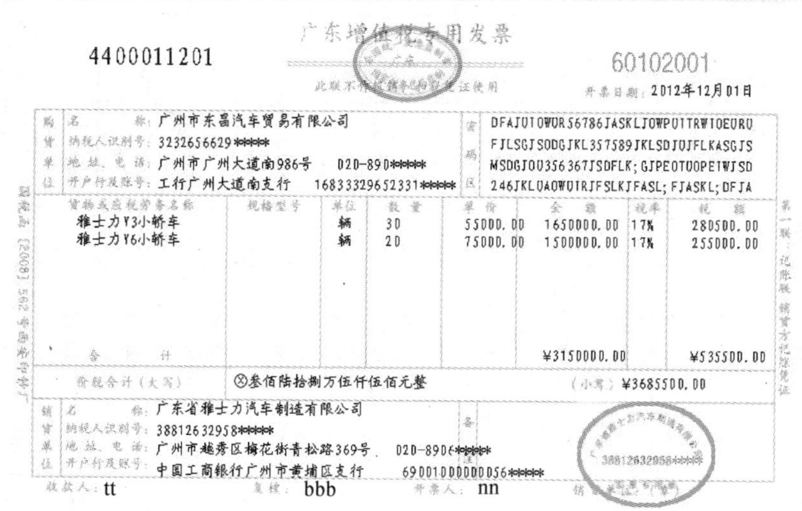

广东增值税专用发票

4400011201　　　　此联不作报销、扣税凭证使用　　　　60102001

开票日期：2012年12月01日

购货单位		密码区
名　　称：	广州市东昌汽车贸易有限公司	DFAJUIOWUR56786JASKLJOWPUITRWIOEURU
纳税人识别号：	3232656629*****	FJLSGJSODGJKL357589JKLSDJUJFLKASGJS
地址、电话：	广州市广州大道南986号　020-890*****	MSDGJOU356367JSDFLK;GJPEOTUOPETWJSD
开户行及账号：	工行广州大道南支行　16833329652331*****	246JKLUAOWUIRJFSLKJFASL;FJASKL;DFJA

货物或应税劳务名称	规格型号	单位	数量	单价	金额	税率	税额
雅士力Y3小轿车		辆	30	55000.00	1650000.00	17%	280500.00
雅士力Y6小轿车		辆	20	75000.00	1500000.00	17%	255000.00
合　　计					¥3150000.00		¥535500.00
价税合计（大写）	⊗叁佰陆拾捌万伍仟伍佰元整				（小写）¥3685500.00		

销货单位		备注
名　　称：	广东省雅士力汽车制造有限公司	
纳税人识别号：	38812632958*****	
地址、电话：	广州市越秀区梅花街青松路369号　020-890*****	
开户行及账号：	中国工商银行广州市黄埔区支行　69001000000056*****	

收款人：tt　　复核：bbb　　开票人：nn　　销货单位：（章）

第一联：记账联　销货方记账凭证

附件 1－2：

中国工商银行　进账单（回单或收账通知）

2012年 12月 1日

收款人	全　　称	广东省雅士力汽车制造有限公司
	账　　号	69001000000056*****
	开户银行	中国工商银行广州市*****
人民币（大写）	叁佰陆拾捌万伍仟伍佰元整	¥368550000（亿千百十万千百十元角分）
付款人	全　　称	广州市东昌汽车贸易有限公司
	账　　号	16833329652331*****
	开户银行	工行广州大道南支行
事　　由		销售小汽车

附件 1－3：

商品出库单

客户名称：广州市东昌汽车贸易有限公司　　2012 年 12 月 1 日　　编号：201212000001

商品名称	规格	单位	数量	单价	金额										
					亿	千	百	十	万	千	百	十	元	角	分
雅士力 Y3 小轿车		辆	30	55000.00			1	8	5	0	0	0	0	0	0
雅士力 Y8 小轿车		辆	20	75000.00			1	5	0	0	0	0	0	0	0
合计						¥	3	1	5	0	0	0	0	0	0

第二联　财务联

会计主管：ZZZ　　发货人：nn　　收货人：bbb　　制单人：ttt

附件 2－1：

广东增值税专用发票

4400011256　　87872103

开票日期：2012年12月02日

购货单位　名　　称：广东省雅士力汽车制造有限公司
纳税人识别号：388126329 5****
地 址、电 话：广州市越秀区梅花街青松路369号　020-890*****
开户行及账号：中国工商银行广州市黄埔区支行　690010000000

密码区　FJSKLAD;FJOWOR2354235JFASDL;SDKAJFA
FJSL;FOTIOWPOR635394085FJSLFJSLFJAI
*JFKLAS;FOW107TOR09W86789345394080JS
FJSKDROOOJTR634GJSDGL;JASFKSJFL;AOOW

货物或应税劳务名称	规格型号	单位	数量	单价	金额	税率	税额
轮胎		个	20000	120.00	2400000.00	17%	408000.00
合　　计					¥2400000.00		¥408000.00
价税合计（大写）	⊗贰佰捌拾万捌仟元整				（小写）¥2808000.00		

销货单位　名　　称：广州市第八轮胎有限公司
纳税人识别号：55626112291****
地 址、电 话：广州市白云路699号　020-8320****
开户行及账号：工行广州白云路支行　53628329652331*****

备注　广州市第八轮胎有限公司　556261229*****　发票专用章

收款人：ZZ　　复核：nn　　开票人：tt　　销货单位：（章）

国税函［2008］562号南方安印厂

第二联：抵扣联　购货方扣税凭证

附件 2 - 2：

广东增值税专用发票

4400011256　　　　87872103

开票日期：2012年12月02日

购货单位	
名　　称	广东省雅士力汽车制造有限公司
纳税人识别号	38812632958*****
地址、电话	广州市越秀区梅花街青松路369号　020-8906*****
开户行及账号	中国工商银行广州市黄埔区支行　69001000[illegible]

密码区：FJSKLAD;FIOWOR235423SJFASDL;SDKAJFA FJSL;FUTTOWPUR835394085FJSLFJSLFJAI JFKLAS;FOWIO7TORQ9W86789345394080JS [illegible]OJTR634GJSDGL;JASFKSJFL;AOOW

货物或应税劳务名称	规格型号	单位	数量	单价	金额	税率	税额
轮胎		个	20000	120.00	2400000.00	17%	408000.00
合　　计					¥2400000.00		¥408000.00
价税合计（大写）	⊗贰佰捌拾万捌仟元整				（小写）¥2808000.00		

销货单位	
名　　称	广州市第八轮胎有限公司
纳税人识别号	55626112291*****
地址、电话	广州市白云路699号　020-8320*****
开户行及账号	工行广州白云路支行　53628329652331*****

备注：55626112291*****

收款人：ZZ　　复核：DD　　开票人：tt　　销货单位：（章）

附件 2 - 3：

广东雅士力汽车制造有限公司

材料验收入库单

供应商名称：广州市第八轮胎有限公司　　　2012 年 6 月 2 日　　　凭证编号：091202001

材料名称	规格型号	单位	供应商交货数量	实收数量	单价	金额	备注
轮胎		个	20000	20000	120.00	2400000.00	
合计						2400000.00	

第二联　财务联

财务部：ZZZ　　　品保部：ttt　　　验收人：nn　　　制单：bbb

附件 2－4：

中国工商银行支票存根（粤）

IX 11 201212001

附加信息

出票日期 2012年 12月 2日

收款人：广州市第八舵船有限公司

金　额：¥2808000.00

用　途：购进舵船

单位主管 ZZZ　　会计 ttt

附件 3－1：

广东增值税普通发票

4400011201　　　　63010081

开票日期：2012年12月03日

购货单位	
名　　称	广州市精穗巴士有限公司
纳税人识别号	88520632569****
地址、电话	广州市白云区新港路362号　020-4852****
开户行及账号	建行新港路分行　546892315698*****

密码区：
struiufvtfruiiouiuyfgvff
fgjkljouihjknjkhuguhn
nk,jnjkjhiuijhlmkljk
rsetruy9iuoipiopiopiknk

货物或应税劳务名称	规格型号	单位	数量	单价	金额	税率	税额
维修巴士		辆	5	2500.00	12500.00	17%	2125.00
合　计					¥12500.00		¥2125.00
价税合计（大写）	⊗壹万肆仟陆佰贰拾伍元整				（小写）¥14625.00		

销货单位	
名　　称	广东省雅士力汽车制造有限公司
纳税人识别号	38812632958****
地址、电话	广州市越秀区梅花街青松路369号　020-8906****
开户行及账号	中国工商银行广州市黄埔区支行　69001000000056*****

备注

收款人：tt　　复核：zzz　　开票人：nnn　　销货单位（章）

附件 3－2：

进 账 单（回单或收账通知）

2012年 12月 3日

收款人	全　　称	广东省雅士力汽车制造有限公司	
	账　　号	69001000000056*****	
	开户银行	中国工商银行广州市越秀区支行	
人民币（大写）	壹万肆仟陆佰贰拾伍元整		亿千百十万千百十元角分 ¥1462500
付款人	全　　称	广州市精穗巴士有限公司	
	账　　号	62245525698532*****	
	开户银行	工行黄埔区黄埔大道支行	
事　由		维修费	

中国工商银行广州市越秀区支行 2012.12.03 收讫

附件 4－1：

中国工商银行支票存根（粤）

IX 11 201212002

附加信息

出票日期 2012年 12月 05日

收款人：广州市联合物流有限公司

金　额：¥ 20000.00元

用　途：支付运费

单位主管 ZZZ　　会计 ttt

附件 4－2：

商品出库单

客户名称：黄山市轻松自驾游有限公司　　2012 年 12 月 5 日　　编号：201212000002

商品名称	规格	单位	数量	单价	金额										
					亿	千	百	十	万	千	百	十	元	角	分
雅士力中轻型商用车		辆	5	600000.00			3	0	0	0	0	0	0	0	0
雅士力 Y7 小轿车		辆	3	150000.00				4	5	0	0	0	0	0	0
合计						¥	3	4	5	0	0	0	0	0	0

第二联　财务联

会计主管：zzz　　发货人：tt　　收货人：nn　　制单人：bbb

附件 4－3：

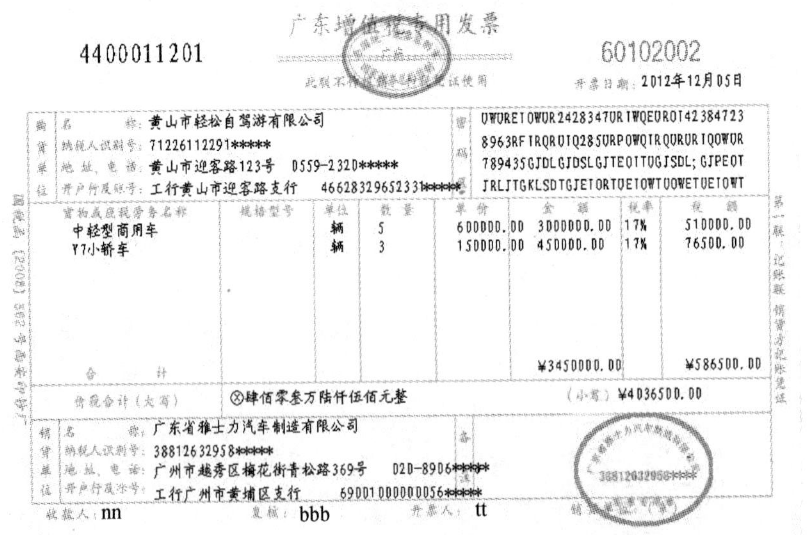

广东增值税专用发票

4400011201　　60102002

此联不作报销、扣税凭证使用　　开票日期：2012年12月05日

购货单位
名称：黄山市轻松自驾游有限公司
纳税人识别号：71226112291*****
地址、电话：黄山市迎客路123号　0559-2320*****
开户行及账号：工行黄山市迎客路支行　466283296523 31*****

密码区：
UWURETOWUR2428347URTWQEURO T42384723
8963RFTRQRUTQ285URPOWQTRQURURTQOWUR
789435GJDLGJDSLGJTEOTTUGJSDL; GJPEOT
JRLJTGKLSDTGJETORTUETOWTUOWETUETOWT

货物或应税劳务名称	规格型号	单位	数量	单价	金额	税率	税额
中轻型商用车		辆	5	600000.00	3000000.00	17%	510000.00
Y7小轿车		辆	3	150000.00	450000.00	17%	76500.00
合计					¥3450000.00		¥586500.00
价税合计（大写）	⊗肆佰零叁万陆仟伍佰元整				（小写）¥4036500.00		

销货单位
名称：广东省雅士力汽车制造有限公司
纳税人识别号：38812632958*****
地址、电话：广州市越秀区梅花街青松路369号　020-8906*****
开户行及账号：工行广州市黄埔区支行　69001000000056*****

备注

第一联：记账联　销货方记账凭证

收款人：nn　　复核：bbb　　开票人：tt　　销货单位：（章）

附件 4 – 4：

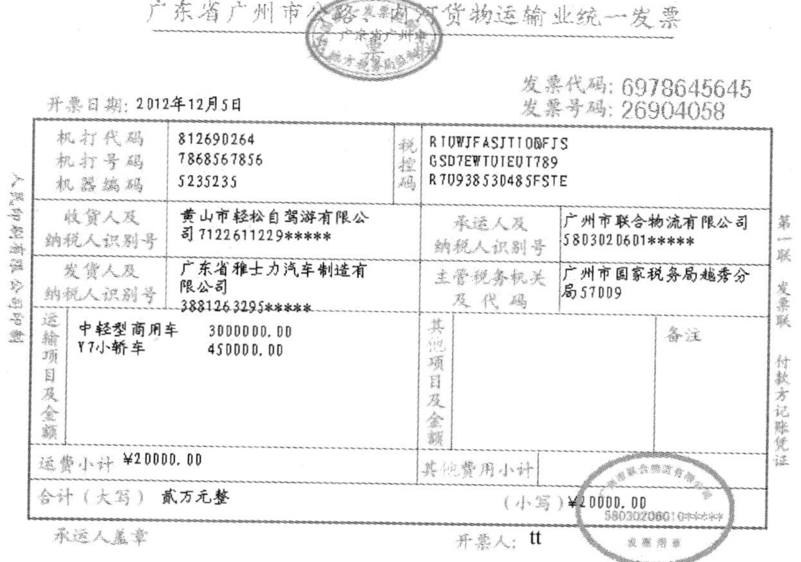

广东省广州市公路内河货物运输业统一发票

发票代码：6978645645
发票号码：26904058

开票日期：2012年12月5日

机打代码 机打号码 机器编码	812690264 7868567856 5235235	税控码	RIUWJFASJTIOBFJS GSD7EWTUIEUT789 R7U938530485FSTE
收货人及纳税人识别号	黄山市轻松自驾游有限公司 7122611229*****	承运人及纳税人识别号	广州市联合物流有限公司 5803020601*****
发货人及纳税人识别号	广东省雅士力汽车制造有限公司 3881263295*****	主管税务机关及代码	广州市国家税务局越秀分局57009
运输项目及金额	中轻型商用车 3000000.00 Y7小轿车 450000.00	其他项目及金额	备注
运费小计	¥20000.00	其他费用小计	
合计（大写）	贰万元整	（小写）	¥20000.00

承运人盖章　　　开票人：tt

第一联　发票联　付款方记账凭证

附件 4 – 5：

中国工商银行 INDUSTRIAL AND COMMERCIAL BANK OF CHINA　　进账单（回单或收账通知）

2012年 12月 5日

收款人	全称	广东省雅士利汽车制造有限公司
	账号	69001000000056*****
	开户银行	工行广州市黄埔区支行
人民币（大写）	肆佰零叁万陆仟伍佰元整	¥403650000（亿千百十万千百十元角分）
付款人	全称	黄山市轻松自驾游有限公司
	账号	46628329652331*****
	开户银行	工行黄山市迎客路支行
事由		销售汽车

中国工商银行广州市黄埔区支行 2012.12.05 收讫

附件 5－1：

广东增值税专用发票

69516782　　　　　　　　　　　　　　　　63010081

代开　　　　　　　　　　　　　　　　开票日期：2012年12月5日

购货单位	名　　称：广东省雅士力汽车制造有限公司 纳税人识别号：3881263295***** 地 址、电 话：广州市越秀区梅花街青松路369号　020-890**** 开户行及账号：中国工商银行广州市黄埔区支行6900100000005	密码区	qwruiolu　加密版本：01 asdfghjkl;.'/klfmlsmg 4400101170 rdggbfjdkfj;oejfjdefldflde 01mv./xmblfkfrgktprckpr　00755572

货物或应税劳务名称	规格型号	单位	数量	单价	金额	税率	税额
汽车螺丝	L1600-1	吨	4	3000.00	12000.00	3%	360.00
汽车螺丝	L1600-3	吨	6	3300.00	19800.00	3%	594.00
汽车螺丝	W5501-8	吨	8	3500.00	28000.00	3%	840.00
合　　计					¥59800.00		¥1794.00
价税合计（大写）	⊗陆万壹仟伍佰玖拾肆元整				（小写）¥61594.00		

销货单位	名　　称：广州市天河区税务局第一分局　（代开机关） 纳税人识别号：5451908H09*****　（代开机关） 地 址、电 话：广州市中山路1029号　020-622***** 开户行及账号：33628329652331*****　（完税凭证）	备注	代开企业税号：54517212291**** 代开企业名称：广州市宏鑫五金有限公司

收款人：nn　　复核：tt　　开票人：bb　　销货单位：（章）

国税函〔2008〕662号西安印钞厂

第三联：发票联　购货方记账凭证

附件 5－2：

广东增值税专用发票

69516782　　　　　　　　　　　　　　　　63010081

代开　　　　　　　　　　　　　　　　开票日期：2012年12月5日

购货单位	名　　称：广东省雅士力汽车制造有限公司 纳税人识别号：3881263295***** 地 址、电 话：广州市越秀区梅花街青松路369号　020-890**** 开户行及账号：中国工商银行广州市黄埔区支行　6900100000005	密码区	qwruiolu　加密版本：01 asdfghjkl;.'/klfmlsmg 4400101170 rdggbfjdkfj;oejfjdefldflde 01mv./xmblfkfrgktprtkpr　00755572

货物或应税劳务名称	规格型号	单位	数量	单价	金额	税率	税额
汽车螺丝	L1600-1	吨	4	3000.00	12000.00	3%	360.00
汽车螺丝	L1600-3	吨	6	3300.00	19800.00	3%	594.00
汽车螺丝	W5501-8	吨	8	3500.00	28000.00	3%	840.00
合　　计					¥59800.00		¥1794.00
价税合计（大写）	⊗陆万壹仟伍佰玖拾肆元整				（小写）¥61594.00		

销货单位	名　　称：广州市天河区税务局第一分局　（代开机关） 纳税人识别号：5451908H09*****　（代开机关） 地 址、电 话：广州市中山路1029号　020-622***** 开户行及账号：33628329652331*****　（完税凭证）	备注	代开企业税号：5451721229***** 代开企业名称：广州市宏鑫五金有限公司

收款人：zz　　复核：tt　　开票人：nn　　销货单位：（章）

国税函〔2008〕662号西安印钞厂

第二联：抵扣联　购货方扣税凭证

附件5－3：

广东雅士力汽车制造有限公司

材料验收入库单

供应商名称：广州市宏鑫五金有限公司　　2012年12月5日　　凭证编号：091202002

材料名称	规格型号	单位	供应商交货数量	实收数量	单价	金额	备注
汽车螺丝	L1600－1	吨	4	4	3000.00	12000.00	
汽车螺丝	LI1600－3	吨	6	6	3300.00	19800.00	
汽车螺丝	W5501－8	吨	8	8	3500.00	28000.00	
合计						259800.00	

第二联　财务联

财务部：ZZZ　　品保部：mm　　验收人：nn　　制单：tt

附件5－4：

中国工商银行支票存根（粤）

IX 11 201212003

附加信息

出票日期 2012年12月5日

收款人：广州市宏鑫五金有限公司

金　额：¥61594.00

用　途：购进材料

单位主管 ZZZ　会计 ttt

附件6－1：

广东增值税专用发票

80361678　　　　抵扣联　　　　000156953

开票日期：2012年12月06日

购货单位	名称：广东省雅士力汽车制造有限公司 纳税人识别号：3881263295***** 地址、电话：广州市越秀区梅花街青松路369号　020-890***** 开户行及账号：中国工商银行广州市黄埔区支行　69001000000*****	密码区	lkldfjgogjreiosgjdflgmdflgmd ,,cmblsmgflhrilgmfdsmgbflm dklgjmldksjgeojgeogjfrlgjfl 0065,ml0,03v,bmfkljlrgjoergjerpogjkpeor

货物或应税劳务名称	规格型号	单位	数量	单价	金额	税率	税额
油漆		桶	300	550.00	165000.00	17%	28050.00
合　　计					¥165000.00		¥28050.00
价税合计（大写）	⊗壹拾玖万叁仟零伍拾元整				（小写）¥193050.00		

销货单位	名称：东莞市多美涂化工有限公司 纳税人识别号：6211721229***** 地址、电话：东莞市太和镇红土工业区568路　0769-236***** 开户行及账号：工行东莞市太和镇支行　28928329652331 *****	备注	6211721229*****

收款人：zz　　复核：bb　　开票人：tt　　销货单位：（章）

国税函［2008］562号西安印钞厂

第二联：抵扣联　购货方扣税凭证

附件6－2：

广东增值税专用发票

80351678　　　　发票联　　　　000156953

开票日期：2012年12月6日

购货单位	名称：广东省雅士力汽车制造有限公司 纳税人识别号：3881263295***** 地址、电话：广州市越秀区梅花街青松路369号　020-890***** 开户行及账号：中国工商银行广州市黄埔区支行　69001000000*****	密码区	lkldfjgogjreiosgjdflgmdflgmd ,,cmblsmgflhrilgmfdsmgbflm dklgjmldksjgeojgeogjfrlgjfl 0065,ml0,03v,bmfkljlrgjoergjerpogjkpeor

货物或应税劳务名称	规格型号	单位	数量	单价	金额	税率	税额
油漆		桶	300	550.00	165000.00	17%	28050.00
合　　计					¥165000.00		¥28050.00
价税合计（大写）	⊗壹拾玖万叁仟零伍拾元整				（小写）¥193050.00		

销货单位	名称：东莞市多美涂化工有限公司 纳税人识别号：6211721229***** 地址、电话：东莞市太和镇红土工业区568路　0769-236***** 开户行及账号：工行东莞市太和镇支行　18928329652331 *****	备注	6211721229*****

收款人：zz　　复核：tt　　开票人：nn　　销货单位：（章）

国税函［2008］562号西安印钞厂

第三联：发票联　购货方记账凭证

附件6－3：

广东雅士力汽车制造有限公司

材料验收入库单

供应商名称：东莞市多美涂化工有限公司　　　　2012年12月6日　　　　凭证编号：091202003

材料名称	规格型号	单位	供应商交货数量	实收数量	单价	金额	备注
油漆		桶	300	300	550.00	165000.00	
合计						259800.00	

第二联　财务联

财务部：zz　　　　品保部：tt　　　　验收人：ll　　　　制单：nn

附件6－4：

中国工商银行支票存根（粤）

IX 11 201212004

附加信息

出票日期 2012年 12月 6日

收款人：东莞市多美涂化工有限公司

金　额：¥193050.00

用　途：购进油漆

单位主管 ZZZ　　会计 ttt

附件 7－1：

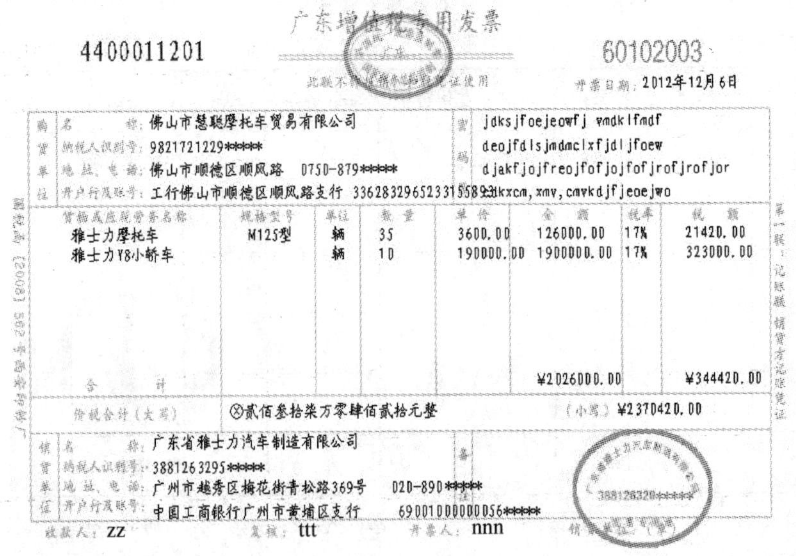

广东增值税专用发票

4400011201　　　　60102003

此联不作报销、扣税凭证使用　　　　开票日期：2012年12月6日

| 购货单位 | 名称：佛山市慧聪摩托车贸易有限公司
纳税人识别号：9821721229*****
地址、电话：佛山市顺德区顺风路　0750-879*****
开户行及账号：工行佛山市顺德区顺风路支行 336283296523315589 | 密码区 | jdksjfoejeowfj vmdklfmdf
deojfdlsjmdmclxfjdljfoew
djakfjojfreojfofjojfofjrofjrofjor
3dkxcm,xmv,cmvkdjfjeoejwo |

货物或应税劳务名称	规格型号	单位	数量	单价	金额	税率	税额
雅士力摩托车	M125型	辆	35	3600.00	126000.00	17%	21420.00
雅士力Y8小轿车		辆	10	190000.00	1900000.00	17%	323000.00
合计					¥2026000.00		¥344420.00
价税合计（大写）	⊗贰佰叁拾柒万零肆佰贰拾元整				（小写）¥2370420.00		

| 销货单位 | 名称：广东省雅士力汽车制造有限公司
纳税人识别号：3881263295*****
地址、电话：广州市越秀区梅花街青松路369号　020-890*****
开户行及账号：中国工商银行广州市黄埔区支行　69001000000056***** | 备注 | 3881263295***** |

收款人：zz　　复核：ttt　　开票人：nnn　　销货单位：（章）

国税函〔2008〕562号

第一联：记账联　销货方记账凭证

附件 7－2：

中国工商银行　INDUSTRIAL AND COMMERCIAL BANK OF CHINA

进账单（回单或收账通知）

2012年12月6日

收款人	全称	广东省雅士力汽车制造有限公司
	账号	69001000000056*****
	开户银行	中国工商银行广州市越秀区支行
人民币（大写）	贰佰叁拾柒万零肆佰贰拾元整	¥237042000
付款人	全称	佛山市慧聪摩托车贸易有限公司
	账号	33628329652331*****
	开户银行	工行佛山市顺德区顺风路支行
事由		销售雅士力摩托车、雅士力Y8小轿车

中国工商银行广州市越秀支行 2012.12.06 收讫

附件 7－3：

商品出库单

客户名称：佛山市慧聪摩托车贸易有限公司　　2012 年 12 月 6 日　　编号：201212000002

商品名称	规格	单位	数量	单价	金额										
					亿	千	百	十	万	千	百	十	元	角	分
雅士力摩托车		辆	35	3600.00				1	2	6	0	0	0	0	0
雅士力 Y8 小轿车		辆	10	1900000.00			1	9	0	0	0	0	0	0	0
合计						¥	2	0	2	6	0	0	0	0	0

第二联　财务联

会计主管：zzz　　发货人：tt　　收货人：nnn　　制单人：aaa

附件 8－1：

海关 进口关税 **专用缴款书**

(0625)

收入系统：海关系统　　填发日期：2012 年 12 月 7 日　　号码：2325598745632l025-A25

收款单位				缴款单位（人）	
收入机关	中央金库			名　称	广东省雅士力汽车制造有限公司
科　目	进口关税	预算级次	中央	账　号	69001000000056*****
收款国库	中国人民银行广州分行			开户银行	中国工商银行广州市黄埔区支行

税　号	货物名称	数　量	单位	完税价格（¥）	税率(%)	税款金额（¥）
365201421	#JAP2901发动机	150	台	1000454.33	15%	150068.1495
365201422	#JAP#2903发动机	400	台	1500681.57	15%	225102.2355
365201423	#JAP3502发动机	300	台	2376079.11	15%	356411.8665
金额人民币（大写）柒拾叁万壹仟伍佰捌拾贰元贰角伍分					合计（¥）	731582.25

申请单位编号	4152630	报关单编号	4520036987425*****	填制单位	收款国库（银行）
合同（批文）号	20121207RD-JN	运输工具（号）	0125692N114		
缴款期限	2013年12月21日	提/装货单号	78MX526320		
备注	一般贸易　照章征税　USD8.33 国际代码：85230125*****　731582.25			制单人：赵林 复核人：丁国强	

从填发缴款书之日起限 15 日内缴纳（期末遇法定节假日顺延），逾期按日征收税款总额千分之一的滞纳金。

附件 8 －2：

海关 进口增值税 专用缴款书

(0625)

收入系统：海关系统　　填发日期：2012 年 12 月 07 日　　号码：2325598745632l025-A25

收款单位	收入机关	中央金库			缴款单位（人）	名　称	广东省雅士力汽车制造有限公司	
	科　目	进口关税	预算级次	中央		账　号	690010000*****	
	收款国库	中国人民银行广州分行				开户银行	中国工商银行广州市黄埔区支行	

税　号	货物名称	数　量	单位	完税价格（¥）	税率(%)	税款金额（¥）
365201421	#JAP2901 发动机	150	台	1150522.49	17%	195588.8233
365201422	#JAP#2903 发动机	400	台	1725783.81	17%	293383.2477
365201423	#JAP3502 发动机	300	台	2732490.98	17%	464523.4666
金额人民币（大写）玖拾伍万叁仟肆佰玖拾伍元伍角叁分					合计（¥）	953495.53

申请单位编号	4152630	报关单编号	4520036987425*****	填制单位	收款国库（银行）
合同（批文）号	20121207RD-JN	运输工具（号）	0125692N114		
缴款期限	2012年12月21日	提/装货单号	78MX526320		
备注	一般贸易　照章征税　USD8.33 国际代码：85230125*****　953495.53			制单人：赵林 复核人：丁国强	

从填发缴款书之日起限 15 日内缴纳（期末遇法定节假日顺延），逾期按日征收税款总额千分之一的滞纳金。

附件 8 －3：

贸易进口付汇核销单（代申报单）

印单局代码：52306　　核销单编号：№ 085632

单位代码 6352*****	单位名称 广东省雅士力汽车制造股份有限公司	所在地外汇局 广州外汇
付汇银行名称	收汇人国别 日本	交易编码 5210
收款人是否在保税区：是 □ 否 ☑	交易附言 发动机	

对外付汇币种 USD　　对外付汇总额 585500.00

其中：购汇金额　　现汇金额　　其他方式金额

人民币账号　　外汇账号 63520325*****

付汇性质

☑ 正常付款

□ 不再名录　□ 90 天以上信用证　□ 90 天以上托收　□ 异地付汇

□ 90 天以上到货　□ 转口贸易　□ 境外工程使用物质　□ 真实性审查

备案表编号

预计货到日期 2012-12-20	进口批件号	合同/发票号 20121207RD-JN

结算方式

信用证　90 天以内 □　90 天以上 □　承兑日期 / /　付汇日期 / /　期限 天

托　收　90 天以内 □　90 天以上 □　承兑日期 / /　付汇日期 / /　期限 天

汇款	预付货款 □	货到付款（凭报关单付汇）□	付汇日期	
	报关单号	报关日期 2012/12/07	报关单币种 USD	金额 585500.00
	报关单号	报关日期 / /	报关单币种	金额
	报关单号	报关日期 / /	报关单币种	金额
	报关单号	报关日期 / /	报关单币种	金额
	（若报关单填写不完，可另附纸）			

其他 □　　付汇日期 2012.12.07

以下由付汇银行填写

申报号码：□5 2 3 4 1 □□6 1 □5 5 8 7 4 2 □ 5 6 3 □

业务编号　　审核日期 12/12/07　　（付汇银行签章）

进口单位签章

附件 8－4：

广东雅士力汽车制造有限公司

材料验收入库单

供应商名称：日本三菱汽车有限公司　　2012 年 12 月 7 日　　凭证编号：20000004

材料名称	规格型号	单位	供应商交货数量	实收数量	单价	金额	备注
发动机	#JAP2901	台	150	150	6668.90	1000335.00	
发动机	#JAP#2903	台	400	400	3753.40	1501360.00	
发动机	#JAP3502	台	300	300	7918.40	2375520.00	
合计						4877215.00	

第二联 财务联

财务部：zz　　品保部：tt　　验收人：aa　　制单：nn

附件 8－5：

中国工商银行支票存根（粤）

IX II 201212005

附加信息

出票日期 2012 年 12 月 7 日

收款人：日本三菱汽车有限公司

金　额：¥5830710.53

用　途：支付进口材料款

单位主管 ZZ　会计 ttt

附件8－6：

中华人民共和国海关进口货物报关单

预录入编号：6802039025 0902***** 海关编号：280369

进口口岸 广州黄埔	备案号 #590603	进口日期 2012.12.07	申报日期 2012.11.15
经营单位 广东雅士利汽车制造有限公司	运输方式 江海运输	运输工具名称 船泊	提运单号 01050260
收货单位 广东雅士利汽车制造有限公司	贸易方式 一般贸易	征免性质 一般征税	征税比例
许可证号 XKZ10*****	起运国（地区） 东京	装货港 东京港	境内目的地 广州黄埔
批准文号 P82063047	成交方式 FOB	运费	保费	杂费
合同协议号 ATH590*****	件数 7	包装种类 集装箱	毛重（公斤） 1200kg	净重（公斤） 1000kg
集装箱号	随附单据 3	用途 装机
标记唛码及备注				

项号	商品编号	商品名称、规格型号	数量及单位	原产国（地区）	单价	总价	币制	征免
10006	1905003	#JAP2901b 发动机	150台	日本	800.00	120000.00	USD	照章征税
10006	1905004	#JAP2903 发动机	400台	日本	450.00	180000.00	USD	照章征税
10006	1905005	#JAP3502 发动机	300台	日本	950.00	285000.00	USD	照章征税

税费征收情况

录入员 张强　录入单位 广东雅士利汽车制造有限公司	兹声明以上申报无讹并承担法律责任	海关审单批注及放行日期（签章）
报关员 李明		审单　审价
单位地址	申报单位（签章）	征税　统计
邮编 510000	电话　填制日期 2012.11.15	查验　放行
		签发官员：

签发日期：

关 I0247451

（印章：中华人民共和国广州海关；广东雅士利汽车制造有限公司 财务专用章）

附件9－1：

广东增值税专用发票

44000112568　　　　80351009

开票日期：2012年12月7日

购货单位	
名　　称	广东省雅士力汽车制造有限公司
纳税人识别号	3881263295*****
地址、电话	广州市越秀区梅花街青松路369号　020-890*****
开户行及账号	中国工商银行广州市黄埔区支行　69001000000000000

密码区：dfkls; jorejerogjreogjflgmkfklgmf m,cvxmvld; smklfdkgpeogkpekr ,vmcx; fkpegrpegrp[grglrpgr pergk; frg, lf; g, lpf; gklpf

货物或应税劳务名称	规格型号	单位	数量	单价	金额	税率	税额
焊接设备		套	200	20000.00	4000000.00	17%	680000.00
冲压设备		套	200	35000.00	7000000.00	17%	1190000.00
合　　计					¥11000000.00		¥1870000.00
价税合计（大写）	⊗壹仟贰佰捌拾柒万元整				（小写）¥12870000.00		

销货单位	
名　　称	广州市普利通汽车设备制造有限公司
纳税人识别号	6721721229*****
地址、电话	广州市普利路　020-789*****
开户行及账号	工行广州市普利路支行　12628329652331*****

备注：（发票专用章）6721721229*****

收款人：ZZ　　复核：LL　　开票人：MM　　销货单位：（章）

国税函（2008）562号西安印钞厂

第二联：抵扣联　购货方扣税凭证

附件9－2：

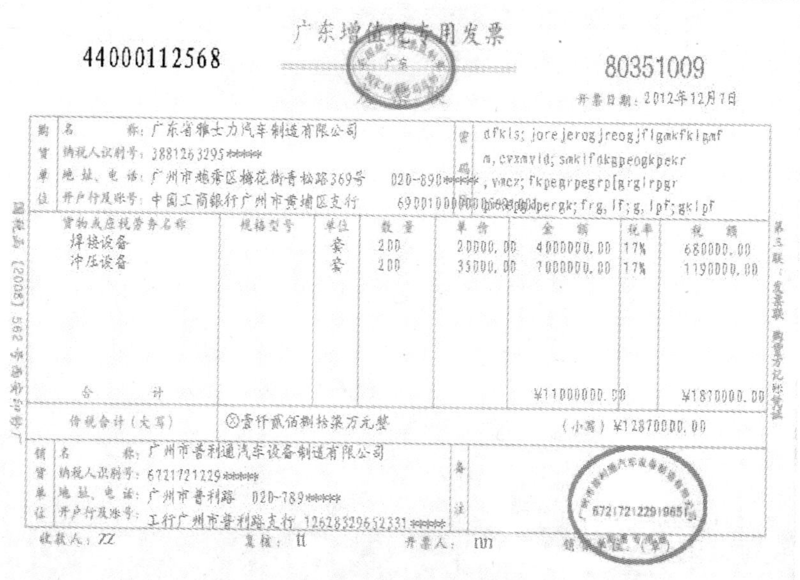

广东增值税专用发票

44000112568　　　　80351009

开票日期：2012年12月7日

购货单位	
名　　称	广东省雅士力汽车制造有限公司
纳税人识别号	3881263295*****
地址、电话	广州市越秀区梅花街青松路369号　020-890*****
开户行及账号	中国工商银行广州市黄埔区支行　69001000000000000

密码区：dfkls; jorejerogjreogjflgmkfklgmf m,cvxmvld; smklfdkgpeogkpekr ,vmcx; fkpegrpegrp[grglrpgr pergk; frg, lf; g, lpf; gklpf

货物或应税劳务名称	规格型号	单位	数量	单价	金额	税率	税额
焊接设备		套	200	20000.00	4000000.00	17%	680000.00
冲压设备		套	200	35000.00	7000000.00	17%	1190000.00
合　　计					¥11000000.00		¥1870000.00
价税合计（大写）	⊗壹仟贰佰捌拾柒万元整				（小写）¥12870000.00		

销货单位	
名　　称	广州市普利通汽车设备制造有限公司
纳税人识别号	6721721229*****
地址、电话	广州市普利路　020-789*****
开户行及账号	工行广州市普利路支行　12628329652331*****

备注：（发票专用章）6721721229196657

收款人：ZZ　　复核：LL　　开票人：MM　　销货单位：（章）

国税函（2008）562号西安印钞厂

第三联：发票联　购货方记账凭证

附件9－3：

广东省雅士力汽车制造有限公司

固定资产入库单

供应商名称：广州市普利通汽车设备制造有限公司　2012年12月7日　凭证编号：0091201001

固定资产名称及编号	规格型号	单位	数量	预计使用年限	预计残值	已使用年限	提取折旧的方法	原始价值	已提折旧	备注
焊接设备		套	200	10			直线折旧法	4000000.00		
冲压设备		套	200	10			直线折旧法	7000000.00		
固定资产状况	全新									
进入方式	入账价值			管理部门			会计主管			
购进				资产管理处			zzz			

第二联　财务联

财务部：zzz　　品管部：tt　　验收人：nn　　制单人：aaa

附件9－4：

中国工商银行支票存根（粤）

IX 11 201212006

附加信息

出票日期 2012年 12月 7日

收款人：广州市普利通汽车设备制

金　额：¥12870000

用　途：购买设备

单位主管 ZZ　　会计 ttt

附件 10－1：

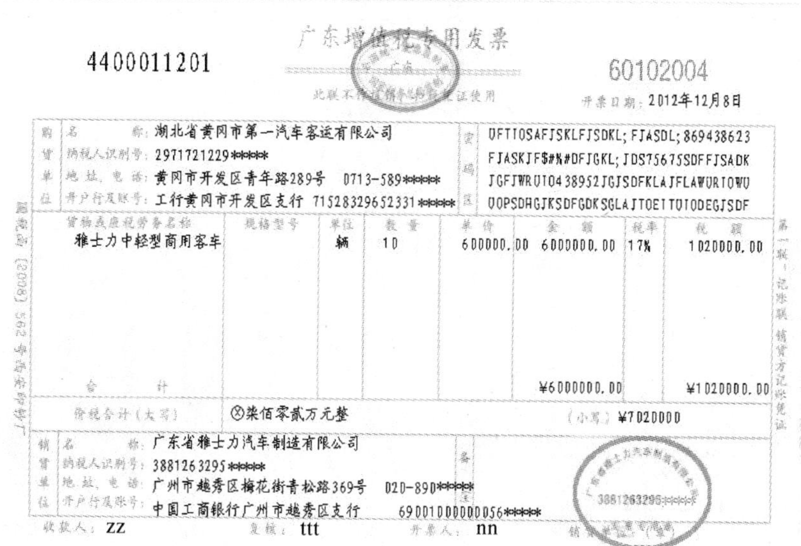

广东增值税专用发票

4400011201　　　　60102004

此联不作报销、扣税凭证使用

开票日期：2012年12月8日

购货单位	
名　　称	湖北省黄冈市第一汽车客运有限公司
纳税人识别号	2971721229*****
地址、电话	黄冈市开发区青年路289号　0713-589*****
开户行及账号	工行黄冈市开发区支行　71528329652331*****

密码区：
UFTIOSAFJSKLFJSDKL; FJASDL; 869438623
FJASKJF$#%#DFJGKL; JDS75675SDFFJSADK
JGFJWRUI0438952JGJSDFKLAJFLAWURIOWU
UOPSDHGJKSDFGDKSGLAJTOEITUIODEGJSDF

货物或应税劳务名称	规格型号	单位	数量	单价	金额	税率	税额
雅士力中轻型商用客车		辆	10	600000.00	6000000.00	17%	1020000.00
合　　计					¥6000000.00		¥1020000.00
价税合计（大写）	⊗柒佰零贰万元整				（小写）¥7020000		

销货单位	
名　　称	广东省雅士力汽车制造有限公司
纳税人识别号	3881263295*****
地址、电话	广州市越秀区梅花街青松路369号　020-890*****
开户行及账号	中国工商银行广州市越秀区支行　69001000000056*****

收款人：zz　　复核：ttt　　开票人：nn　　销货单位：（章）

第一联：记账联　销货方记账凭证

附件 10－2：

商品出库单

客户名称：黄冈市第一汽车客运有限公司　　　　2012 年 12 月 8 日　　　　编号：201012000003

商品名称	规格	单位	数量	单价	金额										
					亿	千	百	十	万	千	百	十	元	角	分
雅士力中轻型商用客车		辆	10	600000.00			6	0	0	0	0	0	0	0	0
合计						¥	6	0	0	0	0	0	0	0	0

第二联　财务联

会计主管：tt　　　　发货人：nn　　　　收货人：zz　　　　制单人：bbb

附件 10－3：

进 账 单（回单或收账通知）

2012年 12月 8日

收款人	全 称	广东省雅士力汽车制造有限公司	
	账 号	69001000000056*****	
	开户银行	中国工商银行广州市越秀区支行	
人民币（大写）	柒佰零贰万元整		亿 千 百 十 万 千 百 十 元 角 分 ¥ 7 0 2 0 0 0 0 0 0
付款人	全 称	湖北省黄冈市第一汽车客运有限公司	
	账 号	71528329652331*****	
	开户银行	工行黄冈市开发区支行	
事 由		销售汽车	

中国工商银行广州市越秀区支行 2012.12.08 收讫

附件 11－1：

广东增值税专用发票

抵扣联

4400125698　　80351371

开票日期：2012年12月9日

购货单位	名 称：广东省雅士力汽车制造有限公司 纳税人识别号：3881263295***** 地 址、电 话：广州市越秀区梅花街青松路369号 020-890***** 开户行及账号：中国工商银行广州市黄埔区支行 690010000000560	密码区：jldkdk;ajiorepjfeofkldmfd lfkpgdfkpgtrgp][relg;f,d;,dl; v,..,b.,cfbl;f;hlpcrehc[prihc[rl dgoejkgp[ekgpekgpergk

货物或应税劳务名称	规格型号	单位	数量	单价	金额	税率	税额
隔热玻璃		m²	1800	800.00	1440000.00	17%	244800.00
隔音玻璃		m²	3000	950.00	2850000.00	17%	484500.00
合 计					¥4290000.00		¥729300.00
价税合计（大写）	⊗伍佰零壹万玖仟叁佰元整				（小写）¥5019300.00		

销货单位	名 称：广州市环亚汽车玻璃有限公司 纳税人识别号：5711721229***** 地 址、电 话：广州市滨文区青华路989号 0571-289***** 开户行及账号：工行广州市滨文区支行 44318329652331*****	备注

收款人：ZZ　　复核：ttt　　开票人：nnn　　销货单位：（章）

第二联：抵扣联 购货方扣税凭证

国税函〔2008〕562号海南华森实业公司

附件 11－2：

广东增值税专用发票

4400125698　　　　80351371

开票日期：2012年12月09日

购货单位	名　　称：广东省雅士力汽车制造有限公司 纳税人识别号：3881263295***** 地址、电话：广州市越秀区梅花街青松路369号　020-890***** 开户行及账号：中国工商银行广州市黄埔区支行　69001000000	密码区	jldkdk;ajiorepjfeofkldmfd lfkpgdfkpgtrgpl[relg;f,d;,al; v,.,b.,cfbl;f;hlpcreht[prlht[rl goejkgp[ekgpekgpergk

货物或应税劳务名称	规格型号	单位	数量	单价	金额	税率	税额
隔热玻璃		m²	1800	800.00	1440000.00	17%	244800.00
隔音玻璃		m²	3000	950.00	2850000.00	17%	484500.00
合　　计					¥4290000.00		¥729300.00
价税合计（大写）	⊗伍佰零壹万玖仟叁佰元整				（小写）¥5019300.00		

销货单位	名　　称：广州市环亚汽车玻璃有限公司 纳税人识别号：5711721229***** 地址、电话：广州市滨文区青华路989号　0571-289***** 开户行及账号：工行广州市滨文区支行　44318329652331*****	备注	5711721229*****

收款人：zz　　复核：ttt　　开票人：aaa　　销货单位：（章）

第三联：发票联　购货方记账凭证

附件 11－3：

广东雅士力汽车制造有限公司

材料验收入库单

供应商名称：广州市环亚汽车玻璃有限公司　　2012 年 12 月 9 日　　凭证编号：091202005

材料名称	规格型号	单位	供应商交货数量	实收数量	单价	金额	备注
隔热玻璃		平方米	1800	1800	800.00	1440000.00	
隔音玻璃		平方米	3000	3000	950.00	2850000.00	
合计						4290000.00	

第二联　财务联

财务部：tt　　品保部：zz　　验收人：nn　　制单：aaa

附件 11 －4：

中国工商银行支票存根（粤）

IX 11 201212007

附加信息

出票日期 2012年 12月 09日

收款人：广州市[illegible]有限公司

金 额：¥ 5019300.00

用 途：购进[illegible]

单位主管 ZZ　　会计 ttt

附件 12 －1：

山西增值税专用发票

4400236598　　30951371

开票日期：2012年12月10日

购货单位	名称：广东省雅士力汽车制造有限公司 纳税人识别号：3881263295***** 地址、电话：广州市越秀区梅花街青松路369号 020-890***** 开户行及账号：中国工商银行广州市黄埔区支行 6900100000	密码区	RYDIWYR45345FJSKLA;FJSDAKL;FJSD345F GJSKLJSDKF%#%$#5JFKLS;JFSKLADFJASKL JKSLFJURTUYT24234FJSKAFJASKLFJSLFJK [illegible]TJSDKLGJOSFKLGJSDKLGJDKLGJOC

货物或应税劳务名称	规格型号	单位	数量	单价	金额	税率	税额
不锈钢板	BS601	吨	100	5300.00	530000.00	17%	90100.00
不锈钢板	BS605	吨	500	4000.00	2000000.00	17%	340000.00
合计					¥2530000.00		¥430100.00
价税合计（大写）	⊗贰佰玖拾陆万零壹佰元整				（小写）¥2960100.00		

销货单位	名称：山西省宝山钢铁有限公司 纳税人识别号：2722721229***** 地址、电话：太原市宝山路989号 0351-739***** 开户行及账号：工行太原市宝山路支行 2331832965233l*****	备注	2722721229*****

收款人：ZZ　　复核：ttt　　开票人：nnn　　销货单位：（章）

附件 12－2：

山西增值税专用发票

4400236598　　　　30951371

开票日期：2012年12月10日

购货单位	名　　称：广东省雅士力汽车制造有限公司	密码区	RYUIWTR45345FJSKLA;FJSDAKL;FJSD345F
	纳税人识别号：3881263295*****		GJSKLJSDKF%#%$#5JFKLS;JFSKLADFJASKL
	地址、电话：广州市越秀区梅花街青松路369号　020-890*****		JKSLFJDRTUYT24234FJSKAFJASKLFJSLFJK
	开户行及账号：中国工商银行广州市黄埔区支行　6900100000		TJSDKLGIDSFKLGJSDKLGIDKLGIDL

货物或应税劳务名称	规格型号	单位	数量	单价	金额	税率	税额
不锈钢板	BS601	吨	100	5300.00	530000.00	17%	90100.00
不锈钢板	BS605	吨	500	4000.00	2000000.00	17%	340000.00
合　　计					¥2530000.00		¥430100.00
价税合计（大写）	⊗贰佰玖拾陆万零壹佰元整				（小写）¥2960100.00		

销货单位	名　　称：山西省宝山钢铁有限公司	备注	2722721229*****
	纳税人识别号：2722721229*****		
	地址、电话：太原市宝山路989号　0351-739*****		
	开户行及账号：工行太原市宝山路支行　2331832965233l*****		

收款人：ZZ　　复核：ttt　　开票人：nnn　　销货单位：（章）

国税函〔2008〕562号西安印钞厂

第三联：发票联　购货方记账凭证

附件 12－3：

广东雅士力汽车制造有限公司

材料验收入库单

供应商名称：山西省宝山钢铁有限公司　　2012 年 12 月 10 日　　凭证编号：091202006

材料名称	规格型号	单位	供应商交货数量	实收数量	单价	金额	备注
不锈钢板	BS601	吨	100	100	5300.00	530000.00	
不锈钢板	BS605	吨	500	500	4000.00	2000000.00	
合计						2530000.00	

第二联　财务联

财务部：zzz　　品保部：tt　　验收人：nn　　制单：aa

附件 12 －4：

中国工商银行支票存根（粤）

IX 11 201212008

附加信息

出票日期 2012 年 12 月 10 日

收款人：山西省金山钢铁有限公司

金　额：¥2960100.00

用　途：购进不锈钢板

单位主管 ZZ　　会计 ttt

附件 13 －1：

捐赠合同

甲方：广东省雅士力汽车制造有限公司

乙方：中国减灾委员会

为促进广东省雅士力汽车制造有限公司的发展，根据《中华人民共和国公益事业捐赠法》及《基金会管理条例》等法律法规，甲方自愿向乙方捐赠以下财产，用以支持乙方事业的发展，并经协商达成如下协议：

第一条 甲方自愿向乙方捐赠面积700平方米仓库。

第二条 捐赠财产的交付时间、地点及方式：

1. 交付时间：2012年12月11日
2. 交付地点：广东省雅士力汽车制造有限公司董事会办公室
3. 交付方式：公开

第三条 甲方在约定期限内将捐赠财产及其所有权凭证交付乙方，并协助乙方办理相关手续。乙方收到甲方捐赠财产后，出具合法有效的财务接收凭证。

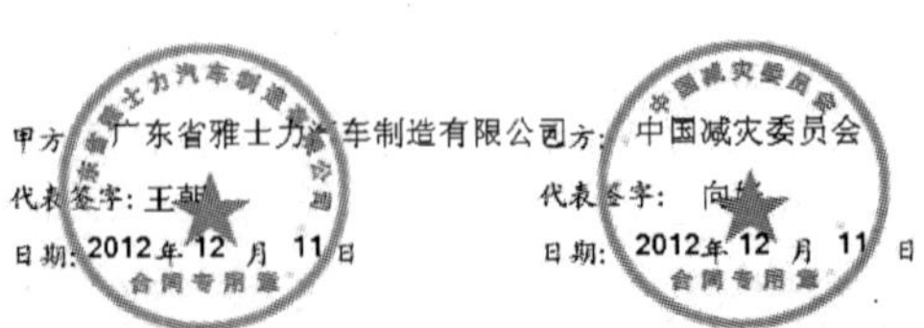
甲方：广东省雅士力汽车制造有限公司　乙方：中国减灾委员会

代表签字：王 ［illegible］　代表签字：向 ［illegible］

日期：2012 年 12 月 11 日　日期：2012 年 12 月 11 日

附件 13 – 2：

公益性单位接受社会捐赠专用收据

NO: 66580010

捐赠者：广东雅士力汽车制造有限公司　　2012年12月11日

支票号码			货币类型	人民币	
捐赠项目	中国减灾委员会				
项目（捐赠金额或实物）	单位	规格	数量	单价	金额
仓房					5600000.00
合计人民币（大写）伍佰陆拾零万零仟零佰零拾零元零角零分 ¥5600000.00					

第二联　收据

收费单位（盖章）　　开票人：nnn　　收款人：

附件 14 – 1：

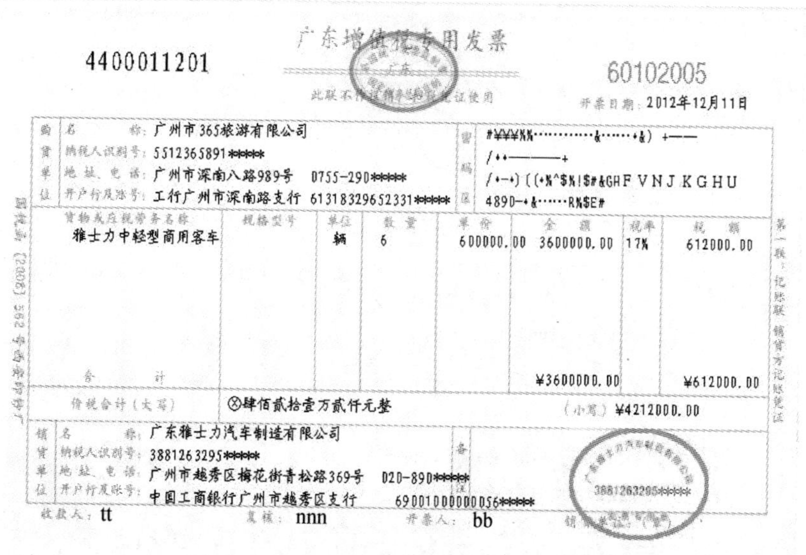

广东增值税专用发票

4400011201　　60102005

此联不作报销、扣税凭证使用　　开票日期：2012年12月11日

购货单位	名称：广州市365旅游有限公司 纳税人识别号：5512365891***** 地址、电话：广州市深南八路989号 0755-290***** 开户行及账号：工行广州市深南路支行 61318329652331*****	密码区	#¥¥¥%%…………&……+&）+—— /++————+ /+-+）（（+%^$%!$#&GHF VNJ KGHU 4890-+&……R%$E#			
货物或应税劳务名称	规格型号	单位	数量	单价	金额	税率	税额
雅士力中轻型商用客车		辆	6	600000.00	3600000.00	17%	612000.00
合计					¥3600000.00		¥612000.00
价税合计（大写）	⊗肆佰贰拾壹万贰仟元整				（小写）¥4212000.00		
销货单位	名称：广东雅士力汽车制造有限公司 纳税人识别号：3881263295***** 地址、电话：广州市越秀区梅花街青松路369号 020-890***** 开户行及账号：中国工商银行广州市越秀区支行 6900100000056*****	备注					

第一联：记账联　销货方记账凭证

收款人：tt　　复核：nnn　　开票人：bb　　销货单位（章）

附件 14－2：

商品出库单

客户名称：广州市 365 旅游有限公司　　2012 年 12 月 11 日　　编号：201012000004

商品名称	规格	单位	数量	单价	金额										
					亿	千	百	十	万	千	百	十	元	角	分
雅士力中轻型商用客车		辆	6	600000.00			3	6	0	0	0	0	0	0	0
合计						¥	3	6	0	0	0	0	0	0	0

第二联　财务联

会计主管：zz　　发货人：tt　　收货人：nn　　制单人：aaa

附件 14－3：

中国工商银行
INDUSTRIAL AND COMMERCIAL BANK OF CHINA

进账单（回单或收账通知）

2012年 12月 11日

收款人	全称	广东省雅士力汽车制造有限公司											
	账号	6900100000005******											
	开户银行	中国工商银行广州市越秀区支行											
人民币（大写）	肆佰贰拾壹万贰仟元整		亿	千	百	十	万	千	百	十	元	角	分
				¥	4	2	1	2	0	0	0	0	0
付款人	全称	广州市365旅游有限公司											
	账号	613183296523******											
	开户银行	工行广州市深南路支行											
事由	销售雅士力中轻型商用客车												

越秀区支行 2012.12.11 收讫

附件 15 －1：

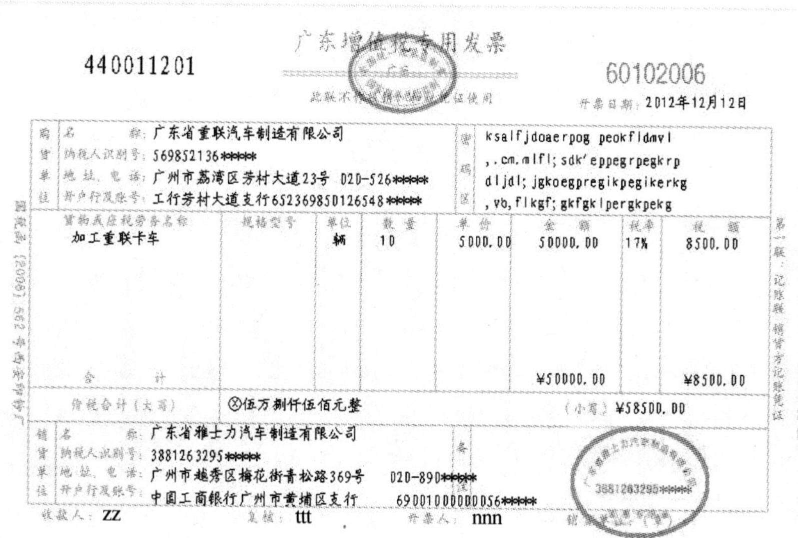

广东增值税专用发票

440011201　　　　　　　　　　　　　　　　　　　60102006

此联不作报销、扣税凭证使用

开票日期：2012年12月12日

购货单位	名　　称：广东省重联汽车制造有限公司 纳税人识别号：569852136***** 地址、电话：广州市荔湾区芳村大道23号　020-526***** 开户行及账号：工行芳村大道支行652369850126548*****	密码区	ksalfjdoaerpog peokfldmvl ,.cm,mlfl;sdk'eppegrpegkrp dljdl;jgkoegpregikpegikerkg ,vb,flkgf;gkfgklpergkpekg

货物或应税劳务名称	规格型号	单位	数量	单价	金额	税率	税额
加工重联卡车		辆	10	5000.00	50000.00	17%	8500.00
合　　计					¥50000.00		¥8500.00
价税合计（大写）	⊗伍万捌仟伍佰元整				（小写）¥58500.00		

销货单位	名　　称：广东省雅士力汽车制造有限公司 纳税人识别号：3881263295***** 地址、电话：广州市越秀区梅花街青松路369号　020-890***** 开户行及账号：中国工商银行广州市黄埔区支行　69001000000056*****	备注	

收款人：zz　　复核：ttt　　开票人：nnn　　销货单位：（章）

第一联：记账联　销货方记账凭证

国税函〔2008〕562号西安印钞厂

附件 15 －2：

进　账　单（回单或收账通知）

2012年12月12日

收款人	全　　称	广东省雅士力汽车制造有限公司	
	账　　号	69001000000056*****	
	开户银行	中国工商银行广州市越秀区支行	
人民币（大写）		伍万捌仟伍佰元整	亿千百十万千百十元角分 ¥5850000
付款人	全　　称	广东省重联汽车制造有限公司	
	账　　号	6221454565512*****	
	开户银行	中国商业银行白云区沙河东路支行	
事　由		加工费收回	

中国工商银行广州市越秀区支行 2012.12.12 收讫

附件 16－1：

广东增值税专用发票

4400011253　　　　　　　　369002921

代开　　　　　　　　开票日期：2012年12月12日

购货单位	名称：广东省雅士力汽车制造有限公司 纳税人识别号：3881263295***** 地址、电话：广州市越秀区榆花街青松路369号　020-890***** 开户行及账号：中国工商银行广州市黄埔区支行690010000000569100	密码区	kdfhkajfoeofmdcm,vkdj　加密版本：02 dlkfdljeocojmcvmdkjoj　445021364 sdkljfdeljfocfewjcororejar 009mvndkdljfoefpowjfoej　0007555212

货物或应税劳务名称	规格型号	单位	数量	单价	金额	税率	税额
金锐电脑		台	10	3500.00	35000.00	3%	1050.00
合计					¥35000.00		¥1050.00
价税合计（大写）	⊗叁万陆仟零伍拾元整				（小写）¥36050.00		

销货单位	名称：广州市国家税务局天河分局　（代开机关） 纳税人识别号：440365984*****　（代开机关） 地址、电话：广州市天河区科韵大道21号　020-852***** 开户行及账号：852360114957 0*****　（完税凭证）	备注	代开企业税号：440865236***** 代开企业名称：广州市森海盟大脑科技有限公司

收款人：ZZZ　　复核：tt　　开票人：nn　　销货单位：（章）

国税函〔2008〕562号西安印钞厂

第二联：抵扣联　购货方扣税凭证

附件 16－2：

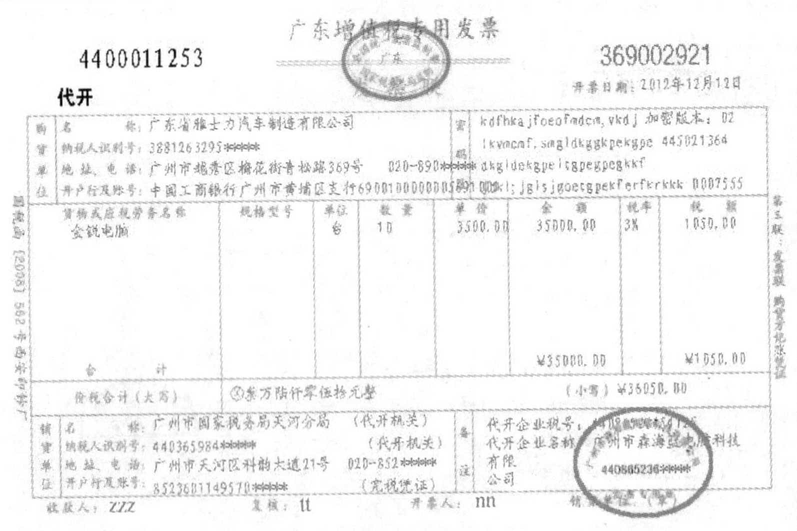

广东增值税专用发票

4400011253　　　　　　　　369002921

代开　　　　　　　　开票日期：2012年12月12日

购货单位	名称：广东省雅士力汽车制造有限公司 纳税人识别号：3881263295***** 地址、电话：广州市越秀区榆花街青松路369号　020-890***** 开户行及账号：中国工商银行广州市黄埔区支行690010000000569100	密码区	kdfhkajfoeofmdcm,vkdj　加密版本：02 lkvmcmf,smgldkggkpekgpc　445021364 dkgldokgpeltgpegpcgkkf 00dkl;jglsjgoetgpekferfkrkkk　0007555

货物或应税劳务名称	规格型号	单位	数量	单价	金额	税率	税额
金锐电脑		台	10	3500.00	35000.00	3%	1050.00
合计					¥35000.00		¥1050.00
价税合计（大写）	⊗叁万陆仟零伍拾元整				（小写）¥36050.00		

销货单位	名称：广州市国家税务局天河分局　（代开机关） 纳税人识别号：440365984*****　（代开机关） 地址、电话：广州市天河区科韵大道21号　020-852***** 开户行及账号：852360114957 0*****　（完税凭证）	备注	代开企业税号：440865236***** 代开企业名称：广州市森海盟大脑科技有限公司

收款人：ZZZ　　复核：tt　　开票人：nn　　销货单位：（章）

国税函〔2008〕562号西安印钞厂

第三联：发票联　购货方记账凭证

附件 16－3：

广东省雅士力汽车制造有限公司

固定资产入库单

供应商名称：广州市森海蓝电脑科技有限公司　　2012 年 12 月 12 日　　凭证编号：7800001390

固定资产名称及编号	规格型号	单位	数量	预计使用年限	预计残值	已使用年限	提取折旧的方法	原始价值	已提折旧	备注
金锐电脑		台	10	5	2000.00	0	直线折旧法	35000.00		
固定资产状况	全新									
进入方式			入账价值			管理部门		会计主管		
购进			35000.00			资产管理处		×××		

第二联　财务联

财务部：zzz　　品管部：tt　　验收人：nn　　制单人：bb

附件 16－4：

中国工商银行支票存根（粤）

IX 11 201212009

附加信息

出票日期 2012年 12月 12日

收款人：广州市森海蓝电脑科技有限公司

金　额：¥36050.00

用　途：购买电脑

单位主管 ZZ　　会计 ttt

附件 17 －1：

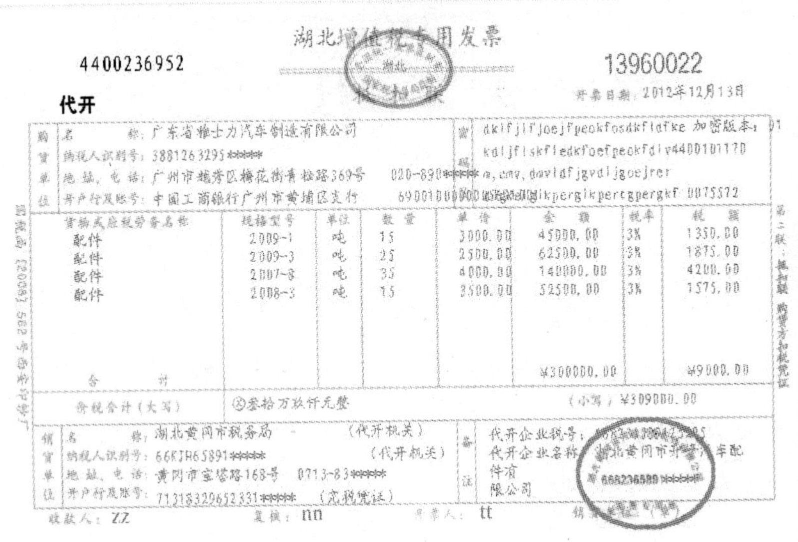

湖北增值税专用发票

4400236952　　　　　　　　　　13960022

代开　　　　　　　　　　开票日期：2012年12月13日

购货单位
名　　称：广东省雅士力汽车制造有限公司
纳税人识别号：3881263295*****
地址、电话：广州市越秀区梅花街青松路369号　020-890*****
开户行及账号：中国工商银行广州市黄埔区支行　69001000000*****

密码区：dklfjlfjoejfpeokfosdkfldfke 加密版本：01
kdljflskfledkfoefpeokfdlv4400101170
m,cmv,dmvldfjgvdljgoejrer
...ikpergikpertgpergkf 0075572

货物或应税劳务名称	规格型号	单位	数量	单价	金额	税率	税额
配件	2009-1	吨	15	3000.00	45000.00	3%	1350.00
配件	2009-3	吨	25	2500.00	62500.00	3%	1875.00
配件	2007-8	吨	35	4000.00	140000.00	3%	4200.00
配件	2008-3	吨	15	3500.00	52500.00	3%	1575.00
合　　计					¥300000.00		¥9000.00
价税合计（大写）	⊗叁拾万玖仟元整				（小写）¥309000.00		

销货单位
名　　称：湖北黄冈市税务局　（代开机关）
纳税人识别号：66KJH65891*****　（代开机关）
地址、电话：黄冈市宝塔路168号　0713-83*****
开户行及账号：71318329652331*****　（完税凭证）

备注：代开企业税号：
代开企业名称：湖北黄冈市开○汽车配件有限公司

收款人：ZZ　　复核：nn　　开票人：tt　　销货单位：（章）

第二联：抵扣联　购货方扣税凭证

附件 17 －2：

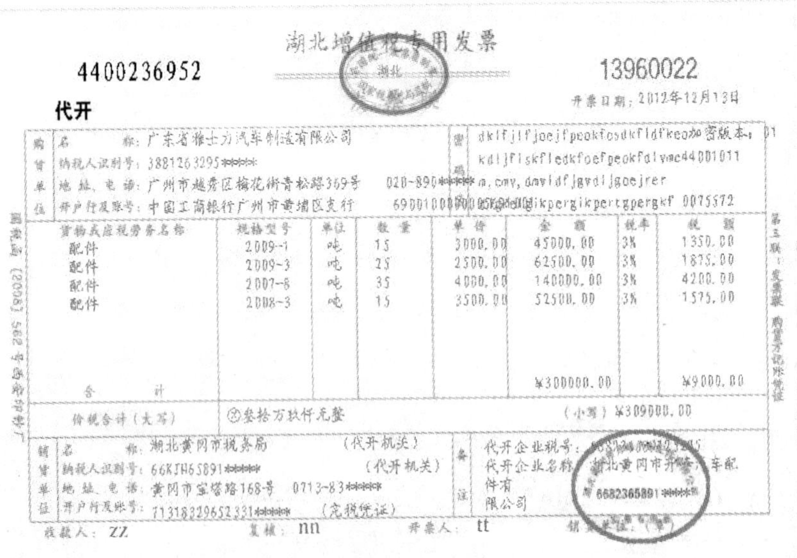

湖北增值税专用发票

4400236952　　　　　　　　　　13960022

代开　　　　　　　　　　开票日期：2012年12月13日

购货单位
名　　称：广东省雅士力汽车制造有限公司
纳税人识别号：3881263295*****
地址、电话：广州市越秀区梅花街青松路369号　020-890*****
开户行及账号：中国工商银行广州市黄埔区支行　69001000000*****

密码区：dklfjlfjoejfpeokfosdkfldfkeo加密版本：01
kdljflskfledkfoefpeokfdlvme44001011
m,cmv,dmvldfjgvdljgoejrer
...ikpergikpertgpergkf 0075572

货物或应税劳务名称	规格型号	单位	数量	单价	金额	税率	税额
配件	2009-1	吨	15	3000.00	45000.00	3%	1350.00
配件	2009-3	吨	25	2500.00	62500.00	3%	1875.00
配件	2007-8	吨	35	4000.00	140000.00	3%	4200.00
配件	2008-3	吨	15	3500.00	52500.00	3%	1575.00
合　　计					¥300000.00		¥9000.00
价税合计（大写）	⊗叁拾万玖仟元整				（小写）¥309000.00		

销货单位
名　　称：湖北黄冈市税务局　（代开机关）
纳税人识别号：66KJH65891*****　（代开机关）
地址、电话：黄冈市宝塔路168号　0713-83*****
开户行及账号：71318329652331*****　（完税凭证）

备注：代开企业税号：
代开企业名称：湖北黄冈市开○汽车配件有限公司

收款人：ZZ　　复核：nn　　开票人：tt　　销货单位：（章）

第三联：发票联　购货方记账凭证

附件 17－3：

广东雅士力汽车制造有限公司

材料验收入库单

供应商名称：湖北黄冈市开峰汽车配件有限公司　2012 年 12 月 13 日　　凭证编号：091202007

材料名称	规格型号	单位	供应商交货数量	实收数量	单价	金额	备注
配件	2009－1	吨	15	15	3000.00	45000.00	
配件	2009－3	吨	25	25	2500.00	62500.00	
配件	2007－8	吨	35	35	4000.00	140000.00	
配件	2008－3	吨	15	15	3500.00	52500.00	
合计						300000.00	

第二联　财务联

财务部：zzz　　品保部：tt　　验收人：nn　　制单：aa

附件 17－4：

中国工商银行支票存根（粤）

IX II 201212010

附加信息

出票日期 2012 年 12 月 13 日

收款人：黄冈市开峰汽车配件有限公司

金　额：¥309000.00

用　途：购买配件

单位主管 ZZ　　会计 ttt

附件 18 －1：

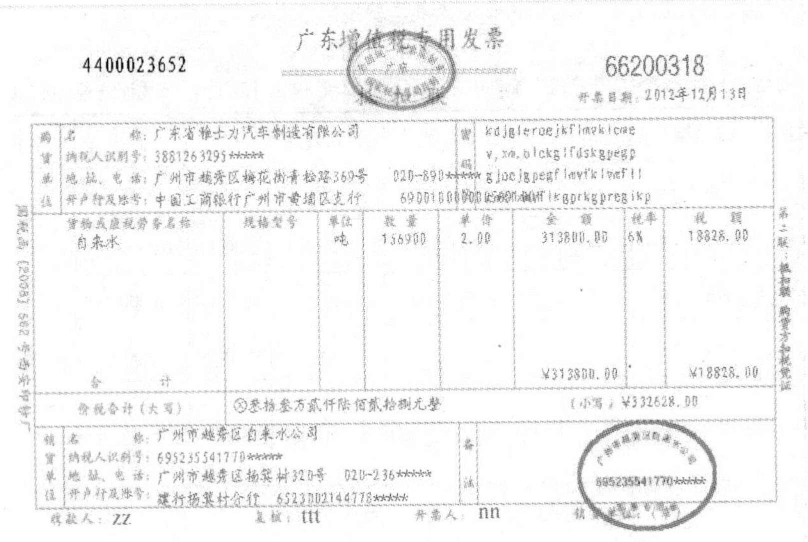

广东增值税专用发票

4400023652　　抵扣联　　66200318

开票日期：2012年12月13日

购货单位	名称：广东省雅士力汽车制造有限公司 纳税人识别号：3881263295***** 地址、电话：广州市越秀区梅花街青松路369号　020-890***** 开户行及账号：中国工商银行广州市黄埔区支行　690010000000*****0				密码区	kdjgleroejkflmvklcme v,xm,blckglfdskgpegp gjoejgpegflmvfklvmfll *****0flkgprkgpregikp	
货物或应税劳务名称	规格型号	单位	数量	单价	金额	税率	税额
自来水		吨	156900	2.00	313800.00	6%	18828.00
合计					¥313800.00		¥18828.00
价税合计（大写）	⊗叁拾叁万贰仟陆佰贰拾捌元整				（小写）¥332628.00		
销货单位	名称：广州市越秀区自来水公司 纳税人识别号：695235541770***** 地址、电话：广州市越秀区杨箕村320号　020-236***** 开户行及账号：建行杨箕村分行　6523002144778*****				备注		

第二联：抵扣联　购货方扣税凭证

收款人：zz　复核：ttt　开票人：nn　销货单位：（章）

附件 18 －2：

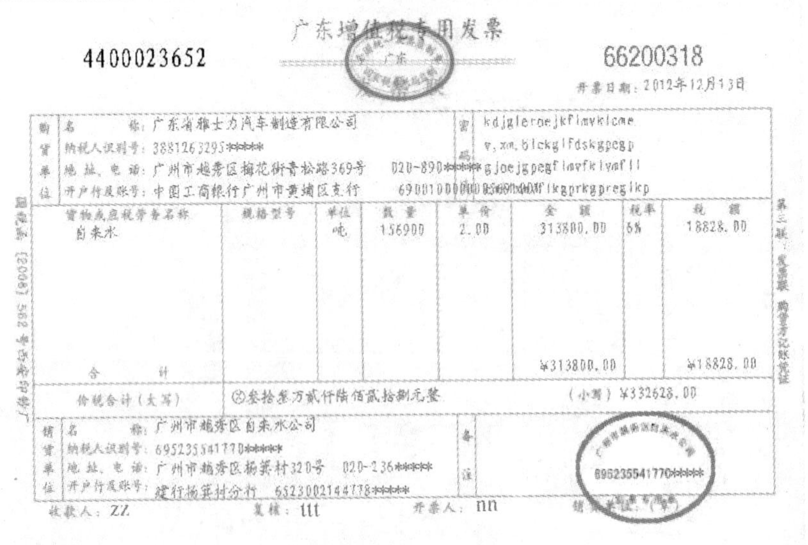

广东增值税专用发票

4400023652　　发票联　　66200318

开票日期：2012年12月13日

购货单位	名称：广东省雅士力汽车制造有限公司 纳税人识别号：3881263295***** 地址、电话：广州市越秀区梅花街青松路369号　020-890***** 开户行及账号：中国工商银行广州市黄埔区支行　690010000000*****0				密码区	kdjgleroejkflmvklcme v,xm,blckglfdskgpegp gjoejgpegflmvfklvmfll *****0flkgprkgpregikp	
货物或应税劳务名称	规格型号	单位	数量	单价	金额	税率	税额
自来水		吨	156900	2.00	313800.00	6%	18828.00
合计					¥313800.00		¥18828.00
价税合计（大写）	⊗叁拾叁万贰仟陆佰贰拾捌元整				（小写）¥332628.00		
销货单位	名称：广州市越秀区自来水公司 纳税人识别号：695235541770***** 地址、电话：广州市越秀区杨箕村320号　020-236***** 开户行及账号：建行杨箕村分行　6523002144778*****				备注		

第三联：发票联　购货方记账凭证

收款人：zz　复核：ttt　开票人：nn　销货单位：（章）

附件 18－3：

中国工商银行 广州市越秀营业部

批扣回单

No. 0004569632101

批扣日期：2012年 12 月 13 日

付款人	全　称	广东省雅士力汽车制造有限公司	收款人	全　称	广州市越秀区自来水公司
	账　号	69001000000056*****		账　号	63251425632145*****
	开户银行	中国工商银行广州市越秀区支行		开户银行	中国工商银行广州市越秀区支行
金额	人民币（大写）	叁拾叁万贰仟陆佰贰拾捌元整		千百十万千百十元角分	¥33262800
摘要	水费				
备注					

打印日期：2012年 12 月 13 日

附件 19－1：

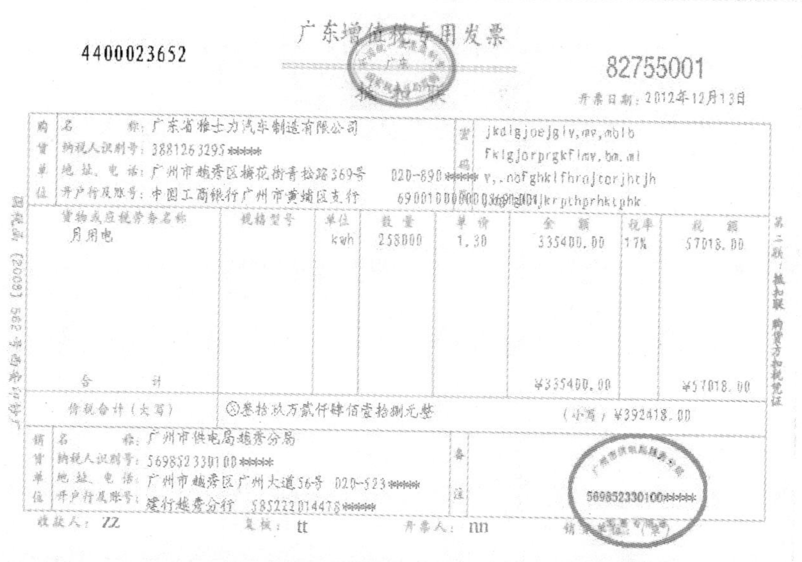

广东增值税专用发票

4400023652　　　　82755001

抵扣联

开票日期：2012年12月13日

购货单位	名　　称：广东省雅士力汽车制造有限公司 纳税人识别号：3881263295***** 地址、电话：广州市越秀区梅花街青松路369号　020-890***** 开户行及账号：中国工商银行广州市黄埔区支行　69001000000036*****1			密码区	jkdigjoejgiv,mv,mblb fklgjorprgkfimv,bm,ml v,.nofghklfhrojcorjhtjh jkrpthprhktphk		
货物或应税劳务名称	规格型号	单位	数量	单价	金额	税率	税额
月用电		kwh	258000	1.30	335400.00	17%	57018.00
合　计					¥335400.00		¥57018.00
价税合计（大写）	⊗叁拾玖万贰仟肆佰壹拾捌元整				（小写）¥392418.00		
销货单位	名　　称：广州市供电局越秀分局 纳税人识别号：56985233010 0***** 地址、电话：广州市越秀区广州大道56号　020-523***** 开户行及账号：建行越秀分行　585222014478*****			备注			

收款人：ZZ　　复核：tt　　开票人：nn　　销货单位：（章）

附件 19－2：

广东增值税专用发票

4400023652　　　　　　　　　82755001

开票日期：2012年12月13日

购买单位	名称：广东省雅士力汽车制造有限公司 纳税人识别号：3881263295***** 地址、电话：广州市越秀区梅花街青松路369号 020-890***** 开户行及账号：中国工商银行广州市黄埔区支行 69001000900036900	密码区	jkdlgjoejglv,mv,mblb fklgjorprgkflmv,bm,ml v,.nbfghklfhrojtorjhtjh jkrpchprhkcghk			
货物或应税劳务名称	规格型号	单位	数量	单价	金额	税率	税额
月用电		kwh	258000	1.30	335400.00	17%	57018.00
合计					¥335400.00		¥57018.00
价税合计（大写）	⊗叁拾玖万贰仟肆佰壹拾捌元整				（小写）¥392418.00		
销货单位	名称：广州市供电局越秀分局 纳税人识别号：569852330100***** 地址、电话：广州市越秀区广州大道56号 020-523***** 开户行及账号：建行越秀分行 585222014478*****	备注	569852330100*****				

收款人：ZZ　　复核：tt　　开票人：nn　　销货单位：（章）

附件 19－3：

中国工商银行 广州市越秀 营业部　　　　　　　　批扣回单

No. 0004569632102

批扣日期：2012年 12 月 13 日

付款人	全称	广东省雅士力汽车制造有限公司	收款人	全称	广州市越秀区供电局
	账号	3881263295*****		账号	62214569852413*****
	开户银行	中国工商银行广州市越秀区支行		开户银行	中国工商银行广州市越秀区支行
金额	人民币（大写）	叁拾玖万贰仟肆佰壹拾元整			¥392418.00
摘要	电费				
备注					中国工商银行广州市越秀区营业部 银行回单 专用章

打印日期：2012年 12 月 13 日

附件 20－1：

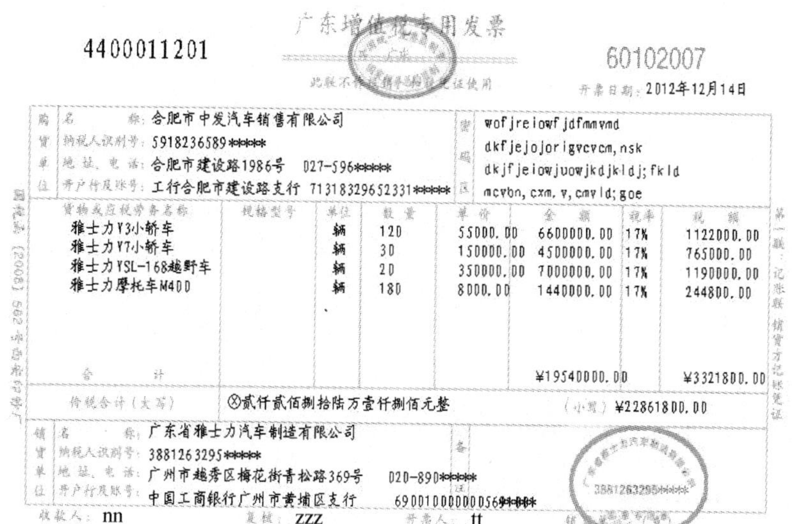

广东增值税专用发票

4400011201　　　　此联不作报销、扣税凭证使用　　　　60102007

开票日期：2012年12月14日

购货单位	名称：合肥市中发汽车销售有限公司 纳税人识别号：5918236589***** 地址、电话：合肥市建设路1986号　027-596***** 开户行及账号：工行合肥市建设路支行　71318329652331*****	密码区	wofjreiowfjdfmmvmd dkfjejojorigvcvcm,nsk dkjfjeiowjuowjkdjkldj;fkld mcvbn,cxm,v,cmvld;goe

货物或应税劳务名称	规格型号	单位	数量	单价	金额	税率	税额
雅士力Y3小轿车		辆	120	55000.00	6600000.00	17%	1122000.00
雅士力Y7小轿车		辆	30	150000.00	4500000.00	17%	765000.00
雅士力YSL-168越野车		辆	20	350000.00	7000000.00	17%	1190000.00
雅士力摩托车M400		辆	180	8000.00	1440000.00	17%	244800.00
合计					¥19540000.00		¥3321800.00
价税合计（大写）	⊗贰仟贰佰捌拾陆万壹仟捌佰元整				（小写）¥22861800.00		

销货单位	名称：广东省雅士力汽车制造有限公司 纳税人识别号：3881263295***** 地址、电话：广州市越秀区梅花街青松路369号　020-890***** 开户行及账号：中国工商银行广州市黄埔区支行　69001000000056*****	备注	

收款人：nn　　复核：zzz　　开票人：tt　　销货单位（章）

第一联：记账联　销货方记账凭证

附件 20－2：

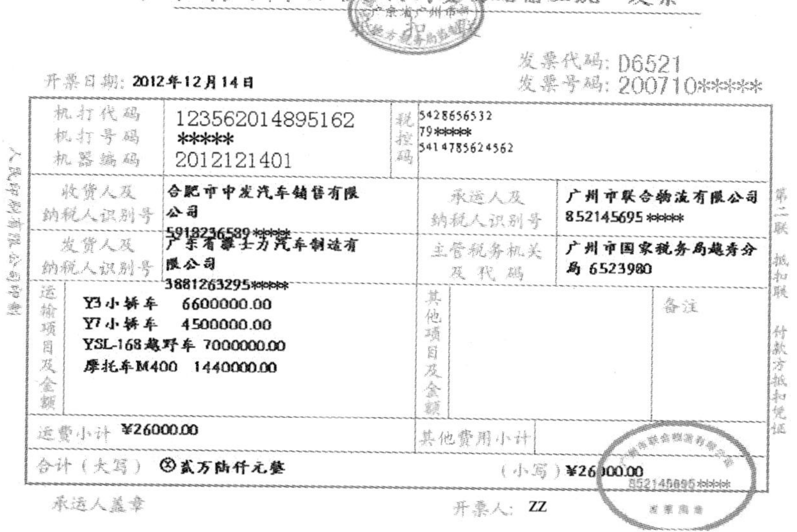

广东省广州市公路、内河货物运输业统一发票

发票代码：D6521
发票号码：200710*****

开票日期：2012年12月14日

机打代码 机打号码 机器编码	123562014895162 ***** 2012121401	税控码	5428656532 79***** 5414785624562
收货人及纳税人识别号	合肥市中发汽车销售有限公司 5918236589*****	承运人及纳税人识别号	广州市联合物流有限公司 852145695*****
发货人及纳税人识别号	广东省雅士力汽车制造有限公司 3881263295*****	主管税务机关及代码	广州市国家税务局越秀分局 6523980
运输项目及金额	Y3小轿车　6600000.00 Y7小轿车　4500000.00 YSL-168越野车　7000000.00 摩托车M400　1440000.00	其他项目及金额	备注
运费小计	¥26000.00	其他费用小计	
合计（大写）	⊗贰万陆仟元整		（小写）¥26000.00

承运人盖章　　开票人：zz

第二联　抵扣联　付款方抵扣凭证

附件 20－3：

销 售 合 同

20091201
甲方：合肥市中发汽车销售有限公司
乙方：广东省雅士力汽车制造有限公司
经甲乙双方友好协商，就甲方购买乙方车辆达成如下协议：
一、甲方购买乙方雅士力Y3小轿车120辆，单价：55000.00元；雅士力Y7小轿车：30辆，单价：150000.00元；雅士力YSL-168越野车：20辆，单价：350000.00元；雅士力摩托车M400：180辆，单价：8000.00元，合计售价人民币贰仟贰佰捌拾陆万壹仟捌佰元整（￥22861800.00元）。
二、乙方支付运输费及其他相关费用。
三、甲方付款后，乙方立即发货，并开具发票。
四、乙方负责产品质量，如产品有质量问题，甲方可退货或换货，所发生的相关费用由乙方负责。
五、货物在运输途中的正常亏损，由乙方负责，如发生重大事故或非人为原因造成的重大损失，由双方协商解决。
以上协议甲乙双方各持一份，如有异议另签补充协议，补充协议同本协议具有同等法律效力。

甲方：合肥市中发汽车销售有限公司　乙方：广东省雅士力汽车制造有限公司
代表签字：方中信　代表签字：王□
日期：2012年12月14日　日期：2012年12月14日

附件 20－4：

广东省广州市公路、内河货物运输业统一发票

发票代码：D6521
发票号码：200710*****

开票日期：2012年12月14日

机打代码 机打号码 机器编码	123562014895162 ***** 2012121401	税控码	5428656532 79***** 5414785624562
收货人及纳税人识别号	合肥市中发汽车销售有限公司 5918236589*****	承运人及纳税人识别号	广州市联合物流有限公司 852145695*****
发货人及纳税人识别号	广东省雅士力汽车制造有限公司 3881263295*****	主管税务机关及代码	广州市国家税务局越秀分局　652398D
运输项目及金额	Y3小轿车　6600000.00 Y7小轿车　4500000.00 YSL-168越野车　7000000.00 摩托车M400　1440000.00	其他项目及金额	备注
运费小计	¥26000.00	其他费用小计	
合计（大写）	⊗贰万陆仟元整	（小写）	¥26000.00

承运人盖章　　开票人：nn

人民印刷有限公司印制

第一联 发票联 付款方记账凭证

附件 20－5：

商品出库单

客户名称：合肥市中发汽车销售有限公司　　2012 年 12 月 14 日　　编号：201012000005

商品名称	规格	单位	数量	单价	金额										
					亿	千	百	十	万	千	百	十	元	角	分
雅士力 Y3 小轿车		辆	120	55000.00			6	6	0	0	0	0	0	0	0
雅士力 Y7 小轿车		辆	30	150000.00			4	5	0	0	0	0	0	0	0
雅士力 YSL－168 越野车		辆	20	350000.00			7	0	0	0	0	0	0	0	0
雅士力摩托车 M400		辆	180	8000.00			1	4	4	0	0	0	0	0	0
合计					¥	1	9	5	4	0	0	0	0	0	0

第二联　财务联

会计主管：zz　　发货人：tt　　收货人：nnn　　制单人：aaa

附件 20－6：

中国工商银行
INDUSTRIAL AND COMMERCIAL BANK OF CHINA

进账单（回单或收账通知）

2012年 12月 14日

收款人	全　称	广东省雅士力汽车制造有限公司
	账　号	69001000000056*****
	开户银行	中国工商银行广州市越秀区支行
人民币（大写）	贰仟贰佰捌拾陆万壹仟捌佰元整	亿千百十万千百十元角分 ¥2 2 8 6 1 8 0 0 0 0
付款人	全　称	合肥市中发汽车销售有限公司
	账　号	71318329652331*****
	开户银行	工行合肥市建设路支行
事　由		销售汽车、摩托车

中国工商银行广州市 越秀支行 2012.12.14 收讫

附件 20－7：

中国工商银行支票存根（粤）

IX II 201212011

附加信息

出票日期 2012年 12月 14日

收款人：广州市联合物流有限公司

金　额：¥ 26000.00

用　途：支付运费

单位主管 ZZ　　会计 ttt

附件 21－1：

开具红字增值税专用发票通知单

填开日期：　2012 年 12 月 14 日　　　　　　NO：201012000001

销售方	名　称	广东省雄士力汽车制造有限公司	购买方	名　称	安徽省黄山市轻松自驾游有限公司
	税务登记代码	3881263295*****		税务登记代码	2122611229*****

开具红字发票的内内容	货物劳务名称	单　价	数　量	金　额	税　额
	雄士力中轻型商用车	600000.00	-1	-600000.00	-102000.00
	合　计			-¥600000.00	-¥102000.00

说　明

需要作出进项税额转出 □

不需要作进项税额转出 ☑

纳税人识别号认证不符 □

专用发票代码、号码认证不符 □

对应蓝字专用发票密码区内打印的代码：04456******

号码：60102002

开具红字专用发票的理由：

销货退回

经办人：ZZ　　负责人：tt　　主管税务机关名称（印章）：广州市国家税务局 越秀分局

第二联　购买方送交销售方留存

附件 21 －2：

退货商品入库单

退货单位：安徽省黄山市轻松自驾游有限公司　　　　2012 年 07 月 14 日　　　　编号：1200512

产品名称	型号	计量单位	交付数量	成本	实收数量	销售单价	增值税	金额
雅士力中轻型商用车		辆	1		1	600000. 00	102000. 00	702000. 00
								702000. 00

生产车间盖章：nn　　　　检验人盖章：tt　　　　仓库经收盖章：zz

附件 21 －3：

中国工商银行支票存根（粤）

IX 11 201212012

附加信息

出票日期 2012 年 12 月 1x 日

收款人：安徽省黄山市轻松自驾游有限公司
金　额：¥600000.00
用　途：收到退货，退还货款

单位主管 ZZ　　　会计 ttt

附件 21－4：

广东增值税专用发票

销售负项 4445698732　　　　60102008

此联不作报销、扣税凭证使用　　开票日期：2012年12月14日

购货单位　名称：黄山市轻松自驾游有限公司
纳税人识别号：7122611229*****
地址、电话：黄山市迎客路123号　0559-232*****
开户行及帐号：工行黄山市迎客路支行　46628329652331*****

密码区：JASJFASL3534^&+$%^#GDFKLGJSDLGJGJSD FJASKL;FJQPOWURSFJSADKLFJASKL;FJWQU GJS45893058SDG^$#^ASTGJEWLJFDLSGJLD GJKSDG3578935908%$@#%795DSGJDGJKSL;

货物或应税劳务名称	规格型号	单位	数量	单价	金额	税率	税额
雅士力中轻型商用车		辆	-1	600000.00	-600000.00	17%	-102000.00
合计					-¥600000.00		-¥102000.00

价税合计（大写）ⓧ柒拾万零贰仟元整　（小写）-¥702000.00

销货单位　名称：广东省雅士力汽车制造有限公司
纳税人识别号：3881263295*****
地址、电话：广州市越秀区梅花街青松路369号　020-890*****
开户行及帐号：中国工商银行广州市越秀区支行　69001000000056*****

备注

收款人：zz　复核：ttt　开票人：aa　销货单位：（章）

第一联：记账联　销货方记账凭证

附件 22－1：

山西增值税专用发票

440001240　　　　30951298

抵扣联　　开票日期：2012年12月15日

购货单位　名称：广东省雅士力汽车制造有限公司
纳税人识别号：3881263295*****
地址、电话：广州市越秀区梅花街青松路369号　020-890*****
开户行及帐号：中国工商银行广州市黄埔区支行　69001000000369*****

密码区：klosfowfjmclxmcdvldfef jnbc,sbkdjgloegoegreo c,nv,dldkjerofgeofgeoko [illegible]reoieorfmvc,mdk

货物或应税劳务名称	规格型号	单位	数量	单价	金额	税率	税额
钢板	BS-3	吨	1000	7500.00	7500000.00	17%	1275000.00
合计					¥7500000.00		¥1275000.00

价税合计（大写）ⓧ捌佰柒拾柒万伍仟元整　（小写）¥8775000.00

销货单位　名称：山西省宝山钢铁有限公司
纳税人识别号：56238410225*****
地址、电话：山西省临汾市清辉路302号　027-365*****
开户行及帐号：工行清辉路支行　659822001115*****

备注

收款人：ZZ　复核：ttt　开票人：nnn　销货单位：（章）

第二联：抵扣联　购货方扣税凭证

附件 22 – 2：

山西增值税专用发票

440001240　　　　30951298

开票日期：2012年12月15日

购货单位　名　称：广东省雅士力汽车制造有限公司
纳税人识别号：3881263295*****
地址、电话：广州市越秀区梅花街青松路369号　020-890*****
开户行及账号：中国工商银行广州市黄埔区支行　6900100000[illegible]

密码区：kldsfowfjmclxmcdvldfef
jnbc,sbkdjgloegoegreo
c,nv,dldkjerofgeofgeoko
[illegible]freoieorfmvc,mdk

货物或应税劳务名称	规格型号	单位	数量	单价	金额	税率	税额
钢板	BS-3	吨	1000	7500.00	7500000.00	17%	1275000.00
合　计					¥7500000.00		¥1275000.00
价税合计（大写）	ⓧ捌佰柒拾柒万伍仟元整				（小写）¥8775000.00		

销货单位　名　称：山西省宝山钢铁有限公司
纳税人识别号：5623841022 5*****
地址、电话：山西省临汾市清辉路302号　027-365*****
开户行及账号：工行清辉路支行　659822001115*****

备注

收款人：ZZ　　复核：ttt　　开票人：nnn　　销货单位：（章）

第三联：发票联　购货方记账凭证

附件 22 – 3：

广东雅士力汽车制造有限公司

材料验收入库单

供应商名称：山西省宝山钢铁有限公司　　2012 年 12 月 15 日　　凭证编号：21323632

材料名称	规格型号	单位	供应商交货数量	实收数量	单价	金额	备注
钢板	BS – 3	吨	1000	1000	7500. 00	7500000. 00	
合计						7500000. 00	

第二联　财务联

财务部：zzz　　品保部：tt　　验收人：nn　　制单：aa

附件 22－4：

商品出库单

客户名称：山西省宝山钢铁有限公司　　2012 年 12 月 15 日　　编号：201012000006

商品名称	规格	单位	数量	单价	金额										
					亿	千	百	十	万	千	百	十	元	角	分
雅士力 Y6 小轿车		辆	100	75000.00			7	5	0	0	0	0	0	0	0
合计						¥	7	5	0	0	0	0	0	0	0

第二联　财务联

会计主管：zz　　发货人：tt　　收货人：nnn　　制单人：aaa

附件 22－5：

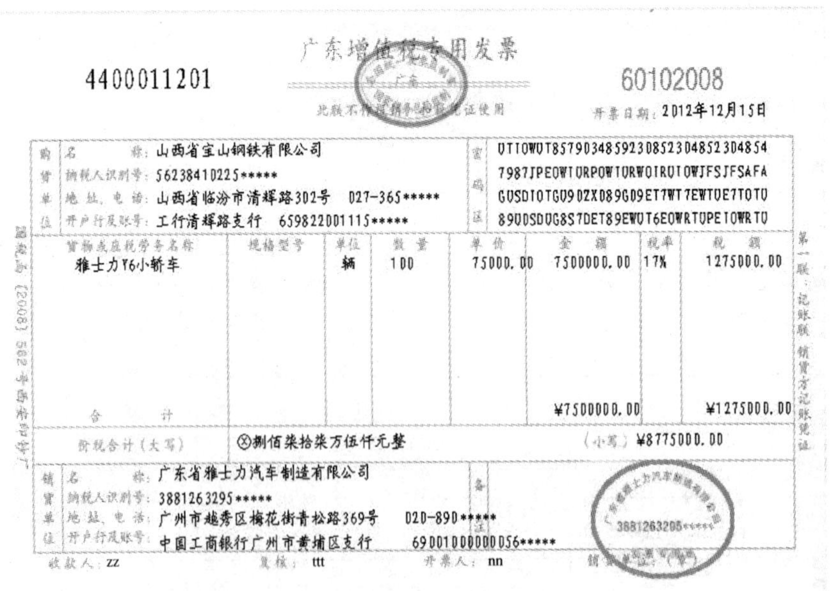

广东增值税专用发票

4400011201　　60102008

此联不作报销、扣税凭证使用　　开票日期：2012年12月15日

购货单位	名称：山西省宝山钢铁有限公司 纳税人识别号：5623841D225***** 地址、电话：山西省临汾市清辉路3D2号　D27-365***** 开户行及账号：工行清辉路支行　659822D01115*****	密码区	UTIOWUT857903485923D8523D48523D4854 7987JPEQWIURPOWIURWOIRUIOWJFSJFSAFA GUSDIOTGU9DZXD89GD9ET7WT7EWTUE7TOTU 89UDSDUG8S7DET89EWUT6EQWRTUPEIOWRTU

货物或应税劳务名称	规格型号	单位	数量	单价	金额	税率	税额
雅士力Y6小轿车		辆	1DD	75DDD.DD	75DDDDD.DD	17%	1275DDD.DD
合计					¥75DDDDD.DD		¥1275DDD.DD
价税合计（大写）	⊗捌佰柒拾柒万伍仟元整				（小写）¥8775DDD.DD		

销货单位	名称：广东省雅士力汽车制造有限公司 纳税人识别号：3881263295***** 地址、电话：广州市越秀区梅花街青松路369号　D2D-89D***** 开户行及账号：中国工商银行广州市黄埔区支行　69DD1DDDDDDD56*****	备注	

收款人：zz　　复核：ttt　　开票人：nn　　销货单位：（章）

第一联：记账联　销货方记账凭证

附件23－1：

广东增值税专用发票

4400125691　　　　60102009

此联不作报销、扣税凭证使用　　　　开票日期：2012年12月15日

购货单位	名　　称：湖北省黄冈市达利汽车贸易有限公司 纳税人识别号：9512035612***** 地址、电话：湖北省黄冈市永福路33号，0713-851***** 开户行及账号：工行湖北黄冈市永福路支行 51023478102361*****	密码区	ks;jfofokfldmcldmkemjmkejo jkajfdfjojfmckxcvjkdfnjeorfjorjf mcvkjmgjoekpkfodkfjfnvkmvkj vjofe[kpeokfmvklmvdfjdfkffmmf			
货物或应税劳务名称	规格型号	单位	数量	单价	金额	税率	税额
雅士力中轻型商用客车		辆	15	600000.00	9000000.00	17%	1530000.00
合　　计					￥9000000.00		￥1530000.00
价税合计（大写）	⊗壹仟零伍拾叁万元整				（小写）￥10530000.00		
销货单位	名　　称：广东省雅士力汽车制造有限公司 纳税人识别号：3881263295***** 地址、电话：广州市越秀区梅花街青松路369号　020-890***** 开户行及账号：中国工商银行广州市黄埔区支行　69001000000056*****	备注					

收款人：zz　　复核：ttt　　开票人：nn　　销货单位：（章）

第一联：记账联　销货方记账凭证

附件23－2：

商品购销（分期收款）

甲方：湖北省黄冈市达利汽车贸易有限公司

乙方：广东省雅士力汽车制造有限公司

经甲乙双方友好协商，就甲方采用分期付款购买乙方的客车达成如下协议：

一、甲方购买乙方雅士力中轻型商用客车30辆，单价：600000.00元，合计人民币贰仟壹零陆万元整（￥21060000.00元）。

二、乙方支付运输费。

三、付款方式：采用"分期付款"，三次付清。

四、甲方签订合同后，首期支付货款总额的50%即人民币壹仟零伍拾叁万元整（￥10530000.00元），第二次付款时间是2011年3月14号前支付25%即人民币伍佰贰拾陆万伍仟元整（￥5265000.00元）。余款25%即人民币伍佰贰拾陆万伍仟元整（￥5265000.00元）的付款日期不能超过2011年6月14号。

五、发票开具方式：按每次收到的货款金额开具。

六、乙方在收到第一次货款后，立即发货。

七、乙方负责货品的质量，如发现问题，甲方可要求退货或是换货。并由乙方赔偿甲方相关损失。

八、货物在运输途中的正常亏损，由乙方负责，如发生重大事故或非人为原因造成的重大损失，由双方协商解决。

以上协议甲乙双方各持一份，如有异议另签补充协议，补充协议同本协议具有相同的法律效力。

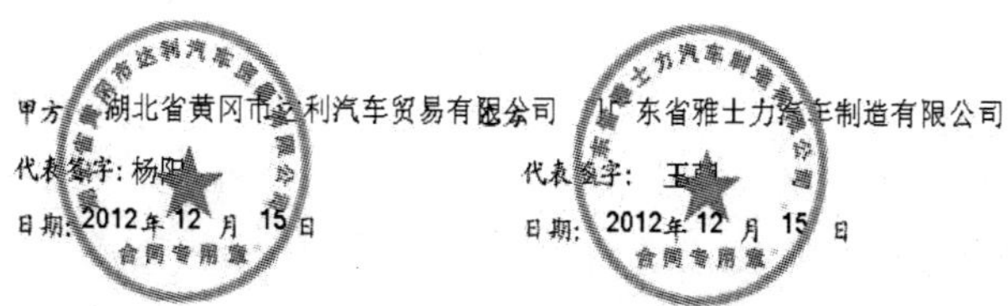

甲方：湖北省黄冈市达利汽车贸易有限公司　　乙方：广东省雅士力汽车制造有限公司

代表签字：杨　　代表签字：王

日期：2012年12月15日　　日期：2012年12月15日

附件 23－3：

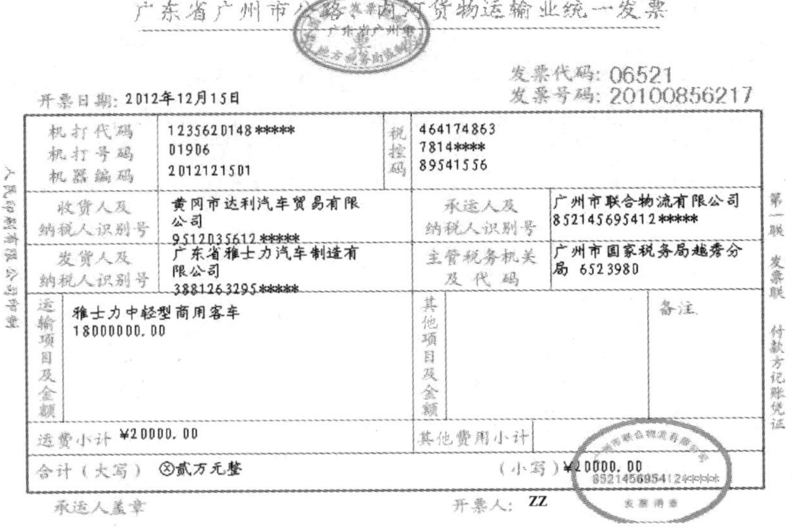

广东省广州市公路、内河货物运输业统一发票

发票代码：06521
发票号码：20100856217

开票日期：2012年12月15日

机打代码 机打号码 机器编码	1235620148***** 01906 2012121501	税控码	464174863 7814**** 89541556
收货人及纳税人识别号	黄冈市达利汽车贸易有限公司 9512035612*****	承运人及纳税人识别号	广州市联合物流有限公司 852145695412*****
发货人及纳税人识别号	广东省雅士力汽车制造有限公司 3881263295*****	主管税务机关及代码	广州市国家税务局越秀分局 6523980
运输项目及金额	雅士力中轻型商用客车 18000000.00	其他项目及金额	备注
运费小计	¥20000.00	其他费用小计	
合计（大写）	⊗贰万元整	（小写）	¥20000.00

承运人盖章　　开票人：ZZ

人民印制有限公司印章

第一联　发票联　付款方记账凭证

附件 23－4：

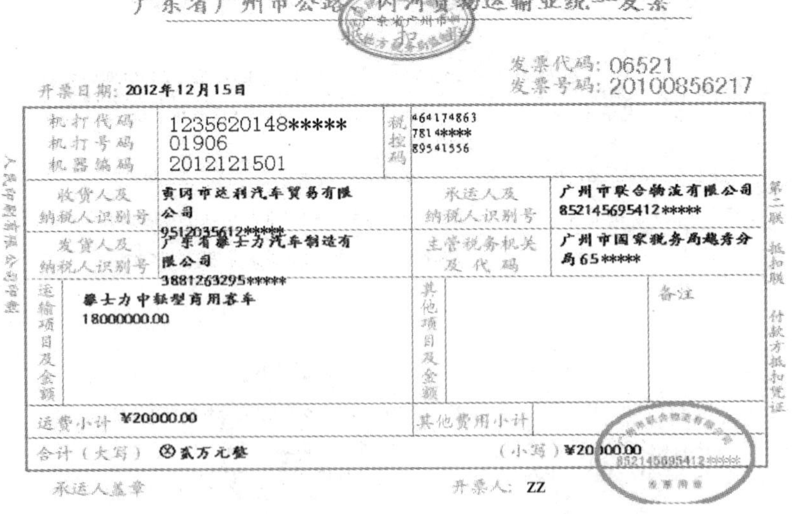

广东省广州市公路、内河货物运输业统一发票

发票代码：06521
发票号码：20100856217

开票日期：2012年12月15日

机打代码 机打号码 机器编码	1235620148***** 01906 2012121501	税控码	464174863 7814**** 89541556
收货人及纳税人识别号	黄冈市达利汽车贸易有限公司 9512035612*****	承运人及纳税人识别号	广州市联合物流有限公司 852145695412*****
发货人及纳税人识别号	广东省雅士力汽车制造有限公司 3881263295*****	主管税务机关及代码	广州市国家税务局越秀分局 65*****
运输项目及金额	雅士力中轻型商用客车 18000000.00	其他项目及金额	备注
运费小计	¥20000.00	其他费用小计	
合计（大写）	⊗贰万元整	（小写）	¥20000.00

承运人盖章　　开票人：ZZ

人民印制有限公司印章

第二联　抵扣联　付款方抵扣凭证

附件23-5：

进账单（回单或收账通知）

2012年12月15日

收款人	全称	广东省雅士力汽车制造有限公司
	账号	69001000000056*****
	开户银行	中国工商银行广州市越秀区支行
人民币（大写）	壹仟零伍拾叁万元整	¥1053000000
付款人	全称	湖北省黄冈市达利汽车贸易有限公司
	账号	51023478102361*****
	开户银行	工行湖北黄冈市永福路支行
事由		

中国工商银行广州市越秀支行 2012.12.15 收讫

附件23-6：

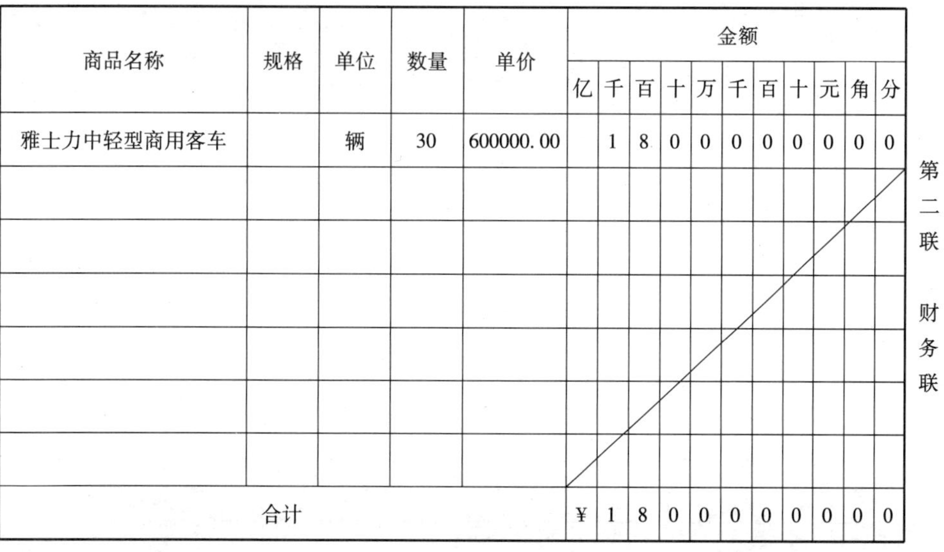

商品出库单

客户名称：湖北省黄冈市达利汽车贸易有限公司　2012年12月15日　编号：201012000007

商品名称	规格	单位	数量	单价	金额										
					亿	千	百	十	万	千	百	十	元	角	分
雅士力中轻型商用客车		辆	30	600000.00		1	8	0	0	0	0	0	0	0	0
合计					¥	1	8	0	0	0	0	0	0	0	0

第二联 财务联

会计主管：zz　发货人：tt　收货人：nn　制单人：aaa

附件 23－7：

中国工商银行支票存根（粤）

IX 11 201212013

附加信息

出票日期 2012年 12月 15日

收款人：广州市联合物流有限公司
金　额：¥20000.00
用　途：支付运费

单位主管 ZZZ　　会计 ttt

附件 24－1：

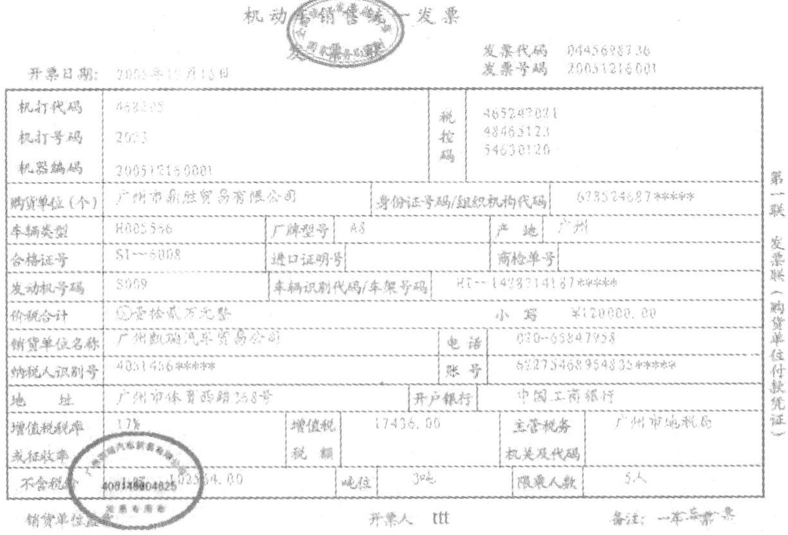

机动车销售统一发票

开票日期：[illegible]

发票代码 0445698736
发票号码 20051216001

机打代码	468205	税控码	465243021 48463123 54630120
机打号码	2003		
机器编码	200512160001		

购货单位（个）	广州市鼎胜贸易有限公司	身份证号码/组织机构代码	678524687*****		
车辆类型	H005556	厂牌型号	A8	产　地	广州
合格证号	SI--6008	进口证明号		商检单号	
发动机号码	S009	车辆识别代码/车架号码	HT--1493214187*****		
价税合计	⊗壹拾贰万元整			小　写	¥120000.00
销货单位名称	广州凯瑞汽车贸易公司	电　话	020-65847958		
纳税人识别号	4051456*****	账　号	62275468954835*****		
地　　址	广州市体育西路258号	开户银行	中国工商银行		
增值税税率或征收率	17%	增值税税额	17436.00	主管税务机关及代码	广州市地税局
不含税价	102564.00	吨位	3吨	限乘人数	5人

第一联　发票联（购货单位付款凭证）

销货单位盖章　　开票人 ttt　　备注：一车一票

附件 24 －2：

中国工商银行
INDUSTRIAL AND COMMERCIAL BANK OF CHINA

进 账 单（回单或收账通知）

2012年 12月 16日

收款人	全 称	广东省雅士力汽车制造有限公司
	账 号	69001000000056*****
	开户银行	中国工商银行广州市越秀区支行
人民币（大写）	捌万叁仟贰佰元整	亿千百十万千百十元角分 ¥8320000
付款人	全 称	广州市鼎胜贸易有限公司
	账 号	6224568932476 8*****
	开户银行	工行文德西路支行
事 由		转让旧车

中国工商银行广州市 越秀支行 2012.12.16 收讫

附件 24 －3：

固定资产调出单

2012 年 12 月 16 日　　凭证编号：20121216001

固定资产名称及编号	规格型号	单位	数量	预计使用年限	已使用年限	原始价值	已提折旧	双方确认价
货车 21104		辆	1	10	5	120000.00	50000.00	80000.00
固定资产调出原因	六成新							
处理意见	使用部门		技术评估小组		固定资产管理部门		股东大会审批	
	销售部				资产管理部		同意	

附件 24 －4：

转让货车处理表

编制单位：广东雅士力汽车制造有限公司　　2012 年 12 月 16 日　　单位：元

售出收入	资产原值	已计提折旧	增值税	结转收益
83200.00	120000.00	50000.00	1600.00	11600.00

制单：×××

附件 24 －5：

广东增值税普通发票

244000678800　　　　44021010

开票日期：2012年12月24日

购货单位		密码区
名　　称：广州市鼎胜贸易有限公司		ASDASKLDJSAKDJSADSADJSA; DLSKADKSADK
纳税人识别号：4400067880*****		LKASDLSAJDKSADSKADBNSAKDJSADKSAJDSA
地址、电话：广州市天河区文德路11号龙达大厦1310室 020-88*****		ILSADKSADSLADSADASLDSAKDLSADASBD
开户行及账号：工行广州天河区文德西路支行 6224568932476*****		7AKDLSADKSADLSAKDS; ALDKSADLSAKDLSA

货物或应税劳务名称	规格型号	单位	数量	单价	金额	税率	税额
货车		辆	1	80000.00	80000.00	4%	3200.00
合　　计					¥80000.00		¥3200.00
价税合计（大写）	⊗捌万叁仟贰佰元整				（小写）¥83200.00		

销货单位	备注
名　　称：广东省雅士力汽车制造有限公司	
纳税人识别号：3881263295*****	3881263295*****
地址、电话：广州市越秀区梅花街青松路369号 020-890*****	
开户行及账号：中国工商银行广州市越秀区支行 69001000000056*****	

收款人：zz　　复核：ttt　　开票人：nn　　销货单位（章）

第一联：记账联 销货方记账凭证

附件 25 －1：

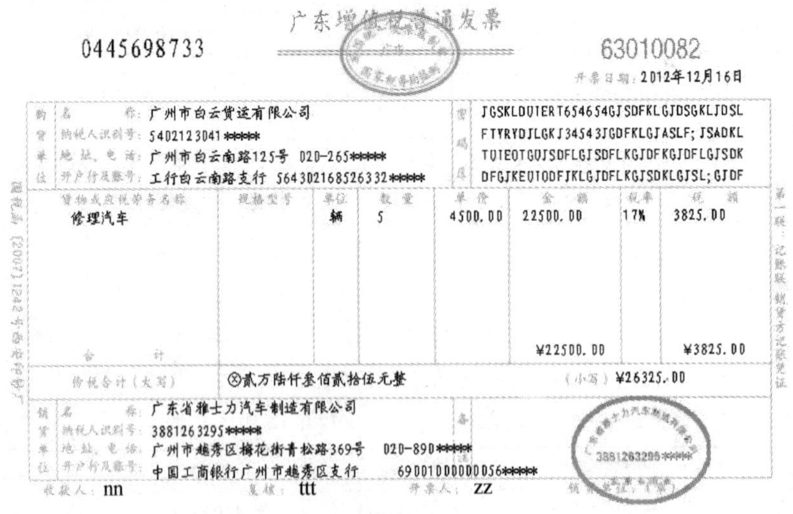

广东增值税普通发票

0445698733　　　　63010082

开票日期：2012年12月16日

购货单位		密码区
名　　称：广州市白云货运有限公司		JGSKLDUIERT654654GJSDFKLGJDSGKLJDSL
纳税人识别号：5402123041*****		FTYRYDJLGKJ34543JGDFKLGJASLF; JSADKL
地址、电话：广州市白云南路125号 020-265*****		TUIEOTGUJSDFLGJSDFLKGJDFKGJDFLGJSDK
开户行及账号：工行白云南路支行 564302168526332*****		DFGJKEUIODFJKLGJDFLKGJSDKLGJSL; GJDF

货物或应税劳务名称	规格型号	单位	数量	单价	金额	税率	税额
修理汽车		辆	5	4500.00	22500.00	17%	3825.00
合　　计					¥22500.00		¥3825.00
价税合计（大写）	⊗贰万陆仟叁佰贰拾伍元整				（小写）¥26325.00		

销货单位	备注
名　　称：广东省雅士力汽车制造有限公司	
纳税人识别号：3881263295*****	3881263295*****
地址、电话：广州市越秀区梅花街青松路369号 020-890*****	
开户行及账号：中国工商银行广州市越秀区支行 69001000000056*****	

收款人：nn　　复核：ttt　　开票人：zz　　销货单位（章）

第一联：记账联 销货方记账凭证

附件 25－2：

进账单（回单或收账通知）

2012年 12月 16日

收款人	全称	广东省雅士力汽车制造有限公司	
	账号	69001000000056*****	
	开户银行	中国工商银行广州市越秀区支行	
人民币（大写）		贰万陆仟叁佰贰拾伍元整	亿千百十万千百十元角分 ¥2632500
付款人	全称	广州市白云货运有限公司	
	账号	564302168526332*****	
	开户银行	工行白云南路支行	
事由		维修费	

中国工商银行广州市越秀支行 2012.12.16 收讫

附件 26－1：

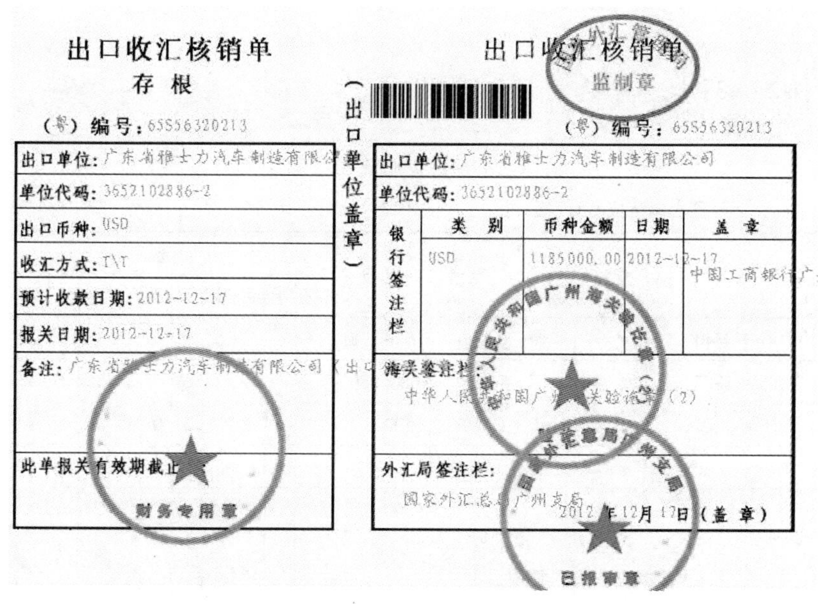

出口收汇核销单　存根

（粤）编号：65S56320213

出口单位：	广东省雅士力汽车制造有限公司
单位代码：	3652102886-2
出口币种：	USD
收汇方式：	T\T
预计收款日期：	2012-12-17
报关日期：	2012-12-17
备注：	广东省雅士力汽车制造有限公司（出口单位盖章）
此单报关有效期截止	

财务专用章

（出口单位盖章）

出口收汇核销单

国家外汇管理局 监制章

（粤）编号：65S56320213

出口单位：广东省雅士力汽车制造有限公司

单位代码：3652102886-2

银行签注栏	类别	币种金额	日期	盖章
	USD	1185000.00	2012-12-17	中国工商银行广

海关签注栏：中华人民共和国广州海关验讫章（2）

外汇局签注栏：国家外汇总局广州支局

2012年12月17日（盖章）

已报审章

附件 26－2：

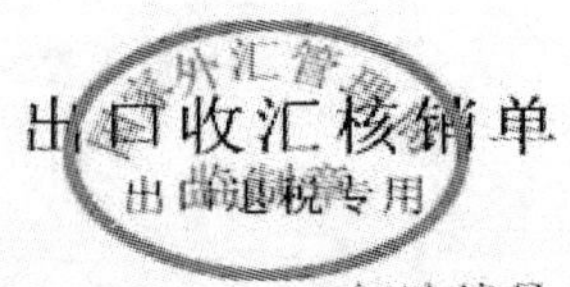

出口收汇核销单

出口退税专用

（粤）编号 65S56320213

出口单位：广东省雅士力汽车制造有限公司		
出口代码：365210*****		
货物名称	数　量	币种总价
雅士力摩托车 M400 雅士力 Y6 小轿车 雅士力 Y8 小轿车	50 辆 30 辆 25 辆	USD75000.00 USD360000.00 USD750000.00
报关单编号：0063*****		
此单报关有效期截止到：		
2012 年 12 月 日（盖章）		

附件 26－3：

商品出库单

客户名称：土耳其麦思达贸易有限公司　　2012 年 12 月 17 日　　编号：201012000008

商品名称	规格	单位	数量	单价	金额										
					亿	千	百	十	万	千	百	十	元	角	分
雅士力摩托车 M400		辆	50	6000.00				3	0	0	0	0	0	0	0
雅士力 Y6 小轿车		辆	30	60000.00			1	8	0	0	0	0	0	0	0
雅士力 Y8 小轿车		辆	25	150000.00			3	7	5	0	0	0	0	0	0
合计						¥	5	8	5	0	0	0	0	0	0

第二联　财务联

会计主管：bbb　　发货人：zz　　收货人：ttt　　制单人：nnn

附件 26－4：

中华人民共和国海关出口货物报关单

预录入编号：006320154　　　　海关编号：632500227144596*****

出口口岸 广州黄埔口岸	备案号	出口日期 2012-12-1[illegible]	申报日期 2012-12-17
经营单位 广东省雅士力汽车制造股份[illegible]	运输方式 江海运输	运输工具名称 ************	提运单号 ************
发货单位 广东省雅士力汽车制造股份[illegible]	贸易方式 一般贸易	征免性质 免税	结汇方式 电汇
许可证号	运抵国（地区） 土耳其	装货港 土耳其安塔利亚港	境内货源地 广州
批准文号 58S*****	成交方式	运费	保费　　杂费
合同协议号 20121217RD-JY	件数	包装种类	毛重（公斤）　　净重（公斤）
集装箱号	随附单据		生产厂家

标记唛码及备注

项号	商品编号	商品名称、规格型号	数量及单位	最终目的国（地区）	单价	总价	币制	征免
1	20120102	雅士力摩托车M400	50辆	土耳其	1500.00	75000.00	USD	照章免税
2	20120103	雅士力Y6小轿车	30辆	土耳其	12000.00	360000.00	USD	照章免税
3	20120104	雅士力Y8小轿车	25辆	土耳其	30000.00	750000.00	USD	照章免税

税费征收情况

录入员　　录入单位	兹声明以上申报无讹并承担法律责任	海关审单批注及放行日期（签章）
报关员 广州国际船舶代[illegible]		审单　　审价
单位地址	申报单位（签章）	征税　　统计
邮编 出口结汇专用　　电话	填制日期	查验　　放行
		签发官员：××

关 I0247451　　　　签发日期：2012-12-17

附件 26 – 5：

广东省出口商品统一发票

Guangdong Province Export Goods Unify Invoice

存根联

Record

出口专用

发票号码 63524258

发票代码 10025463*****

购货单位：土耳其麦恩达贸易有限公司

Purchaser

地 址： 电话： 开票日期：2012年12月17日

Add Tel Issued date Year Month Date

合同号码 Contract No.	HT2012121*****	贸易方式 Trade Method	海运	收汇方式 Foreign Exchange	外币结算
开户银行及账号 Bank where Account Opend&A/C Number		发运港 Port of Departure	广州	转运港 Port of Transshipment	香港
信用证号 L/C No		运输工具 Means of Transportation	船只	目的港 Port of Destination	土耳其

订单号码 P.O.No	品名规格 Description and Specification of goods	单位 Unit	数量 Quantity	销售单价 Unit Price	销售总额 Total Sales Amount
DDH1001	雅士力摩托车M400	辆	50	12495.00	624750.00
	雅士力Y6小轿车	辆	30	99960.00	2998800.00
	雅士力Y8小轿车	辆	25	249900.00	6247500.00
合计金额大写（币种：RMB） Total Amount (Currency)	ⓧ玖佰捌拾柒壹仟零伍拾元整			（小写） Total Amount	¥9871050.00
备注 Notes					

第六联 外汇管理局查联 sixth copy as Foreign Exchange Administration Record

销货单位：广东省雅士力汽车制造有限公司

地址：广州市越秀区梅花街青松路108号 Address of Seller:

电话：020-890***** Tel: 020-890*****

传真：020-890***** Fax: 020--890*****

附件 27－1：

广东增值税专用发票

440003210　　　　　　80351283

开票日期：2012年12月18日

购货单位	名　　称：广东省雅士力汽车制造有限公司 纳税人识别号：3881263295***** 地址、电话：广州市越秀区梅花街青松路369号　020-890**** 开户行及账号：中国工商银行广州市黄埔区支行　690010000000000	密码区	lojtfdlmvkcmsjlgore sfpeog[gmvmvlskfdk eropgipkg,fl;,vc.,vr;kg klpsgidmegk,fidbmfbm

货物或应税劳务名称	规格型号	单位	数量	单价	金额	税率	税额
防爆玻璃		㎡	10000	950.00	9500000.00	17%	1615000.00
合　　计					¥9500000.00		¥1615000.00
价税合计（大写）	⊗壹仟壹佰壹拾壹万伍仟元整				（小写）¥11115000.00		

销货单位	名　　称：广州市环亚汽车玻璃有限公司 纳税人识别号：52033302698***** 地址、电话：广州市白云区太和镇230号　020-850***** 开户行及账号：工行太和镇支行　265440029856*****	备注	

收款人：nnn　　复核：zzz　　开票人：ttt　　销货单位：（章）

国税函（2008）562号西安印钞厂

第二联：抵扣联　购货方扣税凭证

附件 27－2：

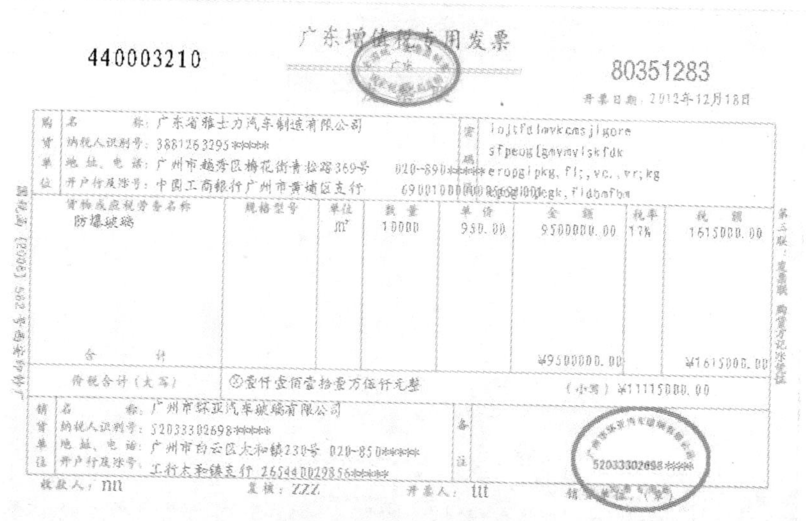

广东增值税专用发票

440003210　　　　　　80351283

开票日期：2012年12月18日

购货单位	名　　称：广东省雅士力汽车制造有限公司 纳税人识别号：3881263295***** 地址、电话：广州市越秀区梅花街青松路369号　020-890**** 开户行及账号：中国工商银行广州市黄埔区支行　690010000000000	密码区	lojtfdlmvkcmsjlgore sfpeog[gmvmvlskfdk eropgipkg,fl;,vc.,vr;kg klpsgidmegk,fidbmfbm

货物或应税劳务名称	规格型号	单位	数量	单价	金额	税率	税额
防爆玻璃		㎡	10000	950.00	9500000.00	17%	1615000.00
合　　计					¥9500000.00		¥1615000.00
价税合计（大写）	⊗壹仟壹佰壹拾壹万伍仟元整				（小写）¥11115000.00		

销货单位	名　　称：广州市环亚汽车玻璃有限公司 纳税人识别号：52033302698***** 地址、电话：广州市白云区太和镇230号　020-850***** 开户行及账号：工行太和镇支行　265440029856*****	备注	

收款人：nnn　　复核：zzz　　开票人：ttt　　销货单位：（章）

国税函（2008）562号西安印钞厂

第三联：发票联　购货方记账凭证

附件 27－3：

广东雅士力汽车制造有限公司

材料验收入库单

供应商名称：广州市环亚汽车玻璃有限公司　　2012 年 12 月 18 日　　凭证编号：091202007

材料名称	规格型号	单位	供应商交货数量	实收数量	单价	金额	备注
防爆玻璃		平方米	10000	10000	950. 00	9500000. 00	
合计						9500000. 00	

第二联　财务联

财务部：zzz　　品保部：tt　　验收人：nn　　制单：aa

附件 27－4：

中国工商银行支票存根（粤）

IX II 201212014

附加信息

出票日期 2012 年 12 月 18 日

收款人：广州市环亚汽车玻璃有限公司

金　额：￥1115000.00

用　途：购进材料

单位主管 ZZZ　　会计 ttt

附件 28－1：

捐赠合同

20091205

甲方：广东省公安局
乙方：广东省雅士力汽车制造有限公司
经甲乙双方友好协商，就乙方无偿捐赠给甲方的小轿车达成如下协议：
一、乙方无偿捐赠给甲方的雅士力Y9小轿车：3辆， 单价：250000.00元；雅士力摩托车M400：8辆，单价：8000.00元。价税合计人民币玖拾伍万贰仟叁佰捌拾元整（￥952380.00元元）。
二、乙方支付运输费及其他相关费用。
三、乙方捐赠给甲方的商品不得用于销售，仅限内部使用。
四、乙方确保商品质量，如发现商品有质量问题，甲方可退货或换货。
以上协议甲乙双方各持一份，如有异议另签补充协议，补充协议同本协议具有同等法律效力。

甲方：广东省公安局
代表签字：王强
日期：2012年12月19日

乙方：广东省雅士力汽车制造有限公司
代表签字：王勇
日期：2012年12月19日

附件 28－2：

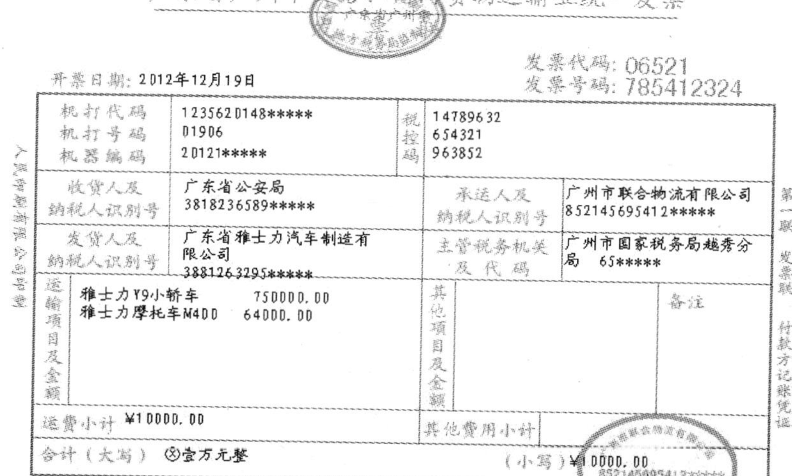

广东省广州市公路、内河货物运输业统一发票

开票日期：2012年12月19日　　发票代码：06521　发票号码：785412324

机打代码 机打号码 机器编码	123562D148***** 01906 20121*****	税控码	14789632 654321 963852	
收货人及纳税人识别号	广东省公安局 3818236589*****	承运人及纳税人识别号	广州市联合物流有限公司 852145695412*****	
发货人及纳税人识别号	广东省雅士力汽车制造有限公司 3881263295*****	主管税务机关及代码	广州市国家税务局越秀分局 65*****	
运输项目及金额	雅士力Y9小轿车 750000.00 雅士力摩托车M400 64000.00	其他项目及金额		备注
运费小计	¥10000.00	其他费用小计		
合计（大写）	ⓧ壹万元整	（小写）	¥10000.00	

承运人盖章　　开票人：ZZ

第一联 发票联 付款方记账凭证

人民印刷有限公司印制

附件 28 －3：

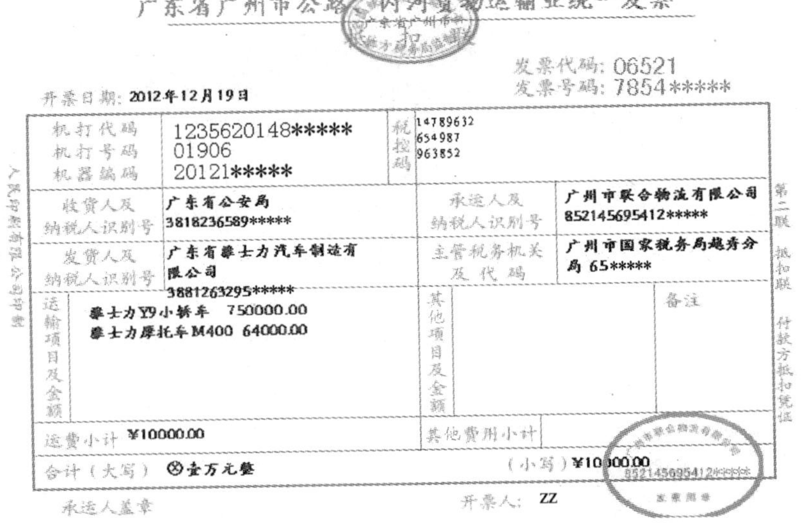

广东省广州市公路、内河货物运输业统一发票

发票代码：06521
发票号码：7854*****

开票日期：2012年12月19日

机打代码 机打号码 机器编码	1235620148***** 01906 20121*****	税控码	14789632 654987 963852
收货人及纳税人识别号	广东省公安局 3818236589*****	承运人及纳税人识别号	广州市联合物流有限公司 852145695412*****
发货人及纳税人识别号	广东省雅士力汽车制造有限公司 3881263295*****	主管税务机关及代码	广州市国家税务局越秀分局 65*****
运输项目及金额	雅士力Y9小轿车 750000.00 雅士力摩托车M400 64000.00	其他项目及金额	备注
运费小计	¥10000.00	其他费用小计	
合计（大写）	⊗壹万元整	（小写）	¥10000.00

承运人盖章　　开票人：ZZ

第二联 抵扣联 付款方抵扣凭证

附件 28 －4：

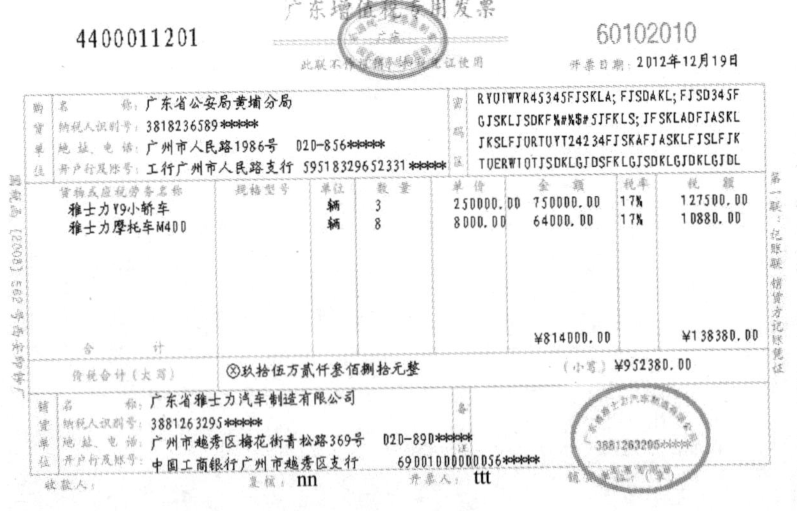

广东增值税专用发票

4400011201　　60102010

此联不作报销、扣税凭证使用　　开票日期：2012年12月19日

购货单位	
名称	广东省公安局黄埔分局
纳税人识别号	3818236589*****
地址、电话	广州市人民路1986号 020-856*****
开户行及账号	工行广州市人民路支行 59518329652331*****
密码区	RYUIWYR45345FJSKLA; FJSDAKL; FJSD345F GJSKLJSDKF%#%$#SJFKLS; JFSKLADFJASKL JKSLFJURTUYT24234FJSKAFJASKLFJSLFJK TUERWIOTJSDKLGJDSFKLGJSDKLGJDKLGJDL

货物或应税劳务名称	规格型号	单位	数量	单价	金额	税率	税额
雅士力Y9小轿车		辆	3	250000.00	750000.00	17%	127500.00
雅士力摩托车M400		辆	8	8000.00	64000.00	17%	10880.00
合计					¥814000.00		¥138380.00
价税合计（大写）	⊗玖拾伍万贰仟叁佰捌拾元整				（小写）¥952380.00		

销货单位	
名称	广东省雅士力汽车制造有限公司
纳税人识别号	3881263295*****
地址、电话	广州市越秀区梅花街青松路369号 020-890*****
开户行及账号	中国工商银行广州市越秀区支行 690010000000056*****
备注	

收款人：　复核：nn　开票人：ttt　销货单位：（章）

第一联：记账联 销货方记账凭证

附件 28－5：

中国工商银行支票存根（粤）

IX II 201212015

附加信息

出票日期 2012 年 12 月 19 日

收款人：广州市联合物流有限公司

金　额：¥10000.00

用　途：支付运费

单位主管 ZZZ　　会计 ttt

附件 28－6：

商品出库单

客户名称：广东省公安局黄埔分局　　2012 年 12 月 19 日　　编号：201012000009

商品名称	规格	单位	数量	单价	金额										
					亿	千	百	十	万	千	百	十	元	角	分
雅士力 Y9 小轿车		辆	3	250000.00				7	5	0	0	0	0	0	0
雅士力摩托车 M400		辆	8	8000.00					6	4	0	0	0	0	0
合计							¥	8	1	4	0	0	0	0	0

第二联　财务联

会计主管：zzz　　发货人：nn　　收货人：ttt　　制单人：aaa

附件 29 －1：

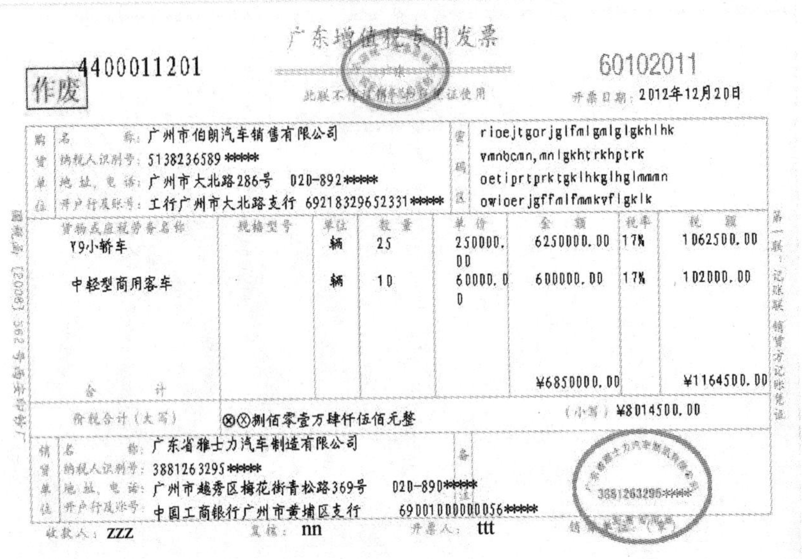

作废

广东增值税专用发票

4400011201　　　　60102011

此联不作报销、扣税凭证使用　　　　开票日期：2012年12月20日

购货单位	名称：广州市伯朗汽车销售有限公司 纳税人识别号：5138236589＊＊＊＊＊ 地址、电话：广州市大北路286号　020-892＊＊＊＊＊ 开户行及账号：工行广州市大北路支行　69218329652331＊＊＊＊＊	密码区	rioejtgorjglfmlgmlglgkhlhk vmnbcmn,mnlgkhtrkhptrk oetiprtprktgklhkglhglmmmn owioerjgffmlfmmkvflgklk

货物或应税劳务名称	规格型号	单位	数量	单价	金额	税率	税额
Y9小轿车		辆	25	250000.00	6250000.00	17%	1062500.00
中轻型商用客车		辆	10	60000.00	600000.00	17%	102000.00
合计					¥6850000.00		¥1164500.00
价税合计（大写）	⊗⊗捌佰零壹万肆仟伍佰元整				（小写）¥8014500.00		

销货单位	名称：广东省雅士力汽车制造有限公司 纳税人识别号：3881263295＊＊＊＊＊ 地址、电话：广州市越秀区梅花街青松路369号　020-890＊＊＊＊ 开户行及账号：中国工商银行广州市黄埔区支行　69001000000056＊＊＊＊＊	备注	3881263295＊＊＊＊＊

收款人：zzz　　复核：nn　　开票人：ttt　　销货单位：（章）

国税函〔2008〕362号　第一联：记账联　销货方记账凭证

附件 29 －2：

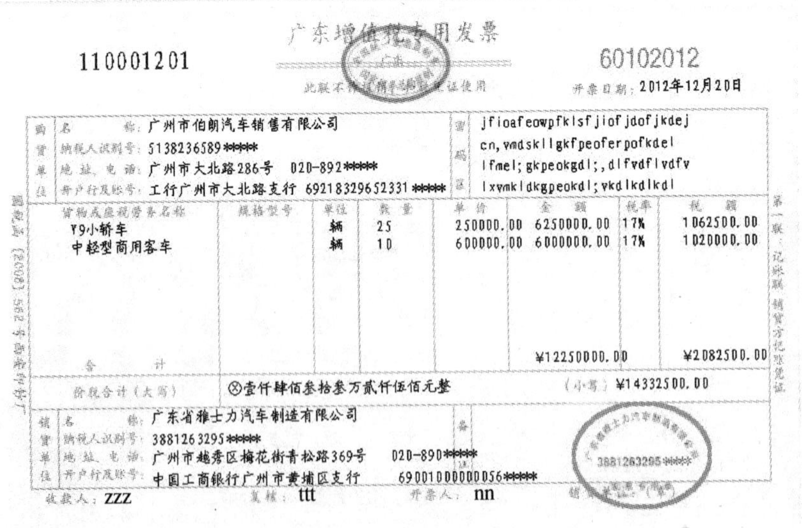

广东增值税专用发票

110001201　　　　60102012

此联不作报销、扣税凭证使用　　　　开票日期：2012年12月20日

购货单位	名称：广州市伯朗汽车销售有限公司 纳税人识别号：5138236589＊＊＊＊＊ 地址、电话：广州市大北路286号　020-892＊＊＊＊＊ 开户行及账号：工行广州市大北路支行　69218329652331＊＊＊＊＊	密码区	jfioafeowpfklsfjiofjdofjkdej cn,vmdskllgkfpeoferpofkdel lfmel;gkpeokgdl;,dlfvdflvdfv lxvmkldkgpeokdl;vkdlkdlkdl

货物或应税劳务名称	规格型号	单位	数量	单价	金额	税率	税额
Y9小轿车		辆	25	250000.00	6250000.00	17%	1062500.00
中轻型商用客车		辆	10	600000.00	6000000.00	17%	1020000.00
合计					¥12250000.00		¥2082500.00
价税合计（大写）	⊗壹仟肆佰叁拾叁万贰仟伍佰元整				（小写）¥14332500.00		

销货单位	名称：广东省雅士力汽车制造有限公司 纳税人识别号：3881263295＊＊＊＊＊ 地址、电话：广州市越秀区梅花街青松路369号　020-890＊＊＊＊ 开户行及账号：中国工商银行广州市黄埔区支行　69001000000056＊＊＊＊＊	备注	3881263295＊＊＊＊

收款人：zzz　　复核：ttt　　开票人：nn　　销货单位：（章）

国税函〔2008〕362号　第一联：记账联　销货方记账凭证

附件 29－3：

商品出库单

客户名称：广州市伯朗汽车销售有限公司　　　　2012 年 12 月 20 日　　　　编号：201012000010

商品名称	规格	单位	数量	单价	金额										
					亿	千	百	十	万	千	百	十	元	角	分
雅士力 Y9 小轿车		辆	25	250000.00			6	2	5	0	0	0	0	0	0
雅士力中轻型商用客车		辆	10	600000.00			6	0	0	0	0	0	0	0	0
合计						¥	1	2	2	5	0	0	0	0	0

第二联　财务联

会计主管：zzz　　　　发货人：tt　　　　收货人：nn　　　　制单人：aaa

附件 29－4：

中国工商银行
INDUSTRIAL AND COMMERCIAL BANK OF CHINA

进账单（回单或收账通知）

2012年 12月 20日

收款人	全称	广东雅士力汽车制造有限公司	
	账号	69001000000056*****	
	开户银行	中国工商银行广州市越秀区支行	
人民币（大写）		壹仟肆佰叁拾叁万贰仟伍佰元整	亿千百十万千百十元角分 ¥1433250000
付款人	全称	广州市伯朗汽车销售有限公司	
	账号	69218329652331*****	
	开户银行	工行广州市大北路支行	
事由		销售汽车	

中国工商银行广州市越秀区支行　2012.12.20　收讫

附件 30－1：

进 账 单（回单或收账通知）

2012年 12月 21日

收款人	全　　称	广东雅士力汽车制造有限公司	
	账　　号	69001000000056*****	
	开户银行	中国工商银行广州市越秀区支行	
人民币（大写）	伍万伍仟伍佰柒拾伍元整		亿 千 百 十 万 千 百 十 元 角 分 ¥ 5 5 5 7 5 0 0
付款人	全　　称	广州市环亚汽车玻璃有限公司	
	账　　号	44318329652331*****	
	开户银行	工行广州市滨文区支行	
事　由		收到退还材料款	

中国工商银行广州市越秀支行 2012.12.21 收讫

附件 30－2：

广东增值税专用发票

销售负项 4445698740　　70151261

开票日期：2012年12月21日

购货单位	名　　称：广东省雅士力利汽车制造有限公司 纳税人识别号：388126329 5***** 地 址、电 话：广州市越秀区梅花街青松路369号　020-890***** 开户行及账号：中国工商银行广州市越秀区支行　69001000000056*****			密码区	JASTFASL3534^&+$%^#GDFKLGJSDLGJGJSD FJASKL;FJQPOWORSFJSADKLFJASKL;FJWQU GJS45893058SDG^$#^ASTGJEWLJFDLSGJLD DGDRQ00005789359 08%$@#%7950SGJDGJKSL;		
货物或应税劳务名称	规格型号	单位	数量	单价	金额	税率	税额
隔音玻璃		平方米	-50	950.00	-47500.00	17%	-8075.00
合　　计					-¥ 47500.00		-¥ 8075.00
价税合计（大写）	⊗伍万伍仟伍佰柒拾伍元整				（小写）-¥ 55575.00		
销货单位	名　　称：广州市环亚汽车玻璃有限公司 纳税人识别号：5711721229***** 地 址、电 话：广州市滨文区青华路989号　0571--289***** 开户行及账号：工行广州市滨文区支行　44318329652331*****			备注	5711721229*****		

收款人：ZZ　　复核：ttt　　开票人：nnn　　销货单位：（章）

第二联：抵扣联　购货方扣税凭证

附件 30－3：

广东增值税专用发票

销售负项4145698740　　　　70151261

开票日期：2012年12月21日

购货单位	名称：广东省雅士力汽车制造有限公司 纳税人识别号：3881263295＊＊＊＊＊ 地址、电话：广州市越秀区梅花街青松路369号　020-890＊＊＊＊＊ 开户行及账号：中国工商银行广州市越秀区支行　69001000000	密码区	JASIFASL3534^&+$%^#GOFKLGJSDLGJGJSD FIASKL;FJQPOWQRSFJSADKLFJASKL;FJWQU GIS45893058SDG^$#^&STGJEWLJFDLSGJLD 578935908%$@#%795OSGJDGJKSL;

货物或应税劳务名称	规格型号	单位	数量	单价	金额	税率	税额
隔音玻璃		平方米	-50	950.00	-47500.00	17%	-8075.00
合计					-¥47500.00		-¥8075.00
价税合计（大写）	⊗伍万伍仟伍佰柒拾伍元整				（小写）-¥55575.00		

销货单位	名称：广州市环亚汽车玻璃有限公司 纳税人识别号：5711721229＊＊＊＊＊ 地址、电话：广州市滨文区青华路989号　0571-289＊＊＊＊＊ 开户行及账号：工行广州市滨文区支行　44318329652331＊＊＊＊＊	备注	5711721229＊＊＊＊

收款人：ZZ　　复核：ttt　　开票人：nnn　　销货单位：（章）

第三联：发票联　购货方记账凭证

附件 31－1：

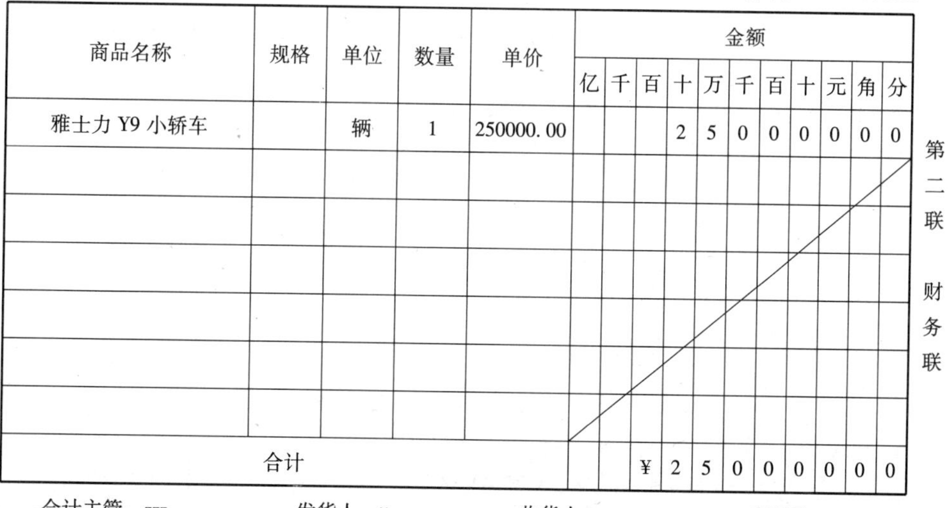

商品出库单

客户名称：王储　　2012 年 12 月 22 日　　编号：201012000011

商品名称	规格	单位	数量	单价	金额										
					亿	千	百	十	万	千	百	十	元	角	分
雅士力 Y9 小轿车		辆	1	250000.00				2	5	0	0	0	0	0	0
合计							¥	2	5	0	0	0	0	0	0

第二联 财务联

会计主管：zzz　　发货人：tt　　收货人：nn　　制单人：aaa

附件31－2：

广东省雅士力汽车制造有限公司

内部专设使用（销售）专用凭证

№ 32453643

使用部门：王健　　　　2012年12月22日填发

名称	规格	单位	数量	单价	金额（百十万千百十元角分）	备注
Y9小轿车		辆	1	250000.00	25000000	
合计（大写）人民币	ⓧ佰贰拾伍万零仟零佰零拾零元零角零分				¥25000000	

董事长	意见：同意	总经理	意见：	财务经理	意见：同意
王朝印		李宏印		张小赋印	

部门主管：zzz　　送货人：tt　　收货人：nn　　制单人：aaa

佳丽彩印有限公司　第178本

第三联　财务记账联

附件32－1：

固定资产调出单

2012年12月23日　　　　凭证编号：20121223001

固定资产名称及编号	规格型号	单位	数量	预计使用年限	已使用年限	原始价值	已提折旧	双方确认价
商品房		幢	1	70	10	7000000	1000000	8500000.00
固定资产调出原因	抵债							
处理意见	使用部门	技术评估小组	固定资产管理部门	股东大会审批				
	财务部	技术部	刘文	李平				

附件 32－2：

贷款抵押

贷款抵押人（甲方）：广东省雅士力汽车制造有限公司
法定代表：王朝
地址：广州市越秀区梅花街青松路
贷款抵押权人（乙方）:中国工商银行广州分行
地址:广州市越秀区北京路59号

甲方因生产需要，向乙方申请贷款作为生产资金，双方经协商一致同意，在甲方以其一栋商品房抵押，由乙方提供双方约定的贷款给甲方，在贷款期限内，甲方有抵押物的使用权，乙方有抵押物的所有权，为此，特订立本合同：

一、贷款总金额700万元，本贷款只能用于生产的需要，不得挪作他用，更不得使用贷款进行违法活动。
二、贷款期限为两年，即自2010年12月23日起，至2012年12月23日止。
三、贷款利率：本贷款利率及计算方法，按照中国工商银行的规定执行，年利率8%。
四、该商品房位于广州市越秀区北京路25号，共三层楼，面积总计210平方米。
五、取得土地使用权支付2500000元，商品房造价7000000元。
六、对甲方交来抵押物契据证件由乙方妥善保管，不得遗失、毁损，在甲方到期还清贷款后，乙方要将抵押物的全部契据、证件完整交回甲方。
七、保证在抵押期间抵押物不受甲方破产、资产分割、转让的影响，如乙方发现甲方抵押物有违反本条例的破解，乙方通知甲方当即改正或可终止本合同贷款，并追偿已贷出的全部贷款利息。
八、甲方如因本身责任不按照合同规定支付贷款利息，给乙方造成经济上的损失，甲方应付违约责任，甲方如果到期不能偿还本息，乙方有权没收甲方抵押物，经双方协议核定抵押物的价格，不足抵押部分，乙方仍有向甲方追偿的权利。
九、有关抵押的估计、登记、证明等一切费用由甲方负责。
十、本合同一式三份，甲乙各执一份，公证处留存一份。

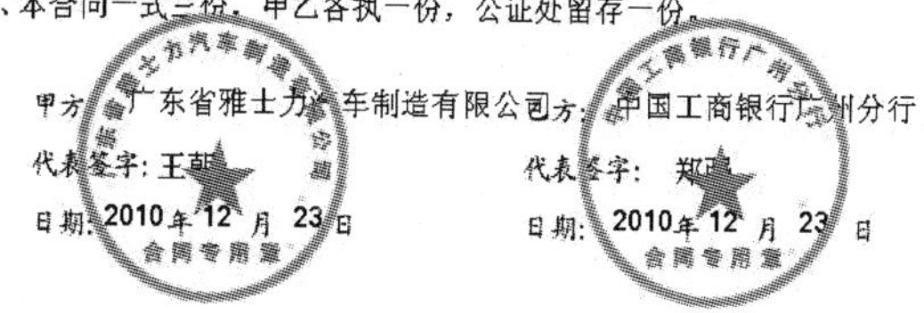

甲方：广东省雅士力汽车制造有限公司　　乙方：中国工商银行广州分行

代表签字：王朝　　代表签字：郑

日期：2010年12月23日　　日期：2010年12月23日

附件 32－3：

 中国工商银行
INDUSTRIAL AND COMMERCIAL BANK OF CHINA

付款人	名称	中国工商银行广州市分行	收款人	名称	广东省雅士力汽车制造有限公司
	账号	37090003690876****		账号	69001000000056****
金额	人民币（大写）	壹佰伍拾万元整	金额	¥1500000.00	
事由	贷款				
备注：		中国工商银行广州市 2012.12.26 业务清讫		科目（贷） 对方科目（贷）	

库户回单联

附件 32 -4：

三方协议书

甲方：中国工商银行广州分行

乙方：广东省雅士力汽车制造有限公司

丙方：广州市华鼎饮料有限公司

丙方购买乙方用来做贷款抵押给甲方的商品房，贷款应交到期，乙方无能力偿还甲方的贷款，甲乙双方协商将该商品房卖给丙方，经三方协议，订立本协议。

第一条：乙方贷甲方金额为 7000000.00 元，贷款已经到期，乙方签订自己无能力偿还甲方的贷款，经三方协议将乙方用于贷款抵押给甲方的商品房卖给丙方，商品房的销售总额为 8500000.00 元。

第二条：商品房转让后，丙方因商品房而造成的损失，甲乙双方都一概不负责。

第三条：自丙方实际接收该商品房之日起，乙方对该商品房的下列部位和设施承担建筑施工质量保修责任，保修期内的保修费用由乙方承担，保修期内，因不可抗力的因素或其他非乙方原因造成的损坏，乙方无须承担责任，但可以协助维修，维修费用由丙方承担。

第四条：乙方商品房造价金额为 7000000.00 元，取得土地使用权支付 2500000 元。房产证号：66285962656。

第五条：房屋使用年限自 2003 年 9 月 1 日至 2073 年 9 月 1 日。

第六条：甲方在确认收到款项后 6 天内，将商品房的房产证等一系列证件交给丙方，同时该商品房移交给丙方，甲方必须在 12 天内移交，负责后果由甲方承担。

第七条：乙方共欠甲方 7000000.00 元，甲方收到丙方给付的商品房金额后，6 天之内要扣除乙方的欠款，余款 1500000.00 元应归还给乙方。

第八条：服务转让过程中的一切税费由乙方负责。

第九条：在签订协议书起 8 天之内，如丙方未能支付款项，该协议自动解除法律效力。

第十条：甲方如未能按照本三方协议规定的期限将商品房交付丙方，丙方有权按照已交付的房价款向甲方追究责任，从最后交付期限的第二天起至实际交付之日止，月利息则按 4% 利率计算，逾期超过 3 个月，则视为甲方不履行本三方协议，乙方有权取消三方协议，追究甲方的违约责任。

第十一条：本协议经三方签章生效，一式三份，每方一份，效力同等。

甲方：中国工商银行广州分行	乙方：广东省雅士力汽车制造有限公司	丙方：广州市华鼎饮料有限公司
代表签字：××	代表签字：××	代表签字：××
日期：2012 年 12 月 26 日	日期：2012 年 12 月 26 日	日期：2012 年 12 月 26 日

附件 32 -5：

固定资产转入清理

2012 年 12 月 23 日　　单位：元

项目	入账价值	已计提折旧	营业税	城建税	教育费附加	土地增值税	偿还借款金额	结转损益
商品房	7000000.00	1000000.00	425000.00	29750.00	12750.00	458475.00	7000000.00	74025.00
合计	7000000.00	1000000.00	425000.00	29750.00	12750.00	458475.00	7000000.00	74025.00

制单：×××

附件 33－1：

广东增值税专用发票

440232105　　　　　　　　000523021

开票日期：2012年12月25日

购货单位：
名　　称：广东省雅士力汽车制造有限公司
纳税人识别号：3881263293*****
地 址、电 话：广州市越秀区榴花街青松路369号　020-890*****
开户行及账号：中国工商银行广州市黄埔区支行　690010000000855

密码区：
ljbofjgbmb ,mn,bvmng
flhtprkh,bv.m,bmc;khgk
v,mcbllmbc,mblforpjh
01jeitrjmkmbcv,mbljgl

货物或应税劳务名称	规格型号	单位	数量	单价	金额	税率	税额
蓝天中轻型商用客车		辆	10	4500000.00	45000000.00	17%	7650000.00
合　　计					¥45000000.00		¥7650000.00
价税合计（大写）	⊗伍仟贰佰陆拾伍万元整				（小写）¥52650000.00		

销货单位：
名　　称：上海公用汽车制造有限公司
纳税人识别号：6908236589*****
地 址、电 话：上海市新博路286号　021-892*****
开户行及账号：工行上海市新博路支行　452183296523331*****

备注：6908236589*****

收款人：ZZ　　复核：nn　　开票人：tt　　销货单位：（章）

第二联：抵扣联　购货方扣税凭证

附件 33－2：

广州雅士力汽车制造有限公司

代销商品入库单

供应商名称：上海公用汽车制造有限公司　　2012 年 12 月 25 日　　凭证编号：090100010013

材料名称	规格型号	单位	供应商交货数量	实收数量	单价	金额	备注
蓝天中轻型商用客户车		辆	10	10	4500000. 00	45000000. 00	
合计						45000000. 00	

第二联　财务联

财务部：zzz　　品保部：ttt　　验收人：nn　　制单：aaa

附件 33－3：

广东增值税专用发票

440232105　　　　　　　　　　000523021

开票日期：2012年12月25日

购货单位	名称：广东省雅士力汽车制造有限公司 纳税人识别号：3881263295＊＊＊＊＊ 地址、电话：广州市越秀区梅花街青松路369号　020-890＊＊＊＊＊ 开户行及账号：中国工商银行广州市黄埔区支行　690010000005500001	密码区	ljbofjgbmb ,mn,bvmng flhtprkh,bv.m,bmc;khgk v,mcbllmbc,mblforpjh jeitrjmkmbcv,mbljgl

货物或应税劳务名称	规格型号	单位	数量	单价	金额	税率	税额
蓝天中轻型商用客车		辆	10	4500000.00	45000000.00	17%	7650000.00
合　　计					¥45000000.00		¥7650000.00
价税合计（大写）	⊗伍仟贰佰陆拾伍万元整				（小写）¥52650000.00		

销货单位	名称：上海公用汽车制造有限公司 纳税人识别号：6908236589＊＊＊＊＊ 地址、电话：上海市新博路286号　021-892＊＊＊＊＊ 开户行及账号：工行上海市新博路支行　452183296523310＊＊＊＊＊	备注	6908236589＊＊＊＊＊

收款人：nn　　复核：tt　　开票人：aa　　销货单位：（章）

第三联：发票联　购货方记账凭证

附件 33－4：

中国工商银行支票存根（粤）

IX 11 201212016

附加信息

出票日期 2012 年 12 月 25 日

收款人：上海公用汽车制造有限公司

金　额：¥ 52650000.00

用　途：支付购货价款

单位主管 ZZZ　　会计 ttt

附件 33 －5：

商品代销

20121206

甲方：上海公用汽车制造有限公司
乙方：广东省雅士力汽车制造有限公司
经甲乙双方友好协商，就乙方代销甲方蓝天中轻型商用客车达成如下协议：
一、乙方代销甲方的蓝天中轻型商用客车10辆，单价：4500000.00元，合计人民币肆佰伍拾万元整（¥45000000.00元）。
二、甲方支付运输费及其他相关费用。
三、乙方付款后，甲方立即发货并开具同等数额发票。
四、甲方负责质量，如有质量问题，乙方可要求退货或换货，并由甲方赔偿乙方损失。
以上协议甲乙双方各持一份，如有异议另签补充协议，补充协议同本协议具有相同法律效力。

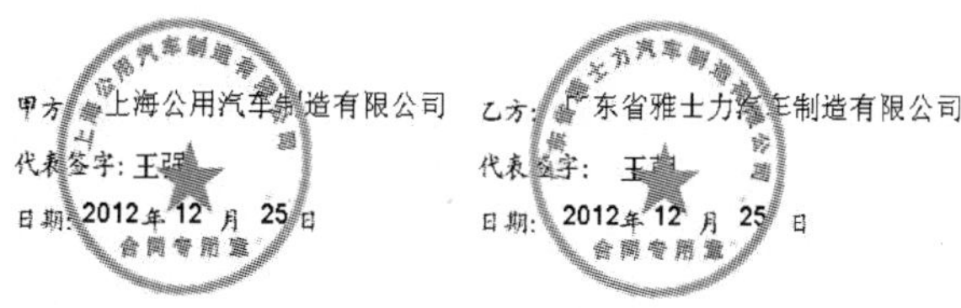
甲方：上海公用汽车制造有限公司　　乙方：广东省雅士力汽车制造有限公司
代表签字：王强　　代表签字：王
日期：2012年12月25日　　日期：2012年12月25日

附件 34 －1：

商品出库单

客户名称：广州市亚运会筹备委员会　　2012 年 12 月 26 日　　编号：201012000012

商品名称	规格	单位	数量	单价	金额										
					亿	千	百	十	万	千	百	十	元	角	分
SZ6 环保型中轻型商用客车		辆	1	386842. 11				3	8	6	8	4	2	1	1
合计							¥	3	8	6	8	4	2	1	1

第二联　财务联

会计主管：zzz　　发货人：nn　　收货人：ttt　　制单人：aaa

附件 34 －2：

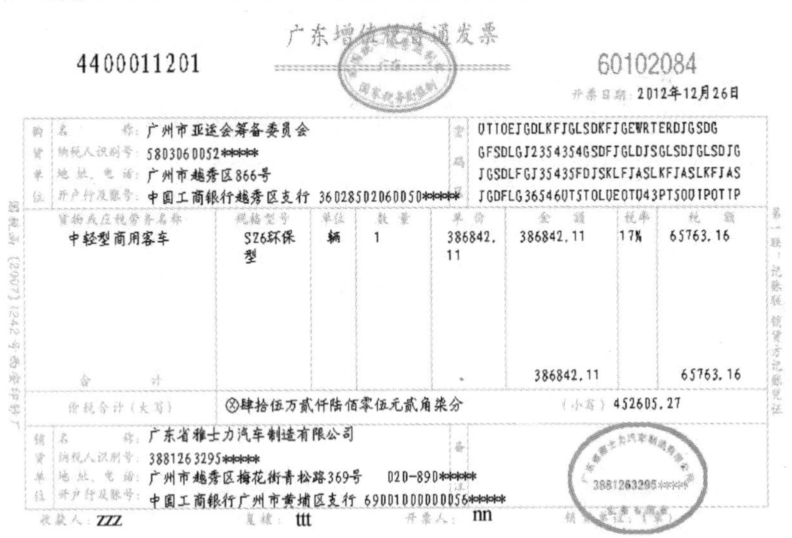

广东增值税普通发票

4400011201　　　　60102084

开票日期：2012年12月26日

购货单位	名称：广州市亚运会筹备委员会 纳税人识别号：5803060052***** 地址、电话：广州市越秀区866号 开户行及账号：中国工商银行越秀区支行 36028502060050*****				密码区	UTIOEJGDLKFJGLSDKFJGEWRTERDJGSDG GFSDLGJ2354354GSDFJGLDJSGLSDJGLSDJG JGSDLFGJ35435FDJSKLFJASLKFJASLKFJAS JGDFLG36546UTSTOLUEOTU43PT50UIPOTIP		
货物或应税劳务名称	规格型号	单位	数量	单价	金额	税率	税额	
中轻型商用客车	SZ6环保型	辆	1	386842.11	386842.11	17%	65763.16	
合计					386842.11		65763.16	
价税合计（大写）	ⓧ肆拾伍万贰仟陆佰零伍元贰角柒分				（小写）452605.27			
销货单位	名称：广东省雅士力汽车制造有限公司 纳税人识别号：3881263295***** 地址、电话：广州市越秀区梅花街青松路369号　020-890***** 开户行及账号：中国工商银行广州市黄埔区支行 6900100000056*****				备注			

收款人：zzz　　复核：ttt　　开票人：nn　　销货单位（章）

第一联：记账联　销货方记账凭证

附件 35 －1：

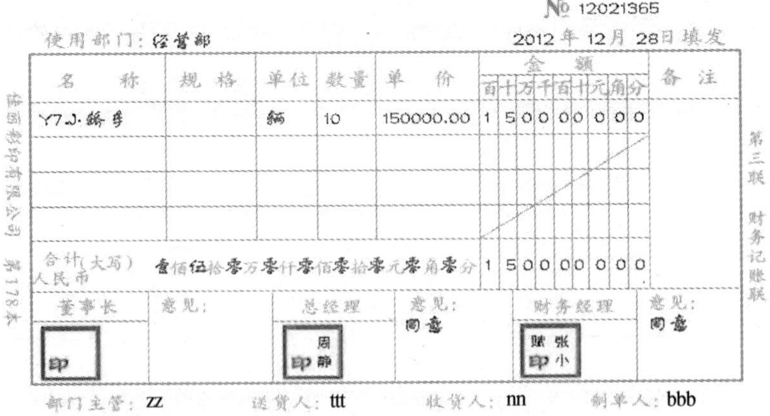

广东省雅士力汽车制造有限公司

内部专设使用（销售）专用凭证

No 12021365

使用部门：经营部　　　　2012 年 12 月 28 日 填发

名称	规格	单位	数量	单价	金额（百十万千百十元角分）	备注
Y7小轿车		辆	10	150000.00	1 5 0 0 0 0 0 0 0	
合计（大写）人民币	壹佰伍拾零万零仟零佰零拾零元零角零分				1 5 0 0 0 0 0 0 0	
董事长	意见：	总经理	意见：同意	财务经理	意见：同意	

部门主管：zz　　送货人：ttt　　收货人：nn　　制单人：bbb

第三联　财务记账联

附件 35 －2：

商品出库单

客户名称：经营部　　　　2012 年 12 月 28 日　　　　编号：201012000013

商品名称	规格	单位	数量	单价	金额										
					亿	千	百	十	万	千	百	十	元	角	分
雅士力 Y7 小轿车		辆	10	150000.00			1	5	0	0	0	0	0	0	0
合计						¥	1	5	0	0	0	0	0	0	0

第二联　财务联

会计主管：zzz　　　　发货人：tt　　　　收货人：nn　　　　制单人：aaa

附件 35 －3：

中国工商银行
INDUSTRIAL AND COMMERCIAL BANK OF CHINA

进　账　单（回单或收账通知）

2012年 12月 28日

收款人	全　称	广东省雅士力汽车制造有限公司
	账　号	9001000000056*****
	开户银行	中国工商银行广州市黄埔区支行
人民币（大写）	壹佰柒拾伍万伍仟元整	亿千百十万千百十元角分：¥ 1 7 5 5 0 0 0 0 0
付款人	全　称	湖北雅士力汽车经营营销部
	账　号	362000033441212*****
	开户银行	湖北省武汉市江铜支行
事　由		移送汽车，视同销售

中国工商银行股份有限公司 黄埔区支行 2012.12.28 收讫

附件 36－1：

增值税转出报告单

企业名称：广东省雅士力汽车制造有限公司012 年 12 月 30 日　　NO: 201012002

增值税转出所属材料	转出材料金额	转出增值税金额	转出原因	处理意见
隔音玻璃	2850.00	484.50	仓库管理员失职	由仓库管理员赔偿
合　计	2850.00	484.50		

第二联　交财务部

会计主管：ZZZ　　保管员：tt　　制单：nn

附件 36－2：

存货盘点报告表

企业名称：广东省雅士力汽车制造有限公司　　2012 年 12 月

存货类别	存货名称	计量单位	数量		盘盈		盘亏		盈亏原因
			账存	实存	数量	计划成本	数量	计划成本	
原材料	隔音玻璃	平方米	10450	10447			3	950.00	仓库管理员失职

会计主管：zzz　　保管员：tt　　盘点人：nn

附件 37－1：

中国工商银行支票存根（粤）

IX 11 201212017

附加信息

出票日期 2012 年 12 月 31 日

收款人：广州市税务局越秀分局

金　额：¥15507.74

用　途：支付印花税

单位主管 ZZ　　会计 ttt

附件 38－1：

2012 年 10 月 31 日

出口退税计算

出口“免抵退”退税额 = 624750 × 13% + 2998800 × 17% + 6247500 × 17%

= 81217.50 + 509796.00 + 1062075.00

= 1653088.50（元）

应纳税额 = 销项税额 － 进项税额 － 上期留底税额 + 进项税额转出

= 11721813.16 － 15051955.53 + 33549.5 － 250000.00

= －3546592.87（元）

应退税额 = 1653088.50（元）

第三节　综合纳税申报账表

表 11－1　增值税一般纳税人主表

（适用于增值税一般纳税人）

根据《中华人民共和国增值税暂行条例》第二十二条和第二十三条的规定制定本表。纳税人不论有无销售额，均应按主管税务机关核定的纳税期限按期填报本表，并于次月 1 日起 15 日内，向当地税务机关申报。

税款所属时间：自　　年　月　日至　　年　月　日　　　　金额单位：元（列至角、分）

<table>
<tr><td colspan="2">纳税人识别号</td><td colspan="5"></td></tr>
<tr><td colspan="2">纳税人名称</td><td>（公章）</td><td>法定代表人姓名</td><td></td><td>营业地址</td><td></td></tr>
<tr><td colspan="2">开户银行及账号</td><td colspan="5"></td></tr>
<tr><td colspan="2" rowspan="2">项目</td><td rowspan="2">栏次</td><td colspan="2">一般货物及劳务</td><td colspan="2">即征即退货物及劳务</td></tr>
<tr><td>本月数</td><td>本年累计</td><td>本月数</td><td>本年累计</td></tr>
<tr><td rowspan="10">销售额</td><td>（一）按适用税率征税货物及劳务销售额</td><td>1</td><td></td><td></td><td></td><td></td></tr>
<tr><td>其中：应税货物销售额</td><td>2</td><td></td><td></td><td></td><td></td></tr>
<tr><td>应税劳务销售额</td><td>3</td><td></td><td></td><td></td><td></td></tr>
<tr><td>纳税检查调整的销售额</td><td>4</td><td></td><td></td><td></td><td></td></tr>
<tr><td>（二）按简易征收办法征税货物销售额</td><td>5</td><td></td><td></td><td></td><td></td></tr>
<tr><td>其中：纳税检查调整的销售额</td><td>6</td><td></td><td></td><td></td><td></td></tr>
<tr><td>（三）免、抵、退办法出口货物销售额</td><td>7</td><td></td><td></td><td></td><td></td></tr>
<tr><td>（四）免税货物及劳务销售额</td><td>8</td><td></td><td></td><td></td><td></td></tr>
<tr><td>其中：免税货物销售额</td><td>9</td><td></td><td></td><td></td><td></td></tr>
<tr><td>免税劳务销售额</td><td>10</td><td></td><td></td><td></td><td></td></tr>
</table>

续表

项目		栏次	一般货物及劳务		即征即退货物及劳务	
			本月数	本年累计	本月数	本年累计
税款计算	销项税额	11				
	进项税额	12				
	上期留抵税额	13				
	进项税额转出	14				
	免抵退货物应退税额	15				
	按适用税率计算的纳税检查应补缴税额	16				
	应抵扣税额合计	17 = 12 + 13 - 14 - 15 + 16				
	实际抵扣税额	18（如 17 < 11，则为 17，否则为 11）				
	应纳税额	19 = 11 - 18				
	期末留抵税额	20 = 17 - 18				
	简易征收办法计算的应纳税额	21				
	按简易征收办法计算的纳税检查应补缴税额	22				
	应纳税务减征额	23				
	应纳税额合计	24 = 19 + 21 - 23				
税款缴纳	期初未缴税额（多缴为负数）	25				
	实收出口开具专用缴款书退税额	26				
	本期已缴税额	27 = 28 + 29 + 30 + 31				
	①分次预缴税额	28				
	②出口开具专用缴款书预缴税额	29				
	③本期缴纳上期应纳税额	30				
	④本期缴纳欠缴税额	31				
	期末未缴税额（多缴为负数）	32 = 24 + 25 + 26 - 27				
	其中：欠缴税额（≥0）	33 = 25 + 26 - 27				—
	本期应补（退）税额	34 = 24 - 28 - 29				—
	即征即退实际退税额	35				
	期初未缴查补税额	36				—
	本期入库查补税额	37			—	—
	期末未缴查补税额	38 = 16 + 22 + 36 - 37			—	—

授权声明	如果你已委托代理人申报，请填写下列资料： 为代理一切税务事宜，现授____________ （地址）为本纳税人的代理申报人，任何与本申报表有关的往来文件，都可寄予此人。 授权人签字：____________	申报人声明	此纳税申报表是根据《中华人民共和国增值税暂行条例》的规定填报的，我相信它是真实的、可靠的、完整的。 声明人签字：

以下由税务机关填写

收到日期：____________　接收人：____________　主管税务机关盖章：____________

表 11－2　增值税一般纳税人（附表一）

（本期销售情况明细）

税款所属时间：　　年　月　　　　　　　　　　　　　　填表日期：　　年　月　日

纳税人名称：（公章）

金额单位：元（列至角、分）

一、按适用税率征收增值税货物及劳务的销售额和销项税额明细													
项目	栏次	应税货物						应税劳务			小计		
		17%税率			13%税率								
		份数	销售额	销项税额	份数	销售额	销项税额	份数	销售额	销项税额	份数	销售额	销项税额
防伪税控系统开具的增值税专用发票	1												
非防伪税控系统开具的增值税专用发票	2												
开具普通发票	3												
未开具发票	4												
小计	5＝1＋2＋3＋4												
纳税检查调整	6												
合计	7＝5＋6												

二、简易征收办法征收增值税货物的销售额和应纳税额明细										
项目	栏次	6%征收率			4%征收率			小计		
		份数	销售额	应纳税额	份数	销售额	应纳税额	份数	销售额	应纳税额
防伪税控系统开具的增值税专用发票	8									
非防伪税控系统开具的增值税专用发票	9									
开具普通发票	10									
未开具发票	11									
小计	12＝8＋9＋10＋11									
纳税检查调整	13									
合计	14＝12＋13									

三、免征增值税货物及劳务销售额明细										
项目	栏次	免税货物			免税劳务			小计		
		份数	销售额	税额	份数	销售额	税额	份数	销售额	税额
防伪税控系统开具的增值税专用发票	15									
开具普通发票	16									
未开具发票	17									
合计	18＝15＋16＋17									

表 11－3 增值税一般纳税人（附表二）

（本期进项税额明细）

税款所属时间： 年 月

纳税人名称：（公章）

填表日期： 年 月 日　　　　金额单位：元（列至角、分）

一、申报抵扣的进项税额				
项　　目	栏次	份数	金额	税额
（一）认证相符的防伪税控增值税专用发票	1			
其中：本期认证相符且本期申报抵扣	2			
前期认证相符且本期申报抵扣	3			
（二）非防伪税控增值税专用发票及其他扣税凭证	4			
其中：海关进口增值税专用缴款书	5			
农产品收购发票或者销售发票	6			
废旧物资发票	7			
运输费用结算单据	8			
6%征收率	9			
4%征收率	10			
（三）外贸企业进项税额抵扣证明	11			
当期申报抵扣进项税额合计	12			
二、进项税额转出额				
项　　目	栏次	税额		
本期进项税转出额	13			
其中：免税货物用	14			
非应税项目用、集体福利、个人消费	15			
非正常损失	16			
按简易征收办法征税货物用	17			
免抵退税办法出口货物不得抵扣进项税额	18			
纳税检查调减进项税额	19			
未经认证已抵扣的进项税额	20			
红字专用发票通知单注明的进项税额	21			
三、待抵扣进项税额				
项　　目	栏次	份数	金额	税额
（一）认证相符的防伪税控增值税专用发票	22	—	—	—
期初已认证相符但未申报抵扣	23			
本期认证相符且本期未申报抵扣	24			
期末已认证相符但未申报抵扣	25			

续表

其中：按照税法规定不允许抵扣	26			
（二）非防伪税控增值税专用发票及其他扣税凭证	27			
其中：海关进口增值税专用缴款书	28			
农产品收购发票或者销售发票	29			
废旧物资发票	30			
运输费用结算单据	31			
6%征收率	32	—	—	—
4%征收率	33	—	—	—
	34			
四、其他				
项　　目	栏次	份数	金额	税额
本期认证相符的全部防伪税控增值税专用发票				
期初已征税款挂账额				
期初已征税款余额				
代扣代缴税额				

注：第1栏＝第2栏＋第3栏＝第23栏＋第35栏－第25栏；第2栏＝第35栏－第24栏；第3栏＝第23栏＋第24栏－第25栏；第4栏＝第5栏至第10栏之和；第12栏＝第1栏＋第4栏＋第11栏；第13栏＝第14栏至第21栏之和；第27栏＝第28栏至第34栏之和。

表11－4　教育费附件税纳税申报表

填表日期：　　年　月　日

纳税人识别号：

金额单位：元（列至角、分）

纳税人名称				税款所属时期	2012年12月1日至12月31日
计税依据	计税金额	税率	应纳税款	已纳税款	应补（退）税额
1	2	3	4＝2×3	5	6＝4－5
增值税					
营业税					
消费税					
合计					

如纳税人填报，由纳税人填写下栏		如委托代理人填报，由代理人填写下栏				备注
会计主管（公章）	纳税人（公章）	代理人名称		代理人（公章）		
		代理地址				
		经办人		电话		
以下由税务机关填写						
收到申报表日期		接收人				

表 11－5　其他应税消费品消费税纳税申报表

税款所属期：　　年　月　日至　　年　月　日

纳税人名称：（公章）　　　　　　　纳税人识别号：

填表日期：　　年　月　日　　　　　单位：辆、元（列至角、分）

<table>
<tr><td colspan="2">项目＼应税消费品名称</td><td>适用税率（A）</td><td>销售数量（B）</td><td>销售额（C）</td><td>应纳税额（D＝C×A）</td></tr>
<tr><td>1</td><td></td><td></td><td></td><td></td><td></td></tr>
<tr><td>2</td><td></td><td></td><td></td><td></td><td></td></tr>
<tr><td>3</td><td></td><td></td><td></td><td></td><td></td></tr>
<tr><td>4</td><td></td><td></td><td></td><td></td><td></td></tr>
<tr><td>5</td><td>合计</td><td></td><td></td><td></td><td></td></tr>
<tr><td>6</td><td colspan="2">本期减（免）税额</td><td></td><td colspan="2" rowspan="5">声明：
此纳税申报表是根据国家税收法律的规定填报的，我确定它是真实的、可靠的、完整的。
经办人（签章）：
财务负责人（签章）：
联系电话：</td></tr>
<tr><td>7</td><td colspan="2">本期准予扣除税额</td><td></td></tr>
<tr><td>8</td><td colspan="2">上期结转抵减税额</td><td></td></tr>
<tr><td>9</td><td colspan="2">结转下期抵减税额
9 栏＝5 行 D－6 栏－7 栏－8 栏。如 9 栏≥0，则 9 栏为 0；如 9 栏<0，则 9 栏为｜第 9 栏｜（取绝对值）。</td><td></td></tr>
<tr><td>10</td><td colspan="2">期初未缴税额</td><td></td></tr>
<tr><td>11</td><td colspan="2">本期缴纳前期应纳税额</td><td></td><td colspan="2" rowspan="4">如果你已委托代理人申报，请填写
授权声明
为代理一切税务事宜，现授权____（地址）为本纳税人的代理申报人，任何与本申报表有关的往来文件，都可寄予此人。
授权人签章：</td></tr>
<tr><td>12</td><td colspan="2">本期预缴税额</td><td></td></tr>
<tr><td>13</td><td colspan="2">本期应补（退）税额
13 栏＝5 行 D－6 栏－（7 栏＋8 栏－9 栏）－12 栏</td><td></td></tr>
<tr><td>14</td><td colspan="2">期末未缴税额
14 栏＝10 栏＋13 栏－11 栏</td><td></td></tr>
<tr><td colspan="6">以下由税务机关填写</td></tr>
<tr><td colspan="6">受理人（签章）：　　　受理日期：　年　月　日　　　受理税务机关（章）：</td></tr>
</table>

表 11－6　印花税纳税申报表

填表日期：　　年　月　日

纳税人识别号：＿＿＿＿＿＿　　　　金额单位：元（列至角、分）

<table>
<tr><td>纳税人名称</td><td colspan="3"></td><td colspan="3">税款所属时期</td><td colspan="4">年　月　日至
年　月　日</td></tr>
<tr><td rowspan="2">应税凭证名称</td><td rowspan="2">件数</td><td rowspan="2">计税金额</td><td rowspan="2">适用税率</td><td rowspan="2">应纳税额</td><td rowspan="2">已纳税额</td><td rowspan="2">应补（退）税款</td><td colspan="4">购花贴花情况</td></tr>
<tr><td>上期结算</td><td>上期购进</td><td>本期贴花</td><td>本期购进</td></tr>
<tr><td>购销合同</td><td></td><td></td><td></td><td></td><td></td><td></td><td></td><td></td><td></td><td></td></tr>
<tr><td>加工承揽合同</td><td></td><td></td><td></td><td></td><td></td><td></td><td></td><td></td><td></td><td></td></tr>
<tr><td>建设工程勘查设计合同</td><td></td><td></td><td></td><td></td><td></td><td></td><td></td><td></td><td></td><td></td></tr>
<tr><td>建筑安装工程承包合同</td><td></td><td></td><td></td><td></td><td></td><td></td><td></td><td></td><td></td><td></td></tr>
<tr><td>财产租赁合同</td><td></td><td></td><td></td><td></td><td></td><td></td><td></td><td></td><td></td><td></td></tr>
<tr><td>货物运输合同</td><td></td><td></td><td></td><td></td><td></td><td></td><td></td><td></td><td></td><td></td></tr>
<tr><td>仓储保管合同</td><td></td><td></td><td></td><td></td><td></td><td></td><td></td><td></td><td></td><td></td></tr>
<tr><td>借款合同</td><td></td><td></td><td></td><td></td><td></td><td></td><td></td><td></td><td></td><td></td></tr>
<tr><td>财产保险合同</td><td></td><td></td><td></td><td></td><td></td><td></td><td></td><td></td><td></td><td></td></tr>
<tr><td>技术合同</td><td></td><td></td><td></td><td></td><td></td><td></td><td></td><td></td><td></td><td></td></tr>
<tr><td>产权转移书据</td><td></td><td></td><td></td><td></td><td></td><td></td><td></td><td></td><td></td><td></td></tr>
<tr><td>营业账簿（记载资金的账簿）</td><td></td><td></td><td></td><td></td><td></td><td></td><td></td><td></td><td></td><td></td></tr>
<tr><td>营业账簿（其他账簿）</td><td></td><td></td><td></td><td></td><td></td><td></td><td></td><td></td><td></td><td></td></tr>
<tr><td>权利、许可证照</td><td></td><td></td><td></td><td></td><td></td><td></td><td></td><td></td><td></td><td></td></tr>
<tr><td></td><td></td><td></td><td></td><td></td><td></td><td></td><td></td><td></td><td></td><td></td></tr>
<tr><td></td><td></td><td></td><td></td><td></td><td></td><td></td><td></td><td></td><td></td><td></td></tr>
<tr><td></td><td></td><td></td><td></td><td></td><td></td><td></td><td></td><td></td><td></td><td></td></tr>
<tr><td></td><td></td><td></td><td></td><td></td><td></td><td></td><td></td><td></td><td></td><td></td></tr>
<tr><td></td><td></td><td></td><td></td><td></td><td></td><td></td><td></td><td></td><td></td><td></td></tr>
<tr><td>合计</td><td></td><td></td><td></td><td></td><td></td><td></td><td></td><td></td><td></td><td></td></tr>
<tr><td colspan="3">如纳税人填表，由纳税人填写以下各栏</td><td colspan="7">如委托代理人填报，由委托代理人填写以下各栏</td><td>备注</td></tr>
<tr><td rowspan="3">会计主管
（公章）</td><td colspan="2" rowspan="3"></td><td colspan="2">代理人名称</td><td colspan="2"></td><td colspan="2" rowspan="2">代理人
（公章）</td><td rowspan="3"></td></tr>
<tr><td colspan="2">代理地址</td><td colspan="2"></td></tr>
<tr><td colspan="2">经办人姓名</td><td></td><td>电话</td><td colspan="2"></td></tr>
<tr><td colspan="11">以下由税务机关（签章）</td></tr>
<tr><td>受理</td><td colspan="2"></td><td colspan="6">受理税务机关（签章）</td><td colspan="2"></td></tr>
</table>

表 11－7　车船税纳税申报表

填表日期：　　年　月　日

纳税人识别号：＿＿＿＿＿＿　　　　　　　　　　　　金额单位：元（列至角、分）

纳税人名称：（公章）						税款所属时期	年　月　日至 年　月　日	
车船类别	计税标准	数量	单位税额	全年应纳税额	年缴纳次数	本期		
						应纳税额	已纳税额	应补（退）税额
1	2	3	4	5＝3×4	6	7	8	9＝7－8
合计								
如纳税人填报，有纳税人填写以下各栏				如委托代理人填报，由代理人填写以下各栏				备注
会计主管：	纳税人：			代理人名称				
				代理人地址				
				经办人姓名				
以下由税务机关填写								
收到申报表日期				接收人：		代理人：		

表 11－8　车船税纳税申报附表

纳税人识别号：

纳税人名称：（公章）

税款所属期限：自　　年　月　日至　　年　月　日

填表日期：　　年　月　日　　　　　　　　　　　　　　　　单位：元、辆、艘

序号	号牌号码	车架号码	号牌颜色	车船类型	机动车登记证书编号或船舶初次登记号	车船登记地	自重吨位＼净吨位＼辆	税额标准	应纳税月数	应纳税额	减免税额
	1	2	3	4	5	6	7	8	9	10	11
1											
2											
3											
4											
5											
6											
7											

以下由税务机关填写					
受理人		受理日期		受理税务机关（签章）	

表 11－9　房产税纳税申报表

填表日期：　　年　月　日

纳税人识别号：________　　　　金额单位：元（列至角、分）

纳税人名称												税款所属时期			年　月　日至 年　月　日		
房产坐落地点												建筑面积（m^2）					
上期申报房产原值（评估值）	本期增减	本期实际房产原值	其中			扣除率（%）	以房产余值计征房产税			以租金收入计征房产税				交纳次数	本期		
			从价计税的房产原值	从租计税的房产原值	规定免税房产原值		房产余值	适用税率1.2%	应纳税额	租金收入	适用税率12%	应纳税额	全年应纳税额		应纳税额	已纳税额	应补（退）税额
1	2	3＝1＋2	4＝3－5－6	5＝3－4－6	6	7	8＝4－4×7	9	10＝8×9	11	12	13＝11×12	14＝10＋13	15	16＝14/15	17	18＝16－17
合计																	

如纳税人填报，由纳税人填写下栏		如委托代理人填报，由代理人填写下栏				备注
会计主管（签章）	纳税人（公章） 广东博士力汽车制造有限公司	代理人姓名		代理人（公章）		
		代理人地址				
		经办人		电话		
以下由税务机关填写						
收到申请表日期			接收人			

表 11－10　城镇土地适用税纳税申报表

填表日期：　　年　月　日

纳税人识别号：＿＿＿＿＿＿＿＿　　　　　　金额单位：元（列至角、分）

纳税人名称					税款所属时期			年　月　日至　年　月　日						
房产坐落地点														
坐落地点	上期占地面积	本期增减	本期实际占地面积	法定免税面积	应税面积	土地等级		适用税率		全年应缴税额	缴纳次数	本期		
						Ⅰ	Ⅱ	Ⅰ	Ⅱ			每次应纳税额	已纳税额	应补（退）税额
1	2	3	4＝2＋3	5	6＝4－5	7	8	9	10	11＝6×9 或 10	12	13＝11/12	14	15＝11－14
合计														

如纳税人填报，由纳税人填写下栏		如委托代理人填报，由代理人填写下栏				备注
会计主管（签章）	纳税人（公章）	代理人名称		代理人（公章）		
		代理人地址				
		经办人		电话		
以下由税务机关填写						
收到申请表日期			接收人			

表 11－11 土地增值税纳税申报表

（非从事房地产开发的纳税人适用）

填表日期： 年 月 日

纳税人识别号：________________ 金额单位：元（列至角、分）

纳税人名称		税款所属时期	
项目		行次	金额
一、转让房地产收入总额 1＝2＋3		1	
其中	货币收入	2	
	实物收入及其他收入	3	
二、扣除项目金额合计 4＝5＋6＋9		4	
1. 取得土地使用权所支付的金额		5	
2. 旧房及建筑物的评估价格 6＝7×8		6	
其中	旧房及建筑物的重置成本价	7	
	成新度折扣率	8	
3. 与转让房地产有关的税金等 9＝10＋11＋12＋13		9	
其中	营业税	10	
	城市维护建设税	11	
	印花税	12	
	教育费附件	13	
三、增值额 14＝1－4		14	
四、增值额与扣除项目金额之比（%）15＝14÷4		15	
五、适用税率（%）		16	
六、速算扣除系数（%）		17	
七、应缴土地增值税税额 18＝14×16－4×17		18	

如纳税人填报，由纳税人填写以下各栏		如委托代理人填报，由代理人填写以下各栏				备注
会计主管（签章）	纳税人（签章）	代理人名称		纳税人名称（公章）		
		代理人地址				
		经办人姓名		电话		
以下由税务机关填写						
收到申报日期		接收人				

表 11－12 城市维护建设税纳税申报表

填表日期： 年 月 日

纳税人识别号： 金额单位：元（列至角、分）

纳税人名称				税款所属时期	年 月 日至 月 日
计税依据	计税金额	税率	应纳税款	已纳税款	应补（退）税额
1	2	3	4	5	6 = 4 − 5
增值税					
营业税					
消费税					
合计					

如纳税人填报，由纳税人填写下栏		如委托代理人填报，由代理人填写下栏				备注
会计主管（签章）	纳税人（公章）	代理人名称		代理人（公章）		
		代理人地址				
		经办人		电话		
以下由税务机关填写						
收到申报表日期		接收人				

表 11－13 固定资产进项税额抵扣情况表

纳税人识别号：______________

纳税人名称：（公章）

填表日期： 年 月 日 金额单位：元角分

项目	当期申报抵扣的固定资产进项税额	当期申报抵扣的固定资产进项税额累计
增值税专用发票		
海关进口增值税专用缴款书		
合计		

注：本表一式二份，一份纳税人留存，一份主管税务机关留存。

表 11－14 营业税纳税申报表

（适用于查账征收的营业税纳税人）

纳税人识别号：

纳税人名称：（公章）

税款所属期限：自　　年　月　日至　　年　月　日

填表日期：　　年　月　日　　　　　　　　　　　　　金额单位：元（列至角分）

税目	营业额				税率（%）	本期税款计算					税款缴纳						
											本期已缴税额				本期应缴税额计算		
	应税收入	应税减除项目金额	应税营业额	免税收入		小计	本期应纳税额	免（减）税额	期初欠缴税额	前期多缴税额	小计	已缴本期应纳税额	本期已被扣缴税额	本期已缴、欠缴税额	小计	本期期末应缴税额	本期期末应缴、欠缴税额
交通运输业																	
建筑业																	
邮电通信业																	
服务业																	
娱乐业																	
金融保险业																	
文化体育业																	
销售不动产																	
转让无形资产																	
合计																	
代扣代缴项目																	
总计																	

纳税人或代理人声明：纳税申报表是根据国家税收法律的规定填报的，我确定它是真实的、可靠的、完整的。	如纳税人填报，由纳税人填写以下各栏：							
	办税人员（签章）		财务负责人（签章）		法定代表人（签章）		联系电话	
	如委托代理人填报，由代理人填写以下各栏：							
	代理人名称		经办人（签章）		联系电话		代理人（公章）	

以下由税务机关填写：

受理：　　　　年　月　日　　　　　　　　受理税务机关（签章）：

本表为 A3 横式一式三份，一份纳税人留存，一份主管税务机关留存，一份征收部门留存。

表 11－15　生产经营情况表

税款所属期：　　年　月　日至　　年　月　日

纳税人名称：（公章）　　　　纳税人识别号：

填表日期：　　年　月　日　　　　单位：辆、元（列至角、分）

应税消费品名称\项目		雅士力摩托车 M125	雅士力摩托车 M400		合计
1	生产数量				
2	销售数量				
3	委托加工收回应税消费品直接销售数量				
4	委托加工收回应税消费品直接销售额				
5	出口免税销售数量				
6	出口免税销售额				

表 11－16　生产经营情况表

税款所属期：　　年　月　日至　　年　月　日

纳税人名称：（公章）　　　　纳税人识别号：

填表日期：　　年　月　日　　　　单位：辆、元（列至角、分）

应税消费品名称\项目	乘用车：汽缸容量≤1.0升	乘用车：1.0升<汽缸容量≤1.5升	乘用车：1.5升<汽缸容量≤2.0升	乘用车：2.0升<汽缸容量≤2.5升	乘用车：2.5升<汽缸容量≤3.0升	乘用车：3.0升<汽缸容量≤4.0升	乘用车：汽缸容量>4.0升	中轻型商用客车
生产数量								
销售数量								
委托加工收回应税消费品直接销售数量								
委托加工收回应税消费品直接销售额								
出口免税销售数量								
出口免税销售额								

表 11－17　小汽车消费税纳税申报表

税款所属期：　　　年　月　日至　　年　月　日

纳税人名称：（公章）　　　　　　　　纳税人识别号：

填表日期：　　　年　月　日

项目/应税消费品名称		适用税率	销售数量	销售额	应纳税额
乘用车	汽缸容量≤1.0 升				
	1.0 升＜汽缸容量≤1.5 升				
	1.5 升＜汽缸容量≤2.0 升				
	2.0 升＜汽缸容量≤2.5 升				
	2.5 升＜汽缸容量≤3.0 升				
	3.0 升＜汽缸容量≤4.0 升				
	汽缸容量＞4.0 升				
中轻型商用客车					
合计					
					声明 此纳税申报表是根据国家税收法律的规定填报的，我确定它是真实的、可靠的、完整的。 经办人（签章）： 财务负责人（签章）： 联系人电话：
本期准予扣除税额：					
本期减（免）税额：					
期初未缴税额：					
本期缴纳前期应纳税额：					（如果你已委托代理人申报，请填写） 授权声明 为代理一切税务事宜，现授权（地址）为本纳税人的代理申报人，任何与本申报表有关的往来文件，都可寄予此人。 授权人签章：
本期预缴税额：					
本期应补（退）税额： 16 栏＝8 行 D－9 栏－（10 栏＋11 栏－12 栏）－15 栏					
期末未缴税额： 17 栏＝13 栏＋16 栏－14 栏					

以下由税务机关填写

受理人（签章）：　　　受理日期：　　年　月　日　　　受理税务机关（章）：